Taschenbibliothek der Weltliteratur

Hermann Hesse

Kinderseele

Erzählungen

Aufbau-Verlag 1988

Auswahl Wulf Kirsten

1. Auflage 1988
Aufbau-Verlag Berlin und Weimar
Lizenzausgabe für die Deutsche Demokratische Republik mit Genehmigung des Suhrkamp Verlages, Frankfurt am Main.
Der Vertrieb in der Bundesrepublik Deutschland, in West-Berlin und im Ausland, ausgenommen die sozialistischen Länder, ist nicht gestattet.

Reihengestaltung Heinz Hellmis
Einbandgestaltung Regine Schmidt
Lichtsatz Karl-Marx-Werk, Graphischer Großbetrieb, Pößneck V 15/30
Druck und Binden III/9/1 Grafischer Großbetrieb Völkerfreundschaft Dresden
Printed in the German Democratic Republic
Lizenznummer 301. 120/102/88
Bestellnummer 613 677 1
00500

ISBN 3-351-01019-2

Das Haus der Träume

Eine unvollendete Dichtung

Geleitwort

Einem kleinen Kreis von Bücherfreunden und guten Lesern mag es von Interesse sein, gelegentlich neben den fertigen und jedermann zugänglichen Werken eines Autors auch ein unvollendetes, einen Torso kennenzulernen.

Die im Jahr 1914 begonnene und unvollendet gebliebene Dichtung „Das Haus der Träume“ folgt in der Reihe meiner Werke auf die „Roßhalde“. Unterbrochen und schließlich unmöglich gemacht wurde die Arbeit an dieser Dichtung durch den Krieg, der im Sommer 1914 ausbrach, und der ja größere und unersetzlichere Dinge in Menge zerschlagen hat.

Der alte Neander, die Hauptgestalt der unvollendet gebliebenen Dichtung, sollte die Verleiblichung eines idealen Menschentypus sein: des Weisen nämlich, der im Alter, am Ende eines tätigen und bedeutenden Lebens, nach asiatischem Vorbild den Weg nach Innen geht und einen reifen, kontemplativen Lebensabend durchschreitet. Ich war damals in meinem Wissen um die menschlichen Möglichkeiten gerade so weit, um diesen Schritt nach innen nicht mehr als Müdigkeit und Resignation, sondern als sublime Aktivität zu empfinden. Ich war vorher manche Jahre lang mit indischen Studien beschäftigt gewesen und hatte erst vor kurzem den andern Pol des asiatischen Geistes, den chinesischen, zu entdecken begonnen, an Hand der ersten Ausgaben chinesischer Klassiker in der Verdeutschung Richard Wilhelms, welche in jenen Jahren zu erscheinen begannen.

Indessen soll hier von dem, was mit dem „Haus der Träume“ gemeint und gewollt war, nicht weiter die Rede sein. Es ist nicht vollendet worden. Denn als der Krieg und die durch ihn erschütterte Welt, um Jahre später, mich wieder losließ und mir die Konzentration zu neuer Arbeit erlaubte, war ich längst nicht mehr der, der im Jahr 1914 die Geschichte vom alten Neander begonnen hatte.

Hermann Hesse

Erster Teil

Krokus war vergangen, Schneeglöckchen war verschwunden, im erwartenden bangen Spätfrühling blühte allein die alte Magnolie. Aus dem großblätterigen, schwach silberscheinenden Laub des runden Baumes quoll Amselgesang, und die reinen weißen Blüten blickten sanft und befremdet wie schöne kränkliche Kinder. Rund und feierlich blühte der Magnolienbaum in der kleinen, ovalen Wiese, darüber stand in der Sonne freundlich mit dem gewölbten Vordach die Südseite des niederen Hauses, verwittert, grün und grauer Kalkbewurf, rundes Giebelgewölb und schmaler Ziegelrand des Daches im feuchten Blauen ruhend, breite Altane tausendmal vom leidenschaftlichen Astgeschlinge der großen Glyzine umarmt. Aber alles tief und innig in grüne und kahle Wipfel und Kronen gebettet, hoch überragt vom beschützenden Ulmenbaum, der mit greisen, ungeheuren Ästen weit über das ganze Dach hin griff, und zu Seiten die ausländischen Föhren mit den feierlichen und durchdachten Pyramiden ihrer langhaarigen Äste, wo vorjährige aufgesprungene Zapfenfrüchte harzig an der Wärme dufteten und im gefleckten Schatten kleine Baumläufer und Spechtmeisen um die dicken, roten Stämme liefen, jetzt grauschattig, jetzt edelsteinern aufglänzend.
Der Grasplatz mit der Magnolie, dem Wacholder und den Rosenstämmen lag zwischen Haus, Ulme, Föhren und der dicht verwirrten Buschwildnis hoher Fliedergesträuche vor Staub und Wind der Welt beschützt und tief in seinen grünen Schrein versenkt. Offen war er einzig nach Süden: da fiel der Garten in Stufen und kleinen Terrassen abwärts, der Sonne zugeneigt. Dahinter lag weit und grün das wellige Weideland, auf seine offene Tafel gezeichnet stand eine lange, launig gekrümmte Linie von breitkronigen Eichen, die Grenze des Nachbargutes. Das grüne Wiesenland war von einem unsichtbaren Flußtal begrenzt, jenseits lag grü-

nes Waldgebirg in langen, stillen Zügen, dahinter ein neuer Zug von grünen Höhen, schon bläulich bedünstet, und hinter ihm ganz blau, mit herausleuchtenden, nackten Felsflühen, eine steile Vorbergkette. Und erst jenseits von diesem dritten blauen Gebirgszug, unendlich fern und hoch im Wechsel der Gewölke, schwebten die traumfarbenen Schneeberge, verklärt in vielfältig gedämpfter und entrückter Wirklichkeit, eine erinnerungslose, bleiche Geisterwelt, aber wahrer und beständiger als alle Nähe.
Der Alte stand bei den Rosenstämmen; es war Zeit, sie aufzubinden. In den Gürtel der grünen Schürze gesteckt, trug er eine lange, blonde Locke von hellem Bast und in der Hand eine Schere. Mit zögernden Fingern suchte und wählte er in den braunen, dornigen Zweigen, schnitt mit Sorgfalt abgestorbene Spitzen ab und sammelte sie in einen flachen Weidenkorb. Abendliches Sonnenlicht floß warm in schrägen Strahlen zwischen den knospenden, hohen Sträuchern, Flieder und Hasel, herein. Der Alte hatte auf den Augenblick gewartet; nun tat er Korb und Schere beiseite, trat auf die Abendseite der kleinen Wiese und beging seine einfache Abendfeier, indem er still im strömenden Sonnenfeuer stand und den Magnolienbaum belauschte. Der hielt seine bleichen, weißen Blüten noch weit atmend geöffnet, und von den höchsten Zweigen abwärts überfloß ihn das satte späte Licht, und schnell und zart sprang das abendliche Rosenrot auf jede Blüte. Das müde Weiß glühte in heimlicher Zärtlichkeit auf, und minutenlang hing über dem verzauberten Baume ein magischer Schleier, dünn und wesenlos, und jede bleiche Blume schaute still und warm mit erwachter Seele aus dem sanften Kelch und feierte ihr kleines, banges Fest.
Mit den stillgewordenen Augen betrachtete der Blumenvater freundlich und forschend das bescheidene Wunder, ihm sandte jede Blüte errötend ihren Abendgruß ins Herz, und mit fühlender Teilnahme atmete er die Gerüche der drängenden Jahreszeit, spürte witternd ihre gespannte Bereitschaft und das süße, knospende Erwartungsfieber ungeduldiger Keime.
Die Welt ist kleiner geworden, dachte er mit einem Schein von Lächeln. Ein Leben lang war dieser alte Mensch in tausend tätigen Beziehungen und hohen Ämtern gestanden,

hatte die Welt umreist und immer wieder die Sehnsucht in sich genährt, wie Goethe „allen Sonnenschein und alle Bäume, alles Meergestad und alle Träume in sein Herz zu fassen miteinander“ – nun fand er sich auf den engen Bezirk seines Gartens beschränkt, wo Baum und Gras, Strauch und Beet ihm vertraut und zu eigen, von ihm gepflegt, von ihm erdacht, von ihm geschaffen, geformt und geleitet lebten, und die Fülle war nicht kleiner geworden, und ein Beet Rosen war für Sinne und Gedanken so wenig auszuschöpfen als Meergestad und weite Welt. Alles Besitzen war Beschränkung, alles Verstehen war Verzicht, und alles Verzichtenmüssen suchte seine Verklärung in Lächeln und in Andacht.

Langsam schritt Neander um den Rasen bis zu der Stelle, wo der Kiesweg zwischen Gebüschen, die ihn dicht umschlossen, plötzlich gegen die Steintreppe nach dem untern Garten mündete. Da drang Himmel und grenzenlose Weite in die enge Weltflucht des buschigen Winkels, und über Gärten, Bäume, Hecken, Weiden, grüne Bergzüge und blaue Bergzüge hinweg stürzte der Blick in die luftige Welt, an deren Ende fern und ehrwürdig die Alpen standen. Dasselbe Licht, das im Magnolienbaum die armen Blumenschwestern verklärte, floß dort im Weiten mit demselben Zauber über Wolkenberge und Schneeberge. Jenseits der abendlichen Wiesenwelt und Bergwälder glühte diamanten das Gebirge in unirdischen Zaubern, Märchenbauten aus Glas und Edelstein, von wallenden Lichtfeuern durchströmt, nicht mit der Erde zusammenhängend, sondern hoch über den Dünsten der Ferne strahlend, Berghäupter brüderlich zwischen Wolkenhäuptern.

Oft gedachte Gedanken besuchten den Alten. Von suchender Unrast geistigen Erraffens einst bis weit in fremde Erdteile hinein auf schnellen, gierigen Reisen verschlagen, hatte er doch beinahe sein ganzes Leben nahe bei diesen verklärten Bergen hingebracht, ihre Schönheit und ihre Rätsel waren seit frühen Jugendzeiten seinem Gemüt heimisch geworden; der große Wall der Alpen war ihm ewiges Sinnbild des Zwiespaltes und Hemmnisses in der eigenen Seele, wo der sehnsüchtige Kampf von Süden und Norden zum Mittelpunkt aller Bewegung geworden war wie in der Geschichte der Menschheit.

Drüben hinter der gläsernen Zaubermauer wußte er die schönen Paradiese liegen, dort floß das Leben gut und leicht in der Unschuld angeborenen Reichtums; und das Schöne wuchs dort mit der kindlichen Natürlichkeit anmutiger Blumen empor, das der Norden nur aus Qualen der Sehnsucht und Abgründen grübelnden Trotzes gebar. Aber die nordische Schönheit klang inniger und erschütternder und flatterte kühner in göttlicher Trunkenheit.
Wieder umfaßte Neander im Anblick der vielfarbigen, fernschwebenden Gipfel den Umfang seines inneren Lebens. Er stand auf der Seite des Nordens, er stand auf der Seite des Verzichtes und der unstillbaren Sehnsucht. Der Kampf aber war eingeschlummert. Seit er die Lebenshöhe überschritten hatte und tiefer ins Tal der langen Schatten hinabgestiegen war, hatten seine Gedanken die Flucht vor dem Tode aufgegeben. Von wo er kam und wohin er ging, schien ihm ein und dasselbe Land. Die lockende Stimme des Lebens, die ihn seit Kinderzeiten jeden Tag gerufen und seine Schritte vorwärts und vorwärts getrieben hatte, war ihm allmählich zur Stimme des Todes geworden, welche von jenseits rief und der zu folgen nicht minder schön und seltsam war. Leben oder Tod, das waren nur Namen, aber die lockende Stimme war da und sang und zog und hieß ihn im guten Takt der Tage schreiten, und der Weg führte nach der Heimat.
Abendatem wehte aus der Weite her, am Weiher rührte sich Schilfgesang. Nacht rief dem Tage, Tag rief der Nacht, ein und aus wehte ewig der Atem Gottes.
Mit aufmerksamen Blicken betrachtete der alte Mann, aus der farbigen Himmelsferne zurück ins Nahe kehrend, seinen Garten. Er sah ihn nicht in seiner augenblicklichen Wirklichkeit, ihn verband mit Bäumen und Gesträuch ein liebevoller Umgang seit vielen Jahren. Was hier stand und wuchs, in diesem kleinen, gepflegten Bezirk zwischen Haus und Holunderecke, in dieser grünen Garteninsel, die kein Blick von außen zu erreichen vermochte, das war alles von ihm gedacht und gewollt, auf Übernommenem weitergebaut und nirgends fertig, vielmehr voll von heranwachsenden Gedanken und Erfüllungen für die Zukunft. Daß an der Ecke zwischen Haselnuß und Holunder die hohen wilden Rosen mit langen Ranken schwebten, daß unter dem

blühenden Palmkätzchenbaum der schwarze, dicke Efeu kroch, daß zwischen dem Gekräusel der Glyzinenranken nur zartes, spitzblätteriges Fliederlaub sich wölben durfte, das war sein Werk, und es war nicht nur schön, es war in zärtlichen Jahren aus hundert besorgten Gärtnerträumen lebendig in langsamer Wahl und Ordnung entstanden. Wo jetzt durch dünne Äste frei der Himmel schaute, da wußte Neander aus Laub und Blüten, aus Früchten und Schlingpflanzen viel schöne, geistvolle Dinge für den Mai, für den Juli, für September heranwachsen und warten: Ebereschenbeeren blank im Blauen hängend, rote Blüten aus dunkelstem Grün aufglühend, Bienenwinkel und Schmetterlingsrastorte für alle Jahreszeiten vorbereitet, innige Pflanzenfreundschaften, von Menschenhand geschützt und begünstigt. Sommermorgenfrühe und schwüle Augustnacht, Aprilmittag und Herbstabend fanden hier und dort ihren Lieblingsplatz und Rahmen bereitet, und im kleinen Treibhause grünte kein winziger Pflanzenkeim, der nicht in des Gartendichters Gedanken schon als Laub und Blume, als Lichtfleck oder Schattenecke, als satte, rote Blütenfarbe dort und da sein Amt und seine Bestimmung hatte.

Aber tiefer und inniger noch lebte der Greis in seinen grünen Träumen, ihm nur bekannt und deutbar wurzelten im Garten überall Erinnerungen und Sinnbilder seines innern Lebens, Trauermale und Dankopfer, Gedenkzeichen der Jugend und hinausdeutende Ahnungen von Tod und Wiederkehr. Wie er die Zeiten des Jahres und Tages im Leben des Gartens inniger mitbeging, so fühlte er über die Jahre hinweg dieses tausendfältig lebende Gebilde als ein Bildnis seiner selbst, als das geheimnisvolle Werk und Abbild seiner Seele. Hier waren Lebensträume gestorben und verwandelt, hier war Gottesdienst begangen und Gefühl der Ewigkeit gepflegt, und wo dem fremden Auge nur ein schöner Wipfel, ein wohliges Gebüsche stand, da lebte ihm, dem Dichter, unvergessenes Sein und Kämpfen, Suchen und Überwinden fort. Wie ein einsamer Regierender in fernen Bewegungen der Menschen und ihrer Güter die Folgen und Früchte seiner Gedanken und Pläne erkennt, so fühlte der alte Gartenfreund jedes Wachstum, jedes stille Geschehen seines sanften Reiches als Fortklang und ferne fruchtbare Schwingung seines Inneren.

Wartend saß Neander auf der niedrigen Mauer, den Blick auf den Bergen. Schon gab es laue Abende und feuchtes Ferneblau, ein Winter und Vorfrühling war überwunden, und vor den Gedanken des Alten lag wieder ein wachsendes Jahr, ein neues, ahnungsreiches Gartenjahr: Sternblumen, Fliederzeit, Rosengehänge über der weißen Mauer!

Kräftige Schritte klangen auf dem Weg vom Hause her. Neander erhob sich, um entgegenzugehen, da stand frisch und lachend sein zweiter Sohn vor ihm, den Hut in der Linken, und griff nach seiner Hand, die er mit zärtlicher Ehrfurcht festhielt.

„Hans! Du bist schon da!"

„Ja, Vater, einen Tag früher als ich euch schrieb. Mama fand ich nicht, sie ist in die Stadt gegangen. Geht es dir gut, Vater?"

„Es geht uns allen gut, Hans. Ich bin vielleicht ein bißchen alt geworden, aber du wirst sehen, Mama ist noch so jung wie immer."

„Ach, und der Garten, unser alter Garten! Die Magnolie blüht, ich sah es gleich. Du bist hier immer noch fleißig – ich glaube, ich habe mein Leben lang nie an dich gedacht, ohne daß ich dich im Garten sah, bei den Rosen oder mit der Gießkanne. Es ist so schön bei dir, schöner als ich wußte. Es gibt auf der Welt keinen solchen Garten mehr."

Hans Neander stellte den Fuß auf die Mauer und blickte fröhlich umher.

„Es stimmt nicht ganz", sagte der Vater, „unsereiner meint es ja gut, aber wir sind hierzulande keine Gärtner, leider. Man muß sehen, wie Japaner das verstehen! Aber für dich ist hier Heimat und Kindheit, da ist alles schön und vollkommen."

„Es war mir ganz ernst damit", rief Hans, „du hast deine Bäume und Beete und alles so merkwürdig richtig und lebendig verteilt und abgestimmt, ich glaube wirklich nicht, daß man es besser machen könnte."

„Weil du die Fehler nicht siehst, mein Junge. Zum Beispiel da unten, neben dem Pavillon, habe ich zwischen die Akazien ein paar Ebereschen gepflanzt und den ganzen schönen Baumschlag damit verdorben. Die Bäumchen sind groß geworden, ehe ich das merkte, und jetzt stehen sie und hängen im Hochsommer ihre roten Beeren in den Himmel, es wäre grausam, sie wieder abzutun. Aber die Akazien allein wären viel, viel schöner und richtiger. Und so ist noch vieles, überall. Es ist nicht leicht, einen guten Garten zu pflanzen. Es ist so schwer wie ein Reich zu regieren. Man muß sich entschließen, auch die Unvollkommenheiten zu lieben, sonst ist man betrogen. Du hast das besser gekonnt als ich. Weißt du, wenn jemand die heikle Geschichte mit der Willensfreiheit ganz ausstudieren will, dann muß er sich auf Gärtnerei legen. Nicht bloß, daß kein Strauch so wächst, wie du ihn dir gedacht hast! Nein, nach Jahren siehst du erst, daß du den Strauch gar nicht frei gewählt und gepflanzt hast; es steckte ein unbewußter Wunsch, eine Erinnerung, ein Zwang dahinter. Auch mit den Ebereschen war es so. Ich meinte sie damals zu wählen, weil Wuchs und Laub mir zu den Akazien zu passen schienen. Erst viel später ging mir auf, daß ich die Bäumchen bloß darum haben wollte, weil ihr Standort in der Pflanzschule, wo ich sie kaufte, mich an eine Ecke im Garten der Großeltern erinnerte. Als ich damals zum Baumzüchter ging, war ich noch gar nicht für Eschen entschlossen. Erst dort, zwischen den jungen Stämmen, fand ich mich plötzlich an den Großvater und an ein Stück Kinderheimat erinnert und kaufte darum die Bäume."

Er lachte still.

„Und dabei weiß ich nicht einmal, ob es wirklich die Eschen waren, die mir jene liebe Erinnerung weckten. Ich deutete es damals so. Es kann aber etwas ganz anderes gewesen sein, ein Geruch, oder die Beleuchtung, irgend etwas, vielleicht eine eigentümliche Wolke vor der Sonne. Aber ich dachte, es seien die Eschen, und da stehen sie nun seit zwanzig Jahren und sind groß geworden."

Hans horchte mit Behagen auf die vertraute, ehrwürdige Stimme und dachte an keine Antwort.

„Nun ja", sagte er langsam, „ich glaube auch, daß wir immerfort aus einem Dickicht von untergesunkenen Erinnerungen heraus leben und empfinden. Vielleicht ist das, was wir unsre Seele nennen, nichts als dieses Geschiebe von dunklem Erinnerungsgut. Ich bin kein Denker und bin froh, daß ich darüber nicht zu grübeln brauche. Aber eben, als ich durchs Haus gegangen war und hinten auf den Kiesplatz kam und den Brunnen sah, hat mich auch plötzlich solch eine frühe Erinnerung überfallen. Ich weiß nicht, ob du dich noch darauf besinnen kannst. Ich war fünf oder sechs Jahre alt und spielte im Hof bei der Ulme und wurde da zu laut und lästig, da riefst du mich zu dir und sagtest, ich möchte jetzt artig sein, dann würdest du mir etwas Merkwürdiges zeigen. Dann brachst du ein großes Blatt von einer Kapuzinerkresse ab und tauchtest es in den Brunnentrog, und ich sah mit einem unvergeßlichen Erstaunen und Entzücken, wie das breite, grüne Blatt sich ganz mit dickflüssigem Silber überzog. Ich konnte mich lange Zeit immer wieder mit diesem Wunder beschäftigen und fühlte dabei eine so merkwürdig satte, volle Kinderwonne, und lange Zeit schien mir so ein Kapuzinerblatt im Wasser das Schönste, was es auf der Welt geben könne."

Der alte Mann wiegte den greisen Kopf hin und her und blickte über die erblaßten Berge hinweg in die noch braun und blaurötlich nachschimmernden Wolken. Er deutete hinüber: eine graue, lange Wolke, quer über den Horizont gezogen, schimmerte matt in hundert Farbenstufen wie ein Taubenhals.

„Da sitzen wir", rief der Alte lachend, „und schwatzen, und du kommst von der Reise und bist am Ende hungrig. Oder magst du ein Glas Wein haben? Und erzählt hast du auch noch nichts, wir haben uns doch ein halbes Jahr nicht gesehen. Du bist ja jetzt so eine Art Beamter geworden?"

„O nein, Papa, der Regierungsbaumeister ist bloß ein Titel, ich bleibe natürlich selbständig und suche kein Amt. Aber ein Glas Wein nehme ich ganz gerne. Hast du noch von dem Elsässer?"

Sie gingen ins Haus, und überall traten dem Heimgekehrten die Andenken der Kindheit und Heimatzeit entgegen. Im Eßzimmer schimmerte der hellgelbe Wein in der geschliffenen Flasche auf dem großen Schiefertafeltisch, da setzte sich Hans, nahm einen Schluck Wein und aß ein Stück Brot dazu behaglich aus der Hand. Neben ihm saß lächelnd der Vater, mit seiner eigentümlich klaren Greisenfrische im weißen Haar, von den Wänden blickten die wohlbekannten Bilder, der holländische Nelkenstrauß und die kleine goldene Madonna aus Italien, auf den Fenstergesimsen standen Geraniumstöcke, durch die halboffne Schiebeluke hörte man nebenan in der Küche die Magd mit dem Messer auf Holz etwas schneiden und schaben. Hans sog alles tief mit dankbarer Wonne ein: Heimkehr, holder Erinnerungssturm, geliebte Räume, vertraute Gerüche, und inmitten der klaren, heimatlichen Welt still und allein der alte Vater, erfreut über seine Rückkunft, doch fest und unstörbar in seiner innern Welt beharrend.

„Und was macht Albert?" fragte der Baumeister, indem er sich im Sessel zurücklehnte. „Seht ihr euch oft?"

„Nein", sagte Neander zögernd, „er sitzt manchmal einen Abend bei Mama, und dann kommt er ja sonntags immer zu uns zu Tische. Es macht mir etwas Mühe, mit ihm zu reden; daran sehe ich, daß ich alt geworden bin. Früher hatten wir oft lange Gespräche miteinander, es war mir interessant, ihm in seinen Gedanken zu folgen, er ist ja ein eigener Kopf. Aber seine Mythologie ist mir immer fremder geworden, die Schuld mag bei mir liegen. Ich schätze nichts höher als Frömmigkeit, aber Albert wird immer gleich dogmatisch. Merkwürdig ist es schon, wie das bei ihm mit den Jahren herausgekommen ist. Mamas Familie war ja ganz pietistisch, sowenig sie selber es ist. Das hat nun Albert geerbt. Nun, du weißt ja. Er hat sogar Wandsprüche in sein Arbeitszimmer gehängt. Sonst ist er ja ein guter, treuer Mensch, und auf mich nimmt er viel Rücksicht. Bist du eigentlich im Briefwechsel mit ihm?"

„Nein, geschrieben haben wir uns nur selten, bei Geburtstagen und so. Übrigens hat er für mich immer mehr Ähnlichkeit mit dir gehabt als mit der Mutter, auch äußerlich."

„Wirklich? Es kann wohl sein. Als er ein kleiner Junge war, fand jedermann, er sei mir sehr ähnlich. Freilich nicht so ähnlich wie du der Mutter. Darin hat er ja gewiß meine Art, daß er mehr in Gedanken lebt als in der Wirklichkeit. Nur die Neigung zum Fanatismus, die er doch wohl hat, kann ich bei mir nicht finden. Vielleicht auch Täuschung."

„Nein, Vater, gewiß nicht. Du bist ja so frei, von dir habe ich ja alles, was ich von Freiheit weiß. Albert ist vielleicht doch ein wenig Pedant, ein wenig Schulmeister – mir war es immer etwas unheimlich, daß er ausgerechnet Gymnasiallehrer werden mußte. Und du, Vater, du bist ein Künstler, du bist ganz und gar ein Künstler. Nicht daß Albert gelehr-

ter oder klüger wäre, o nein, aber bei dir wird aus den Gedanken immer ein Bild, etwas Schönes und Liebenswertes."
Der alte Herr nickte dem Sohne freundschaftlich zu.
„Geschmack hat dein Bruder aber doch", sagte er munter. „Du wirst dir sehr Mühe geben müssen, Hans, wenn du mir einmal eine hübschere Schwiegertochter heimbringen willst."
„Oh, diese Mühe will ich mir gern machen. Aber es ist wahr, Betty ist eine feine und aparte Frau. Schade, man lernt sie schwer kennen. Anfangs hielt ich sie für hochmütig, wie sie immer so schweigsam und kühl blieb. Das war ein Irrtum. Aber fremd ist sie mir immer noch."
„Es war ein großer Irrtum", bestätigte der Alte mit Wärme. „Sie ist das Gegenteil, sie ist schüchtern und fast demütig. Man würde sie besser kennen, wenn sie nicht so schön wäre. Sie bleibt hinter ihrer Schönheit versteckt. Und es bedrückt sie, daß sie keine Kinder hat."
„Ja, das ist schade. Aber es kann ja noch kommen."
Plötzlich sprang Hans auf, er hatte die Haustüre gehen hören. Im halbdunkeln Flur überraschte er die heimkommende Mutter und fiel ihr um den Hals.
„Mama, Mama!"

Zweiter Teil

Aufrecht und frisch saß die Mutter am Tische, die hohe bronzene Erdöllampe brannte mit stillem, gelbem Licht, das Abendessen war abgetragen, und Hans hatte eine Zigarette angezündet.
„Papa wird wohl wieder herunterkommen?" fragte er, und sein Blick hing vergnügt am Gesicht der Mutter, wie sie mit emporgezogenen Brauen und weitab gestreckten Händen bemüht war, ihre Nadel einzufädeln.
Als sie fertig war, lächelte sie zu Hans hinüber, wurde aber alsbald wieder nachdenklich.
„Ich glaube nicht", sagte sie, und schwieg und nähte eine Weile, dann legte sie die Arbeit von sich und stützte die Ellbogen auf den Tisch. Hans aber hatte seine Freude an jeder ihrer Bewegungen, an ihrer festen, strammen Haltung,

an ihren langen, weißen Händen, am hellgrauen Seidenkleid mit den kleinen, gekräuselten Manschetten.
„Wie hast du Papa gefunden?“ fragte sie plötzlich.
„Oh, ganz wie sonst. Er sieht prächtig aus. Ich fand ihn im Garten bei den Rosen.“
„Ja, er fühlt sich wohl. Bloß stiller ist er geworden. Fandest du nicht? Was habt ihr gesprochen?“
Hans besann sich. Er wußte sofort, was sie meinte.
„Er war recht gesprächig. Es war vom Garten die Rede, von Akazien und Ebereschen. Ich habe nie so deutlich gefühlt, wie seltsam er mit alledem verwachsen ist. Es ist wie ein Märchen, und er ist der Zauberer und geheimnisvolle Weise darin.“
„Und hat er dich ausgefragt? Nach deinem Examen, nach deinen Arbeiten? Nach deinen Freunden?“
„Das nicht, nein, aber ich hatte das auch nicht erwartet. Ich merkte doch, daß mein Kommen ihn freute. Sehr stark hat er sich ja nie für das interessiert, was nicht zu seinem engeren Kreis gehört. Er sagte das auch selber. Wir sprachen von Albert, und da meinte er, dem gehe es wie ihm selber, daß er mehr in Gedanken als in der Wirklichkeit lebe.“
Die Mutter nickte und sah ins Lampenlicht.
„Das ist richtig“, sagte sie und suchte nach den Worten. „Es war immer so, aber es ist mit der Zeit stärker geworden. Papa hat etwas Eigenes, etwas von einem Sonderling, und das ist ja ganz gut. Aber er ist in den letzten Jahren so einsam geworden. Er bringt fast den ganzen Tag im Garten zu oder im Treibhaus und läßt sich dort nicht gerne stören. Manchmal kann ich bei den Blumen helfen und eine Stunde dabeisein, aber eigentlich ist er immer am liebsten allein, und während er pflanzt oder Blumen schneidet, ist er in seinen Gedanken. Das war immer so, seit er damals sein Amt aufgegeben hat. Aber die Abende haben wir dann fast immer gemeinsam zugebracht, wir lasen einander vor, oder er diktierte mir seine Briefe, oft haben wir auch musiziert oder Schach gespielt. Das alles hat nun so allmählich aufgehört, siehst du, und das macht mir manchmal Sorgen. Jetzt geht er jeden Tag bald nach dem Abendessen weg, meistens ins Studierzimmer oder in seine chinesische Stube, und ein paarmal hat er auch den ganzen Abend im Treibhaus im Dunkeln gesessen.“

Hans legte seine Hand auf die der Mutter.
„Da sitzest du also viel allein?“
„Ach, das ist es nicht. Oft kommt Albert oder sonst Besuch, und zu tun ist ja immer genug. Es quält mich nur manchmal, wenn ich Papa so viel allein und in seinen weltfernen Gedanken sehe. Denn siehst du, ganz kann ich es noch nicht begreifen, wie er immer so in seiner Stille leben mag. Ich weiß ja, daß er ein Gelehrter und Denker ist. Aber zuweilen wird es mir einfach traurig und beinah unheimlich, wie er so außerhalb der Welt leben mag. Er zieht seine Blumen, aber nicht, um sie jemand zu zeigen oder zu schenken, und er denkt seine Gedanken, aber nicht, um sie mitzuteilen.“
„Ganz so schlimm ist es nicht“, sagte der Sohn begütigend, „du weißt, Papa hat es sehr gern, wenn man sich seine Beete ansieht und sie lobt. Er ist eben ein Künstler oder ein Dichter. Über dem, was seine Gedanken beschäftigt, vergißt er alles. Ich kann das gut begreifen, aber freilich auch dich. Wir wollen ihn schon zuweilen wieder herauslocken und aufmuntern! Und dich auch, Mama, und überhaupt bleibe ich jetzt unendlich lang daheim bei dir. Bei euch ist es so schön und gut, daß ich gar nicht daran glauben kann, es gebe auch hier Sorgen und Schwierigkeiten! Weißt du, wie ich heut abend zu Fuß von der Bahn herauskam, durch die Felder und an den Eichen und am Friedhof vorbei, und wie ich von weitem unsre Ulme sah und das Dach und dann den Zaun und die Treppe und die Haustür, und wie dann im Haus der alte, kühle Geruch wieder war, und die Lisa kam und meldete, die gnädige Frau sei ausgegangen, lieber Gott, ich hätte das korrekte alte Mädchen beinah vor Freude und Rührung umarmt! Und dann beschlich ich den Vater im Garten, bei der Magnolie, und die Fliederbüsche bei der Veranda streiften mir die Haare, und der Brunnen klang so alt und gut und war alle die Monate und Jahre immerzu treulich in sein altes Becken gelaufen, und dann stand Papa bei der Treppe, wo die Aussicht ist, und gab mir die Hand und fing an, von der Magnolie zu sprechen, als wäre ich nie von Hause fort gewesen. Da wußte ich erst wieder so richtig, wie schön das alles ist und daß kein Mensch auf der Welt eine schönere Heimat hat als ich. Und Papa plauderte mit mir, und es gab gar kein Fragen und Be-

sinnen, ich war einfach wieder bei ihm und hörte zu, wie er aus seiner stillen, noblen Welt heraus sprach – und ich wußte dabei, nachher kommt Mama, und dann ist für die Fragen und Sorgen und alles Zeitliche gesorgt! Ich kann dir gar nicht sagen, wie froh ich war!"
Jetzt lachte die Mutter leise, und wie ihre hellblauen Augen warm und strahlend wurden und der feste Mund im Lächeln weich und geschmeidig, sah sie dem Sohn ähnlich wie eine ältere Schwester.
„Jetzt möchte ich noch etwas zu naschen haben", rief Hans lustig. „Wenn du lieb bist und ein Auge zudrückst, geh ich schnell einmal in die Speisekammer und hole mir noch ein Stück von dem schönen Kuchen. Darf ich?"
Sie schloß ein Auge und nickte unmerklich mit derselben Gebärde, mit der sie ihm in Kinderzeiten solche Wünsche gewährt hatte. Und er lief in die Küche, zündete die Kerze an und kam mit einem kleinen Teller wieder.
„Zum Dank will ich dir aber auch etwas Schönes erzählen", sagte er im Essen. „Nämlich ich will bei euch nicht etwa auf der faulen Haut liegen, sondern fleißig sein. Ich habe eine schöne Arbeit vor."
„Etwas zu bauen? Ja, hast du denn schon einen Auftrag?"
„Das nicht, aber es kann vielleicht einer werden. Es ist ein Preisausschreiben, und zwar eins, das noch gar nicht ausgeschrieben ist. Man hat es mir verraten, weißt du, und das ist ein gutes Zeichen. Es soll ein Bankgebäude werden, in einer Stadt in der Schweiz."
„Da wünsche ich Glück, Hans."
„Ja, aber das Beste ist: es ist da wirklich etwas Feines zu machen. Nämlich ich bin vorgestern schnell dort gewesen, um zu sehen, ob ich überhaupt mitmachen soll. Nun denke dir, eine kleine, stille Seitenstraße, lauter alte, feine Häuser in einem bescheidenen, noblen Barock, und ein hübscher Baumgarten dazwischen, ganz entzückend. Der Garten freilich kommt weg, denn dort soll das Haus hingebaut werden. Man kann sich nichts Hübscheres ausdenken. Das ist etwas anderes, als in eine moderne Stadtstraße hinein ein beliebiges Haus mehr zu bauen."
„Famos, Hans! Aber gewiß nicht leicht."
„Doch, es ist leicht. Es ist ganz leicht. Es soll ja eine Bank werden, kein Warenhaus. Das kann man ganz fein und an-

ständig zwischen die schönen alten Sachen hineinstellen, wahrscheinlich brauchen wir nicht einmal höher zu bauen als die Nebenhäuser, jedenfalls nicht viel. Ich nehme den Bau ein klein wenig zurück, hinter ein schmales Rasenplätzchen, und dann wird die Fassade ein ganz klein wenig geschweift, nur eine Idee, so –"

Er hatte sein Taschenbuch herausgenommen und zeichnete eifrig. Die Mutter stand darüber gebeugt und fühlte sich wieder ganz mit ihrem Lieblingskind vereinigt. Es gab keine Sorgen mehr, es waren keine Mißklänge in der Welt. Hans war da, und es ging ihm gut, er war glücklich.

„Wie schön, mein Junge! Sieh, das habe ich mir oft in Gedanken ausgemalt, den Augenblick, wo du zum erstenmal einen schönen Bau beginnst. Aber stört dich das nicht, daß du dich an die Nachbarhäuser so sehr anpassen mußt?"

„Ach, das ist ja gerade fein! So ein maßvolles, bürgerliches, gar nicht theaterhaftes Barock, das ist etwas ganz Köstliches. Diese Art von moderner Bauerei, die bloß recht originell sein will, ist mir so unsäglich zuwider! Ich denke mir oft, wenn alle Häuser und Straßen hübsch und ruhig und edel aussehen würden, da müßten auch die Leute alle freundlich und liebenswürdig sein. Aber wenn da jeder kleine Frechling von Architekt so tun darf, wie wenn er Michelangelo wäre und eine neue Ära einleiten müsse, wenn das eine Haus fast ohne Fenster und das daneben fast ganz aus Glas ist, wenn man Stein und Holz und Eisen, Keramik und Mosaik und alles durcheinander schmeißt und einer den andern bloß mit recht heftigen Trümpfen stechen will, da kann ja die Welt nicht in Ordnung sein. Wir heißen das unter uns Freunden Konzert-Architektur. – Ich weiß ja nicht, wie weit ich es als Baumeister bringe und ob es mir gelingt, es so zu machen, wie ich möchte. Aber wenn ich einmal beim Bauen Einfälle habe und originell sein will, dann darf es keine Originalität sein, die einem von weitem in die Augen schreit. Nichts auf der Welt ist so verleidig und wird einem so zuwider wie aufdringliche Architekturen."

Er sah, wie die Mutter über seinen Eifer lächelte, und brach lachend ab.

„Also ich mache mein Barockhaus so gut ich kann, und häßlich wird es nicht, das kann ich versprechen. Ich glaube, sogar Papa wird einverstanden sein, wenn erst die Zeichnungen fertig sind. Und er ist sicher der strengste Richter, den ich mir suchen kann. Nur muß ich mit der Arbeit noch warten, bis die Bedingungen veröffentlicht sind; sonst fange ich schließlich etwas an, was die Bankleute nicht brauchen können, und hätte dann die schöne erste Schaffensfreude vergebens verpufft. Es gibt also zunächst eine kleine Weile Ferien! Ich will wieder einmal bei euch daheim sein wie in den Knabenzeiten, mit dir und Papa, ohne Besuche und Einladungen, und will gar nichts tun als spüren, wie schön es hier ist."

Die große Uhr schlug zehn, und Frau Neander packte, wie der Sohn sie es tausendmal hatte tun sehen, ihre Nähsachen zusammen, tat die Brille ins Lederfutteral, schloß die hohen Schranktüren ab und schaute nach, ob in dem Hausflur auf dem Kaminsims die Leuchter bereitständen. Dann bat sie Hans, nach der Haustür zu sehen, ob sie geschlossen sei, und wünschte ihm gute Nacht.

„Geh nur ins Bett", mahnte sie, „du findest in deinem Zimmer alles bereit. Wir haben halt immer noch die alte Wirtschaft mit den Lampen und Kerzen, Vater will das Elektrische nicht im Haus haben."

Sie zündete zwei Leuchter an, den einfachen, messingenen für sich und den silbernen Gastleuchter mit drei dicken Kerzen für Hans, und löschte die Lampe aus.

Hans mochte noch nicht schlafen. Fröhlich stieg er die runde Steintreppe hinauf und sah im Kerzenlicht hier und dort die bekannten lieben Sachen grüßend funkeln, Bilderrahmen und hohe Vasen, blanke Türklinken und Zinngerät auf hohen Wandborden. In seinem Zimmer dufteten Veilchen, hinterm offnen Fenster stand schwarz das Geäst der Ulme.

Er stellte den Leuchter auf den Tisch neben den unausgepackten Koffer und ging langsam durchs Zimmer hin und her, darin er so viel Knabenjahre, Jünglingsjahre, Studentenferien verlebt hatte und wo alles vertraulich in der alten Ordnung stand, Bücherreihen und Tonmodelle, Schmetterlingssammlung und Windbüchse, Mappen voll Photographien von den Reisen seiner Schülerzeiten, die Büste Goethes und die Totenmaske von Beethoven, Notenschrank und Gitarre.

Aufmerksam blickte er in der warm durchfluteten Dämmerung umher. O wie recht hatte der Vater, der kein elektrisches Licht in diesem Hause haben wollte! Alles Zarteste dieser Stunde wäre weg gewesen ohne den Gang durch die Finsternis der Flur und Treppe, ohne das launische Spiel kleiner Glanzlichter auf Metall und Glas, ohne das warme, milde Licht der drei Kerzen im hohen Leuchter.
Ihm fiel ein, wie verwandt er hierin seinem Vater sei, in der Liebe zur zarten Haut und Oberfläche der Dinge, im Sinn für das Magische alles Sichtbaren, des Lichtes, der Farben. Wie die messingenen Kofferbeschläge das Licht widerstrahlten, wie der geknickte Schatten des hohen Ofens über Wand und Stubendecke floh, das war ihm lieb und zauberhaft, das tat ihm wohl, reizte ihn und gab ihm Gedanken. Vielmehr nicht Gedanken, sondern ein reizendes, klangvolles Gefühl vom Lebendigsein der Welt, vom stillen, zähen Eigenleben der Sachen, ein gutes, nachdenkliches und zärtliches Gefühl, ohne das er nicht hätte leben mögen. Das hatte der Vater ebenso, mehr als alle anderen Menschen, die er kannte, dies gelegentliche Verlorensein an das selbstlose Schauen, diese Ahnung vom Lebendigsein aller Dinge, dazwischen die Bewußtheit eines Menschenlebens oft wie ein Unrecht, wie eine Härte, wie eine Schuld erschien. Eine nicht zu sühnende Schuld, zu sühnen nur für Augenblicke durch eine gesteigerte Liebe zu den Dingen, durch ein flüchtiges, schnell hinschauerndes Empfinden von Einsamkeit und Vergänglichkeit.
Ein Schritt auf der Terrasse neben seinem Fenster schreckte ihn empor. Hans lief hinüber. Da war der Vater aus dem Studierzimmer getreten und stand atemholend in der bleichen Nacht, zwischen den noch kahlen Glyzinenranken der Brüstung, und blickte mit emporgerecktem Gesicht in das dunkle Astgebäude der Ulme.
Hans wollte ihn nicht stören. Er wußte, der Vater kam aus der Einsamkeit seiner Gedanken und suchte nach seiner Gewohnheit am Ende des Tages noch einen Anblick, einen Duft, einen Ton, ein Stück unschuldiger Natur, um seine Sinne daran zu stillen und es mit in den Schlaf und Traum zu nehmen.
Doch bezwang ihn ein Nachklang aus den Gesprächen mit der Mutter und ein aufwallender Schauer von Liebe zu dem

alten, stillen Mann, und er stieg wie in früheren Zeiten durchs Fenster zu ihm hinaus.

„Gute Nacht, Vater", rief er behutsam.

Der Alte wendete sich um.

„Gute Nacht, mein Junge. Bist du zufrieden?"

Hans nahm seine hagere, noch seltsam kraftvolle Hand.

„Du bist so viel allein, Vater."

Der alte Mann schüttelte den Kopf und lächelte. „Du täuschest dich, Hans. Ich bin nicht allein. Das ist man nur in der Jugend."

„Aber Mutter wartet gewiß manchmal auf dich, denke ich, so am Abend."

„Meinst du? Es ist gut, daß du mich erinnerst."

Neander ließ die Hand seines Sohnes los und ging ein paar Schritte weiter, blieb stehen, kam zurück und sagte: „In der Jugend, Hans, ist man viel allein, und man spürt, daß das Alleinsein nicht gut ist. Darum sucht man Freunde, und verliebt sich, und entdeckt Familie und Vaterland. Das ist sehr gut, dabei gedeiht die Welt. Aber wenn man alt genug geworden ist, dann genügt das der Seele nicht mehr. Dann ist Freundschaft und Liebe und Vaterland auch bloß wieder eine Schale, die uns vom andern trennt, die uns vom Ganzen trennt. Dann wollen wir zum Ganzen. Das Ganze ist Gott. – Hast du nie chinesische Erzählungen gelesen?"

„Ich glaube nicht. Nein. Warum?"

„Einerlei. In den chinesischen Geschichten kommt immer und immer wieder derselbe Mann vor, in verschiedenen Gestalten. Als Jüngling gehorcht er den Eltern und lernt einen Beruf. Als Mann heiratet er und sorgt für seine Familie. Darüber lernt er das Vaterland lieben und bei allem an Ahnen und an Nachkommen denken. Er wird tätig und nützlich, er hilft den Staat leiten. Aber zuletzt, in der letzten Reife, da erkennt er, daß auch alles das noch Einsamkeit und Selbstsucht ist. Dann verläßt er eines Nachts seine Hütte und sein Feld, sein Weib und seine Untertanen, sein Amt und seine Bücher, und verschwindet. Seine Zeit ist gekommen. Er geht in die Berge, um von Tau und Blumenblättern zu leben und um alles abzustreifen, was noch Schale an ihm ist. Dann geht er zu den Unsterblichen ein."

Wieder ging er einige ruhige Schritte auf und nieder, sein

weißes Haar schimmerte blaß in der Nacht. Dann gab er Hans nochmals die Hand.
„Schlaf wohl, Hans. Du wirst einmal Freude an diesen Chinesenbüchern haben, es stehen gute Sachen drin. Das und der alte Goethe, der ganz alte Goethe, ist mir von allen Büchern jetzt am liebsten. Aber das hat noch Zeit für dich, noch viel Zeit. Du bist noch kaum über den Werther hinaus, noch in den Lehrjahren."
Damit ging er, und aus der Tür zum Studierzimmer, die er öffnete, drang Lichtflut und umströmte seine Gestalt. Gleich darauf ward es dunkel, und Hans hörte ihn in sein Schlafzimmer gehen.

Dritter Teil

Auf stillgraue Tage mit lauem Regengeriesel war Südwind und feuchter Himmel mit greller Wolkenjagd gefolgt, rußig schwarze Schatten und weißes, stechendes Sonnenlicht, zwischen zornig ineinander verrannten Wolkenlagen sanfte Himmelsinseln von sehnsuchtsvollem Frühlingsblau. In der nassen, schwarzen Erde standen fett und grell die roten, drallen Tulpen in starren Reihen und Kreisen.
Hans stand beim Vater im Treibhaus, durch viele halbgeöffnete Scheiben trieb die kräftigfeuchte kühlere Luft herein, nur der Anbau mit den ausländischen Pflanzen stand noch fest verschlossen. Der Gärtner mischte Erde aus verschiedenen Behältern durch ein Sieb zusammen und füllte sie in kleine Töpfe, und in jeden Topf pflanzte der alte Neander mit zartem Fingerdruck eine kleine, junge Pflanze ein, die Sommerblumen für Fenster, Balkonbrüstung und Terrasse. Durch die schrägen Glasscheiben des Daches spielte das unruhige Licht des windigen Tages mit hastigen Wolkenschatten herein.
„Ich muß noch immer an das denken", sagte Hans, „was du mir neulich am Abend von jenen alten Chinesen gesagt hast."
Neander gab keine Antwort. Sorgfältig drückte er die dunkle Erde um die Wurzeln einer Pflanze fest.
„Glaubst du wirklich, daß sie dann von Blumenblättern gelebt haben?"

Der Vater griff nach einer neuen Pflanze.
„Ich weiß nicht", sagte er. „Ich glaube, das ist nicht wichtig. Aber ich kann mich täuschen. Ich bin kein Chinese, und ich bin lange nicht so weit, wie die es waren, die sich in die Berge zurückzogen und zu den Unsterblichen eingingen. Wir haben es vielleicht schwerer, und über die Unsterblichen wissen wir so gut wie nichts. Unsre Zeit ist anders, wir haben leider keine Götter, und wir werden daran einmal zugrunde gehen. Aber wir haben viel in der Natur herumstudiert, und es zeigt sich, daß die Welt doch nicht ärmer geworden ist. Gottheiten haben wir nicht, aber wir haben einige solche Geheimnisse wie die Röntgenstrahlen. Die reißen plötzlich ein Loch in die bekannte Welt und zeigen, daß alles noch viel wunderbarer ist als die uns bekannten Mythologien. Ärmer sind wir nicht geworden, nein, wir sind im Gegenteil etwas schnell reich geworden, darum fehlt uns die Hauptsache."
Er hob den kleinen Topf empor und prüfte, ob die Pflanze schön aufrecht stehe.
„Und was wäre denn die Hauptsache?" fragte Hans zögernd.
„Die Einfachheit", sagte der Vater kurz und bestimmt. Dann setzte er spielender hinzu: „Im Neuen Testament heißt es Einfalt."
Ein Schatten fiel herein, und durchs nächste offne Fenster blickte mit braunen Augen ein schönes Frauengesicht.
„Da ist ja Hans", rief Betty freundlich. „Du wolltest uns gestern besuchen, als wir spazierengegangen waren. Grüß Gott, Hans. Grüß Gott, Papa."
Sie kam herein, etwas gebückt zwischen den herabhängenden Ranken der Ampelgewächse, und gab beiden die Hand.
„Es hat Albert sehr leid getan, wir kommen dafür heut abend her."
Hans sah Betty neugierig an, die im hellbraunen Tuchkleid schmal auf dem nassen Laufbrett stand. Wieder fiel ihm ihr Haar auf, schwarzes, vom Nacken her straff hochgekämmtes Haar. Er erinnerte sich, daß auf berühmten Blättern von Utamaro und andern japanischen Meistern die Kenner besonders die regelmäßige Feinheit des Haaransatzes rühmten, er besaß selbst ein solches Blatt, und stellte nun mit

stillem Vergnügen dieselbe Vollkommenheit an Betty fest.
„Aber ich störe dich, Papa“, sagte sie rasch, „ich will gleich wieder gehen.“
„Dann nimm Hans mit“, rief Neander, „er spricht mir zu viel. Ich muß hier noch arbeiten.“
„Laß uns noch einen Augenblick dableiben“, bat Hans. „Es ist so hübsch, wie die kleinen, strammen Pflanzen nebeneinander in ihren Töpfchen stehen. Sieh nur, Betty!“
Nun standen sie eine Weile, während der Vater in seiner zarten Arbeit fortfuhr, und sahen seinen geübten, kundigen Fingern zu und den kleinen Pflanzen, die aus dem Gedränge eines Saatkastens kamen und nun, jede plötzlich vereinzelt, mit einem Ausdruck von Ängstlichkeit und Verwunderung an ihren neuen Plätzen standen.
„Wie wenn sie sich fürchteten“, sagte Betty.
Der Alte nickte.
„Das tun sie auch.“
Dann ging Betty auf dem feuchten Brett voraus ins Freie, ihre Jacke zuknöpfend.
„Wie geht's, Frau Schwägerin?“ fragte Hans, als sie draußen waren.
Sie ging auf den leichten Ton nicht ein.
„Danke, gut“, sagte sie ernsthaft. „Ich bin froh, daß ich dich traf. Ich möchte dir etwas sagen.“
Im Aufblicken sah er sie leicht erröten und sah über ihren Augen und in den Nasenflügeln einen sonderbaren Ausdruck, den er kannte und den er früher an ihr gar nicht hatte leiden mögen. Es sah aus wie Hochmut und drückte doch, wie er jetzt deutlicher als jemals fühlte, nichts anderes aus als die Anspannung, mit der Betty ihre eigene Schüchternheit bekämpfte.
Ohne zu sprechen, blickte er ihr einladend und ermunternd in die Augen, mit einem Ausdruck von Vertrauen, den er ihr gegenüber sonst nie gefunden hatte. Ihre Schüchternheit war ihm zum erstenmal nicht mehr hinderlich und störend, sondern lieb und rührend durch kindliche Reize.
Wie er alsbald spürte, empfand sie ohne weiteres aus Blick und Haltung seine Freundlichkeit, seinen guten Willen, und beide ahnten in diesem Augenblick, daß sie einander verwandt und einer dem andern zu Verständnis und Hilfe

bestimmt seien. Von ihr wich die ängstliche Scheu; von ihm fiel die schlechte Gewohnheit ab, sie burschenhaft und ein wenig spöttisch zu behandeln.
Statt weiter gegen das Haus zu gehen, bog Betty in den Obstgang gegen das Wäldchen ein, an dessen Rand die Gesträuche schon lichtgrün schimmerten.
„Es ist wegen Albert", begann sie mit freierer Stimme wieder. „Ich will dich nicht bitten, öfter als früher zu ihm zu kommen. Aber du weißt, er ist eigen und empfindlich, und vielleicht ist es gerade sein Bestes, was er immer verbirgt und verschweigt. Laß mich offen reden! Albert ist schwerer als du, weniger offen, weniger heiter, und was er geworden ist, hat ihn Mühe gekostet. Dir fiel alles leichter, schon in der Schule. Er leidet vielleicht nicht darunter, aber er empfindet es doch, und es quält ihn ernstlich, daß er zu Papa kein so freies und vertrauliches Verhältnis mehr hat."
Hans nickte und schwieg. Er fühlte, sie wolle noch etwas anderes sagen. Im Wäldchen blieb sie stehen.
„Ich weiß nicht, Hans, ob du es richtig findest, daß ich dir davon sage. Es ist dir ja auch nicht neu. Aber du darfst nicht glauben, ich wolle irgend jemandem Schuld geben. Wenn jemand Schuld dabei hat, dann bin nur ich es."
„Du?!" rief Hans verwundert.
„Ja. Es wäre meine Aufgabe, Alberts Leben heiterer und leichter zu machen. Statt dessen bin ich selber behindert und ungeschickt. Er müßte jemand um sich haben, der alles leichter nimmt, der fünfe grade sein lassen kann. Ich weiß, wie sehr er sich Kinder gewünscht hat, auch diese Enttäuschung drückt auf ihn. Er ist ja nicht so, wie er jetzt oft scheint, er hat auch viel von Papa in sich, aber das Grübeln und Quälen hat immer mehr die Oberhand gewonnen."
„Er soll froh sein, daß er dich hat!" wollte Hans rufen. Aber er fühlte, wie töricht es klänge. Und er sagte nur: „Du sorgst ja so gut für ihn."
Das war nicht, was sie hören wollte. Mit der gewohnten Gebärde reckte sie abwehrend den Kopf hoch und zog die Brauen empor.
„Was kann ich denn tun?" meinte Hans kleinlaut.
Sofort ließ sie den Kopf wieder sinken.
„Ich weiß nicht. Du solltest nur davon wissen." Und nach einer Pause: „Damit du mir helfen kannst."

Bei den Worten hatte er ein Gefühl, wie wenn eine kleine Kinderhand sich vertraulich in seine schöbe. Er lächelte froh und sagte, ohne zu überlegen: „Recht so, Betty. Natürlich will ich dir helfen."

Von Hans begleitet, schlug sie den Feldweg ein. Er kam mit bis zum Rande der Stadt, wo die Trambahn hielt. Sie gaben sich die Hände nur flüchtig, aber beide empfanden ein Erlebnis. Sie waren Freunde geworden.

Am Abend kam sie mit Albert, sie saßen bei Tische Hans gegenüber, der den Bruder mit einer neuen Teilnahme beobachtete. Albert, wenig über dreißig Jahre alt, hatte nichts Jugendliches mehr im Äußeren, er trug in Stirnfalten und im schon leicht verfärbten Schläfenhaar die Spuren einer nervösen Schwäche und eines für seine Natur nicht leichten Amtes an sich. Aber er war heute gut gelaunt, gesprächig und leidlich heiter. Wieder beobachtete der Bruder an ihm die alte Gewohnheit, daß er unfrei und unbequem im Stuhle saß und beständig seine Haltung veränderte. Auch erkannte er gleich beim ersten Wortgeplänkel mit einem leichten Mißbehagen die Gebärde wieder, mit welcher Albert bei jeder ihm unerwarteten und unliebsamen Wendung des Gesprächs mit der Fläche der linken Hand über die Schläfe strich, wie um einen sich meldenden Schmerz zu beruhigen. Diese Gebärde war es vor allem gewesen, an welcher Hans in den Jahren knabenhafter Empfindlichkeit Anstoß genommen hatte, ihretwegen war ihm der unverstandene ältere Bruder zuzeiten völlig zuwider gewesen. Dies Schläfenstreichen sah so aus, als klage Albert über einen ungerechten Angriff auf seine Ruhe und mache den Angreifer für sein Wehgefühl verantwortlich. Hans sah es mit Lächeln, aber ein Nachgeschmack ehemaliger Ablehnung war doch in ihm vorhanden.

Im übrigen betrachtete er wieder mit Aufmerksamkeit Alberts auffallendes Gesicht, das von beiden Eltern eigenartige Züge übernommen hatte und übertrieb; namentlich trat bei ihm im Lächeln der Zug von leicht spöttischer Skepsis, der beim Vater liebenswerteste Geistigkeit ausdrückte, beinahe häßlich hervor. Vom Vater stammte auch Alberts Nase und Ohr, nur war bei ihm die reiche Formung, namentlich der Nüstern, bis zu einer unruhigen und leidenden Sensibilität gesteigert. Die hellblauen Augen, von

Schnitt und Farbe genau die der Mutter, wohnten fremd in diesem Gesicht, in dem sie doch das Schönste waren.
Je weniger sich Hans den Bruder als Freund vorstellen konnte, desto schonender dachte er über ihn, desto stärker sprachen die elterlichen Züge in Alberts Gesicht zu ihm, desto magischer erschien ihm das Geheimnis des Blutes, das ihn mit jenem verband.
Nach dem Abendessen bat Hans seine Brudersfrau, etwas zu singen. Neander hatte es kaum gehört, als er die Bitte eifrig unterstützte. Ihm schlug Betty keinen Wunsch ab.
„Gerne", sagte sie. „Was möchtest du hören, Vater?"
Sie wußte, daß Neander nur dann nach Musik begehrte, wenn er Verlangen nach dem Wiederhören eines ganz bestimmten Stückes trug.
„Wenn ihr einverstanden seid", sagte der Alte höflich, „bitte ich um die Händel-Arie, die du im Winter einmal gesungen hast: Quel fiore, che ride."
„Die Noten sind nicht da", sagte Betty zögernd, „ich muß es aus dem Gedächtnis versuchen und mich selber begleiten. Aber es ist nur ein Bruchstück, was ihr zu hören bekommt. Es ist ein Duett für zwei Soprane, und eigentlich ist es eine Barbarei, wenn ich es so singe, wie ich es mir für mich allein aus dem zweistimmigen Satz heraus kombiniert habe."
„Bitte sing nur", rief Albert.
Sie setzte sich ans Klavier, einen kleinen, altmodischen Flügel, und suchte leise die Begleitung zusammen. Nun blickte sie den Alten an, sah dann vor sich nieder und sang mit einer leichten, klaren Mädchenstimme rein und korrekt das Lied von der Blume, die in der Morgenfrühe lacht und nur bis zum Abend lebt:

„Quel fior che all'alba ride,
Il sole poi l'uccide,
E tomba ha nella sera.

È un fior la vita ancora:
L'occaso ha nell'aurora
E perde in un sol dì
La primavera."

„Wie schön!" sagte Hans nach einer Pause. „Und lauter Sachen, die kein Mensch kennt. Wo hast du das wieder gefunden?"

„Es war auf einer Reise. Ich war in Bern und kam im Spazierengehen gegen Abend vor das alte Münster, sah Leute hineingehen und erfuhr, daß ein Orgelkonzert darin sei. Da hörte ich das Lied von zwei Sängerinnen zur Orgel singen. – Magst du noch etwas hören, Papa?"

„Danke, Kind, ich denke, es ist genug. Du mußt mit einem alten Mann Geduld haben, der nicht mehr viel Musik vertragen kann. Übrigens – darf ich sagen, daß das Lied mich beim zweiten Hören doch etwas enttäuscht? Es ist wie sein Text: mehr hübsch als originell."

„Du bist grausam", rief Hans lebhaft. „Es kann doch nicht jedes kleine, hübsche Lied auch gleich eine Offenbarung sein."

Neander ließ seine hellen, blauen Augen glänzen.

„Junge, da hast du vermutlich recht. Aber es ist ganz merkwürdig, wie entbehrlich die Kunst einem mit den Jahren werden kann. Tausend Kompositionen und Gemälde und Dichtungen, ohne die ich mir in alten Zeiten das Leben gar nicht mehr denken konnte, sind jetzt so gleichgültig geworden. Ich sehe mich noch dazu kommen, daß ein einziges Buch und ein einziges Musikstück meinem Bedarf an Kunst genügen."

„Die möchte ich wohl kennen", sagte Albert kritisch.

„Das Buch möchte ich lieber nicht nennen", fuhr der Alte unbeirrt fort. „Aber das Musikstück wüßte ich schon."

Albert sah ihn fragend an, und auch die andern blickten erwartungsvoll.

„Es ist der Actus Tragicus von Bach – aber freilich, während ich das sage, fällt mir schon ein andrer Gipfel dazu ein: das Ave verum corpus von Mozart. Darüber hinaus geht keine Musik."

„Ich finde das aber doch ungerecht", sagte Hans nachdenklich. „Du könntest schließlich grade so gut die Cherubin-Arie, Voi che sapete' oder zwanzig andere Stücke vom gleichen Rang nennen."

Neander strich seinen weißen Bart, und sein freundlicher Blick verlor sich zu Betty hinüber und über ihr schwarzglänzendes, hochfrisiertes Haar hinweg ins Ziellose.

„Zugegeben", nickte er langsam. „Es war eine Sentimentalität von mir. Immer wieder klammert man sich ans Liebgewordene und meint, es sei Treue, es ist aber bloß Trägheit. – Natürlich muß es auch ohne Actus Tragicus gehen und ohne Mozart und ohne all das. Es muß überhaupt ohne Kunst gehen. Sie ist eine feine und sensible Haut zwischen uns und dem Herzen der Welt, und es ist gewiß besser, diese dünne Haut zu haben als einen Panzer – aber um ganz ins Herz der Welt hineinzukommen, muß man auch diese zarteste Haut schließlich durchstoßen."
Er lachte aus seinen etwas weitsichtigen Augen . . .

(Hier endet das Manuskript)

In einer kleinen Stadt

Esser werden nicht alt. So wohl der Notar Trefz mit seinen sechzig Jahren aussah und so sehr er am Leben hing, eines Mittags im Mai traf ihn der Schlag, und am nächsten Morgen trug schon der Leichenbitter mit seinem Gehilfen die Nachricht von seinem Tode durch die erstaunte Stadt. „Ja lieber Gott, der Trefz", hieß es überall. „Man darf doch keinem mehr trauen. Überhaupt, die alten guten Bürgersleute sterben halt allmählich weg, erst voriges Jahr noch der Schiffwirt, und jetzt der Notar Trefz!"

An diesem Vormittag hatte es die Witwe nicht ruhig. Zwei alte Freundinnen, die ihr beizustehen gekommen waren, brachten die verzagte Frau durch die Aufzählung aller Verpflichtungen und alles dessen, was durchaus nicht vergessen werden durfte, in Verwirrung und taten selber wenig als reden und trösten. Und eben dieses wäre entbehrlich gewesen, denn die Frau Notarin hatte keinen Grund, untröstlich zu sein, und war es auch nicht. Aber sie war vom schnellen Erleben betäubt, von den plötzlich erstandenen Witwenpflichten und Trauersorgen beängstigt und bewegte sich in der ungewohnten Freiheit nur schüchtern und traumbefangen, während nebenan im Schlafzimmer ihr Tyrann und Quälgeist stillelag, dessen Tod und Ungefährlichkeit sie immer wieder für Augenblicke vergaß und dessen ärgerlich befehlende Stimme wieder zu hören sie immerzu gewärtig war. Erschrocken und beklommen ging sie hin und wider, und so lebhaft es im Hause war, schien es ihr doch seltsam still zu sein. Der Notar war nicht leicht gestorben. Als ein kräftiger und stolzgesinnter Mensch, der sein Leben lang befohlen hatte und an gute Tage gewöhnt war, hatte er sich dem Tode nicht ohne Groll und Fluchen ergeben und war schließlich in wahrer Verzweiflung gestorben,

da er nicht einsah, warum er nun, wo die wahrhaft guten Zeiten der Altersruhe bevorstanden, mitten aus seinem Leben und Besitz hinweg solle. Obwohl seine laute Stimme schon gebrochen und sein Blick schon getrübt war, hatte er bis zum letzten Augenblick gezürnt und gescholten und sein Weib für alles verantwortlich gemacht.
Im Erdgeschoß des zweistöckigen schönen Hauses war es feierlich still. Dort lag die Amtsstube des Verstorbenen, die nun geschlossen war, und der Gehilfe und der Lehrling gingen in Sonntagskleidern, verlegen-froh über den unerwartet eingetroffenen Feiertag, in der Stadt spazieren.
Die ganze Stadt wußte nun von dem Todesfall, und wer über den oberen Markt ging, unterließ es nicht, aufmerksam und neugierig nach dem Trauerhause zu schauen, das seit Jahrzehnten dastand und das alle tausendmal gesehen hatten und an dem heute doch jeder einen Schein von Ungewohntem, von Feierlichkeit und großem Ereignis wahrnehmen konnte. Im übrigen war an dem Hause nichts Auffallendes zu bemerken als die geschlossenen Läden des Erdgeschosses, die ihm etwas halbschlafend Sonntägliches gaben. Die helle, beinahe sommerliche Sonne schien klar und weiß auf den Marktplatz und auf die Häuser, auf die Brunnen und Bänke, und malte treulich neben jeden Fensterladen, neben jede Vortreppe, jedes Scharreisen einen kleinen Schatten. Der große Neufundländerhund von der oberen Apotheke hatte seinen vornehmen Platz neben dem alten, vorgeneigten Prellstein an der Marktecke inne, an den Läden des Buchhändlers und des Hutmachers waren die neumodischen Markisen herabgelassen, hoch vom Bühel herab aus den Schulhäusern klang Knabengesang dünn und leicht durch die fröhliche Luft.
Gegen Mittag, noch ehe die Schulen sich auftaten und den sonnigen stillen Platz überfluteten, kam um die Ecke vom Flusse her ein Mann oder Herr in gutem Anzug mit einer hellbraunen Ledertasche in der Hand in ruhigem Schritte gegangen, schaute blinzelnd den lichten Platz hinauf, rückte spielend am steifen Hute und schritt sicher über den ganzen Markt dem Trefzischen Hause zu, in dessen Tor er verschwand. Im kühlen Flur rüttelte er an beiden Türen und schien ärgerlich darüber, daß keiner der Angestellten da war. Dann stieg er rasch die Treppe empor, läutete an

der Glastüre und trat, als ihm aufgemacht war, sogleich ins Wohnzimmer, das eben erst von den beiden Trösterinnen verlassen war. Er nahm den Hut vom blonden Kopfe, blickte um sich und rief: „Mama, wo bist du denn?"
„Gleich, gleich!" rief sie von hinten her. „Ach grüß Gott, Hermann!"
„Grüß Gott."
Er nahm die Hand, die sie ihm entgegengestreckt hatte, und nach einem verlegenen Husten fragte er mit veränderter, leiser Stimme: „Lebt er noch?"
Die Frau, die seit dem frühen Morgen im Zeuge und noch zu keinem Seufzer gekommen war, sank plötzlich auf einen Sessel, brach in Tränen aus und schüttelte den kleinen Kopf. Verwirrt und etwas unmutig tat der Sohn ein paar Schritte. Die Frau war schnell wieder aufrecht.
„Willst du zu ihm?" fragte sie.
„Nachher. Wann ist er denn – –?"
„Heut nacht, oder eigentlich, es war schon Morgen." Und da sie ihn ärgerlich werden sah, fügte sie schnell hinzu: „Ich habe dir gleich nochmals telegraphiert."
„So, so", sagte er. „Ja, ich will einmal hinübergehen. Ist er im Schlafzimmer?"
Sie ging mit ihm, und als sie das verdunkelte Schlafzimmer betraten, nahm sie seine Hand. Leise führte sie ihn zu des Vaters Bette, wo er schweigend stehenblieb, und stieß alsdann einen Fensterladen auf. Da kam ein Streifen von goldenem Tageslicht in die Düsternis und schien bis zum Lager des Toten hinüber. Dieser lag steif mit gerade gerichteten Gliedern und festem Gesicht, und der Sohn beugte sich über ihn. Er fühlte, daß ihm nun eine Traurigkeit wohl anstünde, und er hätte gern eine Träne gezeigt. Doch als er eine kleine Zeit in das väterliche Gesicht geblickt hatte, fand er es seinem eigenen so ähnlich, daß ihm war, er sehe sich selber alt und tot, und darüber faßte ihn ein Grauen, so daß er einige Zeit bewegungslos verharrte und den Blick nicht von dem Toten trennen konnte. Darauf ging er behutsam, zog den Laden wieder zu und winkte der Mutter, hinauszukommen.
Das heutige Mittagessen im Hause Trefz war nicht bedeutend, und der Sohn, der seines Vaters Natur hatte, mußte an sich halten, um nicht ein Wort des Tadels zu sagen. Und

die Witwe spürte es und merkte wohl, daß sie statt des alten Tyrannen, der drüben lag, nun einen jungen habe. Freilich, sie konnte wegziehen, konnte sich losmachen, niemand konnte sie zwingen, die Magd im Hause zu bleiben. Allein sie wußte wohl, sie würde doch bleiben und das alte Leben würde weiter gehen, nicht besser und nicht schlimmer. Wer einmal nachgegeben und ein halbes Leben lang einen fremden Willen über sich gehabt hat, der muß stärker im Rückgrat sein als die Frau Trefz, wenn er nochmals ein eigenes und freies Leben beginnen will.
Nach Tische kam Besuch. Zuerst der Aktuar Kleinschmied, dann der Oberamtmann. Gegen den Aktuar benahm sich der Herr Dr. Trefz freundlich, doch würdevoll, für den Oberamtmann aber hüllte er sich in Verbindlichkeit und feine Lebensart. Er war gesonnen, seine Zugehörigkeit zum obersten Range der städtischen Gesellschaft von allem Anfange an zu betonen.
Am späteren Nachmittag erschienen, noch immer mit schwarzen Röcken angetan, der Gehilfe und der Schreiberknabe, die der Doktor hatte holen lassen. Sie mußten im Hinterstüblein die soeben vom Drucker gekommenen Todesanzeigen falzen, in schwarzrandige Umschläge stecken und adressieren. Sie taten ihre Feiertagsröcke ab, arbeiteten in Hemdsärmeln und taten widerwillig und beschämt ihre Pflicht, wie Hündlein, die einen unerlaubten Ausgang taten und nun zurückgepfiffen sich ihrer Abhängigkeit erinnern. Unwillig durchlas der Gehilfe den ersten Trauerbogen, der ihm in die Finger kam: „Nach Gottes unerforschlichem Ratschluß entschlief heute früh gegen sechs Uhr unser heißgeliebter Gatte und Vater, Schwager und Oheim Anton Friedrich Trefz, Notar“ usw.
Wenn der feierlich traurige Ton dieser Trauerbotschaft nicht völlig echt war, so waren es dafür auch die Kundgebungen der Besucher und Tröster nicht alle. Man wußte wohl, daß die kleine verblühte Frau Notar es unter dem harten Regiment des seligen Trefz nicht herrlich gehabt habe, und man wußte ebensowohl, wie günstig der unerwartet frühe Hingang des Vaters für die Pläne und Aussichten des Jungen war. Der war dreißig Jahre alt und hätte eigentlich der Mitarbeiter und Teilhaber seines Alten werden sollen. Aber der junge Trefz hatte an der Universität stu-

diert und fühlte sich seinem altmodischen und weniger gebildeten Vater so sehr überlegen, daß die beiden nicht miteinander hatten auskommen können. So war der Sohn, künftiger Zeiten harrend, einstweilen fern von der Heimat im Bureau eines Advokaten untergeschlüpft und hatte darauf gewartet, daß sein Vater alt werde und ihn doch noch brauchen und holen müsse. Statt dessen konnte er nun, weit über die blühendsten Hoffnungen hinaus, sich geradezu ins warme Nest setzen.

Überaus prächtig war das Begräbnis des Notars am dritten Tag nach seinem Tode. Es gab wohl keinen, der den Verstorbenen geliebt hatte. Aber die Teilnahme und Neugier der Menschen drängen sich gerne zu so raschen, unerwarteten Todesfällen. Der gesunde, wenig nachdenkende Bürger, wenn er vernimmt, es sei der und der ganz plötzlich weggestorben, zuckt zusammen und fühlt, es könnte wohl auch ihm einmal so gehen. Er tritt zum Nachbar, sagt: „Weißt du schon?" und knüpft an den Todesfall ernsthaft einige gangbare Betrachtungen über die Hinfälligkeit des menschlichen Lebens.

Die meisten aber waren zum Begräbnis gekommen, weil sie heimlich fühlten, daß der Notar Trefz eine von den guten, weithin sichtbaren, unentbehrlichen Figuren ihrer Vaterstadt gewesen war. Es gibt in jeder Stadt ein Dutzend solche, ohne die man sich die Gasse und das Rathaus und die Kegelbahn gar nicht denken möchte, Männer von auffallender großer Statur mit großen Bärten, oder glattrasierte vornehme Gesichter, oder spitze, hagere Alte mit Schnupfdosen und Stöcken. Es sind nicht immer die tüchtigsten und für das gemeine Wohl besorgtesten Männer, aber es sind Charakterfiguren, deren Erscheinung zum Bilde der Stadt gehört, deren Anblick befriedigt und deren Gruß man schätzt. Ein solcher war Trefz gewesen, zudem ein demokratischer Parteimann und Besitzer eines stattlichen Vermögens. So kam es, daß seine Allernächsten wenig um ihn zu trauern fanden, während er der ganzen Stadt zu fehlen schien und niemand bei der Beerdigung eines so bedeutenden Mannes fehlen wollte.

Die bescheidene Mutter hatte kein Auge dafür, sie wünschte bang und ermüdet sich aus dem Lärm und Ge-

schäft und Redenmüssen dieser Trauertage heraus. Desto stolzer blickte der junge Dr. Trefz auf die gewaltige Zahl der Leidtragenden und nahm den seinem Vater und seinem Hause dargebrachten Ehrenzoll wie ein Feldherr entgegen, zuerst heimlich vom Fenster aus, dann öffentlich und kühn, als er neben der Mutter feierlich hinter dem Sarge her aus dem Hause trat. Der Leichenwagen war glänzend geschmückt und der Sarg mit Kränzen ganz bedeckt. Angesichts der Menge und des langsam anziehenden und hinwegfahrenden Sargwagens fing die Witwe still zu weinen an, der Dekan trat an ihre Seite, und der Zug begann sich feierlich zu entfalten, während noch der halbe Markt voll Wartender stand.
Der nächste Weg zum Kirchhof wäre durch die Kronengasse gewesen, aber diese war gar steil, und es sah auch weit besser aus, daß der Zug, eine Schneckenlinie um den Ort seines Entstehens beschreibend, sich über den ganzen langen Marktplatz hin entwickelte, dessen mäßige Schräge das Übersehen erleichterte. Als der reichlich geschmückte Leichenwagen unten gegen die Gerbergasse hin um die Marktecke schwenkte, blickte der hinterherschreitende junge Notar einen Augenblick zurück und weidete sein ernstes Auge am Anblick des großen Platzes, der rings vom wogenden Trauerzuge umschritten und von schwarzer Feierlichkeit erfüllt war. Im Zuge schritten die Männer voran, fast alle mit Zylinderhüten bekleidet, deren manche sich im Sonnenschein ihrer Blankheit erfreuten, während andre, ältere von vergessenen Formen, in ihrer wohlmeinenden Rauheit dem spiegelnden Lichte trotzten und nur die vordrängenden Büschel ihrer Hasenhaare leise silbern erschimmern ließen.
Beim Durchwandeln des Kirchhofeinganges an der grasigen Mauer vorbei fing die Witwe abermals zu weinen an. Es erging ihr wie den meisten, daß hier beim Eintritt in die kühle Feierabendluft der Gräberstatt und beim Rauschen des vermoosten Friedhofbrunnens manche frühere Gänge zum selben traurigen Ziele ihr einfielen, vom Gang hinterm Sarge der Großmutter her bis zu dem mit dem eigenen Kinde.
Hoch über dieser ganzen Feierlichkeit aber, auf halber Höhe des Berges im Grase, lag derjenige, dem wir die mei-

sten unserer Gerbersauer Kenntnisse verdanken, der junge Hermann Lautenschlager, und sah der ganzen Sache nachdenklich zu. Er nahm, trotz seiner Aufmerksamkeit für alle heimischen Ereignisse, selten an ihnen selber teil, da er sich unter vielen Leuten nicht wohl fühlte, auch mangelten ihm die für solche Gelegenheiten vom Brauche geforderten Kleider, die er sich als ein einsam lebender Mensch ohne Familie lediglich der Begräbnisse wegen nicht kaufen mochte. Desto genauer beobachtete er, was zu seinen Füßen vorging, und war vielleicht der einzige, der die ganze Bedeutung dieser Vorgänge kannte. Denn er liebte seine kleine Stadt und wußte wohl, was jeder alte Weißbart und jeder grünschillernde alte Gehrock in einem solchen Gemeinwesen bedeuteten. So nahm er an dem Begräbnis des alten Trefz in seiner Weise herzlich teil und hätte, wäre es darauf angekommen, wohl mehr als jeder andre Mitbürger dafür gegeben, den prächtigen Herrn wieder lebendig in den Straßen wandeln zu sehen. Es tat ihm leid um diese vortreffliche Figur, und da er sie dem Leben verloren wußte, tat er das Seine, sie dem Andenken zu retten, und zeichnete den Notar Trefz aus dem Gedächtnisse in sein Taschenbuch, worin schon viele solche Figuren standen und wandelten. Er nahm bei dieser Gelegenheit, da er den Alten fertig hatte, auch gleich den Jungen vor, der ihm in seiner Würde und ansehnlichen Trauer kaum minder gefiel. Er zeichnete mit leichten Strichen, die ihm keine Arbeit waren, die breite Gestalt vom glänzenden Zylinder bis zu dem Faltenwurf der schwarzen Hose, vergaß den leichten Fettwulst am saftigen Nacken nicht und nicht das dicke, etwas schweinerne Augenlid; ja er tat diesen auszeichnenden Besonderheiten so viel Ehre an, daß sie bald die Hauptsache an dem Manne zu sein schienen. Und da nun die ganze Figur trotz der ernsttraurigen Haltung etwas durchaus Frohes, ja Feistglückliches erhalten hatte, gab er dem so gezeichneten Manne statt des Gesangbuches eine ungeheure Pfingstrose in die Hand. Es wird später Zeit sein, dem Zeichner diese Neigung zu gelegentlichen Roheiten näher anzumerken.

Inzwischen verlief unten im schattigen Gottesacker die schöne Feier mit allem Glanze. Es sprachen, nach der Rede des Dekans, der Stadtschultheiß und der Vorstand des de-

mokratischen Gesangvereins, es sprach der Senior des Gemeinderates, und wer irgend sich zu den Berechtigten zählen durfte, versäumte die feierliche Handlung nicht, an das offene Grab zu treten, hinabzublicken und eine kleine Handvoll Tannenzweige hinunterzuwerfen, worauf er mit erschütterten Mienen zurücktrat, um sich die grünen Nadeln vom Gehrock zu wischen. Manche zeigten in diesem Tun eine bedeutende Übung und Beherrschung der Formen, manche hatten auch Unglück und stolperten oder trugen die aufgerafften Zweige wieder mit sich hinweg. Der alte Seelsorger sah dem allem in seiner Güte ernsthaft zu, legte der Witwe tröstlich die Hand auf den Arm und ersah bald den Augenblick, zum Schlußverse zu ermahnen, der aus so vielen alten und jungen Kehlen schön und mächtig emporstieg und sich in der lauen Mailuft leise berganwärts verlor.
Für den in seiner grünen Höhe verweilenden Hermann Lautenschlager war es nun ein schöner Anblick, die dunkle Menge in Haufen und zögernden Gruppen den Friedhof verlassen und über den Brühel und die Brücke hin sich stadteinwärts verlieren zu sehen. Gar manche von den Trauergängern nahmen den Anlaß wahr, die Gräber der eigenen Angehörigen zu besuchen und noch ein wenig in dem vertrauten Raume zwischen den schiefen, grünen Mauern zu verweilen. Alte Frauen bückten sich über frische oder verwahrloste Kreuze, Kinder tasteten auf Grabsteinen den alten Inschriften nach, junge Frauen bogen an lieben Gräbern eine Rosenranke und einen verwilderten Efeuzweig zurecht und kamen darüber ins Gespräch mit dem Friedhofsgärtner, der sich während der Feier verloren hatte, nun aber wieder in der grünen Schürze mit dem Grasrechen seiner Tätigkeit oblag.
Schön war es auch zu sehen, wie nach dem Verlaufen der letzten Zögerer der alte Kirchhof wieder in seine schattige Ruhe versank, wie über dem frischen, gelben Grabhügel der Gärtner die vielen Kränze ordnete, wie die Meisen und Amseln zurückkehrten und der grüne Winkel sein altes, verzaubert schlafendes Aussehen wiedergewann. Auch der Brühel, die Brühelstraße und die untere Brücke lagen jetzt wieder in ihrer Stille, die Kastanien, schon zum Blühen gerüstet, hatten ihr Vogelleben in den Ästen und ihre schweren Schatten um sich her.

Lautenschlager war mit seiner heutigen Arbeit zufrieden und sonnte sich an seinem Grashange, sah über die spitzgieblige, steilgebaute Stadt und das enge Wiesental hinweg und blätterte zwischenein in seinem Taschenbuche, worin er das Leben dieser selben Stadt aufzuzeichnen pflegte. Der junge Mensch war sonderbarerweise einer von den ganz wenigen Gerbersauern, die von ihren Mitbürgern mit Mißtrauen und fast mit Gehässigkeit betrachtet wurden und nicht richtig mit ihnen zu leben und zu reden verstanden, obwohl er seine Heimatstadt besser kannte und mehr liebte als irgendeiner. Schon daß er ein Künstler geworden war, paßte der Stadt nicht; doch verzieh man es ihm, da er neuerdings als Zeichner in großen Zeitschriften einen gewissen Namen gewonnen hatte. Warum er aber, da er nun doch mit seiner Kunst Glück zu haben schien, immer hier daheim saß, statt in Neapel oder Spanien viel schönere Gegenden zu malen oder in Kunststädten mit seinesgleichen zu leben, das verstand man nicht und deutete daran mit Mißtrauen. Ferner schuf er sich Verächter und bittere Feinde dadurch, daß er seit mehreren Jahren keine großen, schönen Bilder mit Burgen und Rittern mehr malte, wie er früher mehrere hier ausgestellt hatte, sondern statt dessen nichts anderes trieb, als die Winkel seiner Vaterstadt und die Figuren ihrer Bürger auf kleine Blätter zu zeichnen. Das Schlimmste freilich war aber, daß er diese Figuren mit einer leisen, grausamen Übertreibung ins Komische zog und schon ganze Reihen von grotesken Philisterkarikaturen, deren jede man in Gerbersau sehr wohl kannte, in Blättern veröffentlicht hatte. Jeder Betroffene zwar hatte sich getröstet und dadurch gerettet gefühlt, daß bald nach ihm selber sein Nachbar darangekommen war; aber man fand diese ganze unwürdige Tätigkeit weder für den Maler noch für die Stadt ehrenvoll und konnte diese seltsame Art von Anhänglichkeit und Heimatliebe nicht begreifen. Es war auch schwer mit ihm umzugehen. Oft sprach er wochenlang kaum mit einem Menschen und trieb sich in der Gegend umher, dann erschien er plötzlich wieder bei einem Abendschoppen, tat freundschaftlich und schien gar nicht zu wissen, wie wenig man ihn liebte.

In Wirklichkeit wußte er das wohl. Er wußte genau, daß Behagen und Gleichberechtigung für ihn hier in der Bürgerschaft niemals zu finden waren, daß seine Freuden und Gedanken niemand verstand und daß man seine Karikaturen für die Missetaten des Vogels ansah, der sein eigenes Nest beschmutzt. Dennoch kehrte er, sooft er es eine Zeitlang mit dem Leben anderwärts versucht hatte, immer wieder nach Gerbersau zurück. Er liebte die Stadt, er liebte die Landschaft, er liebte diese enggiebligen, alten Häuser und klobig gepflasterten Gassen, er liebte diese Bürger und ihre Frauen und Kinder, die Alten und Jungen, die Reichen und Armen. Hier in der Vaterstadt gab es keinen Stein und kein Gesicht, keinen Gruß und keine Gebärde, die er nicht im Innersten verstand. Hier hatte er seit frühen Knabenjahren gelernt, Menschen zu beobachten und die vielfältigen, lieben Wunderlichkeiten des Lebens mit Aufmerksamkeit zu betrachten, hier wußte er von jedem Hause und jeder Person hundert Geschichten, hier war alles kleinste Leben bis in die letzte Falte hinein ihm vertraut und durchsichtig. Er hatte auch an anderen Orten gelebt und Menschen und Städte angeschaut, er war in Rom und München und Paris gewesen, hatte sich an den Umgang mit gereisten und verwöhnten Menschen gewöhnt, deren hier keine zu finden waren. Er hatte auch in Rom und in Paris gezeichnet, und manches gute Blatt, aber nirgends ging sein Bleistift jeder launigen Geringfügigkeit so treu und aufmerksam und so beglückt nach, nirgends gewannen die Blätter einen so reinen, gesättigten Ausdruck, sprachen nirgends so rein und innig die besondere Mundart des Ortes. Er wußte nicht genau, wieviel Gerbersauer Philistertum in ihm selber stecke, doch wußte er wohl, daß seine unerbittliche und liebevolle Kenntnis des hiesigen Lebens gerade das war, was ihn von den Mitbürgern schied und ihnen fremd machte. Um es kurz zu sagen: sein ganzes Tun hier war Selbstbeobachtung und Selbstironie, und wenn er den alten Herrn Tapezierer Linkenheil oder den jungen Friseur Wackenhut karikierte, so schnitt er mit jedem Striche weit mehr ins eigene Fleisch als in das des Gezeichneten. Und so war dieser Sonderling von Künstler, der den Ruf eines erdkräftigen Autochthonen und naiven Heimatkünstlers besaß, in aller Heimlichkeit ein ganz verdorbener Mensch, da er sich über einen schönen und zufriedenen Lebenszustand lustig machte, den er im Herzen liebte und beneidete. Er hatte die feindselige

Abneigung gegen alles intellektuelle Treiben, das nur die Gewohnheitssünder desselben Lasters haben.
Dieser junge Mann, der träg auf seiner Matte lag und das schöne, heitere Flußtal betrachtete, war dieses Genusses gar nicht wert, und doch war er leider der einzige Gerbersauer, der dieses selben Genusses wirklich fähig war. Und indem er die Karikatur des jungen Trefz nochmals begutachtete, blieb ihm nicht verborgen, daß dieser Mann ein ebenso echter und gesunder Gerbersauer war wie er selbst ein entarteter, und daß es der Zweck und der Wille der Natur sei, an diesem Orte Wesen zu erzeugen und zu hegen, die dem jungen Notarssohne glichen und nicht dem zeichnenden Ironiker. Und wenn er jeden Prellstein der Stadt aufs treulichste abzeichnete, er konnte sich mit alledem niemals das urtümliche Heimatrecht erwerben, das er heimlich entbehrte und das der Notar zu jeder Stunde seines Lebens besaß und unbedenklich ausübte.

Dem jungen Lautenschlager konnte, als heimlichem Beobachter und Chronisten seiner Stadt, nicht verborgen bleiben, was ohnehin von der Bürgerschaft beachtet und viel besprochen wurde, daß nämlich der junge Dr. Trefz, noch über die Erbschaft des väterlichen Ansehens hinaus, mit Eifer darauf bedacht war, in der Vaterstadt Ehre zu gewinnen. Er übernahm seines Vaters Notariatsgeschäft. Das alte messingene Schildlein mit dem väterlichen Namen ließ er wegmachen und hängte dafür ein großes Emailschild mit seinem eigenen Namen auf, wobei er auf den Zusatz des Doktortitels verzichtete. Einige Kollegen und Mißgönner schlossen daraus, dieser Titel stehe dem Sohne Trefz' überhaupt nicht zu; doch fand sich niemand, der das untersucht hätte, und die seit Jahren daran gewöhnte Bürgerschaft redete nach wie vor den studierten Notar mit dem schönen Ehrentitel an.
Mochte er nun Doktor sein oder nicht, jedenfalls nahm er seine Sache in die Hand wie ein Mann, der Pläne hat und nicht gesonnen ist, auf den kleinsten davon zu verzichten. Vor allem gab er sich Mühe, seine bedeutende gesellschaftliche Stellung von allem Anfang an zu betonen und zu sichern. Das war nun keineswegs leicht und forderte manches Opfer, denn es gehörte zur Erbschaft seines Alten

nicht nur das schöne Haus, Gut und Amt, sondern auch der alte Ruf eines heimlichen Königs in der demokratischen Partei, den jedermann bereit war, auch dem Sohne zu gönnen. Der aber neigte im Herzen weit mehr zur Beamtenschaft hinüber, er wäre sehr gerne Reserveoffizier geworden und hätte die Laufbahn eines Richters eingeschlagen, wäre er davon nicht kurzerhand durch seinen Vater abgehalten worden. Nun stand er am Scheidewege, heimlich voll Sehnsucht nach der Welt der Titel und Orden, von der Umgebung jedoch wie von der eigenen Vergangenheit auf eine bürgerliche Rolle hingewiesen. Diese wählte er denn auch und tat nichts dagegen, daß jedermann die achtundvierziger Taten seines Großvaters und die vielen Wahlreden seines seligen Vaters als ein selbstverständliches Guthaben auf seine Person übertrug. Dagegen gab er in seinem Auftreten eine unwandelbare Achtung vor Macht und Ehre kund, entfaltete eine mäßige, doch strenge Eleganz in der Kleidung und drückte nicht jede Hand, die sein Vater gedrückt hatte. Er wohnte bei der Mutter und genoß so den Vorteil, von Anfang an als Herr einer standesgemäßen Haushaltung dazustehen, wie er denn auch Besuche meist mit der Mutter gemeinsam machte und empfing. Ohne das Geschäft irgend zu vernachlässigen, tat er allen Anforderungen der Trauerzeit Genüge und brachte jedes Opfer, das die Sitte verlangte.

So lenkte Hermann Trefz die Augen seiner Mitbürger auf sich und umgab sich mit der schützenden Mauer eines tadellosen Rufes, während seine große und breite Gestalt gleich der seines Vaters Achtung gebot und baldige Unentbehrlichkeit ahnen ließ.

Mancher Altersgenosse sah mit Neid zu, wie er von Tag zu Tag gedieh und Glück hatte. Man sah: dies war ein Mann, dessen Weg zu städtischen und gesellschaftlichen Ehren führte, zur Mitgliedschaft vieler Vereinsvorstände und Ausschüsse, zum Hauptmann der Feuerwehr, zum Gemeinderat und vielleicht noch weiter hinauf. Neidlose Zuschauer hatten ihre Wonne an diesem Aufstieg eines künftigen Großen und genossen in seinem Anblick den Glanz der Heimat, sie empfanden diesen Sieger als ihresgleichen, als einen glänzenden Vertreter ihrer Rasse und Art, und bei dem großen Kreise dieser Gutgesinnten ward er mit den

Jahren, wie es einst sein Vater gewesen war, zum Symbol und schönen Ausdruck echten Gerbersauertums.

Bedauerlicherweise ergab sich zwischen ihm und dem Künstler Lautenschlager, der ihn schätzte und beinahe bewunderte, kein freundschaftliches Verhältnis. Die beiden waren nahezu Altersgenossen, sie kannten sich von den Schuljahren her und hatten sich bei den seltenen Anlässen, da sie einander etwa wieder begegnet waren, geduzt und als Schulkameraden begrüßt. Nun aber, da Trefz diesen Menschen zum Mitbürger haben und ihm täglich auf der Gasse begegnen sollte, trat eine tiefe Abneigung gegen ihn zutage, wie er sie kaum gegen einen andern Landsmann empfand. Er hatte eine Begrüßung mit ihm vermieden und ihn, so oft sie sich unterwegs begegneten, mit gemessenem Gruß abgetan, und Lautenschlager war darauf eingegangen, er hatte genau in derselben Weise zurückgegrüßt, sogar mit einer Note von Hochachtung, aber er hatte dabei seinen kühlen, untersuchenden Malerblick nicht abstellen können, und eben dieser Blick war dem Notar im Herzen zuwider. Er fand ihn spöttisch oder doch zu prüfend und heimlich überlegen, obwohl er nicht so gemeint war, und er stellte sich öffentlich ohne Rückhalt zu denen, die den Künstler als einen meinetwegen begabten, aber verbummelten und nicht ernstzunehmenden Menschen bezeichneten.

Nun geschah es an einem Wintertage kurz vor Weihnachten, daß Dr. Trefz zur gewohnten Stunde den kleinen Salon des Barbiers Ölschläger betrat, sich in seinen Sessel niederließ und, da es Sonnabend war, den an diesem Tage stets aus der Hauptstadt eintreffenden ‚Hans Sachs' verlangte, ein beliebtes Witzblatt, das zu halten in den guten Familien nicht wohl anging, das die jüngeren Herren aber im Wirtshause oder beim Friseur zu finden und zu betrachten gewohnt waren. Der Barbier, der dem vornehmen Kunden zuliebe einen Reisenden, dessen Bedienung er eben begonnen, dem Gehilfen überlassen hatte, riß lächelnd den grauen Papierumschlag von einer daliegenden Postsendung, schälte das Witzblatt heraus und übergab es dem Doktor. „Sie sind der erste, der es liest, Herr Doktor, es ist erst vor zehn Minuten angekommen."

Trefz, dem diese Viertelstunde beim Friseur immer eine erwünschte Ruhepause war, legte seine Zigarette auf den

Rand des marmornen Tisches und entfaltete, während Ölschläger ihm die Serviette umband, mit Behagen den neuen ‚Hans Sachs'. Der Barbier arbeitete behende mit Seifenpinsel und Schale, stets bedacht, den Gast nicht zu stören, und dieser beschaute mit Vergnügen das Titelblatt, das einen bekannten Politiker als Wöchnerin karikiert darstellte. Weiter kam eine Gerichtsszene, die einen wider das Witzblatt schwebenden Prozeß darstellte und worin die Figur des Hans Sachs als Verurteilter zu sehen war, jämmerlich nach gefallenem Spruch sich zum Henker wendend, der ihn grinsend erwartete. Und wieder kam ein politisches Blatt, und dann kam eine Seite, darunter stand ‚Eleganz in Krähwinkel', und kaum hatte Trefz das Blatt übersehen, so faltete er es zusammen und steckte es in seine Tasche. Der Barbier, über die heftige Bewegung erschrocken, wich mit dem Rasiermesser vorsichtig zurück und erlaubte sich einen fragenden Blick.

Herr Trefz aber erklärte sich nicht. Nur beim Weggehen bat er um die Erlaubnis, das Blatt mitzunehmen, die der Meister wohl oder übel gewähren mußte. Die Zeichnung aber, die von diesem Augenblicke an den Notar, den Barbier und die Stadt interessierte, stellte den Dr. Trefz dar, im Gehrock dekorativ allein in weißer Fläche stehend, in der linken Hand eine große Pfingstrose, in der rechten den Zylinderhut haltend. Als Witz war diese Zeichnung weiter nicht bedeutend, sie zeigte nur leise angedeutet in einigen komischen Falten einen stillen Widerstreit der sehr tadellosen Kleidung mit dem Körperbau und den Bewegungen ihres Trägers, dieser selbst aber war als Typus feister Bürgerlichkeit schön und lustig, mit mehr Liebe als Bosheit dargestellt, und das Blatt war von Hermann Lautenschlager gezeichnet.

Die Stadt hatte nun wieder eine Gelegenheit, sich über den frivolen Künstler zu erzürnen und dabei verschwiegen sich über den Streich zu freuen, der diesmal einen Angesehenen und Allbekannten traf, und die Nummer des ‚Hans Sachs' ging überall von Hand zu Hand, wo der Betroffene nicht in der Nähe war. Dieser selbst bekam nichts davon zu hören und konnte mit aller Bemühung nicht feststellen, welches die Meinung der Mitbürger über die Ungeheuerlichkeit sei. Denn wagte er es, im Gespräch darauf leise anzuspielen, so

wollte man entweder gar nichts wissen, oder man lächelte leicht und tat so, als sei diese Sache doch nicht wert, daß davon gesprochen werde.
Dennoch reiste Trefz eines Tages nach der Hauptstadt, unter Mitnahme der schlimmen Zeichnung, und sprach bei einem angesehenen Rechtsanwalt vor, der ihn kollegial empfing und dem er seinen Wunsch mitteilte, den Zeichner dieses ehrenrührigen Bildes wegen gerichtlich zu belangen. Der Rechtsanwalt lächelte ganz leicht, als er das Blatt betrachtete, und sagte: „Ja, das habe ich auch gesehen. Übrigens ein prachtvoller Zeichner. Und Sie meinen also, er habe Sie persönlich in beleidigender Absicht karikiert? Ein gewisser Anklang von Ähnlichkeit ist ja vorhanden, gewiß. Aber das kann für Sie ebensogut eine Ehre sein. Der Reichskanzler ist schon zwanzigmal im ‚Hans Sachs' karikiert worden und hat noch nie geklagt."
Der Anwalt schloß damit, daß er von der Klage ernstlich abriet, und Trefz als kluger Mann sah wohl, daß er durch öffentliches Verhandeln die Sache nicht besser machen könne. So ließ er davon ab, behielt aber im Herzen einen bitteren Haß gegen den schändlichen Maler, dessen höflichen Gruß er von nun an nicht mehr erwiderte. Mehrmals noch nahm der Künstler beim Begegnen seinen Hut vor dem Doktor ab, bald ehrfurchtsvoll, bald ironisch, dann gab auch er es auf, mit dem Manne in ein Verhältnis zu kommen, und ließ ihn laufen.
Es war Hochsommer geworden, und die in dem engen, tiefen Flußtal unbeweglich hängende Schwüle machte den empfindlichen Maler so krank, daß er tagelang zu Hause liegenblieb und kaum zu den Mahlzeiten ausging. Er litt häufig an solchen Depressionen, die ihn manchmal zum Wein in die Gasthäuser und zu einem recht unfeinen Zecherleben, manchmal auch auf ziellose Ausflüge ins Gebirge trieben, von welchen er verwahrlost und abgerissen wiederzukehren pflegte, und diese Unregelmäßigkeiten hatten viel zu seinem schlechten Ruf beigetragen.
Nach einigen schlaflosen Nächten und mutlos kranken Tagen raffte Lautenschlager sich eines Abends auf und verließ seine Wohnung in der hochgelegenen Vorstadt. Er trug seinen gewöhnlichen leichten Sommeranzug und hatte einen alten Lodenkragen auf dem Arme, dazu eine große ble-

cherne Botanisierbüchse auf dem Rücken, und in der Hand einen altmodischen, seltsamen Spazierstock, den er von seinem Vater geerbt hatte und der, von oben bis unten aus einem gelben starken Holze geschnitzt, einen auf einem Bein stehenden schlanken Storch darstellte, welcher den Kopf nach unten bog und den spitzen Schnabel nachdenklich auf die Brust gedrückt hielt.

Mit dieser selben Ausrüstung hatte der Sonderling seit seinen einsamen und unbehüteten Jugendjahren viele seiner schönsten und auch übelsten Zeiten hingebracht. Stock und Blechbüchse, Mantel und Wanderhut waren ihm Freund und voll von Erinnerungen. Langsam und schwerfällig stieg er an den letzten Häusern der Stadt vorüber bergan und ins Freie, wo er bald im abendlichen Walde verschwand. Er ging nicht den Wegen nach, sondern quer durch Wald und Schluchten, die er von Kind auf kannte, und im Bergansteigen fühlte er mit dem Tannengeruch und dem Abendwinde tröstlich die Erinnerungen an hundert solche Waldnächte heraufsteigen. Aufatmend sah er von der letzten Höhe auf die Stadt zurück, wie sie klein und gedrückt in ihrem engen Kessel lag, und er wußte wie jedesmal: ob seine Flucht ihn bis in ferne Länder oder nur bis zum nächsten Hügelzug führen werde, ob sie Tage oder Wochen dauerte, er würde doch wieder heimkehren, in Gerbersau leben und alle Kraft seines armen und unzufriedenen Lebens daran setzen, diese wunderliche Stadt und ihre Bürger abzuzeichnen. Auf die Wanderung aber hatte er keinerlei Malerzeug und nicht einmal ein Skizzenbuch mitgenommen.

Während der zwei Wochen, die er ausblieb, ging in Gerbersau mancherlei vor, das ihn zu anderen Zeiten interessiert hätte. Unter anderem beging die Witwe Kimmerlen in der Diakonengasse ihre längst bekannte Quartalsfeier. Diese Frau lebte seit dem Tode ihres Mannes als Besitzerin eines kleinen Hauses in auskömmlichen, ja reichlichen Verhältnissen, die sie jedoch aus Vorsicht und anerzogener Sklaventugend nicht genoß. Vielmehr vermietete sie das Haus bis auf drei Zimmer und lebte wie eine arme Frau oder Dienstmagd, mit Waschen und anderen niederen Arbeiten beschäftigt und in alten, geringen Kleidern gehend. Sie war jedoch eine Art von Quartalsäuferin und bekam einigemal im Jahre ihren Anfall, wobei sie sich in plötzlich ausbrechendem Leichtsinn ihrer vergnüglichen Umstände erinnerte, die schönen Kleider ihrer besten Tage hervorsuchte und sich in eine Art von Dame verwandelte. Sie blieb alsdann am Morgen herrschaftlich lange liegen, legte dann die feinen Kleider an und frisierte sich mit Hoffart, darauf bereitete sie ein gutes Mittagsmahl und legte sich nach diesem auf dem Kanapee eine Stunde oder zwei zur Ruhe. Gestärkt trat sie sodann den Weg nach dem Keller an, trug zwei oder drei Flaschen Wein herauf und setzte in der sonntäglichen Suppenschüssel eine Bowle an, die sie reichlich zuckerte und stundenlang mit öfterem Kosten betreute, bis der höchste Wohlgeschmack erreicht war. Mit dieser Bowle setzte sie sich nun auf einen guten Platz am Fenster in den Lehnstuhl, trank langsam den Vorrat aus und schaute dazu hochmütig auf die Straße hinab, wo häufig die Kinder sich ansammelten, um sie bei ihrem einsamen Tun zu beobachten, wie sie dasaß, zuweilen ein Glas leerte und mit dem einbrechenden Abend allmählich rot und starr im Gesicht wurde. War die Schüssel leer, so war das Tagewerk beendet und die Witwe suchte ohne Licht ihr Lager auf, um den folgenden Tag genau auf dieselbe Weise zu beginnen und hinzubringen, bis sie genug hatte und mit Seufzen zum gewohnten ärmlichen Leben zurückkehrte. Lautenschlager hatte sie einmal gezeichnet, wie sie starr und gespenstisch an ihrem Fenster saß, schön gekleidet und hoch frisiert, einsam mit der großen Bowle beschäftigt. Er hatte eine Vorliebe für die sonderbare Frau, deren geheime Leiden und Fehler er wohl zu verstehen glaubte, und hatte sich schon oft vorgenommen, einmal bei ihr Wohnung zu nehmen und sie besser kennenzulernen. Es war aber nie dazu gekommen, denn der Künstler hatte zwar schon seit Jahren im Sinn, seine bisherige Wohnung zu verlassen, und hatte auch mehrmals gekündigt, war aber am Ende doch immer sitzengeblieben, wo er schon seit Jahren saß.

Der Dr. Trefz wurde während Lautenschlagers Abwesenheit in den Gemeinderat gewählt. Es hatte ihm wenig Mühe gemacht, das zu erreichen; eine andere Sache aber beschäftigte ihn zur Zeit sehr stark.

Es lebten in Gerbersau, neben anderen Nachklängen versunkener Zeiten, auch einige Reste des uralten Zunftwesens fort. Die Mehrzahl der alten Zünfte freilich war eingeschlafen oder in gewöhnliche Vereine verwandelt worden. Zwei wirkliche Zünfte aber waren noch vorhanden, direkte Erben solcher mittelalterlicher Institutionen. Davon war es die eine, die Zunft zu den Färbern, die dem Notar so viel zu denken und zu wünschen gab. Diese Zunft war vor Jahrhunderten eine patrizische und sehr vornehme gewesen, im Lauf der Zeiten aber nahezu ausgestorben, so daß sie zur Zeit nur noch aus drei ziemlich bejahrten Herren bestand, die zufällig alle drei Hagestolze waren. Diese drei hielten nach altem Brauch mehrmals im Jahre Zusammenkünfte, gaben jährlich ein Zunftessen und einen Fastnachtsball und hatten in ihrem eigenen Hause, das im übrigen vermietet war, eine besondere Zunftstube bewahrt, wo am alten Getäfel die Bildnisse, Wappen und Andenken verschollener Geschlechter hingen und wo die drei Spätlinge bei ihren seltenen Zusammenkünften an einem gewaltigen, eichenen Tische saßen, der Raum für dreißig Gedecke bot. Das Aussterben der Färberzunft war eine vielbesprochene Sache in Gerbersau, denn diese Gemeinschaft besaß außer ihrem Hause ein stattliches Vermögen, dessen jährliche Zinsen teils an die Erhaltung des Hauses und der Zunftstube, teils an den Ball und das berühmte üppige Jahresmahl, teils an Armenspenden und Unterstützungsgelder verwendet wurden; beim einstmaligen Aufhören der Zunft aber sollte das gesamte Kapital samt dem Hause der Stadt zufallen.

Dies unnütz lagernde Vermögen nun, dessen Zinsen auf eine so wenig zeitgemäße Art vergeudet wurden und dessen Verwaltung zu einem Teile in seinen Händen lag, hatte dem Notar Trefz längst in die Augen gestochen. Seit langem hatte er die Gesetze der Färberzunft studiert und eine Liste der wenigen Familien angelegt, deren Angehörige dort aufnahmefähig waren. Hielt man sich genau an den Wortlaut der Urkunden, so gab es zur Zeit außer den drei Mitgliedern in der ganzen Stadt nur einen einzigen Mann, dem das Recht des Beitrittes zugestanden wäre. Das war der reiche Fabrikant Werner, der aus Stolz sowohl, um nicht des Interesses an den Zunftgeldern verdächtigt zu werden, wie auch aus Abneigung gegen die derzeitigen Mitglieder auf sein Recht verzichtet hatte.

Dem Notar wollte es nun seltsam und ungeheuerlich scheinen, daß das uralte, schöne Zunftvermögen so lächerlich brach liege und die Zinsen von drei launigen Junggesellen alljährlich leichtfertig vergeudet würden. Er hegte längst den Plan, sich den Zutritt zur Zunft zu ermöglichen und alsdann Ordnung in deren Angelegenheiten zu bringen. Als Beirat in der Vermögensverwaltung kannte er die drei Zünftler wohl und hatte Gelegenheit gehabt zu beobachten, daß ihr Anführer der jüngste von ihnen, der ledige Rentier Julius Dreiß, war. Der hatte, entgegen der soliden Art seiner alten Familie, nicht nur nicht geheiratet und sehr früh sich als berufloser Privatmann zur Ruhe gesetzt, sondern leider auch seit seiner Knabenzeit eine Neigung zu Wohlleben und Bequemlichkeit an den Tag gelegt, welche in Gerbersau niemand gewillt war als ein Talent zu betrachten, und die man ihm nur darum halb und halb verzieh, weil er ein spaßiger Herr war und das besaß, was die Gerbersauer einen goldenen Humor nannten.
Diesem Julius Dreiß suchte sich der Dr. Trefz nun bei jeder Gelegenheit zu nähern und zu befreunden. Dreiß hatte nichts dagegen und ließ sich die Freundlichkeiten des geachteten Mannes gerne gefallen, doch meinte er schon nach kurzer Zeit diese Aufmerksamkeiten nicht mehr der Anziehungskraft seiner Person zuschreiben zu dürfen, sondern sah als Ziel der Trefzischen Bemühungen die Aufnahme in die Färberzunft und die Teilnahme an deren schönem Besitztum sich verbergen. Von dem Augenblick dieser Entdeckung an machte sich Dreiß ein Vergnügen daraus, den durchschauten Notar mehr und mehr mit einer gönnerhaften Leutseligkeit zu behandeln, die den Doktor zwar zuweilen aufs äußerste reizte, die er aber in Geduld ertrug. Häufig sah man die beiden Herren im Nebenzimmer des Adlers bei einer Flasche Pfälzer oder bei einem Kaffee und Kartenspiel zusammensitzen, den Doktor aufmerksam und schmeichlerisch um Dreißens Gunst bemüht, den frohen Junggesellen in wohlgespielter Ahnungslosigkeit.
Das Schauspiel dieser eigentümlichen Freundschaft zwischen dem korrekten, stolzen Notar und dem als Witzbold bekannten Zünftler dauerte lange genug, daß auch Hermann Lautenschlager sich dessen noch erfreuen konnte.
Der Maler kehrte eines Tages, da der Hochsommer sich ab-

gekühlt hatte, mit sonnverbranntem Gesicht und staubigen Kleidern aus seiner Verwilderung heim. Wohlgemut zog er durch die Salzgasse und über den Marktplatz in der Heimat ein, suchte seine ebenfalls verstaubte und verwahrloste Wohnung auf und packte vor allem die große blecherne Botanisierbüchse aus. Der Hohlraum dieser Büchse war in zwei Hälften geteilt. In der einen waren Nachthemd, Schwamm, Seife und Zahnbürste des Wanderers untergebracht, die andre war erfüllt von einem geheimnisvollen Überfluß und Reichtum an Glasfläschchen, Korken, Papierschachteln, Wattepäckchen und anderen wunderlichen Geräten, zwischen denen einige auf Schnüre gezogene Kränze von getrockneten Apfelschnitzen auffielen. Alle diese Dinge legte der Maler sorglos beiseite, dann zog er aus den Brusttaschen seines Mantels und Rockes mehrere Schachteln, die er mit einer zärtlichen, juwelierhaften Sorglichkeit in die Finger nahm und der Reihe nach öffnete.
Da zeigte sich denn in den Schachteln, auf feine Nadeln gespießt, die gesamte Beute des sommerlichen Wanderzuges, ein paar Dutzend neu gefangener Schmetterlinge und Käfer, und einen um den andern hob Lautenschlager an seiner Nadel bedächtig heraus, drehte ihn begutachtend vor seinen Augen und legte ihn zur weiteren Behandlung beiseite. Dabei ging in seinem scharfen Malerblick eine knabenhafte Freude und beglückte Kindlichkeit auf, die niemand dem einsamen und oft boshaften Menschen zugetraut hätte, und über sein mageres, ironisches Gesicht lief wie Morgenlicht ein leiser Glanz von Güte und Dankbarkeit.
Wie es ein jeder rechte Künstler nötig hat, er sei sonst von welcher Art er möge, so hatte auch Lautenschlager durch alles Gestrüpp seines unbefriedigten und flackernden Lebens sich einen Weg bewahrt, auf dem er jederzeit für Augenblicke in das Land seiner Kinderjahre zurückkehren konnte, wo für ihn wie für jeden Menschen Morgenglanz und Quelle aller Kräfte verborgen lag, und das er niemals ohne Andacht betrat. Für ihn war es der zauberhafte Farbenschmelz frischer Schmetterlingsflügel und golden gleißender Käferschilder, der ihm mit Schlüsseln der Erinnerung das Paradiestor öffnete und dessen Anblick seinen Augen für Stunden die Frische und dankbare Empfänglichkeit der Knabenzeiten wiedergab.

Vorsichtig trug er seinen Schatz in das kleine Nebenzimmer, wo in zwei großen Wandschränken seine ganze Insektensammlung aufbewahrt ruhte und dessen Arbeitstisch mit Spannbrettern, Nadelkartons, Steckkissen, Papierstreifen, Pinzetten, Scheren, Benzingläschen, kleinsten Zangen und anderen Werkzeugen eines wohlausgerüsteten Insektensammlers bedeckt war. Er ging sogleich daran, die gespießten Käfer in die Kästen der Sammlung einzureihen, die Schmetterlinge aber mit geduldiger Sorgfalt auf Spannbrettern auszuspannen. Da blickten ihn entfaltet die wunderbaren Flügel an, braune und graue wollige mit matt gepuderten Farben, silbern weiße mit kristallenen Adern und frohfarbige mit metallen leuchtendem Email. Für seine Augen waren diese Schmetterlingsflügel das Schönste von allem, was ein Auge sehen kann, wie andre empfängliche Menschen etwa Blumen oder Moose oder die Farben der Meeresoberfläche allem anderen Augengenuß vorziehen, und bei ihrem Anblick gewann er das, was ihm seit Jahren fehlte, für Augenblicke wieder, nämlich das kindlich zufriedene Wohlgefallen an den Gegenständen der Natur, das Gefühl von Zugehörigkeit und Schöpfungsnähe, das man nur im Lieben und genauen Verstehen natürlicher Dinge zu finden vermag.
Als indessen der Abend kam, versorgte er seine Beute in einigen Blechkästen zwischen befeuchteten Papierblättern, um sie geschmeidig zu erhalten, dann holte er sich eine Flasche Wein aus dem Keller, Brot und Käse nebenan im Laden, aß auf dem Fensterbrett sitzend mit dem Blick auf die abendliche Gasse und zündete sodann die kleine Studierlampe an. Über ein volles Skizzenbuch gebeugt ging er künftigen Arbeitsplänen nach, wie ja solche gute Stunden nach der Heimkehr von einer befreienden Wanderung oft die besten Gedankenbringer sind.
In seinem Skizzenbuch fand sich die Gestalt des Dr. Trefz vier- oder fünfmal wieder, sie war ihm unvermeidlich geworden, und er fühlte mit Befriedigung, daß er in ihr den reinen Typ des Gerbersauer Philisters gefunden habe. Indem nun seine Gedanken, an keinem vereinzelten Bilde haftend und durch die friedliche Abendbeschäftigung gegen das Tal der Jugenderinnerungen gerichtet, die heimatlichen Figuren liebevoll umspielten, stand plötzlich mit über-

raschender Deutlichkeit das Bild des jungen Trefz vor ihm auf, wie er als Schulknabe gewesen war, ja er vermochte sich seiner noch aus der Zeit zu erinnern, da der jetzige Notar die ersten Hosen getragen hatte.

Oft schon hatte der Maler bis zur Verzweiflung darunter gelitten, daß eine zähe Anhänglichkeit ihn immer wieder und wieder nötigte, die kleinbürgerliche Welt seiner Vaterstadt in einzelnen Figuren festzuhalten, ohne daß es ihm je gelungen war, in einer irgendwie abschließenden Arbeit diese Welt für immer zu bezwingen und sich vom Halse zu schaffen, und mehrmals im Laufe der Jahre hatten ihn Pläne beschäftigt, die darauf zielten, ihn in einer gesteigerten Leistung von diesem Zwang zu befreien. Nun stand ein solcher Plan ungesucht vor seiner Vorstellung, aus hundert Quellen der Beobachtung und Erinnerung bis in Kinderjahre zurück genährt und bestimmt, verlockend und schwierig, und er griff alsbald mit ganzer Seele danach. Der Baumeister, der nach mühsamen Versuchen im guten Augenblick den klaren Grundriß des Hauses, das er bauen will, gefunden hat, und der Musiker, dem aus zwanzig wirren Skizzenblättern plötzlich das Gefüge einer Symphonie schön und organisch entgegenblickt, fühlt augenblicks alle Kräfte seines Wesens nach dieser Aufgabe hin drängen, sie sei groß oder klein, und sieht sich von einem süß quälenden Fieber ergriffen, das nicht zu stillen ist als durch die Vollendung des im Innern geschauten Werkes, und diese Ergriffenheit und quälende Begierde ist von derselben Art und aus derselben Quelle wie die Liebe eines jungen Mannes zu einer Frau. Gesteigert und überklar stehen Entschlüsse da wie Träume, in welchen unerfüllte heimliche Wünsche in der Tiefe des Unbewußten ihre Lösung finden. So war der Zustand des Malers, als er beim Schein der Lampe ungesucht seinen Plan vor sich stehen sah. Er wollte in einer Reihe von Zeichnungen das Epos des Gerbersauer Bürgers erzählen, und dieser Bürger mußte der Notar Trefz sein.

Man sollte ihn sehen, wie er als Neugeborner seinem Papa dargereicht, vom Stadtpfarrer getauft, als Dreijähriger mit der ersten Hose geschmückt, als Sechsjähriger zur Schule gebracht wurde. Er sollte vom ersten Apfeldiebstahl bis zur ersten Liebschaft, von der Taufe bis zur Konfirmation und

Hochzeit, er sollte als Schüler, als halbreifer Gymnasiast, als Student, als Kandidat, als Bräutigam, als Gemeinderat und Beamter, als Redner und als Jubilar, als Vereinsvorstand und schließlich als Bürgermeister dargestellt werden, stets derselbe Trefz, der Typus des strebsamen Bürgers, der mit großer Energie und großem Stolze kleinen Zielen nachgeht und sie alle erreicht, der beständig zu tun hat und niemals fertig und niemals begnügt ist und doch von der ersten Hose bis zum Begräbnis derselbe bleibt, dessen Unersetzlichkeit jeder tief empfindet und der doch als tröstlichen Ersatz einen Nachwuchs hinterläßt, in welchem von der Nasenwurzel bis zum Fuß, von der Mundart bis zur Denkart der aus Urzeiten heraufgezüchtete Typ des Vaters wohlerhalten und bedeutsam fortgebildet erscheint.
Als Hermann Lautenschlager, von der großen Idee bewegt und nach keinem Schlaf verlangend, ziemlich spät in guter Laune noch den Adler aufsuchte und sich zu einem Schoppen Traminer setzte, sah er dort den Dr. Trefz bei seinem neuen Freunde Julius Dreiß sitzen und hatte seine Freude an ihm, als sei er sein Eigentum und laufe lediglich zu seiner Belustigung auf der Welt umher. Trefz hatte sich bei seinem Eintreten verstimmt abgewandt. Desto vergnügter begrüßte ihn der Herr Dreiß, ja er bat, als merke er nichts von Trefzens Abneigung, den Ankömmling aufs freundschaftlichste, an seinem Tische Platz zu nehmen.
Der Maler fühlte einen Augenblick Lust, die Einladung anzunehmen und den gekränkten Jugendfreund in Verlegenheit zu bringen. Doch war er in allzu versöhnlicher Stimmung, als daß er es getan hätte.
„Die Herren haben miteinander zu reden“, sagte er dankend, „und ich bleibe ohnehin nicht lang. Prosit, Herr Dreiß!“
„Prosit, Herr Lautenschlager“, rief Dreiß herüber. „Ihre letzten Zeichnungen haben uns allen einen Heidenspaß gemacht – nicht wahr, Herr Doktor?“
Trefz gab keine Antwort. Er sog mißvergnügt an seinem Wein und spürte zum erstenmal eine Ahnung davon, daß dieser unsympathische Julius Dreiß ein Bundesgenosse des widerlichen Malers sei und daß beide, ohne es gerade zu wissen und zu wollen, seine Feinde seien. Und in der Tat kam Dreiß mit dem Maler zur Zeit recht häufig zusammen,

und was der Notar heut abend mit Dreiß geplaudert hatte, kam morgen schon zu Lautenschlagers Ohren.

Als der Sommer zu Ende ging, begann Dr. Trefz auf die Früchte seines freundschaftlichen Umganges mit Herrn Dreiß ungeduldig zu werden. Er lud den Freund zu einem Sonntagsausflug ein und eröffnete ihm in der Goldenen Krone zu Krüglingen bei einer Flasche Affenthaler seine geheimen Wünsche.

„Sehen Sie", sagte er eindringlich, „es wäre doch unverantwortlich, eine so altehrwürdige Vereinigung wie Ihre Färberzunft einfach aussterben zu lassen, nur weil von den eigentlich zunftfähigen Familien keine Nachkommenschaft mehr da ist. Sie sollten den einen und andern tüchtigen Mann zulassen, der Leben und Regsamkeit in die Zunft brächte, sich der Geschäfte annähme und die Geselligkeit anregte. So bin ich zum Beispiel, wie Sie wissen, mit einem Teil der Verwaltung Ihres Zunftvermögens betraut und habe einen Einblick in Ihre Geschäfte. Als Mitglied der Zunft nun würde ich nicht nur auf die Gebühren verzichten, die ich für die kleine Arbeit der Verwaltung anzusprechen habe, ich würde auch den etwas altmodischen Gang Ihrer Geschäfte zu verbessern wissen und die Rentabilität Ihrer Kapitalien bedeutend erhöhen können. Überhaupt, da ich in der letzten Zeit das Vergnügen hatte, Sie näher kennenzulernen und in einen so freundschaftlichen Umgang mit Ihnen zu kommen, wäre es mir eine Freude, auch Ihrer Zunft mit anzugehören, und ich darf doch wohl hoffen, daß mein Aufnahmegesuch Ihre Befürwortung fände?"

„Gewiß", antwortete Dreiß nachdenklich, „aber Sie werden ja wohl wissen, welches die Vorbedingungen einer Aufnahme sind. Meines Wissens sind Sie mit keiner von den zunftberechtigten Familien nahe genug verwandt."

„Das weiß ich", gab Trefz ohne weiteres zu. „Aber immerhin ist meine Mutter eine Rothfuß und mit den Dreißen Ihres Stammes vervettert. Und außerdem weiß ich, daß im Laufe der Jahrhunderte zweimal die Zunftmitgliedschaft an Nichtberechtigte verliehen worden ist. Einmal sogar an einen Auswärtigen, der sich das Bürgerrecht nur erkauft hatte. Sie können doch nicht im Ernst eines Zufalls wegen Ihre ganze Zunft eingehen lassen."

„Das haben wir noch nicht im Sinn. Zunächst sind wir noch drei lebende Mitglieder, mit deren Absterben es ja nicht so sehr pressiert. Und schließlich wäre das Aufhören der Zunft gar kein so großes Unglück. Einen rechten Sinn hat sie doch schon lange nicht mehr, und bei ihrer Auflösung ginge ihr Vermögen an die Stadt über, die es schon brauchen könnte. Wir zahlen Steuern genug, da würde eine kleine Aufbesserung nichts schaden."

Das konnte Trefz als Mitglied des Gemeinderats nicht leugnen. Er wiederholte nur, wie schade es wäre, wenn man eine so alte und schöne Institution müßte erlöschen sehen, und bat, den andern seinen Antrag um Aufnahme zu überbringen.

Darauf nun hatte Dreiß schon lange gewartet. Er versprach eine schnelle Antwort und freute sich, diesen Philister in seinen Händen zu wissen und ihm einen Denkzettel zu geben. Denn als Philister erschien ihm der Notar, obwohl Dreiß selber kein kleinerer war. Er hatte als bequemer Junggeselle eine Abneigung gegen alle Streber und Umtriebler, es war jedoch nur seine Trägheit und seine Lust am Witzemachen, die ihn seine tüchtigeren Mitbürger als Philister verachten ließ. In den Jahren seiner Zugehörigkeit zur Zunft hatte er dort das große Wort geführt und sich namentlich als Veranstalter des jährlichen Fastnachtsfestes hervorgetan, und da ihn sonst keine Arbeit oder Sorge beschäftigte, war ihm das Spaßmachen allmählich zum Beruf geworden.

Nun war in der Zunft eine lange Weile nichts richtig Lustiges mehr passiert, und Dreiß begrüßte diesen Anlaß zu einem Narrenstreich mit Freuden. Gleich allen Müßiggängern und unernsten Menschen war ihm nichts willkommener, als gelegentlich einen andern von sich abhängig zu sehen und seine zufällige Macht zu mißbrauchen. So berief er alsbald eine Zunftsitzung ein, die er im Einverständnis mit den gleichgültigen Mitgliedern zu einem schönen, festlichen Abendessen gestaltete. Von einem Kellner sorgfältig bedient, unter demütiger Leitung des Hirschwirtes, saßen die drei nichtsnutzigen Junggesellen an dem zehnmal zu großen Zunfttische beisammen, aßen, was ihnen gut schien, und tranken Rotwein dazu, hatten die alten silbernen Becher der Väter vor sich stehen und kamen sich drollig und

wichtig vor. In einer lustigen Rede erzählte Dreiß von dem Anliegen des Dr. Trefz, worüber wenig Verwunderung entstand, da ähnliche Gesuche nicht eben selten an sie gelangten. Statt jedoch den Antragsteller einfach und sachlich abzuweisen, beschloß Dreiß ihn erst ein wenig zum besten zu halten, und der Maler Lautenschlager gab ihm vortreffliche Ratschläge dazu. Und so erhielt denn nach einigen Tagen der Notar ein feierliches Schreiben von der Färberzunft, worin er bedeutet wurde, sein Anliegen schriftlich mit ausführlicher Begründung und unter Beifügung eines übersichtlichen Stammbaumes zu wiederholen. Die Aufforderung war übrigens so höflich abgefaßt, daß der Notar trotz einer leisen Witterung des Gegenteils sie ernstnahm und mit der Herstellung einer schönen Kopie seines Stammbaumes viele fleißige Abendstunden hinbrachte.
Diesen Stammbaum samt einem langen Schreiben ließ er dem ehrenwerten Vorstande der Zunft übergeben und wartete sodann eine gute Weile vergebens auf Antwort, indessen die Zunftherren den Anlaß zu mehreren Sitzungen, Frühstücken und kleinen Gelagen wahrnahmen.
Endlich aber bekam Trefz einen zierlichen, prachtvoll kalligraphierten Brief mit dem schweren Zunftsiegel. Begierig schloß er sich in seiner Schreibstube ein, entfaltete und las, und war selbst jetzt noch einen Augenblick im Ungewissen, ob es sich um Ernst oder Spaß handle. Dann aber wurde ihm klar, daß er zum Narren gehabt worden sei, und es gab fortan in Gerbersau keinen heftigeren Gegner der Zunft als ihn. Das Schreiben hatte gelautet:
„Hochgeehrter Herr Doktor!
Ihr Antrag ist der wohledlen Zunft an Färbern zu Händen gekommen und fühlen wir die Ehre wohl, die uns damit angetan wird. Mit großem Vergnügen wären wir bereit, Ihrem werten Ansuchen zu entsprechen, wenn nicht früher gefaßte Entschließungen uns dies leider erschweren würden.
Unsre wohledle Zunft zu Färbern besteht, wie Ihnen wohl bekannt, zur Zeit aus nur drei Mitgliedern, welche alle drei sich des Ehestandes enthalten haben, so daß nach ihrem einstigen Ableben die Zunft erlischt und ihre Habe der Stadt Gerbersau zufällt. Dies ist unser aller Meinung und Wille, und was nun Ihre werte Anfrage betrifft, so sind wir

mit Freuden bereit, Sie, hochgeehrter Herr, in unsre Zunft aufzunehmen, wenn wir die Gewißheit haben, daß hierdurch unsere früheren Absichten nicht geschädigt werden.
Wir haben daher die Ehre Ihnen mitzuteilen, daß Ihrer Aufnahme nichts entgegensteht, sofern Sie bei erfolgendem Eintritt sich schriftlich und eidlich verpflichten, niemals in den Ehestand zu treten. Sollte diese einzige Bedingung Ihren Beifall nicht haben, so müßten wir allerdings zu unserem Bedauern auf die Ehre verzichten, die Ihr Beitritt uns andernfalls bedeuten würde."

Seit im ‚Hans Sachs' seine von Lautenschlager gezeichnete Karikatur erschienen war, hatte Trefz einen solchen Ärger nicht mehr erlebt. Den Gruß des Herrn Dreiß, der ihm andern Tags begegnete und mit dem freundlichsten Lächeln den Hut zog, hätte er am liebsten mit einem Faustschlag beantwortet.

Hier endet das Manuskript

Kinderseele

Manchmal handeln wir, gehen aus und ein, tun dies und das, und es ist alles leicht, unbeschwert und gleichsam unverbindlich, es könnte scheinbar alles auch anders sein. Und manchmal, zu anderen Stunden, könnte nichts anders sein, ist nichts unverbindlich und leicht, und jeder Atemzug, den wir tun, ist von Gewalten bestimmt und schwer von Schicksal.

Die Taten unseres Lebens, die wir die guten nennen und von denen zu erzählen uns leicht fällt, sind fast alle von jener ersten, „leichten" Art, und wir vergessen sie leicht. Andere Taten, von denen zu sprechen uns Mühe macht, vergessen wir nie mehr, sie sind gewissermaßen mehr unser als andere, und ihre Schatten fallen lang über alle Tage unseres Lebens.

Unser Vaterhaus, das groß und hell an einer hellen Straße lag, betrat man durch ein hohes Tor, und sogleich war man von Kühle, Dämmerung und steinern feuchter Luft umfangen. Eine hohe, düstere Halle nahm einen schweigsam auf, der Boden von roten Sandsteinfliesen führte leicht ansteigend gegen die Treppe, deren Beginn zuhinterst tief im Halbdunkel lag. Viele tausend Male bin ich durch dies hohe Tor eingegangen, und niemals hatte ich acht auf Tor und Flur, Fliesen und Treppe: dennoch war es immer ein Übergang in eine andere Welt, in „unsere" Welt. Die Halle roch nach Stein, sie war finster und hoch, hinten führte die Treppe aus der dunklen Kühle empor und zu Licht und hellem Behagen. Immer aber war erst die Halle und die ernste Dämmerung da: etwas vom Vater, etwas von Würde und Macht, etwas von Strafe und schlechtem Gewissen. Tausendmal ging man lachend hindurch. Manchmal aber trat man herein und war sogleich erdrückt und zerkleinert, hatte Angst, suchte rasch die befreiende Treppe.

Als ich elf Jahre alt war, kam ich eines Tages von der Schule her nach Hause, an einem von den Tagen, wo Schicksal in den Ecken lauert, wo leicht etwas passiert. An diesen Tagen scheint jede Unordnung und Störung der eigenen Seele sich in unserer Umwelt zu spiegeln und sie zu entstellen. Unbehagen und Angst beklemmen unser Herz, und wir suchen und finden ihre vermeintlichen Ursachen außer uns, sehen die Welt schlecht eingerichtet und stoßen überall auf Widerstände.

Ähnlich war es an jenem Tage. Von früh an bedrückte mich – wer weiß woher? vielleicht aus Träumen der Nacht – ein Gefühl wie schlechtes Gewissen, obwohl ich nichts Besonderes begangen hatte. Meines Vaters Gesicht hatte am Morgen einen leidenden und vorwurfsvollen Ausdruck gehabt, die Frühstücksmilch war lau und fad gewesen. In der Schule war ich zwar nicht in Nöte geraten, aber es hatte alles wieder einmal trostlos, tot und entmutigend geschmeckt und hatte sich vereinigt zu jenem mir schon bekannten Gefühl der Ohnmacht und Verzweiflung, das uns sagt, daß die Zeit endlos sei, daß wir ewig und ewig klein und machtlos und im Zwang dieser blöden, stinkenden Schule bleiben werden, Jahre und Jahre, und daß dies ganze Leben sinnlos und widerwärtig sei.

Auch über meinen derzeitigen Freund hatte ich mich heute geärgert. Ich hatte seit kurzem eine Freundschaft mit Oskar Weber, dem Sohn eines Lokomotivführers, ohne recht zu wissen, was mich zu ihm zog. Er hatte neulich damit geprahlt, daß sein Vater sieben Mark im Tag verdiene, und ich hatte aufs Geratewohl erwidert, der meine verdiene vierzehn. Daß er sich dadurch hatte imponieren lassen, ohne Einwände zu machen, war der Anfang der Sache gewesen. Einige Tage später hatte ich mit Weber einen Bund gegründet, indem wir eine gemeinsame Sparkasse anlegten, aus welcher später eine Pistole gekauft werden sollte. Die Pistole lag im Schaufenster eines Eisenhändlers, eine massive Waffe mit zwei bläulichen Stahlrohren. Und Weber hatte mir vorgerechnet, daß man nur eine Weile richtig zu sparen brauche, dann könne man sie kaufen. Geld gebe es ja immer, er bekomme sehr oft einen Zehner für Ausgänge, oder sonst ein Trinkgeld, und manchmal finde man Geld auf der Gasse, oder Sachen mit Geldeswert, wie Hufeisen, Bleistücke und anderes, was man gut verkaufen könne. Einen Zehner hatte er auch sofort für unsere Kasse hergegeben, und der hatte mich überzeugt und mir unseren ganzen Plan als möglich und hoffnungsvoll erscheinen lassen.

Indem ich an jenem Mittag unseren Hausflur betrat und mir in der kellerig kühlen Luft dunkle Mahnungen an tausend unbequeme und hassenswerte Dinge und Weltordnungen entgegenwehten, waren meine Gedanken mit Oskar Weber beschäftigt. Ich fühlte, daß ich ihn nicht liebte, obwohl sein gutmütiges Gesicht, das mich an eine Waschfrau erinnerte, mir sympathisch war. Was mich zu ihm hinzog, war nicht seine Person, sondern etwas anderes, ich könnte sagen, sein Stand – es war etwas, das er mit fast allen Buben von seiner Art und Herkunft teilte: eine gewisse freche Lebenskunst, ein dickes Fell gegen Gefahr und Demütigung, eine Vertrautheit mit den kleinen praktischen Angelegenheiten des Lebens, mit Geld, mit Kaufläden und Werkstätten, Waren und Preisen, mit Küche und Wäsche und dergleichen. Solche Knaben wie Weber, denen die Schläge in der Schule nicht weh zu tun schienen und die mit Knechten, Fuhrleuten und Fabrikmädchen verwandt und befreundet waren, die standen anders und gesicherter in der Welt als ich; sie waren gleichsam erwachsener, sie wußten, wieviel ihr Vater im Tag verdiene, und wußten ohne Zweifel auch sonst noch vieles, worin ich unerfahren war. Sie lachten über Ausdrücke und Witze, die ich nicht verstand. Sie konnten überhaupt auf eine Weise lachen, die mir versagt war, auf eine dreckige und rohe, aber unleugbar erwachsene und „männliche“ Weise. Es half nichts, daß man klüger war als sie und in der Schule mehr wußte. Es half nichts, daß man besser als sie gekleidet, gekämmt und gewaschen war. Im Gegenteil, eben diese Unterschiede kamen ihnen zugute. In die „Welt“, wie sie mir in Dämmerschein und Abenteuerschein vorschwebte, schienen mir solche Knaben wie Weber ganz ohne Schwierigkeiten eingehen zu können, während mir die „Welt“ so sehr verschlossen war und jedes ihrer Tore durch unendliches Älterwerden, Schulesitzen, durch Prüfungen und Erzogenwerden mühsam erobert werden

mußte. Natürlich fanden solche Knaben auch Hufeisen, Geld und Stücke Blei auf der Straße, bekamen Lohn für Besorgungen, kriegten in Läden allerlei geschenkt und gediehen auf jede Weise.
Ich fühlte dunkel, daß meine Freundschaft zu Weber und seiner Sparkasse nichts war als wilde Sehnsucht nach jener „Welt". An Weber war nichts für mich liebenswert als sein großes Geheimnis, kraft dessen er den Erwachsenen näher stand als ich, in einer schleierlosen, nackteren, robusteren Welt lebte als ich mit meinen Träumen und Wünschen. Und ich fühlte voraus, daß er mich enttäuschen würde, daß es mir nicht gelingen werde, ihm sein Geheimnis und den magischen Schlüssel zum Leben zu entreißen.
Eben hatte er mich verlassen, und ich wußte, er ging nun nach Hause, breit und behäbig, pfeifend und vergnügt, von keiner Sehnsucht, von keinen Ahnungen verdüstert. Wenn er die Dienstmägde und Fabrikler antraf und ihr rätselhaftes, vielleicht wunderbares, vielleicht verbrecherisches Leben führen sah, so war es ihm kein Rätsel und ungeheures Geheimnis, keine Gefahr, nichts Wildes und Spannendes, sondern selbstverständlich, bekannt und heimatlich wie der Ente das Wasser. So war es. Und ich hingegen, ich würde immer nebendraußen stehen, allein und unsicher, voll von Ahnungen, aber ohne Gewißheit.
Überhaupt, das Leben schmeckte an jenem Tage wieder einmal hoffnungslos fade, der Tag hatte etwas von einem Montag an sich, obwohl er ein Samstag war, er roch nach Montag, dreimal so lang und dreimal so öde als die anderen Tage. Verdammt und widerwärtig war dies Leben, verlogen und ekelhaft war es. Die Erwachsenen taten, als sei die Welt vollkommen und als seien sie selber Halbgötter, wir Knaben aber nichts als Auswurf und Abschaum. Diese Lehrer –! Man fühlte Streben und Ehrgeiz in sich, man nahm redliche und leidenschaftliche Anläufe zum Guten, sei es nun zum Lernen der griechischen Unregelmäßigen oder zum Reinhalten seiner Kleider, zum Gehorsam gegen die Eltern oder zum schweigenden, heldenhaften Ertragen aller Schmerzen und Demütigungen – ja, immer und immer wieder erhob man sich, glühend und fromm, um sich Gott zu widmen und den idealen, reinen, edlen Pfad zur Höhe zu gehen, Tugend zu üben, Böses stillschweigend zu dulden,

anderen zu helfen – ach, und immer und immer wieder blieb es ein Anlauf, ein Versuch und kurzer Flatterflug! Immer wieder passierte schon nach Tagen, o schon nach Stunden etwas, was nicht hätte sein dürfen, etwas Elendes, Betrübendes und Beschämendes. Immer wieder fiel man mitten aus den trotzigsten und adligsten Entschlüssen und Gelöbnissen plötzlich unentrinnbar in Sünde und Lumperei, in Alltag und Gewöhnlichkeiten zurück! Warum war es so, daß man die Schönheit und Richtigkeit guter Vorsätze so wohl und tief erkannte und im Herzen fühlte, wenn doch beständig und immerzu das ganze Leben (die Erwachsenen einbegriffen) nach Gewöhnlichkeit stank und überall darauf eingerichtet war, das Schäbige und Gemeine triumphieren zu lassen? Wie konnte es sein, daß man morgens im Bett auf den Knien oder nachts vor angezündeten Kerzen sich mit heiligem Schwur dem Guten und Lichten verbündete, Gott anrief und jedem Laster für immer Fehde ansagte – und daß man dann, vielleicht bloß ein paar Stunden später, an diesem selben heiligen Schwur und Vorsatz den elendesten Verrat üben konnte, sei es auch nur durch das Einstimmen in ein verführerisches Gelächter, durch das Gehör, das man einem dummen Schulbubenwitze lieh? Warum war das so? Ging es andern anders? Waren die Helden, die Römer und Griechen, die Ritter, die ersten Christen – waren diese alle andere Menschen gewesen als ich, besser, vollkommener, ohne schlechte Triebe, ausgestattet mit irgendeinem Organ, das mir fehlte, das sie hinderte, immer wieder aus dem Himmel in den Alltag, aus dem Erhabenen ins Unzulängliche und Elende zurückzufallen? War die Erbsünde jenen Helden und Heiligen unbekannt? War das Heilige und Edle nur Wenigen, Seltenen, Auserwählten möglich? Aber warum war mir, wenn ich nun also kein Auserwählter war, dennoch dieser Trieb nach dem Schönen und Adligen eingeboren, diese wilde, schluchzende Sehnsucht nach Reinheit, Güte, Tugend? War das nicht zum Hohn? Gab es das in Gottes Welt, daß ein Mensch, ein Knabe, gleichzeitig alle hohen und alle bösen Triebe in sich hatte und leiden und verzweifeln mußte, nur so als eine unglückliche und komische Figur, zum Vergnügen des zuschauenden Gottes? Gab es das? Und war dann nicht – ja war dann nicht die ganze Welt ein Teufelsspott, gerade wert, sie anzuspucken?! War dann nicht Gott ein Scheusal, ein Wahnsinniger, ein dummer, widerlicher Hanswurst? – Ach, und während ich mit einem Beigeschmack von Empörerwollust diese Gedanken dachte, strafte mich schon mein banges Herz durch Zittern für die Blasphemie!

Wie deutlich sehe ich, nach dreißig Jahren, jenes Treppenhaus wieder vor mir, mit den hohen, blinden Fenstern, die gegen die nahe Nachbarmauer gingen und so wenig Licht gaben, mit den weißgescheuerten, tannenen Treppen und Zwischenböden und dem glatten, harthölzernen Geländer, das durch meine tausend sausenden Abfahrten poliert war! So fern mir die Kindheit steht, und so unbegreiflich und märchenhaft sie mir im ganzen erscheint, so ist mir doch alles genau erinnerlich, was schon damals, mitten im Glück, in mir an Leid und Zwiespalt vorhanden war. Alle diese Gefühle waren damals im Herzen des Kindes schon dieselben, wie sie es immer blieben: Zweifel am eigenen Wert, Schwanken zwischen Selbstschätzung und Mutlosigkeit, zwischen weltverachtender Idealität und gewöhnlicher Sinneslust – und wie damals, so sah ich auch hundertmal später noch in diesen Zügen meines Wesens bald verächtliche Krankheit, bald Auszeichnung, habe zu Zeiten den Glauben, daß mich Gott auf diesem qualvollen Wege zu besonderer Vereinsamung und Vertiefung führen wolle, und finde zu andern Zeiten wieder in alledem nichts als die Zeichen einer schäbigen Charakterschwäche, einer Neurose, wie Tausende sie mühsam durchs Leben schleppen.

Wenn ich alle die Gefühle und ihren qualvollen Widerstreit auf ein Grundgefühl zurückführen und mit einem einzigen Namen bezeichnen sollte, so wüßte ich kein anderes Wort als: Angst. Angst war es, Angst und Unsicherheit, was ich in allen jenen Stunden des gestörten Kinderglücks empfand: Angst vor Strafe, Angst vor dem eigenen Gewissen, Angst vor Regungen meiner Seele, die ich als verboten und verbrecherisch empfand.

Auch in jener Stunde, von der ich erzähle, kam dies Angstgefühl wieder über mich, als ich in dem heller und heller werdenden Treppenhause mich der Glastür näherte. Es begann mit einer Beklemmung im Unterleib, die bis zum Halse emporstieg und dort zum Würgen oder zu Übelkeit wurde. Zugleich damit empfand ich in diesen Momenten stets, und so auch jetzt, eine peinliche Geniertheit, ein Mißtrauen gegen jeden Beobachter, einen Drang zu Alleinsein und Sichverstecken.

Mit diesem üblen und verfluchten Gefühl, einem wahren Verbrechergefühl, kam ich in den Korridor und in das Wohnzimmer. Ich spürte: es ist heut der Teufel los, es wird etwas passieren. Ich spürte es, wie das Barometer einen veränderten Luftdruck spürt, mit rettungsloser Passivität. Ach, nun war es wieder da, dies Unsägliche! Der Dämon schlich durchs Haus, Erbsünde nagte am Herzen, riesig und unsichtbar stand hinter jeder Wand ein Geist, ein Vater und Richter.

Noch wußte ich nichts, noch war alles bloß Ahnung, Vorgefühl, nagendes Unbehagen. In solchen Lagen war es oft das beste, wenn man krank wurde, sich erbrach und ins Bett legte. Dann ging es manchmal ohne Schaden vorüber, die Mutter oder Schwester kam, man bekam Tee und spürte sich von liebender Sorge umgeben, und man konnte weinen oder schlafen, um nachher gesund und froh in einer völlig verwandelten, erlösten und hellen Welt zu erwachen.

Meine Mutter war nicht im Wohnzimmer, und in der Küche war nur die Magd. Ich beschloß, zum Vater hinauf zu gehen, zu dessen Studierzimmer eine schmale Treppe hinaufführte. Wenn ich auch Furcht vor ihm hatte, zuweilen war es doch gut, sich an ihn zu wenden, dem man so viel abzubitten hatte. Bei der Mutter war es einfacher und leichter, Trost zu finden; beim Vater aber war der Trost wertvoller, er bedeutete einen Frieden mit dem richtenden Gewissen, eine Versöhnung und ein neues Bündnis mit den guten Mächten. Nach schlimmen Auftritten, Untersuchungen, Geständnissen und Strafen war ich oft aus des Vaters Zimmer gut und rein hervorgegangen, bestraft und ermahnt zwar, aber voll neuer Vorsätze, durch die Bundesgenossenschaft des Mächtigen gestärkt gegen das feindliche Böse. Ich beschloß, den Vater aufzusuchen und ihm zu sagen, daß mir übel sei.

Und so stieg ich die kleine Treppe hinauf, die zum Studierzimmer führte. Diese kleine Treppe mit ihrem eigenen Tapetengeruch und dem trockenen Klang der hohlen, leichten Holzstufen war noch unendlich viel mehr als der Hausflur ein bedeutsamer Weg und ein Schicksalstor; über diese Stufen hatten viele wichtige Gänge mich geführt, Angst und Gewissensqual hatte ich hundertmal dort hinaufgeschleppt, Trotz und wilden Zorn, und nicht selten hatte ich Erlösung und neue Sicherheit zurückgebracht. Unten in unsrer Wohnung waren Mutter und Kind zu Hause, dort wehte harmlose Luft; hier oben wohnten Macht und Geist, hier waren Gericht und Tempel und das „Reich des Vaters".

Etwas beklommen wie immer drückte ich die altmodische Klinke nieder und öffnete die Tür halb. Der väterliche Studierzimmergeruch floß mir wohlbekannt entgegen: Bücher- und Tintenduft, verdünnt durch blaue Luft aus halboffnen Fenstern, weiße, reine Vorhänge, ein verlorner Faden von Kölnisch-Wasser-Duft und auf dem Schreibtisch ein Apfel. – Aber die Stube war leer.

Mit einer Empfindung halb von Enttäuschung und halb von Aufatmen trat ich ein. Ich dämpfte meinen Schritt und trat nur mit den Zehen auf, so wie wir hier oben manchmal gehen mußten, wenn der Vater schlief oder Kopfweh hatte. Und kaum war dies leise Gehen mir bewußt geworden, so bekam ich Herzklopfen und spürte verstärkt den angstvollen Druck im Unterleib und in der Kehle wieder. Ich ging schleichend und angstvoll weiter, einen Schritt und wieder einen Schritt, und schon war ich nicht mehr ein harmloser Besucher und Bittsteller, sondern ein Eindringling. Mehrmals schon hatte ich heimlich in des Vaters Abwesenheit mich in seine beiden Zimmer geschlichen, hatte sein geheimes Reich belauscht und erforscht und hatte zweimal auch etwas daraus entwendet.

Die Erinnerung daran war alsbald da und erfüllte mich, und ich wußte sofort: jetzt war das Unglück da, jetzt passierte etwas, jetzt tat ich Verbotenes und Böses. Kein Gedanke an Flucht! Vielmehr, ich dachte wohl daran, dachte sehnlich und inbrünstig daran, davonzulaufen, die Treppe hinab und in mein Stübchen oder in den Garten – aber ich wußte, ich werde das doch nicht tun, nicht tun können. Innig wünschte ich, mein Vater möchte sich im Nebenzimmer rühren und hereintreten und den ganzen grauenvollen Bann durchbrechen, der mich dämonisch zog und fesselte. O käme er doch! Käme er doch, scheltend meinetwegen, aber käme er nur, eh es zu spät ist!

Ich hustete, um meine Anwesenheit zu melden, und als

keine Antwort kam, rief ich leise: „Papa!“ Es blieb alles still, an den Wänden schwiegen die vielen Bücher, ein Fensterflügel bewegte sich im Winde und warf einen hastigen Sonnenspiegel über den Boden. Niemand erlöste mich, und in mir selber war keine Freiheit, anders zu tun, als der Dämon wollte. Verbrechergefühl zog mir den Magen zusammen und machte mir die Fingerspitzen kalt, mein Herz flatterte angstvoll. Noch wußte ich keineswegs, was ich tun würde. Ich wußte nur, es würde etwas Schlechtes sein.
Nun war ich beim Schreibtisch, nahm ein Buch in die Hand und las einen englischen Titel, den ich nicht verstand. Englisch haßte ich – das sprach der Vater stets mit der Mutter, wenn wir es nicht verstehen sollten und auch wenn sie Streit hatten. In einer Schale lagen allerlei kleine Sachen, Zahnstocher, Stahlfedern, Stecknadeln. Ich nahm zwei von den Stahlfedern und steckte sie in die Tasche, Gott weiß wozu, ich brauchte sie nicht und hatte keinen Mangel an Federn. Ich tat es nur, um dem Zwang zu folgen, der mich fast erstickt hätte, dem Zwang, Böses zu tun, mir selbst zu schaden, mich mit Schuld zu beladen. Ich blätterte in meines Vaters Papieren, sah einen angefangenen Brief liegen, ich las die Worte: „es geht uns und den Kindern, Gott sei Dank, recht gut“, und die lateinischen Buchstaben seiner Handschrift sahen mich an wie Augen.
Dann ging ich leise und schleichend in das Schlafzimmer hinüber. Da stand Vaters eisernes Feldbett, seine braunen Hausschuhe darunter, ein Taschentuch lag auf dem Nachttisch. Ich atmete die väterliche Luft in dem kühlen, hellen Zimmer ein, und das Bild des Vaters stieg deutlich vor mir auf, Ehrfurcht und Auflehnung stritten in meinem beladenen Herzen. Für Augenblicke haßte ich ihn und erinnerte mich seiner mit Bosheit und Schadenfreude, wie er zuweilen an Kopfwehtagen still und flach in seinem niederen Feldbett lag, sehr lang und gestreckt, ein nasses Tuch über der Stirn, manchmal seufzend. Ich ahnte wohl, daß auch er, der Gewaltige, kein leichtes Leben habe, daß ihm, dem Ehrwürdigen, Zweifel an sich selbst und Bangigkeit nicht unbekannt waren. Schon war mein seltsamer Haß verflogen, Mitleid und Rührung folgten ihm. Aber inzwischen hatte ich eine Schieblade der Kommode herausgezogen. Da lag Wäsche geschichtet und eine Flasche Kölnisches Wasser, das

er liebte; ich wollte daran riechen, aber die Flasche war noch ungeöffnet und fest verstöpselt, ich legte sie wieder zurück. Daneben fand ich eine kleine runde Dose mit Mundpastillen, die nach Lakritzen schmeckten, von denen steckte ich einige in den Mund. Eine gewisse Enttäuschung und Ernüchterung kam über mich, und zugleich war ich doch froh, nicht mehr gefunden und genommen zu haben.

Schon im Ablassen und Verzichten zog ich noch spielend an einer andern Lade, mit etwas erleichtertem Gefühl und mit dem Vorsatz, nachher die zwei gestohlenen Stahlfedern drüben wieder an ihren Ort zu legen. Vielleicht waren Rückkehr und Reue möglich, Wiedergutmachung und Erlösung. Vielleicht war Gottes Hand über mir stärker als alle Versuchung ...

Da sah ich mit schnellem Blick noch eilig in den Spalt der kaum aufgezogenen Lade. Ach, wären Strümpfe oder Hemden oder alte Zeitungen darin gewesen! Aber da war nun die Versuchung, und sekundenschnell kehrte der kaum gelockerte Krampf und Angstbann wieder, meine Hände zitterten, und mein Herz schlug rasend. Ich sah in einer aus Bast geflochtenen, indischen oder sonst exotischen Schale etwas liegen, etwas Überraschendes, Verlockendes, einen ganzen Kranz von weiß bezuckerten, getrockneten Feigen!

Ich nahm ihn in die Hand, er war wundervoll schwer. Dann zog ich zwei, drei Feigen heraus, steckte eine in den Mund, einige in die Tasche. Nun waren alle Angst und alles Abenteuer doch nicht umsonst gewesen. Keine Erlösung, keinen Trost konnte ich mehr von hier fortnehmen, so wollte ich wenigstens nicht leer ausgehen. Ich zog noch drei, vier Feigen von dem Ring, der davon kaum leichter wurde, und noch einige, und als meine Taschen gefüllt und von dem Kranz wohl mehr als die Hälfte verschwunden war, ordnete ich die übriggebliebenen Feigen auf dem etwas klebrigen Ring lockerer an, so daß weniger zu fehlen schienen. Dann stieß ich, in plötzlichem hellem Schrecken, die Lade heftig zu und rannte davon, durch beide Zimmer, die kleine Stiege hinab und in mein Stübchen, wo ich stehenblieb und mich auf mein kleines Stehpult stützte, in den Knien wankend und nach Atem ringend.

Bald darauf tönte unsre Tischglocke. Mit leerem Kopf und ganz von Ernüchterung und Ekel erfüllt, stopfte ich die Feigen in mein Bücherbrett, verbarg sie hinter Büchern und ging zu Tische. Vor der Eßzimmertür merkte ich, daß meine Hände klebten. Ich wusch sie in der Küche. Im Eßzimmer fand ich alle schon am Tische warten. Ich sagte schnell Gutentag, der Vater sprach das Tischgebet, und ich beugte mich über meine Suppe. Ich hatte keinen Hunger, jeder Schluck machte mir Mühe. Und neben mir saßen meine Schwestern, die Eltern gegenüber, alle hell und munter und in Ehren, nur ich Verbrecher elend dazwischen, allein und unwürdig, mich fürchtend vor jedem freundlichen Blick, den Geschmack der Feigen noch im Munde. Hatte ich oben die Schlafzimmertür auch zugemacht? Und die Schublade?
Nun war das Elend da. Ich hätte mir die Hand abhauen lassen, wenn dafür meine Feigen wieder oben in der Kommode gelegen hätten. Ich beschloß, sie fortzuwerfen, sie mit in die Schule zu nehmen und zu verschenken. Nur daß sie wegkämen, daß ich sie nie wieder sehen müßte!
„Du siehst heut schlecht aus", sagte mein Vater über den Tisch weg. Ich sah auf meinen Teller und fühlte seine Blicke auf meinem Gesicht. Nun würde er es merken. Er merkte ja alles, immer. Warum quälte er mich vorher noch? Mochte er mich lieber gleich abführen und meinetwegen totschlagen.
„Fehlt dir etwas?" hörte ich seine Stimme wieder. Ich log, ich sagte, ich habe Kopfweh.
„Du mußt dich nach Tisch ein wenig hinlegen", sagte er. „Wieviel Stunden habt ihr heut nachmittag?"
„Bloß Turnen."
„Nun, turnen wird dir nicht schaden. Aber iß auch, zwinge dich ein bißchen! Es wird schon vergehen."
Ich schielte hinüber. Die Mutter sagte nichts, aber ich wußte, daß sie mich anschaue. Ich aß meine Suppe hinunter, kämpfte mit Fleisch und Gemüse, schenkte mir zweimal Wasser ein. Es geschah nichts weiter. Man ließ mich in Ruhe. Als zum Schluß mein Vater das Dankgebet sprach: „Herr, wir danken dir, denn du bist freundlich, und deine Güte währet ewiglich", da trennte wieder ein ätzender Schnitt mich von den hellen, heiligen, vertrauensvollen

Worten und von allen, die am Tische saßen: mein Händefalten war Lüge, und meine andächtige Haltung war Lästerung.
Als ich aufstand, strich mir die Mutter übers Haar und ließ ihre Hand einen Augenblick auf meiner Stirn liegen, ob sie heiß sei. Wic bitter war das alles!
In meinem Stübchen stand ich dann vor dem Bücherbrett. Der Morgen hatte nicht gelogen, alle Anzeichen hatten recht gehabt. Es war ein Unglückstag geworden, der schlimmste, den ich je erlebt hatte. Schlimmeres konnte kein Mensch ertragen. Wenn noch Schlimmeres über einen kam, dann mußte man sich das Leben nehmen. Man müßte Gift haben, das war das beste, oder sich erhängen. Es war überhaupt besser, tot zu sein, als zu leben. Es war ja alles so falsch und häßlich. Ich stand und sann und griff zerstreut nach den verborgenen Feigen und aß davon, eine und mehrere, ohne es recht zu wissen.
Unsre Sparkasse fiel mir in die Augen, sie stand im Bord unter den Büchern. Es war eine Zigarrenkiste, die ich fest zugenagelt hatte; in den Deckel hatte ich mit dem Taschenmesser einen ungefügen Schlitz für die Geldstücke geschnitten. Er war schlecht und roh geschnitten, der Schlitz, Holzsplitter standen heraus. Auch das konnte ich nicht richtig. Ich hatte Kameraden, die konnten so etwas mühsam und geduldig und tadellos machen, daß es aussah wie vom Schreiner gehobelt. Ich aber pfuschte immer nur, hatte es eilig und machte nichts sauber fertig. So war es mit meinen Holzarbeiten, so mit meiner Handschrift und meinen Zeichnungen, so war es mit meiner Schmetterlingssammlung und mit allem. Es war nichts mit mir. Und nun stand ich da und hatte wieder gestohlen, schlimmer als je. Auch die Stahlfedern hatte ich noch in der Tasche. Wozu? Warum hatte ich sie genommen – nehmen müssen? Warum mußte man, was man gar nicht wollte?
In der Zigarrenkiste klapperte ein einziges Geldstück, der Zehner von Oskar Weber. Seither war nichts dazugekommen. Auch diese Sparkassengeschichte war so eine meiner Unternehmungen! Alles taugte nichts, alles mißriet und blieb im Anfang stecken, was ich begann! Mochte der Teufel diese unsinnige Sparkasse holen! Ich mochte nichts mehr von ihr wissen.

Diese Zeit zwischen Mittagessen und Schulbeginn war an solchen Tagen wie heute immer mißlich und schwer herumzubringen. An guten Tagen, an friedlichen, vernünftigen, liebenswerten Tagen, war es eine schöne und erwünschte Stunde; ich las dann entweder in meinem Zimmer an einem Indianerbuche oder lief sofort nach Tische wieder auf den Schulplatz, wo ich immer einige unternehmungslustige Kameraden traf, und dann spielten wir, schrien und rannten und erhitzten uns, bis der Glockenschlag uns in die völlig vergessene „Wirklichkeit" zurückrief. Aber an Tagen wie heute – mit wem wollte man da spielen und wie die Teufel in der Brust betäuben? Ich sah es kommen – noch nicht heute, aber ein nächstes Mal, vielleicht bald. Da würde mein Schicksal vollends zum Ausbruch kommen. Es fehlte ja nur noch eine Kleinigkeit, eine winzige Kleinigkeit mehr an Angst und Leid und Ratlosigkeit, dann lief es über, dann mußte es ein Ende mit Schrecken nehmen. Eines Tages, an gerade so einem Tag wie heute, würde ich vollends im Bösen untersinken, ich würde in Trotz und Wut und wegen der sinnlosen Unerträglichkeit dieses Lebens etwas Gräßliches und Entscheidendes tun, etwas Gräßliches, aber Befreiendes, das der Angst und Quälerei ein Ende machte, für immer. Ungewiß war, was es sein würde; aber Phantasien und vorläufige Zwangsvorstellungen davon waren mir schon mehrmals verwirrend durch den Kopf gegangen, Vorstellungen von Verbrechen, mit denen ich an der Welt Rache nehmen und zugleich mich selbst preisgeben und vernichten würde. Manchmal war es mir so, als würde ich unser Haus anzünden: ungeheure Flammen schlugen mit Flügeln durch die Nacht, Häuser und Gassen wurden vom Brand ergriffen, die ganze Stadt loderte riesig gegen den schwarzen Himmel. Oder zu andern Zeiten war das Verbrechen meiner Träume eine Rache an meinem Vater, ein Mord und grausiger Totschlag. Ich aber würde mich dann benehmen wie jener Verbrecher, jener einzige, richtige Verbrecher, den ich einmal hatte durch die Gassen unsrer Stadt führen sehen. Es war ein Einbrecher, den man gefangen hatte und in das Amtsgericht führte, mit Handschellen gefesselt, einen steifen Melonenhut schief auf dem Kopf, vor ihm und hinter ihm ein Landjäger. Dieser Mann, der durch die Straßen und durch einen riesigen Volksauflauf

von Neugierigen getrieben wurde, an tausend Flüchen, boshaften Witzen und herausgeschrienen bösen Wünschen vorbei, dieser Mann hatte in nichts jenen armen, scheuen Teufeln geglichen, die man zuweilen vom Polizeidiener über die Straße begleitet sah und welche meistens bloß arme Handwerksburschen waren, die gebettelt hatten. Nein, dieser war kein Handwerksbursche und sah nicht windig, scheu und weinerlich aus, oder flüchtete in ein verlegen-dummes Grinsen, wie ich es auch schon gesehen hatte – dieser war ein echter Verbrecher und trug den etwas zerbeulten Hut kühn auf einem trotzigen und ungebeugten Schädel, er war bleich und lächelte still verachtungsvoll, und das Volk, das ihn beschimpfte und anspie, wurde neben ihm zu Pack und Pöbel. Ich hatte damals selbst mitgeschrien: „Man hat ihn, der gehört gehängt!"; aber dann sah ich seinen aufrechten, stolzen Gang, wie er die gefesselten Hände vor sich her trug, und wie er auf dem zähen, bösen Kopf den Melonenhut kühn wie eine phantastische Krone trug – und wie er lächelte! und da schwieg ich. So wie dieser Verbrecher aber würde auch ich lächeln und den Kopf steif halten, wenn man mich ins Gericht und auf das Schafott führte, und wenn die vielen Leute um mich her drängten und hohnvoll aufschrien – ich würde nicht ja und nicht nein sagen, einfach schweigen und verachten.
Und wenn ich hingerichtet und tot war und im Himmel vor den ewigen Richter kam, dann wollte ich mich keineswegs beugen und unterwerfen. O nein, und wenn alle Engelscharen ihn umstanden und alle Heiligkeit und Würde aus ihm strahlte! Mochte er mich verdammen, mochte er mich in Pech sieden lassen! Ich wollte mich nicht entschuldigen, mich nicht demütigen, ihn nicht um Verzeihung bitten, nichts bereuen! Wenn er mich fragte: „Hast du das und das getan?", so würde ich rufen: „Jawohl habe ich's getan, und noch mehr, und es war recht, daß ich's getan habe, und wenn ich kann, werde ich es wieder und wieder tun. Ich habe totgeschlagen, ich habe Häuser angezündet, weil es mir Spaß machte, und weil ich dich verhöhnen und ärgern wollte. Ja, denn ich hasse dich, ich spucke dir vor die Füße, Gott. Du hast mich gequält und geschunden, du hast Gesetze gegeben, die niemand halten kann, du hast die Erwachsenen angestiftet, uns Jungen das Leben zu versauen."

Wenn es mir glückte, mir dies vollkommen deutlich vorzustellen und fest daran zu glauben, daß es mir gelingen würde, genau so zu tun und zu reden, dann war mir für Augenblicke finster wohl. Sofort aber kehrten die Zweifel wieder. Würde ich nicht schwach werden, würde ich mich einschüchtern lassen, würde doch nachgeben? Oder, wenn ich auch alles tat, wie es mein trotziger Wille war – würde nicht Gott einen Ausweg finden, eine Überlegenheit, einen Schwindel, so wie es den Erwachsenen und Mächtigen ja immer gelang, am Ende noch mit einem Trumpf zu kommen, einen schließlich doch noch zu beschämen, einen nicht für voll zu nehmen, einen unter der verfluchten Maske des Wohlwollens zu demütigen? Ach, natürlich würde es so enden.
Hin und her gingen meine Phantasien, ließen bald mich, bald Gott gewinnen, hoben mich zum unbeugsamen Verbrecher und zogen mich wieder zum Kind und Schwächling herab.
Ich stand am Fenster und schaute auf den kleinen Hinterhof des Nachbarhauses hinunter, wo Gerüststangen an der Mauer lehnten und in einem kleinen winzigen Garten ein paar Gemüsebeete grünten. Plötzlich hörte ich durch die Nachmittagsstille Glockenschläge hallen, fest und nüchtern in meine Visionen hinein, einen klaren, strengen Stundenschlag, und noch einen. Es war zwei Uhr, und ich schreckte aus den Traumängsten in die der Wirklichkeit zurück. Nun begann unsre Turnstunde, und wenn ich auch auf Zauberflügeln fort und in die Turnhalle gestürzt wäre, ich wäre doch schon zu spät gekommen. Wieder Pech! Das gab übermorgen Aufruf, Schimpfworte und Strafe. Lieber ging ich gar nicht mehr hin, es war doch nichts mehr gutzumachen. Vielleicht mit einer sehr guten, sehr feinen und glaubhaften Entschuldigung – aber es wäre mir in diesem Augenblick keine eingefallen, so glänzend mich auch unsre Lehrer zum Lügen erzogen hatten; ich war jetzt nicht imstande, zu lügen, zu erfinden, zu konstruieren. Besser war es, vollends ganz aus der Stunde wegzubleiben. Was lag daran, ob jetzt zum großen Unglück noch ein kleines kam!
Aber der Stundenschlag hatte mich geweckt und meine Phantasiespiele gelähmt. Ich war plötzlich sehr schwach, überwirklich sah mein Zimmer mich an, Pult, Bilder, Bett,

Bücherschaft, alles geladen mit strenger Wirklichkeit, alles Zurufe aus der Welt, in der man leben mußte, und die mir heut wieder einmal so feindlich und gefährlich geworden war. Wie denn? Hatte ich nicht die Turnstunde versäumt? Und hatte ich nicht gestohlen, jämmerlich gestohlen, und hatte die verdammten Feigen im Bücherbrett liegen, soweit sie nicht schon aufgegessen waren? Was gingen mich jetzt der Verbrecher, der liebe Gott und das Jüngste Gericht an! Das würde alles dann schon kommen, zu seiner Zeit – aber jetzt, jetzt im Augenblick war es weit weg und war dummes Zeug, nichts weiter. Ich hatte gestohlen, und jeden Augenblick konnte das Verbrechen entdeckt werden. Vielleicht war es schon soweit, vielleicht hatte mein Vater droben schon jene Schublade gezogen und stand vor meiner Schandtat, beleidigt und erzürnt, und überlegte sich, auf welche Art mir der Prozeß zu machen sei. Ach, er war möglicherweise schon unterwegs zu mir, und wenn ich nicht sofort entfloh, hatte ich in der nächsten Minute schon sein ernstes Gesicht mit der Brille vor mir. Denn er wußte natürlich sofort, daß ich der Dieb war. Es gab keine Verbrecher in unserm Hause außer mir, meine Schwestern taten nie so etwas, Gott weiß warum. Aber wozu brauchte mein Vater da in seiner Kommode solche Feigenkränze verborgen zu haben?

Ich hatte mein Stübchen schon verlassen und mich durch die hintere Haustür und den Garten davongemacht. Die Gärten und Wiesen lagen in heller Sonne, Zitronenfalter flogen über den Weg. Alles sah jetzt schlimm und drohend aus, viel schlimmer als heut morgen. Oh, ich kannte das schon, und doch meinte ich es nie so qualvoll gespürt zu haben: wie da alles in seiner Selbstverständlichkeit und mit seiner Gewissensruhe mich ansah, Stadt und Kirchturm, Wiesen und Weg, Grasblüten und Schmetterlinge, und wie alles Hübsche und Fröhliche, was man sonst mit Freuden sah, nun fremd und verzaubert war! Ich kannte das, ich wußte, wie es schmeckt, wenn man in Gewissensangst durch die gewohnte Gegend läuft! Jetzt konnte der seltenste Schmetterling über die Wiese fliegen und sich vor meinen Füßen hinsetzen – es war nichts, es freute nicht, reizte nicht, tröstete nicht. Jetzt konnte der herrlichste Kirschbaum mir seinen vollen Ast herbieten – es hatte keinen

Wert, es war kein Glück dabei. Jetzt gab es nichts als fliehen, vor dem Vater, vor der Strafe, vor mir selber, vor meinem Gewissen, fliehen und rastlos sein, bis dennoch unerbittlich und unentrinnbar alles kam, was kommen mußte.
Ich lief und war rastlos, ich lief bergan und hoch bis zum Walde, und vom Eichenberg nach der Hofmühle hinab, über den Steg und jenseits wieder bergauf und durch Wälder hinan. Hier hatten wir unser letztes Indianerlager gehabt. Hier hatte letztes Jahr, als der Vater auf Reisen war, unsre Mutter mit uns Kindern Ostern gefeiert und im Wald und Moos die Eier für uns versteckt. Hier hatte ich einst mit meinen Vettern in den Ferien eine Burg gebaut, sie stand noch halb. Überall Reste von einstmals, überall Spiegel, aus denen mir ein andrer entgegensah, als der ich heute war! War ich das alles gewesen? So lustig, so zufrieden, so dankbar, so kameradschaftlich, so zärtlich mit der Mutter, so ohne Angst, so unbegreiflich glücklich? War das ich gewesen? Und wie hatte ich so werden können, wie ich jetzt war, so anders, so ganz anders, so böse, so voll Angst, so zerstört? Alles war noch wie immer, Wald und Fluß, Farnkräuter und Blumen, Burg und Ameisenhaufen, und doch alles wie vergiftet und verwüstet. Gab es denn gar keinen Weg zurück, dorthin, wo das Glück und die Unschuld waren? Konnte es nie mehr werden, wie es gewesen war? Würde ich jemals wieder so lachen, so mit den Schwestern spielen, so nach Ostereiern suchen?
Ich lief und lief, den Schweiß auf der Stirn, und hinter mir lief meine Schuld und lief groß und ungeheuer der Schatten meines Vaters als Verfolger mit.
An mir vorbei liefen Alleen, sanken Waldränder hinab. Auf einer Höhe machte ich halt, abseits vom Weg, ins Gras geworfen, mit Herzklopfen, das vom Bergaufwärtsrennen kommen konnte, das vielleicht bald besser wurde. Unten sah ich Stadt und Fluß, sah die Turnhalle, wo jetzt die Stunde zu Ende war und die Buben auseinanderliefen, sah das lange Dach meines Vaterhauses. Dort war meines Vaters Schlafzimmer und die Schublade, in der die Feigen fehlten. Dort war mein kleines Zimmer. Dort würde, wenn ich zurückkam, das Gericht mich treffen. – Aber wenn ich nicht zurückkam?
Ich wußte, daß ich zurückkommen würde. Man kam immer

zurück, jedesmal. Es endete immer so. Man konnte nicht fort, man konnte nicht nach Afrika fliehen oder nach Berlin. Man war klein, man hatte kein Geld, niemand half einem. Ja, wenn alle Kinder sich zusammentäten und einander hülfen! Sie waren viele, es gab mehr Kinder als Eltern. Aber nicht alle Kinder waren Diebe und Verbrecher. Wenige waren so wie ich. Vielleicht war ich der einzige. Aber nein, ich wußte, es kamen öfters solche Sachen vor wie meine – ein Onkel von mir hatte als Kind auch gestohlen und viel Sachen angestellt, das hatte ich irgendwann einmal erlauscht, heimlich aus einem Gespräch der Eltern, heimlich, wie man alles Wissenswerte erlauschen mußte. Doch das alles half mir nicht, und wenn jener Onkel selber da wäre, er würde mir auch nicht helfen! Er war jetzt längst groß und erwachsen, er war Pastor, und er würde zu den Erwachsenen halten und mich im Stich lassen. So waren sie alle. Gegen uns Kinder waren sie alle falsch und verlogen, spielten eine Rolle, gaben sich anders als sie waren. Die Mutter vielleicht nicht, oder weniger.

Ja, wenn ich nun nicht mehr heimkehren würde? Es könnte ja etwas passieren, ich konnte den Hals brechen oder ertrinken oder unter die Eisenbahn kommen. Dann sah alles anders aus. Dann brachte man mich nach Hause, und alles war still und erschrocken und weinte, und ich tat allen leid, und von den Feigen war nicht mehr die Rede. Ich wußte sehr gut, daß man sich selber das Leben nehmen konnte. Ich dachte auch, daß ich das wohl einmal tun würde, später, wenn es einmal ganz schlimm kam. Gut wäre es gewesen, krank zu werden, aber nicht bloß so mit Husten, sondern richtig todkrank, so wie damals, als ich Scharlachfieber hatte.

Inzwischen war die Turnstunde längst vorüber, und auch die Zeit war vorüber, wo man mich zu Hause zum Kaffee erwartete. Vielleicht riefen und suchten sie jetzt nach mir, in meinem Zimmer, im Garten und Hof, auf dem Estrich. Wenn aber der Vater meinen Diebstahl schon entdeckt hatte, dann wurde nicht gesucht, dann wußte er Bescheid.

Es war mir nicht möglich, länger liegenzubleiben. Das Schicksal vergaß mich nicht, es war hinter mir her. Ich nahm das Laufen wieder auf. Ich kam an einer Bank in den Anlagen vorüber, an der hing wieder eine Erinnerung, wieder eine, die einst schön und lieb gewesen war und jetzt wie

Feuer brannte. Mein Vater hatte mir ein Taschenmesser geschenkt, wir waren zusammen spazierengegangen, froh und in gutem Frieden, und er hatte sich auf diese Bank gesetzt, während ich im Gebüsch mir eine lange Haselrute schneiden wollte. Und da brach ich im Eifer das neue Messer ab, die Klinge dicht am Heft, und kam entsetzt zurück, wollte es erst verheimlichen, wurde aber gleich danach gefragt. Ich war sehr unglücklich, wegen des Messers und weil ich Scheltworte erwartete. Aber da hatte mein Vater nur gelächelt, mir leicht die Schulter berührt und gesagt: „Wie schade, du armer Kerl!" Wie hatte ich ihn da geliebt, wieviel ihm innerlich abgebeten! Und jetzt, wenn ich an das damalige Gesicht meines Vaters dachte, an seine Stimme, an sein Mitleid – was war ich für ein Ungeheuer, daß ich diesen Vater so oft betrübt, belogen und heut bestohlen hatte!

Als ich wieder in die Stadt kam, bei der oberen Brücke und weit von unserm Hause, hatte die Dämmerung schon begonnen. Aus einem Kaufladen, hinter dessen Glastür schon Licht brannte, kam ein Knabe gelaufen, der blieb plötzlich stehen und rief mich mit Namen an. Es war Oskar Weber. Niemand konnte mir ungelegener kommen. Immerhin erfuhr ich von ihm, daß der Lehrer mein Fehlen in der Turnstunde nicht bemerkt habe. Aber wo ich denn gewesen sei?

„Ach nirgends", sagte ich, „ich war nicht recht wohl."

Ich war schweigsam und zurückweisend, und nach einer Weile, die ich empörend lang fand, merkte er, daß er mir lästig sei. Jetzt wurde er böse.

„Laß mich in Ruhe", sagte ich kalt, „ich kann allein heimgehen."

„So?" rief er jetzt. „Ich kann geradesogut allein gehen wie du, dummer Fratz! Ich bin nicht dein Pudel, daß du's weißt. Aber vorher möchte ich doch wissen, wie das jetzt eigentlich mit unserer Sparkasse ist! Ich habe einen Zehner hineingetan und du nichts."

„Deinen Zehner kannst du wiederhaben, heut noch, wenn du Angst um ihn hast. Wenn ich dich nur nimmer sehen muß. Als ob ich von dir etwas annehmen würde!"

„Du hast ihn neulich gern genommen", meinte er höhnisch, aber nicht, ohne einen Türspalt zur Versöhnung offen zu lassen.

Aber ich war heiß und böse geworden, alle in mir angehäufte Angst und Ratlosigkeit brach in hellen Zorn aus. Weber hatte mir nichts zu sagen! Gegen ihn war ich im Recht, gegen ihn hatte ich ein gutes Gewissen. Und ich brauchte jemand, gegen den ich mich fühlen, gegen den ich stolz und im Recht sein konnte. Alles Ungeordnete und Finstere in mir strömte wild in diesen Ausweg. Ich tat, was ich sonst so sorgfältig vermied, ich kehrte den Herrensohn heraus, ich deutete an, daß es für mich keine Entbehrung sei, auf die Freundschaft mit einem Gassenbuben zu verzichten. Ich sagte ihm, daß für ihn jetzt das Beerenessen in unserm Garten und das Spielen mit meinen Spielsachen ein Ende habe. Ich fühlte mich aufglühen und aufleben: ich hatte einen Feind, einen Gegner, einen, der schuld war, den man packen konnte. Alle Lebenstriebe sammelten sich in diese erlösende, willkommene, befreiende Wut, in die grimmige Freude am Feind, der diesmal nicht in mir selbst wohnte, der mir gegenüberstand, mich mit erschreckten, dann mit bösen Augen anglotzte, dessen Stimme ich hörte, dessen Vorwürfe ich verachten, dessen Schimpfworte ich übertrumpfen konnte.
Im anschwellenden Wortwechsel, dicht nebeneinander, trieben wir die dunkelnde Gasse hinab; da und dort sah man uns aus einer Haustüre nach. Und alles, was ich gegen mich selber an Wut und Verachtung empfand, kehrte sich gegen den unseligen Weber. Als er damit zu drohen begann, er werde mich dem Turnlehrer anzeigen, war es Wollust für mich: er setzte sich ins Unrecht, er wurde gemein, er stärkte mich.
Als wir in der Nähe der Metzgergasse handgemein wurden, blieben gleich ein paar Leute stehen und sahen unserm Handel zu. Wir hieben einander in den Bauch und ins Gesicht und traten mit den Schuhen gegeneinander. Nun hatte ich für Augenblicke alles vergessen, ich war im Recht, war kein Verbrecher, Kampfrausch beglückte mich, und wenn Weber auch stärker war als ich, so war ich flinker, klüger, rascher, feuriger. Wir wurden heiß und schlugen uns wütend. Als er mir mit einem verzweifelten Griff den Hemdkragen aufriß, fühlte ich mit Inbrunst den Strom kalter Luft über meine glühende Haut laufen.
Und im Hauen, Reißen und Treten, Ringen und Würgen

hörten wir nicht auf, uns weiter mit Worten anzufeinden, zu beleidigen und zu vernichten, mit Worten, die immer glühender, immer törichter und böser, immer dichterischer und phantastischer wurden. Und auch darin war ich ihm über, war böser, dichterischer, erfinderischer. Sagte er Hund, so sagte ich Sauhund. Rief er Schuft, so schrie ich Satan. Wir bluteten beide, ohne etwas zu fühlen, und dabei häuften unsre Worte böse Zauber und Wünsche, wir empfahlen einander dem Galgen, wünschten uns Messer, um sie einander in die Rippen zu jagen und darin umzudrehen, wir beschimpften einer des andern Namen, Herkunft und Vater.

Es war das erste und einzige Mal, daß ich einen solchen Kampf im vollen Kriegsrausch bis zu Ende ausfocht, mit allen Hieben, allen Grausamkeiten, allen Beschimpfungen. Zugesehen hatte ich oft und mit grausender Lust diese vulgären, urtümlichen Flüche und Schandworte angehört; nun schrie ich selber heraus, als sei ich ihrer von klein auf gewohnt und in ihrem Gebrauch geübt. Tränen liefen mir aus den Augen und Blut über den Mund. Die Welt aber war herrlich, sie hatte einen Sinn, es war gut zu leben, gut zu hauen, gut zu bluten und bluten zu machen.

Niemals vermochte ich in der Erinnerung das Ende dieses Kampfes wieder zu finden. Irgendeinmal war es aus, irgendeinmal stand ich allein in der stillen Dunkelheit, erkannte Straßenecken und Häuser, war nahe bei unserm Hause. Langsam floh der Rausch, langsam hörte das Flügelbrausen und Donnern auf, und Wirklichkeit drang stückweise vor meine Sinne, zuerst nur vor die Augen. Da der Brunnen. Die Brücke. Blut an meiner Hand, zerrissene Kleider, herabgerutschte Strümpfe, ein Schmerz im Knie, einer im Auge, keine Mütze mehr da – alles kam nach und nach, wurde Wirklichkeit und sprach zu mir. Plötzlich war ich tief ermüdet, fühlte meine Knie und Arme zittern, tastete nach einer Hauswand.

Und da war unser Haus. Gott sei Dank! Ich wußte nichts auf der Welt mehr, als daß dort Zuflucht war, Friede, Licht, Geborgenheit. Aufatmend schob ich das hohe Tor zurück.

Da mit dem Duft von Stein und feuchter Kühle überströmte mich plötzlich Erinnerung, hundertfach. O Gott!

Es roch nach Strenge, nach Gesetz, nach Verantwortung, nach Vater und Gott. Ich hatte gestohlen. Ich war kein verwundeter Held, der vom Kampfe heimkehrte. Ich war kein armes Kind, das nach Hause findet und von der Mutter in Wärme und Mitleid gebettet wird. Ich war Dieb, ich war Verbrecher. Da droben waren nicht Zuflucht, Bett und Schlaf für mich, nicht Essen und Pflege, nicht Trost und Vergessen. Auf mich wartete Schuld und Gericht.

Damals in dem finstern abendlichen Flur und im Treppenhaus, dessen viele Stufen ich unter Mühen erklomm, atmete ich, wie ich glaube, zum erstenmal in meinem Leben für Augenblicke den kalten Äther, die Einsamkeit, das Schicksal. Ich sah keinen Ausweg, ich hatte keine Pläne, auch keine Angst, nichts als das kalte, rauhe Gefühl: „Es muß sein." Am Geländer zog ich mich die Treppe hinauf. Vor der Glastür fühlte ich Lust, noch einen Augenblick mich auf die Treppe zu setzen, aufzuatmen, Ruhe zu haben. Ich tat es nicht, es hatte keinen Zweck. Ich mußte hinein. Beim Öffnen der Tür fiel mir ein, wie spät es wohl sei?

Ich trat ins Eßzimmer. Da saßen sie um den Tisch und hatten eben gegessen, ein Teller mit Äpfeln stand noch da. Es war gegen acht Uhr. Nie war ich ohne Erlaubnis so spät heimgekommen, nie hatte ich beim Abendessen gefehlt.

„Gott sei Dank, da bist du!" rief meine Mutter lebhaft. Ich sah, sie war in Sorge um mich gewesen. Sie lief auf mich zu und blieb erschrocken stehen, als sie mein Gesicht und die beschmutzten und zerrissenen Kleider sah. Ich sagte nichts und blickte niemanden an, doch spürte ich deutlich, daß Vater und Mutter sich mit Blicken meinetwegen verständigten. Mein Vater schwieg und beherrschte sich; ich fühlte, wie zornig er war. Die Mutter nahm sich meiner an, Gesicht und Hände wurden mir gewaschen, Pflaster aufgeklebt, dann bekam ich zu essen. Mitleid und Sorgfalt umgaben mich, ich saß still und tief beschämt, fühlte die Wärme und genoß sie mit schlechtem Gewissen. Dann ward ich zu Bett geschickt. Dem Vater gab ich die Hand, ohne ihn anzusehen.

Als ich schon im Bette lag, kam die Mutter noch zu mir. Sie nahm meine Kleider vom Stuhl und legte mir andere hin, denn morgen war Sonntag. Dann fing sie behutsam zu fragen an, und ich mußte von meiner Rauferei erzählen. Sie fand es zwar schlimm, schalt aber nicht und schien ein wenig verwundert, daß ich dieser Sache wegen so sehr gedrückt und scheu war. Dann ging sie.

Und nun, dachte ich, war sie überzeugt, daß alles gut sei. Ich hatte Händel ausgefochten und war blutiggehauen worden, aber das würde morgen vergessen sein. Von dem andern, dem Eigentlichen, wußte sie nichts. Sie war betrübt gewesen, aber unbefangen und zärtlich. Auch der Vater wußte also vermutlich noch nichts.

Und nun überkam mich ein furchtbares Gefühl von Enttäuschung. Ich merkte jetzt, daß ich seit dem Augenblick, wo ich unser Haus betreten hatte, ganz und gar von einem einzigen, sehnlichen, verzehrenden Wunsch erfüllt gewesen war. Ich hatte nichts anderes gedacht, gewünscht, ersehnt, als daß das Gewitter nun ausbrechen möge, daß das Gericht über mich ergehe, daß das Furchtbare zur Wirklichkeit werde und die entsetzliche Angst davor aufhöre. Ich war auf alles gefaßt, zu allem bereit gewesen. Mochte ich schwer gestraft, geschlagen und eingesperrt werden! Mochte er mich hungern lassen! Mochte er mich verfluchen und verstoßen! Wenn nur die Angst und Spannung ein Ende nahmen!

Statt dessen lag ich nun da, hatte noch Liebe und Pflege genossen, war freundlich geschont und für meine Unarten nicht zur Rechenschaft gezogen worden und konnte aufs neue warten und bangen. Sie hatten mir die zerrissenen Kleider, das lange Fortbleiben, das versäumte Abendessen vergeben, weil ich müde war und blutete und ihnen leid tat, vor allem aber, weil sie das andere nicht ahnten, weil sie nur von meinen Unarten, nichts von meinem Verbrechen wußten. Es würde mir doppelt schlimm gehen, wenn es ans Licht kam! Vielleicht schickte man mich, wie man früher einmal gedroht hatte, in eine Besserungsanstalt, wo man altes, hartes Brot essen und während der ganzen Freizeit Holz sägen und Stiefel putzen mußte, wo es Schlafsäle mit Aufsehern geben sollte, die einen mit dem Stock schlugen und morgens um vier mit kaltem Wasser weckten. Oder man übergab mich der Polizei?

Jedenfalls aber, es komme wie es möge, lag wieder eine Wartezeit vor mir. Noch länger mußte ich die Angst ertragen, noch länger mit meinem Geheimnis herumgehen, vor jedem Blick und Schritt im Hause zittern und niemand ins Gesicht sehen können.

Oder war es am Ende möglich, daß mein Diebstahl gar nicht bemerkt wurde? Daß alles blieb, wie es war? Daß ich mir alle diese Angst und Pein vergebens gemacht hatte? – Oh, wenn das geschehen sollte, wenn dies Unausdenkliche, Wundervolle möglich war, dann wollte ich ein ganz neues Leben beginnen, dann wollte ich Gott danken und mich dadurch würdig zeigen, daß ich Stunde für Stunde ganz rein und fleckenlos lebte! Was ich schon früher versucht hatte und was mir mißglückt war, jetzt würde es gelingen, jetzt waren mein Vorsatz und Wille stark genug, jetzt nach diesem Elend, dieser Hölle voll Qual! Mein ganzes Wesen bemächtigte sich dieses Wunschgedankens und sog sich inbrünstig daran fest. Trost regnete vom Himmel, Zukunft tat sich blau und sonnig auf. In diesen Phantasien schlief ich endlich ein und schlief unbeschwert die ganze, gute Nacht hindurch.

Am Morgen war Sonntag, und noch im Bett empfand ich, wie den Geschmack einer Frucht, das eigentümliche, sonderbar gemischte, im ganzen aber so köstliche Sonntagsgefühl, wie ich es seit meiner Schulzeit kannte. Der Sonntagmorgen war eine gute Sache: Ausschlafen, keine Schule, Aussicht auf ein gutes Mittagessen, kein Geruch nach Lehrer und Tinte, eine Menge freie Zeit. Dies war die Hauptsache. Schwächer nur klangen andere, fremdere, fadere Töne hinein: Kirchgang oder Sonntagsschule, Familienspaziergang, Sorge um die schönen Kleider. Damit wurden der reine, gute, köstliche Geschmack und Duft ein wenig verfälscht und zersetzt – so, wie wenn zwei gleichzeitig gegessene Speisen, etwa ein Pudding und der Saft dazu, nicht ganz zusammenpaßten, oder wie zuweilen Bonbons oder Backwerk, die man in kleinen Läden geschenkt bekam, einen fatalen leisen Beigeschmack von Käse oder von Erdöl hatten. Man aß sie, und sie waren gut, aber es war nichts Volles und Strahlendes, man mußte ein Auge dabei zudrükken. Nun, so ähnlich war meistens der Sonntag, namentlich wenn ich in die Kirche oder Sonntagsschule gehen mußte, was zum Glück nicht immer der Fall war. Der freie Tag bekam dadurch einen Beigeschmack von Pflicht und von Langeweile. Und bei den Spaziergängen mit der ganzen Familie, wenn sie auch oft schön sein konnten, passierte gewöhnlich irgend etwas, es gab Streit mit den Schwestern, man ging zu rasch oder zu langsam, man brachte Harz an die Kleider; irgendein Haken war meistens dabei.

Nun, das mochte kommen. Mir war wohl. Seit gestern war eine Masse Zeit vergangen. Vergessen hatte ich meine Schandtat nicht, sie fiel mir schon am Morgen wieder ein, aber es war nun so lange her, die Schrecken waren ferngerückt und unwirklich geworden. Ich hatte gestern meine Schuld gebüßt, wenn auch nur durch Gewissensqualen, ich hatte einen bösen, jammervollen Tag durchlitten. Nun war ich wieder zu Vertrauen und Harmlosigkeit geneigt und machte mir wenig Gedanken mehr. Ganz war es ja noch nicht abgetan, es klangen noch ein wenig Drohung und Peinlichkeit nach, so wie in den schönen Sonntag jene kleinen Pflichten und Kümmernisse mit hineinklangen.

Beim Frühstück waren wir alle vergnügt. Es wurde mir die Wahl zwischen Kirche und Sonntagsschule gelassen. Ich zog, wie immer, die Kirche vor. Dort wurde man wenigstens in Ruhe gelassen und konnte seine Gedanken laufen lassen; auch war der hohe, feierliche Raum mit den bunten Fenstern oft schön und ehrwürdig, und wenn man mit eingekniffenen Augen dort das lange dämmernde Schiff gegen die Orgel sah, dann gab es manchmal wundervolle Bilder; die aus dem Finstern ragenden Orgelpfeifen erschienen oft wie eine strahlende Stadt mit hundert Türmen. Auch war es mir oft geglückt, wenn die Kirche nicht voll war, die ganze Stunde ungestört in einem Geschichtenbuch zu lesen.

Heut nahm ich keines mit und dachte auch nicht daran, mich um den Kirchgang zu drücken, wie ich es auch schon getan hatte. So viel klang von gestern abend noch in mir nach, daß ich gute und redliche Vorsätze hatte und gesonnen war, mich mit Gott, Eltern und Welt freundlich und gefügig zu vertragen. Auch mein Zorn gegen Oskar Weber war ganz und gar verflogen. Wenn er gekommen wäre, ich hätte ihn aufs beste aufgenommen.

Der Gottesdienst begann, ich sang die Choralverse mit, es war das Lied „Hirte deiner Schafe“, das wir auch in der Schule auswendig gelernt hatten. Es fiel mir dabei wieder einmal auf, wie ein Liedervers beim Singen, und gar bei dem schleppend langsamen Gesang in der Kirche, ein ganz anderes Gesicht hatte als beim Lesen oder Hersagen. Beim Lesen war so ein Vers ein Ganzes, hatte einen Sinn, bestand aus Sätzen. Beim Singen bestand er nur noch aus Worten, Sätze kamen nicht zustande, Sinn war keiner da, aber dafür gewannen die Worte, die einzelnen, gesungenen, langhin gedehnten Worte, ein sonderbar starkes, unabhängiges Leben, ja, oft waren es nur einzelne Silben, etwas an sich ganz Sinnloses, die im Gesang selbständig wurden und Gestalt annahmen. In dem Vers „Hirte deiner Schafe, der von keinem Schlafe etwas wissen mag“ war zum Beispiel heute beim Kirchengesang gar kein Zusammenhang und Sinn, man dachte auch weder an einen Hirten noch an Schafe, man dachte durchaus gar nichts. Aber das war keineswegs langweilig. Einzelne Worte, namentlich das „Schla-afe“, wurden so seltsam voll und schön, man wiegte sich ganz darin, und auch das „mag“ tönte geheimnisvoll und schwer, erinnerte an „Magen“ und an dunkle, gefühlsreiche, halbbekannte Dinge, die man in sich innen im Leibe hat. Dazu die Orgel!

Und dann kam der Stadtpfarrer und die Predigt, die stets so unbegreiflich lang war, und das seltsame Zuhören, wobei man oft lange Zeit nur den Ton der redenden Stimme glokkenhaft schweben hörte, dann wieder einzelne Worte scharf und deutlich samt ihrem Sinn vernahm und ihnen zu folgen bemüht war, solange es ging. Wenn ich nur im Chor hätte sitzen dürfen, statt unter all den Männern auf der Empore. Im Chor, wo ich bei Kirchenkonzerten schon gesessen war, da saß man tief in schweren, isolierten Stühlen, deren jeder ein kleines festes Gebäude war, und über sich hatte man ein sonderbar reizvolles, vielfältiges, netzartiges Gewölbe, und hoch an der Wand war die Bergpredigt in sanften Farben gemalt, und das blaue und rote Gewand des Heilands auf dem blaßblauen Himmel war so zart und beglückend anzusehen.

Manchmal knackte das Kirchengestühl, gegen das ich eine tiefe Abneigung hegte, weil es mit einer gelben, öden Lackfarbe gestrichen war, an der man immer ein wenig klebenblieb. Manchmal summte eine Fliege auf und gegen eines der Fenster, in deren Spitzbogen blaurote Blumen und grüne Sterne gemalt waren. Und unversehens war die Predigt zu Ende, und ich streckte mich vor, um den Pfarrer in seinen engen, dunklen Treppenschlauch verschwinden zu sehen. Man sang wieder, aufatmend und sehr laut, und man stand auf und strömte hinaus; ich warf den mitgebrachten Fünfer in die Opferbüchse, deren blecherner Klang so schlecht in die Feierlichkeit paßte, und ließ mich vom Menschenstrom mit ins Portal ziehen und ins Freie treiben.

Jetzt kam die schönste Zeit des Sonntags, die zwei Stunden zwischen Kirche und Mittagessen. Da hatte man seine Pflicht getan, man war im langen Sitzen auf Bewegung, auf Spiele oder Gänge begierig geworden, oder auf ein Buch, und war völlig frei bis zum Mittag, wo es meistens etwas Gutes gab. Zufrieden schlenderte ich nach Hause, angefüllt mit freundlichen Gedanken und Gesinnungen. Die Welt war in Ordnung, es ließ sich in ihr leben. Friedfertig trabte ich durch Flur und Treppe hinauf.

In meinem Stübchen schien Sonne. Ich sah nach meinen Raupenkästen, die ich gestern vernachlässigt hatte, fand ein paar neue Puppen, gab den Pflanzen frisches Wasser.

Da ging die Tür.

Ich achtete nicht gleich darauf. Nach einer Minute wurde die Stille mir sonderbar; ich drehte mich um. Da stand mein Vater. Er war blaß und sah gequält aus. Der Gruß blieb mir im Halse stecken. Ich sah: er wußte! Er war da. Das Gericht begann. Nichts war gut geworden, nichts abgebüßt, nichts vergessen! Die Sonne wurde bleich, und der Sonntagmorgen sank welk dahin.

Aus allen Himmeln gerissen starrte ich dem Vater entgegen. Ich haßte ihn, warum war er nicht gestern gekommen? Jetzt war ich auf nichts vorbereitet, hatte nichts bereit, nicht einmal Reue und Schuldgefühl. – Und wozu brauchte er oben in seiner Kommode Feigen zu haben?

Er ging zu meinem Bücherschrank, griff hinter die Bücher und zog einige Feigen hervor. Es waren wenige mehr da. Dazu sah er mich an, mit stummer, peinlicher Frage. Ich konnte nichts sagen. Leid und Trotz würgten mich.

„Was ist denn?“ brachte ich dann heraus.

„Woher hast du diese Feigen?“ fragte er, mit einer beherrschten, leisen Stimme, die mir bitter verhaßt war.

Ich begann sofort zu reden. Zu lügen. Ich erzählte, daß ich die Feigen bei einem Konditor gekauft hätte, es sei ein ganzer Kranz gewesen. Woher das Geld dazu kam? Das Geld kam aus einer Sparkasse, die ich gemeinsam mit einem Freunde hatte. Da hatten wir beide alles kleine Geld hineingetan, das wir je und je bekamen. Übrigens – hier war die Kasse. Ich holte die Schachtel mit dem Schlitz hervor. Jetzt war bloß noch ein Zehner darin, eben weil wir gestern die Feigen gekauft hatten.

Mein Vater hörte zu, mit einem stillen, beherrschten Gesicht, dem ich nichts glaubte.

„Wieviel haben denn die Feigen gekostet?" fragte er mit der zu leisen Stimme.

„Eine Mark und sechzig."

„Und wo hast du sie gekauft?"

„Beim Konditor."

„Bei welchem?"

„Bei Haager."

Es gab eine Pause. Ich hielt die Geldschachtel noch in frierenden Fingern. Alles an mir war kalt und fror.

Und nun fragte er, mit einer Drohung in der Stimme: „Ist das wahr?"

Ich redete wieder rasch. Ja, natürlich war es wahr, und mein Freund Weber war im Laden gewesen, ich hatte ihn nur begleitet. Das Geld hatte hauptsächlich ihm, dem Weber, gehört, von mir war nur wenig dabei.

„Nimm deine Mütze", sagte mein Vater, „wir wollen miteinander zum Konditor Haager gehen. Er wird ja wissen, ob es wahr ist."

Ich versuchte zu lächeln. Nun ging mir die Kälte bis in Herz und Magen. Ich ging voran und nahm im Korridor meine blaue Mütze. Der Vater öffnete die Glastür, auch er hatte seinen Hut genommen.

„Noch einen Augenblick!" sagte ich, „ich muß schnell hinausgehen."

Er nickte. Ich ging auf den Abtritt, schloß zu, war allein, war noch einen Augenblick gesichert. Oh, wenn ich jetzt gestorben wäre!

Ich blieb eine Minute, blieb zwei. Es half nichts. Man starb nicht. Es galt standzuhalten. Ich schloß auf und kam. Wir gingen die Treppe hinunter.

Als wir eben durchs Haustor gingen, fiel mir etwas Gutes ein, und ich sagte schnell: „Aber heut ist ja Sonntag, da hat der Haager gar nicht offen."

Das war eine Hoffnung, zwei Sekunden lang. Mein Vater sagte gelassen: „Dann gehen wir zu ihm in die Wohnung. Komm."

Wir gingen. Ich schob meine Mütze gerade, streckte eine Hand in die Tasche und versuchte neben ihm daherzugehen, als sei nichts Besonderes los. Obwohl ich wußte, daß alle Leute mir ansahen, ich sei ein abgeführter Verbrecher, versuchte ich doch mit tausend Künsten, es zu verheimlichen. Ich bemühte mich, einfach und harmlos zu atmen; es brauchte niemand zu sehen, wie es mir die Brust zusammenzog. Ich war bestrebt, ein argloses Gesicht zu machen, Selbstverständlichkeit und Sicherheit zu heucheln. Ich zog einen Strumpf hoch, ohne daß er es nötig hatte, und lächelte, während ich wußte, daß dies Lächeln furchtbar dumm und künstlich aussehe. In mir innen, in Kehle und Eingeweiden, saß der Teufel und würgte mich.

Wir kamen am Gasthaus vorüber, beim Hufschmied, beim Lohnkutscher, bei der Eisenbahnbrücke. Dort drüben hatte ich gestern abend mit Weber gekämpft. Tat nicht der Riß beim Auge noch weh? Mein Gott! Mein Gott!

Willenlos ging ich weiter, unter Krämpfen um meine Haltung bemüht. An der Adlerscheuer vorbei, die Bahnhofstraße hinaus. Wie war diese Straße gestern noch gut und harmlos gewesen! Nicht denken! Weiter! Weiter!

Wir waren ganz nahe bei Haagers Haus. Ich hatte in diesen paar Minuten einige hundertmal die Szene voraus erlebt, die mich dort erwartete. Nun waren wir da. Nun kam es.

Aber es war mir unmöglich, das auszuhalten. Ich blieb stehen.

„Nun? Was ist?" fragte mein Vater.

„Ich gehe nicht hinein", sagte ich leise.

Er sah zu mir herab. Er hatte es ja gewußt, von Anfang an. Warum hatte ich ihm das alles vorgespielt und mir so viel Mühe gegeben? Es hatte ja keinen Sinn.

„Hast du die Feigen nicht bei Haager gekauft?" fragte er.

Ich schüttelte den Kopf.

„Ach so", sagte er mit scheinbarer Ruhe. „Dann können wir ja wieder nach Hause gehen."

Er benahm sich anständig, er schonte mich auf der Straße, vor den Leuten. Es waren viele Leute unterwegs, jeden

Augenblick wurde mein Vater gegrüßt. Welches Theater! Welche dumme, unsinnige Qual! Ich konnte ihm für diese Schonung nicht dankbar sein.

Er wußte ja alles! Und er ließ mich tanzen, ließ mich meine nutzlosen Kapriolen vollführen, wie man eine gefangene Maus in der Drahtfalle tanzen läßt, ehe man sie ersäuft. Ach, hätte er mir gleich zu Anfang, ohne mich überhaupt zu fragen und zu verhören, mit dem Stock über den Kopf gehauen, das wäre mir im Grunde lieber gewesen als diese Ruhe und Gerechtigkeit, mit der er mich in meinem dummen Lügengespinst einkreiste und langsam erstickte. Überhaupt, vielleicht war es besser, einen groben Vater zu haben als so einen feinen und gerechten. Wenn ein Vater, so wie es in Geschichten und Traktätchen vorkam, im Zorn oder in der Betrunkenheit seine Kinder furchtbar prügelte, so war er eben im Unrecht, und wenn die Prügel auch weh taten, so konnte man doch innerlich die Achseln zucken und ihn verachten. Bei meinem Vater ging das nicht, er war zu fein, zu einwandfrei, er war nie im Unrecht. Ihm gegenüber wurde man immer klein und elend.

Mit zusammengebissenen Zähnen ging ich vor ihm her ins Haus und wieder in mein Zimmer. Er war noch immer ruhig und kühl, vielmehr er stellte sich so, denn in Wahrheit war er, wie ich deutlich spürte, sehr böse. Nun begann er in seiner gewohnten Art zu sprechen.

„Ich möchte nur wissen, wozu diese Komödie dienen soll? Kannst du mir das nicht sagen? Ich wußte ja gleich, daß deine ganze hübsche Geschichte erlogen war. Also wozu die Faxen? Du hältst mich doch nicht im Ernst für so dumm, daß ich sie dir glauben würde?“

Ich biß weiter auf meine Zähne und schluckte. Wenn er doch aufhören wollte! Als ob ich selber gewußt hätte, warum ich ihm diese Geschichte vorlog! Als ob ich selber gewußt hätte, warum ich nicht mein Verbrechen gestehen und um Verzeihung bitten konnte! Als ob ich auch nur gewußt hätte, warum ich diese unseligen Feigen stahl! Hatte ich das denn gewollt, hatte ich es denn mit Überlegung und Wissen und aus Gründen getan?! Tat es mir denn nicht leid? Litt ich denn nicht mehr darunter als er?

Er wartete und machte ein nervöses Gesicht voll mühsamer Geduld. Einen Augenblick lang war mir selbst die Lage vollkommen klar, im Unbewußten, doch hätte ich es nicht wie heut mit Worten sagen können. Es war so: Ich hatte gestohlen, weil ich trostbedürftig in Vaters Zimmer gekommen war und es zu meiner Enttäuschung leer gefunden hatte. Ich hatte nicht stehlen wollen. Ich hatte, als der Vater nicht da war, nur spionieren wollen, mich unter seinen Sachen umsehen, seine Geheimnisse belauschen, etwas über ihn erfahren. So war es. Dann lagen Feigen da, und ich stahl. Und sofort bereute ich, und den ganzen Tag gestern hatte ich Qual und Verzweiflung gelitten, hatte zu sterben gewünscht, hatte mich verurteilt, hatte neue, gute Vorsätze gefaßt. Heut aber – ja, heut war es nun anders. Ich hatte diese Reue und all das nun ausgekostet, ich war jetzt nüchterner, und ich spürte unerklärliche, aber riesenstarke Widerstände gegen den Vater und gegen alles, was er von mir erwartete und verlangte.

Hätte ich ihm das sagen können, so hätte er mich verstanden. Aber auch Kinder, so sehr sie den Großen an Klugheit überlegen sind, stehen einsam und ratlos vor dem Schicksal.

Steif vor Trotz und verbissenem Weh schwieg ich weiter, ließ ihn klug reden und sah mit Leid und seltsamer Schadenfreude zu, wie alles schiefging und schlimm und schlimmer wurde, wie er litt und enttäuscht war, wie er vergeblich an alles Bessere in mir appellierte.

Als er fragte: „Also hast du die Feigen gestohlen?“, konnte ich nur nicken. Mehr als ein schwaches Nicken brachte ich auch nicht über mich, als er wissen wollte, ob es mir leid tue. – Wie konnte er, der große, kluge Mann, so unsinnig fragen! Als ob es mir etwa nicht leid getan hätte! Als ob er nicht hätte sehen können, wie mir das Ganze weh tat und das Herz umdrehte! Als ob es mir möglich gewesen wäre, mich etwa gar noch meiner Tat und der elenden Feigen zu freuen!

Vielleicht zum erstenmal in meinem kindlichen Leben empfand ich fast bis zur Schwelle der Einsicht und des Bewußtwerdens, wie namenlos zwei verwandte, gegeneinander wohlgesinnte Menschen sich mißverstehen und quälen und martern können, und wie dann alles Reden, alles Klugseinwollen, alle Vernunft bloß noch Gift hinzugießen, bloß neue Qualen, neue Stiche, neue Irrtümer schaffen.

Wie war das möglich? Aber es war möglich, es geschah. Es war unsinnig, es war toll, es war zum Lachen und zum Verzweifeln – aber es war so.
Genug nun von dieser Geschichte! Es endete damit, daß ich über den Sonntagnachmittag in der Dachkammer eingesperrt wurde. Einen Teil ihrer Schrecken verlor die harte Strafe durch Umstände, welche freilich mein Geheimnis waren. In der dunklen, unbenutzten Bodenkammer stand nämlich tief verstaubt eine Kiste, halb voll mit alten Büchern, von denen einige keineswegs für Kinder bestimmt waren. Das Licht zum Lesen gewann ich durch das Beiseiteschieben eines Dachziegels.
Am Abend dieses traurigen Sonntags gelang es meinem Vater, kurz vor Schlafengehen mich noch zu einem kurzen Gespräch zu bringen, das uns versöhnte. Als ich im Bette lag, hatte ich die Gewißheit, daß er mir ganz und vollkommen verziehen habe – vollkommener als ich ihm.

Klingsors letzter Sommer

Vorbemerkung

Den letzten Sommer seines Lebens brachte der Maler Klingsor, im Alter von zweiundvierzig Jahren, in jenen südlichen Gegenden in der Nähe von Pampambio, Kareno und Laguno hin, die er schon in früheren Jahren geliebt und oft besucht hatte. Dort entstanden seine letzten Bilder, jene freien Paraphrasen zu den Formen der Erscheinungswelt, jene seltsamen, leuchtenden und doch stillen, traumstillen Bilder mit den gebogenen Bäumen und pflanzenhaften Häusern, welche von den Kennern denen seiner „klassischen" Zeit vorgezogen werden. Seine Palette zeigte damals nur noch wenige, sehr leuchtende Farben: Kadmium gelb und rot, Veronesergrün, Emerald, Kobalt, Kobaltviolett, französischen Zinnober und Geraniumlack.

Die Nachricht von Klingsors Tode erschreckte seine Freunde im Spätherbst. Manche seiner Briefe hatten Vorahnungen oder Todeswünsche enthalten. Hieraus mag das Gerücht entstanden sein, er habe sich selbst das Leben genommen. Andre Gerüchte, wie sie eben einem umstrittenen Namen anfliegen, sind kaum weniger haltlos als jenes. Viele behaupten, Klingsor sei schon seit Monaten geisteskrank gewesen, und ein wenig einsichtiger Kunstschriftsteller hat versucht, das Verblüffende und Ekstatische in seinen letzten Bildern aus diesem angeblichen Wahnsinn zu erklären! Mehr Grund als diese Redereien hat die anekdotenreiche Sage von Klingsors Neigung zum Trunk. Diese Neigung war bei ihm vorhanden, und niemand nannte sie offenherziger mit Namen als er selbst. Er hat zu gewissen Zeiten, und so auch in den letzten Monaten seines Lebens, nicht nur Freude am häufigen Pokulieren gehabt, sondern auch den Weinrausch bewußt als Betäubung seiner Schmerzen und einer oft schwer erträglichen Schwermut gesucht.

Li Tai Po, der Dichter der tiefsten Trinklieder, war sein Liebling, und im Rausche nannte er oft sich selbst Li Tai Po und einen seiner Freunde Thu Fu.
Seine Werke leben fort, und nicht minder lebt, im kleinen Kreis seiner Nächsten, die Legende seines Lebens und jenes letzten Sommers weiter.

Klingsor

Ein leidenschaftlicher und raschlebiger Sommer war angebrochen. Die heißen Tage, so lang sie waren, loderten weg wie brennende Fahnen, den kurzen schwülen Mondnächten folgten kurze schwüle Regennächte, wie Träume schnell und mit Bildern überfüllt fieberten die glänzenden Wochen dahin.
Klingsor stand nach Mitternacht, von einem Nachtgang heimgekehrt, auf dem schmalen Steinbalkon seines Arbeitszimmers. Unter ihm sank tief und schwindelnd der alte Terrassengarten hinab, ein tief durchschattetes Gewühl dichter Baumwipfel, Palmen, Zedern, Kastanien, Judasbaum, Blutbuche, Eukalyptus, durchklettert von Schlingpflanzen, Lianen, Glyzinen. Über der Baumschwärze schimmerten blaßspiegelnd die großen blechernen Blätter der Sommermagnolien, riesige schneeweiße Blüten dazwischen halbgeschlossen, groß wie Menschenköpfe, bleich wie Mond und Elfenbein, von denen durchdringend und beschwingt ein inniger Zitronengeruch herüberkam. Aus unbestimmter Ferne her mit müden Schwingen kam Musik geflogen, vielleicht eine Gitarre, vielleicht ein Klavier, nicht zu unterscheiden. In den Geflügelhöfen schrie plötzlich ein Pfau auf, zwei- und dreimal, und durchriß die waldige Nacht mit dem kurzen, bösen und hölzernen Ton seiner gepeinigten Stimme, wie wenn das Leid aller Tierwelt ungeschlacht und schrill aus der Tiefe schellte. Sternlicht floß durch das Waldtal, hoch und verlassen blickte eine weiße Kapelle aus dem endlosen Walde, verzaubert und alt. See, Berge und Himmel flossen in der Ferne ineinander.
Klingsor stand auf dem Balkon, im Hemde, die nackten Arme auf die Eisenbrüstung gestützt, und las mit heißen Augen die Schrift der Sterne auf dem bleichen Himmel und

der milden Lichter auf dem schwarzen klumpigen Gewölk der Bäume. Der Pfau erinnerte ihn. Ja, es war wieder Nacht, spät, und man hätte nun schlafen sollen, unbedingt und um jeden Preis. Vielleicht, wenn man eine Reihe von Nächten wirklich schlafen würde, sechs oder acht Stunden richtig schlafen, so würde man sich erholen können, so würden die Augen wieder gehorsam und geduldig sein, und das Herz ruhiger, und die Schläfen ohne Schmerzen. Aber dann war dieser Sommer vorüber, dieser tolle flackernde Sommertraum, und mit ihm tausend ungetrunkene Becher verschüttet, tausend ungesehene Liebesblicke gebrochen, tausend unwiederbringliche Bilder ungesehen erloschen!

Er legte die Stirn und die schmerzenden Augen auf die kühle Eisenbrüstung, das erfrischte für einen Augenblick. In einem Jahr vielleicht, oder früher, waren diese Augen blind, und das Feuer in seinem Herzen gelöscht. Nein, kein Mensch konnte dies flammende Leben lang ertragen, auch nicht er, auch nicht Klingsor, der zehn Leben hatte. Niemand konnte eine lange Zeit hindurch Tag und Nacht alle seine Lichter, alle seine Vulkane brennen haben, niemand konnte mehr als eine kurze Zeit lang Tag und Nacht in Flammen stehen, jeden Tag viele Stunden glühender Arbeit, jede Nacht viele Stunden glühender Gedanken, immerzu genießend, immerzu schaffend, immerzu in allen Sinnen und Nerven hell und überwach wie ein Schloß, hinter dessen sämtlichen Fenstern Tag für Tag Musik erschallt, Nacht für Nacht tausend Kerzen funkeln. Es wird zu Ende gehen, schon ist viel Kraft vertan, viel Augenlicht verbrannt, viel Leben hingeblutet.

Plötzlich lachte er und reckte sich auf. Ihm fiel ein: oft schon hatte er so empfunden, oft schon so gedacht, so gefürchtet. In allen guten, fruchtbaren, glühenden Zeiten seines Lebens, auch in der Jugend schon, hatte er so gelebt, hatte seine Kerze an beiden Enden brennen gehabt, mit einem bald jubelnden, bald schluchzenden Gefühl von rasender Verschwendung, von Verbrennen, mit einer verzweifelten Gier, den Becher ganz zu leeren, und mit einer tiefen, verheimlichten Angst vor dem Ende. Oft schon hatte er so gelebt, oft schon den Becher geleert, oft schon lichterloh gebrannt. Zuweilen war das Ende sanft gewesen, wie ein tiefer bewußtloser Winterschlaf. Zuweilen auch war

es schrecklich gewesen, unsinnige Verwüstung, unleidliche Schmerzen, Ärzte, trauriger Verzicht, Triumph der Schwäche. Und allerdings war von Mal zu Mal das Ende einer Glutzeit schlimmer geworden, trauriger, vernichtender. Aber immer war auch das überlebt worden, und nach Wochen oder Monaten, nach Qual oder Betäubung war die Auferstehung gekommen, neuer Brand, neuer Ausbruch der unterirdischen Feuer, neue glühendere Werke, neuer glänzender Lebensrausch. So war es gewesen, und die Zeiten der Qual und des Versagens, die elenden Zwischenzeiten, waren vergessen worden und untergesunken. Es war gut so. Es würde gehen, wie es oft gegangen war.
Lächelnd dachte er an Gina, die er heut abend gesehen hatte, mit der auf dem ganzen nächtlichen Heimweg seine zärtlichen Gedanken gespielt hatten. Wie war dies Mädchen schön und warm in seiner noch unerfahrenen und ängstlichen Glut! Spielend und zärtlich sagte er vor sich hin, als flüstere er ihr wieder ins Ohr: „Gina! Gina! Cara Gina! Carina Gina! Bella Gina!"
Er trat ins Zimmer zurück und drehte das Licht wieder an. Aus einem kleinen wirren Bücherhaufen zog er einen roten Band Gedichte; ein Vers war ihm eingefallen, ein Stück eines Verses, der ihm unsäglich schön und liebevoll schien. Er suchte lange, bis er ihn fand:

Laß mich nicht so der Nacht, dem Schmerze,
Du Allerliebstes, du mein Mondgesicht!
Oh, du mein Phosphor, meine Kerze,
Du meine Sonne, du mein Licht!

Tief genießend schlürfte er den dunklen Wein dieser Worte. Wie schön, wie innig und zauberhaft war das: Oh, du mein Phosphor! Und: Du mein Mondgesicht!
Lächelnd ging er vor den hohen Fenstern auf und ab, sprach die Verse, rief sie der fernen Gina zu: „Oh, du mein Mondgesicht!" und seine Stimme wurde dunkel vor Zärtlichkeit.
Dann schloß er die Mappe auf, die er nach dem langen Arbeitstage noch den ganzen Abend mit sich getragen hatte. Er öffnete das Skizzenbuch, das kleine, sein liebstes, und suchte die letzten Blätter, die von gestern und heut, auf. Da

war der Bergkegel mit den tiefen Felsenschatten; er hatte ihn ganz nahe an ein Fratzengesicht heran modelliert, er schien zu schreien, der Berg, vor Schmerz zu klaffen. Da war der kleine Steinbrunnen, halbrund im Berghang, der gemauerte Bogen schwarz mit Schatten gefüllt, ein blühender Granatbaum drüber blutig glühend. Alles nur für ihn zu lesen, nur Geheimschrift für ihn selbst, eilig gierige Notiz des Augenblicks, rasch herangerissene Erinnerung an jeden Augenblick, in dem Natur und Herz neu und laut zusammenklangen. Und jetzt die größern Farbskizzen, weiße Blätter mit leuchtenden Farbflächen in Wasserfarben: die rote Villa im Gehölz, feurig glühend wie ein Rubin auf grünem Sammet, und die eiserne Brücke bei Castiglia, rot auf blaugrünem Berg, der violette Damm daneben, die rosige Straße. Weiter: der Schlot der Ziegelei, rote Rakete vor kühlhellem Baumgrün, blauer Wegweiser, hellvioletter Himmel mit der dicken wie gewalzten Wolke. Dies Blatt war gut, das konnte bleiben. Um die Stalleinfahrt war es schade, das Rotbraun vor dem stählernen Himmel war richtig, das sprach und klang; aber es war nur halb fertig, die Sonne hatte ihm aufs Blatt geschienen und wahnsinnige Augenschmerzen gemacht. Er hatte nachher lange das Gesicht in einem Bach gebadet. Nun, das Braunrot vor dem bösen metallenen Blau war da, das war gut, das war um keine kleine Tönung, um keine kleinste Schwingung gefälscht oder mißglückt. Ohne Caput mortuum hätte man das nicht herausbekommen. Hier, auf diesem Gebiet, lagen die Geheimnisse. Die Formen der Natur, ihr Oben und Unten, ihr Dick und Dünn konnte verschoben werden, man konnte auf alle die biederen Mittel verzichten, mit denen die Natur nachgeahmt wird. Auch die Farben konnte man fälschen, gewiß, man konnte sie steigern, dämpfen, übersetzen, auf hundert Arten. Aber wenn man mit Farbe ein Stück Natur umdichten wollte, so kam es darauf an, daß die paar Farben genau, haargenau im gleichen Verhältnis, in der gleichen Spannung zueinander standen wie in der Natur. Hier blieb man abhängig, hier blieb man Naturalist, einstweilen, auch wenn man statt Grau Orange und statt Schwarz Krapplack nahm.

Also, ein Tag war wieder vertan, und der Ertrag spärlich. Das Blatt mit dem Fabrikschlot und der rotblaue Klang auf dem andern Blatt und vielleicht die Skizze mit dem Brunnen. Wenn morgen bedeckter Himmel war, ging er nach Carabbina; dort war die Halle mit den Wäscherinnen. Vielleicht regnete es auch wieder einmal, dann blieb er zu Haus und fing das Bachbild in Öl an. Und jetzt zu Bett! Es war wieder ein Uhr vorbei.

Im Schlafzimmer riß er das Hemd ab, goß sich Wasser über die Schultern, daß es auf dem roten Steinboden klatschte, sprang ins hohe Bett und löschte das Licht. Durchs Fenster sah der blasse Monte Salute herein, tausendmal hatte Klingsor vom Bett aus seine Formen abgelesen. Ein Eulenruf aus der Waldschlucht tief und hohl, wie Schlaf, wie Vergessen.

Er schloß die Augen und dachte an Gina, und an die Halle mit den Wäscherinnen. Gott im Himmel, so viel tausend Dinge warteten, so viel tausend Becher standen eingeschenkt! Kein Ding auf der Erde, das man nicht hätte malen müssen! Keine Frau in der Welt, die man nicht hätte lieben müssen! Warum gab es Zeit? Warum immer nur dies idiotische Nacheinander, und kein brausendes, sättigendes Zugleich? Warum lag er jetzt wieder allein im Bett, wie ein Witwer, wie ein Greis? Das ganze kurze Leben hindurch konnte man genießen, konnte man schaffen, aber man sang immer nur Lied um Lied, nie klang die ganze volle Symphonie mit allen hundert Stimmen und Instrumenten zugleich.

Vor langer Zeit, im Alter von zwölf Jahren, war er Klingsor mit den zehn Leben gewesen. Es gab da bei den Knaben ein Räuberspiel, und jeder von den Räubern hatte zehn Leben, von denen er jedesmal eines verlor, wenn er vom Verfolger mit der Hand oder mit dem Wurfspeer berührt wurde. Mit sechs, mit drei, mit einem einzigen Leben konnte man noch davonkommen und sich befreien, erst mit dem zehnten war alles verloren. Er aber, Klingsor, hatte seinen Stolz darein gesetzt, sich mit allen, allen seinen zehn Leben durchzuschlagen, und es für eine Schande erklärt, wenn er mit neun, mit sieben davonkam. So war er als Knabe gewesen, in jener unglaublichen Zeit, wo nichts auf der Welt unmöglich, nichts auf der Welt schwierig war, wo alle Klingsor liebten, wo Klingsor allen befahl, wo alles Klingsor gehörte. Und so hatte er es weiter getrieben und immer mit zehn Leben gelebt. Und wenn auch nie die Sättigung, niemals die volle brausende Symphonie zu erreichen war – einstimmig und arm war sein Lied doch nicht gewesen, immer doch hatte er ein paar Saiten mehr auf seinem Spiel gehabt als andere, ein paar Eisen mehr im Feuer, ein paar Taler mehr im Sack, ein paar Rosse mehr am Wagen! Gott sei Dank!

Wie klang die dunkle Gartenstille voll und durchpulst herein, wie Atem einer schlafenden Frau! Wie schrie der Pfau! Wie brannte das Feuer in der Brust, wie schlug das Herz und schrie und litt und jubelte und blutete. Es war doch ein guter Sommer hier oben in Castagnetta, herrlich wohnte er in seiner alten noblen Ruine, herrlich blickte er auf die raupigen Rücken der hundert Kastanienwälder hinab, schön war es, je und je aus dieser edlen alten Wald- und Schloßwelt gierig hinabzusteigen und das farbige frohe Spielzeug drunten anzuschauen und in seiner guten frohen Grellheit zu malen: die Fabrik, die Eisenbahn, den blauen Tramwagen, die Plakatsäule am Kai, die stolzierenden Pfauen, Weiber, Priester, Automobile. Und wie schön und peinigend und unbegreiflich war dies Gefühl in seiner Brust, diese Liebe und flackernde Gier nach jedem bunten Band und Fetzen des Lebens, dieser süße wilde Zwang zu schauen und zu gestalten, und doch zugleich heimlich, unter dünnen Decken, das innige Wissen von der Kindlichkeit und Vergeblichkeit all seines Tuns!

Fiebernd schmolz die kurze Sommernacht hinweg, Dampf stieg aus der grünen Taltiefe, in hunderttausend Bäumen kochte der Saft, hunderttausend Träume quollen in Klingsors leichtem Schlummer auf, seine Seele schritt durch den Spiegelsaal seines Lebens, wo alle Bilder vervielfacht und jedesmal mit neuem Gesicht und neuer Bedeutung sich begegneten und neue Verbindungen eingingen, als würde ein Sternhimmel im Würfelbecher durcheinander geschüttelt.

Ein Traumbild unter den vielen entzückte und erschütterte ihn: Er lag in einem Walde und hatte ein Weib mit rotem Haar auf seinem Schoß, und eine Schwarze lag an seiner Schulter, und eine andere kniete neben ihm, hielt seine Hand und küßte seine Finger, und überall und rundum waren Frauen und Mädchen, manche noch Kinder, mit dünnen hohen Beinen, manche in voller Blüte, manche reif und mit den Zeichen des Wissens und der Ermüdung in den zukkenden Gesichtern, und alle liebten ihn, und alle wollten von ihm geliebt sein. Da brach Krieg und Flamme zwischen den Weibern aus, da griff die Rote mit rasender Hand in das Haar der Schwarzen und riß sie daran zu Boden und ward selber hinabgerissen, und alle stürzten sich aufeinander, jede schrie, jede riß, jede biß, jede tat weh, jede litt Weh, Gelächter, Wutschrei und Schmerzgeheul klangen ineinander verwickelt und verknotet, Blut floß überall, Krallen schlugen blutig in feistes Fleisch.

Mit einem Gefühl von Wehmut und Beklemmung erwachte Klingsor für Minuten, weit offen starrten seine Augen nach dem lichten Loch in der Wand. Noch standen die Gesichter der rasenden Weiber vor seinem Blick, und viele von ihnen kannte und nannte er mit Namen: Nina, Hermine, Elisabeth, Gina, Edith, Berta, und sagte mit heiserer Stimme noch aus dem Traum heraus: „Kinder, hört auf! Ihr lügt ja, ihr lügt mich ja an; nicht euch müßt ihr zerreißen, sondern mich, mich!“

Louis

Louis der Grausame war vom Himmel gefallen, plötzlich war er da, Klingsors alter Freund, der Reisende, der Unberechenbare, der in der Eisenbahn wohnte und dessen Atelier sein Rucksack war. Gute Stunden tropften vom Himmel dieser Tage, gute Winde wehten. Sie malten gemeinsam, auf dem Ölberg und in Carthago.

„Ob diese ganze Malerei eigentlich einen Wert hat?“ sagte Louis auf dem Ölberg, nackt im Grase liegend, den Rücken rot von der Sonne. „Man malt doch bloß faute de mieux, mein Lieber. Hättest du immer das Mädchen auf dem Schoß, das dir gerade gefällt, und die Suppe im Teller, nach der heute dein Sinn steht, du würdest dich nicht mit dem wahnsinnigen Kinderspiel plagen. Die Natur hat zehntausend Farben, und wir haben uns in den Kopf gesetzt, die Skala auf zwanzig zu reduzieren. Das ist die Malerei. Zufrieden ist man nie, und muß noch die Kritiker ernähren helfen. Hingegen eine gute Marseiller Fischsuppe, caro mio, und ein kleiner lauer Burgunder dazu, und nachher

ein Mailänder Schnitzel, zum Dessert Birnen und einen Gorgonzola, und ein türkischer Kaffee – das sind Realitäten, mein Herr, das sind Werte! Wie ißt man schlecht in eurem Palästina hier! Ach Gott, ich wollte, ich wär in einem Kirschbaum, und die Kirschen wüchsen mir ins Maul, und grade über mir auf der Leiter stünde das braune heftige Mädchen, dem wir heut früh begegnet sind. Klingsor, gib das Malen auf! Ich lade dich zu einem guten Essen in Laguno ein, es wird bald Zeit."
„Gilt es?" fragte Klingsor blinzelnd.
„Es gilt. Ich muß nur vorher noch schnell an den Bahnhof. Nämlich, offen gestanden, ich habe einer Freundin telegraphiert, daß ich am Sterben sei, sie kann um elf Uhr da sein."
Lachend riß Klingsor die begonnene Studie vom Brett.
„Recht hast du, Junge. Gehen wir nach Laguno! Zieh dein Hemd an, Luigi. Die Sitten hier sind von großer Unschuld, aber nackt kannst du leider nicht in die Stadt gehen."
Sie gingen ins Städtchen, sie gingen zum Bahnhof, eine schöne Frau kam an, sie aßen schön und gut in einem Restaurant, und Klingsor, der dies in seinen ländlichen Monaten ganz vergessen hatte, war erstaunt, daß es alle diese Dinge noch gab, diese lieben heiteren Dinge: Forellen, Lachsschinken, Spargeln, Chablis, Walliser Dôle, Benediktiner.
Nach dem Essen fuhren sie, alle drei, in der Seilbahn durch die steile Stadt hinauf, quer durch die Häuser, an Fenstern und hängenden Gärten vorüber, es war sehr hübsch, sie blieben sitzen und fuhren wieder hinab, und noch einmal hinauf und hinab. Sonderbar schön und seltsam war die Welt, sehr farbig, etwas fragwürdig, etwas unwahrscheinlich, jedoch wunderschön. Klingsor nur war ein wenig befangen, er trug Kaltblütigkeit zur Schau, wollte sich nicht in Luigis schöne Freundin verlieben. Sie gingen nochmals in ein Café, sie gingen in den leeren mittäglichen Park, legten sich am Wasser unter die Riesenbäume. Vieles sahen sie, was hätte gemalt werden müssen: rote edelsteinerne Häuser in tiefem Grün, Schlangenbäume und Perückenbäume, blau und braun berostet.
„Du hast sehr liebe und lustige Sachen gemalt, Luigi", sagte Klingsor, „die ich alle sehr liebe: Fahnenstangen, Clowns,

Zirkusse. Aber das Liebste von allem ist mir ein Fleck auf deinem nächtlichen Karusselbild. Weißt du, da weht über dem violetten Gezelt und fern von all den Lichtern hoch oben in der Nacht eine kühle kleine Fahne, hellrosa, so schön, so kühl, so einsam, so scheußlich einsam! Das ist wie ein Gedicht von Li Tai Po oder von Paul Verlaine. In dieser kleinen, dummen Rosafahne ist alles Weh und alle Resignation der Welt, und auch noch alles gute Lachen über Weh und Resignation. Daß du dieses Fähnchen gemalt hast, damit ist dein Leben gerechtfertigt, ich rechne es dir hoch an, das Fähnchen."
„Ja, ich weiß, daß du es gern hast."
„Du selber hast es auch gern. Schau, wenn du nicht einige solche Sachen gemalt hättest, dann würden alle guten Essen und Weine und Weiber und Kaffees dir nichts helfen, du wärest ein armer Teufel. So aber bist du ein reicher Teufel, und bist ein Kerl, den man liebhat. Sieh, Luigi, ich denke oft wie du: unsere ganze Kunst ist bloß ein Ersatz, ein mühsamer und zehnmal zu teuer bezahlter Ersatz für versäumtes Leben, versäumte Tierheit, versäumte Liebe. Aber es ist doch nicht so. Es ist ganz anders. Man überschätzt das Sinnliche, wenn man das Geistige nur als einen Notersatz für fehlendes Sinnliches ansieht. Das Sinnliche ist um kein Haar mehr wert als der Geist, so wenig wie umgekehrt. Es ist alles eins, es ist alles gleich gut. Ob du ein Weib umarmst oder ein Gedicht machst, ist dasselbe. Wenn nur die Hauptsache da ist, die Liebe, das Brennen, das Ergriffensein, dann ist es einerlei, ob du Mönch auf dem Berge Athos bist oder Lebemann in Paris."
Louis blickte langsam aus den spöttischen Augen herüber. „Junge, brich dir man keene Verzierungen ab!"
Mit der schönen Frau durchstreiften sie die Gegend. Im Sehen waren sie beide stark, das konnten sie. Im Umkreis der paar Städtchen und Dörfer sahen sie Rom, sahen Japan, sahen die Südsee, und zerstörten die Illusionen wieder mit spielendem Finger; ihre Laune zündete Sterne am Himmel an und löschte sie wieder aus. Durch die üppigen Nächte ließen sie ihre Leuchtkugeln steigen: die Welt war Seifenblase, war Oper, war froher Unsinn.
Louis, der Vogel, schwebte auf seinem Fahrrad durch die Hügelgegend, war da und dort, während Klingsor malte.

Manche Tage opferte Klingsor, dann saß er wieder verbissen draußen und arbeitete. Louis wollte nicht arbeiten. Louis war plötzlich abgereist, samt der Freundin, schrieb eine Karte aus weiter Ferne. Plötzlich war er wieder da, als Klingsor ihn schon verlorengegeben hatte, stand im Strohhut und offnen Hemde vor der Tür, als wäre er nie weggewesen. Noch einmal sog Klingsor aus dem süßesten Becher seiner Jugendzeit den Trank der Freundschaft. Viele Freunde hatte er, viele liebten ihn, vielen hatte er gegeben, vielen sein rasches Herz geöffnet, aber nur zwei von den Freunden hörten auch in diesem Sommer noch den alten Herzensruf von seinen Lippen: Louis der Maler und der Dichter Hermann, genannt Thu Fu.
An manchen Tagen saß Louis im Feld auf seinem Malstuhl, im Birnbaumschatten, im Pflaumenbaumschatten, und malte nicht. Er saß und dachte und hielt Papier auf das Malbrett geheftet und schrieb, schrieb viel, schrieb viele Briefe. Sind Menschen glücklich, die so viele Briefe schreiben? Er schrieb angestrengt, Louis, der Sorglose, sein Blick hing eine Stunde lang peinlich am Papier. Viel Verschwiegenes trieb ihn um. Klingsor liebte ihn dafür.
Anders tat Klingsor. Er konnte nicht schweigen. Er konnte sein Herz nicht verbergen. Von den heimlichen Leiden seines Lebens, von denen wenige wußten, ließ er doch die Nächsten wissen. Oft litt er an Angst, an Schwermut, oft lag er im Schacht der Finsternis gefangen, Schatten aus seinem frühern Leben fielen zuzeiten übergroß in seine Tage und machten sie schwarz. Dann tat es ihm wohl, Luigis Gesicht zu sehen. Dann klagte er ihm zuweilen.
Louis aber sah diese Schwächen nicht gerne. Sie quälten ihn, sie forderten Mitleid. Klingsor gewöhnte sich daran, dem Freund sein Herz zu zeigen, und begriff zu spät, daß er ihn damit verliere.
Wieder begann Louis von Abreise zu sprechen. Klingsor wußte, nun würde er ihn noch für Tage halten können, für drei, für fünf; plötzlich aber würde er ihm den gepackten Koffer zeigen und abreisen, um lange Zeit nicht wiederzukommen. Wie war das Leben kurz, wie unwiederbringlich war alles! Den einzigen seiner Freunde, der seine Kunst ganz verstand, dessen eigene Kunst der seinen nah und ebenbürtig war, diesen einzigen hatte er nun erschreckt

und belästigt, ihn verstimmt und abgekühlt, bloß aus dummer Schwäche und Bequemlichkeit, bloß aus dem kindlichen und unanständigen Bedürfnis, einem Freund gegenüber sich keine Mühe geben zu müssen, keine Geheimnisse vor ihm zu hüten, keine Haltung vor ihm zu bewahren. Wie dumm, wie knabenhaft war das gewesen! So strafte sich Klingsor, zu spät.

Den letzten Tag wanderten sie zusammen durch die goldenen Täler, Louis war sehr guter Laune, Abreise war Lebenslust für sein Vogelherz. Klingsor machte mit, sie hatten wieder den alten, leichten, spielenden und spöttischen Ton gefunden, und ließen ihn nicht mehr los. Abends saßen sie im Garten des Wirtshauses. Fische ließen sie sich backen, Reis mit Pilzen kochen und gossen Maraschino über Pfirsiche.

„Wohin reist du morgen?" fragte Klingsor.

„Ich weiß nicht."

„Fährst du zu der schönen Frau?"

„Ja. Vielleicht. Wer kann das wissen? Frage nicht soviel. Wir wollen jetzt, zum Schluß, noch einen guten Weißwein trinken. Ich bin für Neuenburger."

Sie tranken; plötzlich rief Louis: „Es ist schon gut, daß ich abreise, alter Seehund. Manchmal, wenn ich so neben dir sitze, zum Beispiel jetzt, fällt mir plötzlich etwas Dummes ein. Es fällt mir ein, daß jetzt da die zwei Maler sitzen, die unser gutes Vaterland hat, und dann habe ich ein scheußliches Gefühl in den Knien, wie wenn wir beide aus Bronze wären und Hand in Hand auf einem Denkmal stehen müßten, weißt du, so wie der Goethe und der Schiller. Die können schließlich auch nichts dafür, daß sie ewig dastehen und einander an der Bronzehand halten müssen, und daß sie uns allmählich so fatal und verhaßt geworden sind. Vielleicht waren sie ganz feine Kerle und reizende Burschen, vom Schiller habe ich früher einmal ein Stück gelesen, das war direkt hübsch. Und doch ist jetzt das aus ihm geworden, daß er ein berühmtes Vieh ist und neben seinem siamesischen Zwilling stehen muß, Gipskopf neben Gipskopf, und daß man ihre gesammelten Werke herumstehen sieht und sie in den Schulen erklärt. Es ist schauderhaft. Denke dir, ein Professor in hundert Jahren, wie er den Gymnasiasten predigt: Klingsor, geboren 1877, und sein Zeitgenosse Louis, genannt der Vielfraß, Erneuerer der Ma-

lerei, Befreiung vom Naturalismus der Farbe, bei näherer Betrachtung zerfällt dies Künstlerpaar in drei deutlich unterscheidbare Perioden! Lieber komme ich noch heut unter eine Lokomotive."
„Gescheiter wäre es, es kämen die Professoren darunter."
„So große Lokomotiven gibt es nicht. Du weißt, wie kleinlich unsre Technik ist."
Schon kamen Sterne herauf. Plötzlich stieß Louis sein Glas an das des Freundes.
„So, wir wollen anstoßen und austrinken. Dann setze ich mich auf mein Rad und adieu. Nur keinen langen Abschied! Der Wirt ist bezahlt. Prosit, Klingsor!"
Sie stießen an, sie tranken aus, im Garten stieg Louis aufs Zweirad, schwang den Hut, war fort. Nacht, Sterne. Louis war in China. Louis war eine Legende.
Klingsor lächelte traurig. Wie liebte er diesen Zugvogel! Lange stand er im Kies des Wirtsgartens, sah die leere Straße hinab.

Der Kareno-Tag

Zusammen mit den Freunden aus Barengo und mit Agosto und Ersilia unternahm Klingsor die Fußreise nach Kareno. Sie sanken in der Morgenstunde, zwischen den stark duftenden Spiräen und umzittert von den noch betauten Spinngeweben der Waldränder, durch den steilen warmen Wald hinab in das Tal von Pampambio, wo vom Sommertag betäubt an der gelben Straße grelle gelbe Häuser schliefen, vornübergeneigt und halbtot, und am versiegten Bach die weißen metallenen Weiden hingen mit schweren Flügeln über den goldenen Wiesen. Farbig schwamm die Karawane der Freunde auf der rosigen Straße durch das dampfende Talgrün: die Männer weiß und gelb in Leinen und Seide, die Frauen weiß und rosa, der herrliche veronesergrüne Sonnenschirm Ersilias funkelte wie ein Kleinod im Zauberring.
Melancholisch klagte der Doktor mit der menschenfreundlichen Stimme: „Es ist ein Jammer, Klingsor, Ihre wunderbaren Aquarelle werden in zehn Jahren alle weiß sein; diese Farben, die Sie bevorzugen, halten alle nicht."

Klingsor: „Ja, und was noch schlimmer ist: Ihre schönen braunen Haare, Doktor, werden in zehn Jahren alle grau sein, und eine kleine Weile später liegen unsere hübschen frohen Knochen irgendwo in einem Loch in der Erde, leider auch Ihre so schönen und gesunden Knochen, Ersilia. Kinder, wir wollen nicht so spät im Leben noch anfangen, vernünftig zu werden. Hermann, wie spricht Li Tai Po?"
Hermann der Dichter blieb stehen und sprach:

„Das Leben vergeht wie ein Blitzstrahl,
Dessen Glanz kaum so lange währt, daß man ihn sehen kann.
Wenn die Erde und der Himmel ewig unbeweglich stehen,
Wie rasch fliegt die wechselnde Zeit über das Antlitz der Menschen.
O du, der du beim vollen Becher sitzest und nicht trinkst,
O sage mir, auf wen wartest du noch?"

„Nein", sagte Klingsor, „ich meine den andern Vers, mit Reimen, von den Haaren, die am Morgen noch dunkel waren –"
Hermann sagte alsbald den Vers:

„Noch am Morgen glänzten deine Haare wie schwarze Seide,
Abend hat schon Schnee auf sie getan,
Wer nicht will, daß er lebendigen Leibes sterbend leide,
Schwinge den Becher und fordre den Mond als Kumpan!"

Klingsor lachte laut, mit seiner etwas heiseren Stimme. „Braver Li Tai Po! Er hatte Ahnungen, er wußte allerlei. Auch wir wissen allerlei, er ist unser alter kluger Bruder. Dieser trunkene Tag würde ihm gefallen, es ist gerade so ein Tag, an dessen Abend es schön wäre, den Tod Li Tai Pos zu sterben, im Boot auf dem stillen Fluß. Ihr werdet sehen, alles wird heut wunderbar sein."

„Was war das für ein Tod, den Li Tai Po auf dem Fluß gestorben ist?“ fragte die Malerin.
Aber Ersilia unterbrach, mit ihrer guten tiefen Stimme: „Nein, jetzt hört auf! Wer noch ein Wort von Tod und Sterben sagt, den habe ich nicht mehr lieb. Finisca adesso, brutto Klingsor!“
Klingsor kam lachend zu ihr herüber: „Wie haben Sie recht, bambina! Wenn ich noch ein Wort vom Sterben sage, dürfen Sie mir mit dem Sonnenschirm in beide Augen stoßen. Aber im Ernst, es ist heut wunderbar, liebe Menschen! Ein Vogel singt heut, der ist ein Märchenvogel, ich hab ihn schon am Morgen gehört. Ein Wind geht heut, der ist ein Märchenwind, das himmlische Kind, der weckt die schlafenden Prinzessinnen auf und schüttelt den Verstand aus den Köpfen. Heut blüht eine Blume, die ist eine Märchenblume, die ist blau und blüht nur einmal im Leben, und wer sie pflückt, der hat die Seligkeit.“
„Meint er etwas damit?“ fragte Ersilia den Doktor. Klingsor hörte es.
„Ich meine damit: dieser Tag kommt niemals wieder, und wer ihn nicht ißt und trinkt und schmeckt und riecht, dem wird er in aller Ewigkeit kein zweites Mal angeboten. Niemals wird die Sonne so scheinen wie heut, sie hat eine Konstellation am Himmel, eine Verbindung mit Jupiter, mit mir, mit Agosto und Ersilia und uns allen, die kommt nie, niemals wieder, nicht in tausend Jahren. Darum möchte ich jetzt, weil das Glück bringt, ein wenig an Ihrer linken Seite gehen und Ihren smaragdenen Sonnenschirm tragen, in seinem Licht wird mein Schädel aussehen wie ein Opal. Sie aber müssen auch mittun und müssen ein Lied singen, eines von Ihren schönsten.“
Er nahm Ersilias Arm, sein scharfes Gesicht tauchte weich in den blaugrünen Schatten des Schirmes, in den er verliebt war und dessen grellsüße Farbe ihn entzückte.
Ersilia fing an zu singen:

„Il mio papa non vuole,
Ch' io spos' un bersaglier –“

Stimmen schlossen sich an, man schritt singend bis zum Walde und in den Wald hinein, bis die Steigung zu groß

wurde, der Weg führte wie eine Leiter steil bergan durch die Farnkräuter den großen Berg empor.
„Wie wundervoll gradlinig ist dieses Lied!“ lobte Klingsor. „Der Papa ist gegen die Liebenden, wie er es immer ist. Sie nehmen ein Messer, das gut schneidet, und machen den Papa tot. Weg ist er. Sie machen es in der Nacht, niemand sieht sie als der Mond, der verrät sie nicht, und die Sterne, die sind stumm, und der liebe Gott, der wird ihnen schon verzeihen. Wie schön und aufrichtig ist das! Ein heutiger Dichter würde dafür gesteinigt werden.“
Man klomm im durchsonnten spielenden Kastanienschatten den engen Bergweg hinan. Wenn Klingsor aufblickte, sah er vor seinem Gesicht die dünnen Waden der Malerin rosig aus durchsichtigen Strümpfen scheinen. Sah er zurück, so wölbte sich über dem schwarzen Negerkopf Ersilias der Türkis des Sonnenschirmes. Darunter war sie violett in Seide, die einzige Dunkle unter allen Figuren.
Bei einem Bauernhaus, blau und orange, lagen gefallene grüne Sommeräpfel in der Wiese, kühl und sauer, von denen probierten sie. Die Malerin erzählte schwärmend von einem Ausflug auf der Seine, in Paris, einst, vor dem Kriege. Ja, Paris, und das selige Damals!
„Das kommt nicht wieder. Nie mehr.“
„Es soll auch nicht“, rief der Maler heftig und schüttelte grimmig den scharfen Sperberkopf. „Nichts soll wiederkommen! Wozu denn? Was sind das für Kinderwünsche! Der Krieg hat alles, was vorher war, zu einem Paradies umgemalt, auch das Dümmste, auch das Entbehrlichste. Gut so, es war schön in Paris und schön in Rom und schön in Arles. Aber ist es heut und hier weniger schön? Das Paradies ist nicht Paris und nicht die Friedenszeit, das Paradies ist hier, da oben liegt es auf dem Berg, und in einer Stunde sind wir mitten drin und sind die Schächer, zu denen gesagt wird: Heut wirst du mit mir im Paradiese sein.“
Sie brachen aus dem durchsprenkelten Schatten des Waldpfades auf die offene breite Fahrstraße hinaus, die führte licht und heiß in großen Spiralen zur Höhe. Klingsor, die Augen mit der dunkelgrünen Brille geschützt, ging als letzter und blieb oft zurück, um die Figuren sich bewegen und ihre farbigen Konstellationen zu sehen. Er hatte nichts zum Arbeiten mitgenommen, absichtlich, nicht einmal das

kleine Notizbuch, und stand doch hundertmal still, bewegt von Bildern. Einsam stand seine hagere Gestalt, weiß auf der rötlichen Straße, am Rand des Akaziengehölzes. Sommer hauchte heiß über den Berg, Licht floß senkrecht herab, Farbe dampfte hundertfältig aus der Tiefe herauf. Über die nächsten Berge, die grün und rot mit weißen Dörfern aufklangen, schauten bläuliche Bergzüge und lichter und blauer dahinter neue und neue Züge und ganz fern und unwirklich die kristallenen Spitzen von Schneebergen. Über dem Wald von Akazien und Kastanien trat freier und mächtiger der Felsrücken und höckrige Gipfel des Salute hervor, rötlich und hellviolett. Schöner als alles waren die Menschen, wie Blumen standen sie im Licht unterm Grün, wie ein riesiger Skarabäus leuchtete der smaragdne Sonnenschirm, Ersilias schwarzes Haar darunter, die weiße schlanke Malerin, mit rosigem Gesicht, und alle andern. Klingsor trank sie mit durstigem Auge, seine Gedanken aber waren bei Gina. Erst in einer Woche konnte er sie wiedersehen, sie saß in einem Büro in der Stadt und schrieb auf der Maschine, selten nur glückte es, daß er sie sah, und nie allein. Und sie liebte er, gerade sie, die nichts von ihm wußte, die ihn nicht kannte, nicht verstand, für die er nur ein seltner seltsamer Vogel, ein fremder berühmter Maler war. Wie seltsam war das, daß gerade an ihr sein Verlangen hängenblieb, daß kein anderer Liebesbecher ihm genügte. Er war es nicht gewohnt, lange Wege um eine Frau zu gehen. Um Gina ging er sie, um eine Stunde neben ihr zu sein, ihre schlanken kleinen Finger zu halten, seinen Schuh unter ihren zu schieben, einen schnellen Kuß auf ihren Nacken zu drücken. Er sann darüber nach, sich selbst ein drolliges Rätsel. War dies schon die Wende? Schon das Alter? War es nur das, nur der Johannistrieb des Vierzigjährigen zur Zwanzigjährigen?
Der Bergrücken war erreicht, und jenseits brach eine neue Welt dem Blick entgegen: hoch und unwirklich der Monte Gennaro, aufgebaut aus lauter steilen spitzen Pyramiden und Kegeln, die Sonne schräg dahinter, jedes Plateau emailglänzend auf tief violetten Schatten schwimmend. Zwischen dort und hier die flimmernde Luft, und unendlich tief verloren der schmale blaue Seearm, kühl hinter grünen Waldflammen ruhend.

Ein winziges Dorf auf dem Berggrat: ein Herrschaftsgut mit kleinem Wohnhaus, vier, fünf andere Häuser, steinern, blau und rosig bemalt, eine Kapelle, ein Brunnen, Kirschbäume. Die Gesellschaft hielt in der Sonne am Brunnen, Klingsor ging weiter, durch einen Torbogen in ein schattiges Gehöft, drei bläuliche Häuser standen hoch, mit wenig kleinen Fenstern, Gras und Geröll dazwischen, eine Ziege, Brennesseln. Ein Kind lief vor ihm fort, er lockte es, zog Schokolade aus der Tasche. Es hielt, er fing es ein, streichelte und fütterte es, es war scheu und schön, ein kleines schwarzes Mädchen, erschrockene schwarze Tieraugen, schlanke nackte Beine braun und glänzend. „Wo wohnt ihr?" fragte er, sie lief zur nächsten Tür, die in dem Häusergeklüft sich öffnete. Aus einem finstern Steinraum wie aus Höhlen der Urzeit trat ein Weib, die Mutter, auch sie nahm Schokolade. Aus schmutzigen Kleidern stieg der braune Hals, ein festes breites Gesicht, sonnverbrannt und schön, breiter voller Mund, großes Auge, roher süßer Liebreiz, Geschlecht und Mutterschaft sprach breit und still aus großen asiatischen Zügen. Er neigte sich verführend zu ihr, sie wich lächelnd aus, schob das Kind zwischen sich und ihn. Er ging weiter, zu einer Wiederkehr entschlossen. Diese Frau wollte er malen, oder ihr Geliebter sein, sei es nur eine Stunde lang. Sie war alles: Mutter, Kind, Geliebte, Tier, Madonna.

Langsam kehrte er zur Gesellschaft zurück, das Herz voll von Träumen. Auf der Mauer des Gutes, dessen Wohnhaus leer und geschlossen schien, waren alte rauhe Kanonenkugeln befestigt, eine launische Treppe führte durch Gebüsch zu einem Hain und Hügel, zuoberst ein Denkmal, da stand barock und einsam eine Büste, Kostüm Wallenstein, Lokken, gewellter Spitzbart. Spuk und Phantasie umglühte den Berg im gleißenden Mittagslicht, Wunderliches lag auf der Lauer, auf eine andere, ferne Tonart war die Welt gestimmt. Klingsor trank am Brunnen, ein Segelfalter flog her und sog an den verspritzten Tropfen auf dem kalksteinernen Brunnenrand.

Dem Grat nach führte die Bergstraße weiter, unter Kastanien, unter Nußbäumen, sonnig, schattig. An einer Biegung eine Wegkapelle, alt und gelb, in der Nische verblichene alte Bilder, ein Heiligenkopf engelsüß und kindlich, ein Stück Gewand rot und braun, der Rest verbröckelt. Klingsor

liebte alte Bilder sehr, wenn sie ihm ungesucht entgegenkamen, er liebte solche Fresken, er liebte die Wiederkehr dieser schönen Werke zum Staub und zur Erde.
Wieder Bäume, Reben, heiße Straße blendend, wieder eine Biegung: da war das Ziel, plötzlich, unverhofft: ein dunkler Torgang, eine große hohe Kirche aus rotem Stein, froh und selbstbewußt in den Himmel hinan geschmettert, ein Platz voll Sonne, Staub und Frieden, rot verbrannter Rasen, der unterm Fuße brach, Mittagslicht von grellen Wänden zurückgeworfen, eine Säule, eine Figur darauf, unsichtbar vor Sonnenschwall, eine Steinbrüstung um weiten Platz über blauer Unendlichkeit. Dahinter das Dorf, Kareno, uralt, eng, finster, sarazenisch, düstere Steinhöhlen unter verblichen braunem Ziegelstein, Gassen bedrückend und traumschmal und voll Finsternis, kleine Plätze plötzlich in weißer Sonne aufschreiend, Afrika und Nagasaki, darüber der Wald, darunter der blaue Absturz, weiße, fette, satte Wolken oben.
„Es ist komisch", sagte Klingsor, „wie lange man braucht, bis man sich in der Welt ein bißchen auskennt! Als ich einmal nach Asien fuhr, vor Jahren, kam ich im Schnellzug in der Nacht sechs Kilometer von hier vorbeigefahren, oder zehn, und wußte nichts. Ich fuhr nach Asien, und es war damals sehr notwendig, daß ich es tat. Aber alles, was ich dort fand, das finde ich heut auch hier: Urwald, Hitze, schöne fremde Menschen ohne Nerven, Sonne, Heiligtümer. Man braucht so lang, bis man lernt, an einem einzigen Tage drei Erdteile zu besuchen. Hier sind sie. Willkommen, Indien! Willkommen, Afrika! Willkommen, Japan!"
Die Freunde kannten eine junge Dame, die hier oben hauste, und Klingsor freute sich auf den Besuch bei der Unbekannten sehr. Er nannte sie die Königin der Gebirge, so hatte eine geheimnisvolle morgenländische Erzählung in den Büchern seiner Knabenjahre geheißen.
Erwartungsvoll brach die Karawane durch die blaue Schattenschlucht der Gassen, kein Mensch, kein Laut, kein Huhn, kein Hund. Aber im Halbschatten eines Fensterbogens sah Klingsor lautlos eine Gestalt stehen, ein schönes Mädchen, schwarzäugig, rotes Kopftuch um schwarzes Haar. Ihr Blick, still nach den Fremden lauernd, traf den seinen, einen langen Atemzug lang schauten sie, Mann und

Mädchen, sich in die Augen, voll und ernst, zwei fremde Welten einen Augenblick lang einander nah. Dann lächelten sich beide kurz und innig den ewigen Gruß der Geschlechter zu, die alte, süße, gierige Feindschaft, und mit einem Schritt um die Kante des Hauses war der fremde Mann hinweggeflossen und lag in des Mädchens Truhe, Bild bei vielen Bildern, Traum bei vielen Träumen. In Klingsors nie ersättigtem Herzen stach der kleine Stachel, einen Augenblick zögerte er und dachte umzukehren. Agosto rief ihn, Ersilia fing zu singen an, eine Schattenmauer schwand hinweg, und ein kleiner greller Platz mit zwei gelben Palästen lag still und blendend im verzauberten Mittag, schmale steinerne Balkone, geschlossene Läden, herrliche Bühne für den ersten Akt einer Oper.

„Ankunft in Damaskus", rief der Doktor. „Wo wohnt Fatme, die Perle unter den Frauen?"

Antwort kam überraschend aus dem kleineren Palast. Aus der kühlen Schwärze hinter der halbgeschlossenen Balkontür sprang ein seltsamer Ton, noch einer und zehnmal der gleiche, dann die Oktave dazu, zehnmal – ein Flügel, der gestimmt wurde, ein singender Flügel voller Töne mitten in Damaskus.

Hier mußte es sein, hier wohnte sie. Das Haus schien aber ohne Tor zu sein, nur rosig gelbe Mauer mit zwei Balkonen, darüber am Verputz des Giebels eine alte Malerei: Blumen blau und rot und ein Papagei. Eine gemalte Tür hätte hier sein müssen, und wenn man dreimal an sie pochte und den Schlüssel Salomonis dazu sprach, ging die gemalte Pforte auf, und den Wanderer empfing der Duft von persischen Ölen, hinter Schleiern thronte hoch die Königin der Gebirge. Sklavinnen kauerten auf den Stufen zu ihren Füßen, der gemalte Papagei flog kreischend auf die Schulter der Herrin.

Sie fanden eine winzige Tür in einer Nebengasse, eine heftige Glocke, teuflischer Mechanismus, schrillte böse auf, eng wie eine Leiter führte eine steile Treppe empor. Unausdenklich, wie der Flügel in dies Haus gekommen war. Durchs Fenster? Durchs Dach?

Ein großer schwarzer Hund kam gestürzt, ein kleiner blonder Löwe ihm nach, großer Lärm, die Stiege klapperte, hinten sang der Flügel elfmal den gleichen Ton. Aus einem rosig getünchten Raum quoll sanftsüßes Licht, Türen schlugen. War da ein Papagei?

Plötzlich stand die Königin der Gebirge da, schlanke elastische Blüte, straff und federnd, ganz in Rot, brennende Flamme, Bildnis der Jugend. Vor Klingsors Auge stoben hundert geliebte Bilder hinweg, und das neue sprang strahlend auf. Er wußte sofort, daß er sie malen würde, nicht nach der Natur, sondern den Strahl in ihr, den er empfangen hatte, das Gedicht, den holden herben Klang: Jugend, Rot, Blond, Amazone. Er würde sie ansehen, eine Stunde lang, vielleicht mehrere Stunden lang. Er würde sie gehen sehen, sitzen sehen, lachen sehen, vielleicht tanzen sehen, vielleicht singen hören. Der Tag war gekrönt, der Tag hatte seinen Sinn gefunden. Was weiter dazukommen mochte, war Geschenk, war Überfluß. Immer war es so: das Erlebnis kam nie allein, immer flogen ihm Vögel voraus, immer gingen ihm Boten und Vorzeichen voran, der mütterlich asiatische Tierblick unter jener Tür, die schwarze Dorfschöne im Fenster, dies und das.

Eine Sekunde lang empfand er aufzuckend: „Wäre ich zehn Jahre jünger, zehn kurze Jahre, so könnte diese mich haben, mich fangen, mich um den Finger wickeln! Nein, du bist zu jung, du kleine rote Königin, du bist zu jung für den alten Zauberer Klingsor! Er wird dich bewundern, er wird dich auswendig lernen, er wird dich malen, er wird das Lied deiner Jugend für immer aufzeichnen; aber er wird keine Wallfahrt um dich tun, keine Leiter nach dir steigen, keinen Mord um dich begehen und kein Ständchen vor deinem hübschen Balkon bringen. Nein, leider wird er dies alles nicht tun, der alte Maler Klingsor, das alte Schaf. Er wird dich nicht lieben, er wird nicht den Blick nach dir werfen, den er nach der Asiatin, den er nach der Schwarzen im Fenster warf, die vielleicht keinen Tag jünger ist als du. Für sie ist er nicht zu alt, nur für dich, Königin der Gebirge, rote Blume am Berg. Für dich, Steinnelke, ist er zu alt. Für dich genügt die Liebe nicht, die Klingsor zwischen einem Tag voll Arbeit und einem Abend voll Rotwein zu verschenken hat. Desto besser wird mein Auge dich trinken, schlanke Rakete, und von dir wissen, wenn du mir lang erloschen bist."

Durch Räume mit Steinböden und offenem Bogen kam man

in einen Saal, wo barocke wilde Stuckfiguren über hohen Türen emporflackerten und rundum auf dunklem Fries gemalte Delphine, weiße Rosse und rosenrote Amoretten durch ein dicht bevölkertes Sagenmeer schwammen. Ein paar Stühle und am Boden die Teile des zerlegten Flügels, sonst war nichts in dem großen Raum, aber zwei verlokkende Türen führten auf die zwei kleinen Balkone über dem strahlenden Opernplatz hinaus, und gegenüber über Eck brüsteten sich die Balkone des Nachbarpalastes, auch sie mit Bildern bemalt, dort schwamm ein roter feister Kardinal wie ein Goldfisch in der Sonne.
Man ging nicht wieder fort. Im Saale wurden Vorräte ausgepackt und ein Tisch gedeckt, Wein kam, seltener Weißwein aus dem Norden, Schlüssel für Heere von Erinnerungen. Der Klavierstimmer hatte die Flucht ergriffen, der zerstückte Flügel schwieg. Nachdenklich starrte Klingsor in das entblößte Saitengedärme, dann tat er leise den Deckel zu. Seine Augen schmerzten, aber in seinem Herzen sang der Sommertag, sang die sarazenische Mutter, sang blau und schwellend der Traum von Kareno. Er aß und stieß mit seinem Glase an Gläser, er sprach hell und froh, und hinter all dem arbeitete der Apparat in seiner Werkstatt, sein Blick war um die Steinnelke, um die Feuerblume ringsum wie das Wasser um den Fisch, ein fleißiger Chronist saß in seinem Gehirn und schrieb Formen, Rhythmen, Bewegungen genau wie in ehernen Zahlensäulen auf.
Gespräch und Gelächter füllten den leeren Saal. Klug und gütig lachte der Doktor, tief und freundlich Ersilia, stark und unterirdisch Agosto, vogelleicht die Malerin, klug sprach der Dichter, spaßhaft sprach Klingsor, beobachtend und ein wenig scheu ging die rote Königin unter ihren Gästen, Delphinen und Rosen umher, war hier und dort, stand am Flügel, kauerte auf einem Kissen, schnitt Brot, schenkte Wein mit unerfahrener Mädchenhand. Freude scholl im kühlen Saal, Augen glänzten schwarz und blau, vor den lichten hohen Balkontüren lag starr der blendende Mittag auf Wache.
Hell floß der edle Wein in die Gläser, holder Gegensatz zum einfachen kalten Mahl. Hell floß der rote Schein vom Kleid der Königin durch den hohen Saal, hell und wachsam folgten ihm die Blicke aller Männer. Sie verschwand, kam

wieder und hatte ein grünes Brusttuch umgebunden. Sie verschwand, kam wieder und hatte ein blaues Kopftuch umgebunden.

Nach Tische, ermüdet und gesättigt, brach man fröhlich auf, in den Wald, legte sich in Gras und Moos, Sonnenschirme leuchteten, unter Strohhüten glühten Gesichter, gleißend brannte der Sonnenhimmel. Die Königin der Gebirge lag rot im grünen Gras, hell stieg ihr feiner Hals aus der Flamme, satt und belebt saß ihr hoher Schuh am schlanken Fuß. Klingsor, ihr nahe, las sie, studierte sie, füllte sich mit ihr, wie er als Knabe die Zaubergeschichte von der Königin der Gebirge gelesen und sich mit ihr gefüllt hatte. Man ruhte, man schlummerte, man plauderte, man kämpfte mit Ameisen, glaubte Schlangen zu hören, stachliche Kastanienschalen blieben in Frauenhaaren hängen. Man dachte an abwesende Freunde, die in diese Stunde gepaßt hätten, es waren nicht viele, Louis der Grausame wurde herbeigesehnt, Klingsors Freund, der Maler der Karusselle und Zirkusse, sein phantastischer Geist schwebte nah über der Runde.

Der Nachmittag ging hin wie ein Jahr im Paradiese. Beim Abschied wurde viel gelacht, Klingsor nahm alles in seinem Herzen mit: die Königin, den Wald, den Palast und Delphinensaal, die beiden Hunde, den Papagei.

Im Bergabwandern zwischen den Freunden überkam ihn allmählich die frohe und hingerissene Laune, die er nur an den seltenen Tagen kannte, in denen er freiwillig die Arbeit hatte ruhen lassen. Hand in Hand mit Ersilia, mit Hermann, mit der Malerin tanzte er die besonnte Straße hinab, stimmte Lieder an, ergötzte sich kindlich an Witzen und Wortspielen, lachte hingegeben. Er rannte den andern voraus und versteckte sich in einem Hinterhalt, um sie zu erschrecken.

So rasch man ging, die Sonne ging rascher, schon bei Palazzetto sank sie hinter den Berg, und unten im Tale war es schon Abend. Sie hatten den Weg verfehlt und waren zu tief gestiegen, man war hungrig und müde und mußte die Pläne aufgeben, die man für den Abend gesponnen hatte: Spaziergang durchs Korn nach Barengo, Fischessen im Wirtshaus des Seedorfes.

„Liebe Leute“, sagte Klingsor, der sich auf eine Mauer am

Wege gesetzt hatte, „unsre Pläne waren ja sehr schön, und ein gutes Abendessen bei den Fischern oder im Monte d'oro würde gewiß mich dankbar finden. Aber wir kommen nicht mehr so weit, ich wenigstens nicht. Ich bin müde, und ich habe Hunger. Ich gehe von hier aus keinen Schritt mehr weiter als bis zum nächsten Grotto, der gewiß nicht weit ist. Dort gibt es Wein und Brot, das genügt. Wer kommt mit?"
Sie kamen alle. Der Grotto wurde gefunden, im steilen Bergwald auf schmaler Terrasse standen Steinbänke und Tische im Baumdunkel, aus dem Felsenkeller brachte der Wirt den kühlen Wein, Brot war da. Nun saß man schweigend und essend, froh, endlich zu sitzen. Hinter den hohen Baumstämmen erlosch der Tag, der blaue Berg wurde schwarz, die rote Straße wurde weiß, man hörte unten auf der nächtlichen Straße einen Wagen fahren und einen Hund bellen, da und dort gingen am Himmel Sterne und an der Erde Lichter auf, nicht voneinander zu unterscheiden.
Glücklich saß Klingsor, ruhte, sah in die Nacht, füllte sich langsam mit Schwarzbrot, leerte still die bläulichen Tassen mit Wein. Gesättigt fing er wieder zu plaudern und zu singen an, schaukelte sich im Takt der Lieder, spielte mit den Frauen, witterte im Duft ihrer Haare. Der Wein schien ihm gut. Alter Verführer, redete er leicht die Vorschläge zum Weitergehen nieder, trank Wein, schenkte Wein ein, stieß zärtlich an, ließ neuen Wein kommen. Langsam stiegen aus den irdenen bläulichen Tassen, Sinnbild der Vergänglichkeit, die bunten Zauber, wandelten die Welt, färbten Stern und Licht.
Hoch saßen sie in schwebender Schaukel überm Abgrund der Welt und Nacht, Vögel in goldenem Käfig, ohne Heimat, ohne Schwere, den Sternen gegenüber. Sie sangen, die Vögel, sangen exotische Lieder, sie phantasierten aus berauschten Herzen in die Nacht, in den Himmel, in den Wald, in das fragwürdige, bezauberte Weltall hinein. Antwort kam von Stern und Mond, von Baum und Gebirg, Goethe saß da und Hafis, heiß duftete Ägypten und innig Griechenland herauf, Mozart lächelte, Hugo Wolf spielte den Flügel in der irren Nacht.
Lärm krachte erschreckend auf, Licht blitzte knallend: unter ihnen mitten durch das Herz der Erde flog mit hundert

blendenden Lichtfenstern ein Eisenbahnzug in den Berg und in die Nacht hinein, oben vom Himmel her läuteten Glocken einer unsichtbaren Kirche. Lauernd stieg der halbe Mond über den Tisch, blickte spiegelnd in den dunkeln Wein, riß Mund und Auge einer Frau aus der Finsternis, lächelte, stieg weiter, sang den Sternen zu. Der Geist Louis' des Grausamen hockte auf einer Bank, einsam, schrieb Briefe.

Klingsor, König der Nacht, hohe Krone im Haar, rückgelehnt auf steinernem Sitz, dirigierte den Tanz der Welt, gab den Takt an, rief den Mond hervor, ließ die Eisenbahn verschwinden. Fort war sie, wie ein Sternbild übern Rand des Himmels fällt. Wo war die Königin der Gebirge? Klang nicht ein Flügel im Wald, bellte nicht fern der kleine mißtrauische Löwe? Hatte sie nicht eben noch ein blaues Kopftuch getragen? Hallo, alte Welt, trage Sorge, daß du nicht zusammenfällst! Hierher, Wald! Dorthin, schwarzes Gebirg! Im Takt bleiben! Sterne, wie seid ihr blau und rot, wie im Volkslied: „Deine roten Augen und dein blauer Mund!"

Malen war schön, Malen war ein schönes, ein liebes Spiel für brave Kinder. Anders war es, größer und wuchtiger, die Sterne zu dirigieren, Takt des eigenen Blutes, Farbenkreise der eigenen Netzhaut in die Welt hinein fortzusetzen, Schwebungen der eigenen Seele ausschwingen zu lassen im Wind der Nacht. Weg mit dir, schwarzer Berg! Sei Wolke, fliege nach Persien, regne über Uganda! Her mit dir, Geist Shakespeares, sing uns dein besoffenes Narrenlied vom Regen, der regnet jeglichen Tag!

Klingsor küßte eine kleine Frauenhand, er lehnte sich an eine wohlig atmende Frauenbrust. Ein Fuß unterm Tisch spielte mit seinem. Er wußte nicht, wessen Hand oder wessen Fuß, er spürte Zärtlichkeit um sich, fühlte alten Zauber neu und dankbar: er war noch jung, es war noch weit vom Ende, noch ging Strahlung und Verlockung von ihm aus, noch liebten sie ihn, die guten ängstlichen Weibchen, noch zählten sie auf ihn.

Er blühte höher auf. Mit leiser, singender Stimme begann er zu erzählen, ein ungeheures Epos, die Geschichte einer Liebe, oder eigentlich einer Reise nach der Südsee, wo er in Begleitung von Gauguin und Robinson die Papageieninsel entdeckt und den Freistaat der glückseligen Inseln begrün-

det hatte. Wie hatten die tausend Papageien im Abendlicht gefunkelt, wie hatten ihre blauen Schwänze sich in der grünen Bucht gespiegelt! Ihr Geschrei und das hundertstimmige Geschrei der großen Affen hat ihn wie ein Donner begrüßt, ihn, Klingsor, als er seinen Freistaat ausrief. Dem weißen Kakadu hatte er die Bildung eines Kabinetts aufgetragen, und mit dem mürrischen Nashornvogel hatte er Palmwein aus schweren Kokosbechern getrunken. Oh, Mond von damals, Mond der seligen Nächte, Mond über der Pfahlhütte im Schilf! Sie hieß Kül Kalüa, die braune scheue Prinzessin, schlank und langgliedrig schritt sie im Pisanggehölz, honigglänzend unterm saftigen Dach der Riesenblätter, Rehauge im sanften Gesicht, Katzenglut im starken biegsamen Rücken, Katzensprung im federnden Knöchel und sehnigen Bein. Kül Kalüa, Kind, Urglut und Kinderunschuld des heiligen Südostens, tausend Nächte lagst du an Klingsors Brust, und jede war neu, jede war inniger, war holder als alle gewesen. Oh, Fest des Erdgeistes, wo die Jungfern der Papageieninsel vor dem Gotte tanzten!
Über Insel, Robinson und Klingsor, über Geschichte und Zuhörer wölbte sich die weißgestirnte Nacht, zärtlich schwoll der Berg wie ein sanfter atmender Bauch und Busen unter den Bäumen und Häusern und Füßen der Menschen, im Eilschritt tanzte fiebernd der feuchte Mond über die Himmelshalbkugel, von den Sternen im wilden schweigenden Tanz verfolgt. Ketten von Sternen waren aufgereiht, gleißende Schnur der Drahtseilbahn zum Paradiese. Urwald dunkelte mütterlich, Schlamm der Urwelt duftete Verfall und Zeugung, Schlange kroch und Krokodil, ohne Ufer ergoß sich der Strom der Gestaltungen.
„Ich werde doch wieder malen", sagte Klingsor, „schon morgen. Aber nicht mehr diese Häuser und Leute und Bäume. Ich male Krokodile und Seesterne, Drachen und Purpurschlangen, und alles im Werden, alles in der Wandlung, voll Sehnsucht, Mensch zu werden, voll Sehnsucht, Stern zu werden, voll Geburt, voll Verwesung, voll Gott und Tod."
Mitten durch seine leisen Worte und durch die aufgewühlte trunkne Stunde klang tief und klar Ersilias Stimme, still sang sie das Lied vom bel mazzo di fiori vor sich hin, Friede strömte von ihrem Liede aus, Klingsor hörte es wie von einer fernen, schwimmenden Insel über Meere von Zeit

und Einsamkeit herüber. Er drehte seine leere Weintasse um, er schenkte nicht mehr ein. Er hörte zu. Ein Kind sang. Eine Mutter sang. War man nun ein verirrter und verruchter Kerl, im Schlamm der Welt gebadet, ein Strolch und Luder, oder war man ein kleines dummes Kind?

„Ersilia", sagte er mit Ehrerbietung, „du bist unser guter Stern."

Durch steilen finstern Wald bergan, an Zweig und Wurzel geklammert, quoll man hinweg, den Heimweg suchend. Lichter Waldrand ward erreicht, Feld geentert, schmaler Weg im Maisfeld atmete Nacht und Heimkehr, Mondblick im spiegelnden Blatt des Maises, Rebenreihen schräg entfliehend. Nun sang Klingsor, leise, mit der etwas heiseren Stimme, sang leise und viel, deutsch und malaiisch, mit Worten und ohne Worte. Im leisen Gesang strömte er gestaute Fülle aus, wie eine braune Mauer am Abend gesammeltes Tageslicht ausstrahlt.

Hier nahm einer der Freunde Abschied, und dort einer, schwand im Rebenschatten auf kleinem Pfad dahin. Jeder ging, jeder war für sich, suchte Heimkehr, war allein unterm Himmel. Eine Frau küßte Klingsor zur guten Nacht, brennend sog ihr Mund an seinem. Weg rollten sie, weg schmolzen sie, alle. Als Klingsor allein die Treppe zu seiner Wohnung erstieg, sang er noch immer. Er besang und lobte Gott und sich selbst, er pries Li Tai Po und pries den guten Wein von Pampambio. Wie ein Götze ruhte er auf Wolken der Bejahung.

„Inwendig", sang er, „bin ich wie eine Kugel von Gold, wie die Kuppel eines Domes, man kniet darin, man betet, Gold strahlt von der Wand, auf altem Bilde blutet der Heiland, blutet das Herz der Maria. Wir bluten auch, wir anderen, wir Irrgegangenen, wir Sterne und Kometen, sieben und vierzehn Schwerter gehn durch unsre selige Brust. Ich liebe dich, blonde und schwarze Frau, ich liebe alle, auch die Philister; ihr seid arme Teufel wie ich, ihr seid arme Kinder und fehlgeratene Halbgötter wie der betrunkne Klingsor. Sei mir gegrüßt, geliebtes Leben! Sei mir gegrüßt, geliebter Tod!"

Klingsor an Edith

Lieber Stern am Sommerhimmel!
Wie hast Du mir gut und wahr geschrieben, und wie ruft Deine Liebe mir schmerzlich zu, wie ewiges Leid, wie ewiger Vorwurf. Aber Du bist auf gutem Wege, wenn Du mir, wenn Du Dir selbst jede Empfindung des Herzens eingestehst. Nur nenne keine Empfindung klein, keine Empfindung unwürdig! Gut, sehr gut ist jede, auch der Haß, auch der Neid, auch die Eifersucht, auch die Grausamkeit. Von nichts andrem leben wir als von unsern armen, schönen, herrlichen Gefühlen, und jedes, dem wir unrecht tun, ist ein Stern, den wir auslöschen.
Ob ich Gina liebe, weiß ich nicht. Ich zweifle sehr daran. Ich würde kein Opfer für sie bringen. Ich weiß nicht, ob ich überhaupt lieben kann. Ich kann begehren und kann mich in andern Menschen suchen, nach Echo aushorchen, nach einem Spiegel verlangen, kann Lust suchen, und alles das kann wie Liebe aussehen.
Wir gehen beide, Du und ich, im selben Irrgarten, im Garten unsrer Gefühle, die in dieser üblen Welt zu kurz gekommen sind, und wir nehmen dafür, jeder nach seiner Art, Rache an dieser bösen Welt. Wir wollen aber einer des andern Träume bestehen lassen, weil wir wissen, wie rot und süß der Wein der Träume schmeckt.
Klarheit über ihre Gefühle und über die „Tragweite" und Folgen ihrer Handlungen haben nur die guten, gesicherten Menschen, die an das Leben glauben und keinen Schritt tun, den sie nicht auch morgen und übermorgen werden billigen können. Ich habe nicht das Glück, zu ihnen zu zählen, und ich fühle und handle so, wie einer, der nicht an morgen glaubt und jeden Tag für den letzten ansieht.
Liebe schlanke Frau, ich versuche ohne Glück meine Gedanken auszudrücken. Ausgedrückte Gedanken sind immer so tot! Lassen wir sie leben! Ich fühle tief und dankbar, wie Du mich verstehst, wie etwas in Dir mir verwandt ist. Wie das im Buch des Lebens zu buchen sei, ob unsre Gefühle Liebe, Wollust, Dankbarkeit, Mitleid, ob sie mütterlich oder kindlich sind, das weiß ich nicht. Oft sehe ich jede Frau an wie ein alter gewiegter Wüstling und oft wie ein kleiner Knabe. Oft hat die keuscheste Frau für mich die größte

Verlockung, oft die üppigste. Alles ist schön, alles ist heilig, alles ist unendlich gut, was ich lieben darf. Warum, wie lange, in welchem Grad, das ist nicht zu messen.
Ich lieb nicht Dich allein, das weißt Du, ich liebe auch nicht Gina allein, ich werde morgen und übermorgen andre Bilder lieben, andere Bilder malen. Bereuen aber werde ich keine Liebe, die ich je gefühlt, und keine Weisheit oder Dummheit, die ich ihretwegen begangen. Dich liebe ich vielleicht, weil Du mir ähnlich bist. Andre liebe ich, weil sie so anders sind als ich.
Es ist spät in der Nacht, der Mond steht überm Salute. Wie lacht das Leben, wie lacht der Tod!
Wirf den dummen Brief ins Feuer, und wirf ins Feuer

Deinen Klingsor

Die Musik des Untergangs

Der letzte Tag des Juli war gekommen, Klingsors Lieblingsmonat, die hohe Festzeit Li Tai Pos, war verblüht, kam nimmer wieder, Sonnenblumen schrien im Garten golden ins Blau empor. Zusammen mit dem treuen Thu Fu pilgerte Klingsor an diesem Tage durch eine Gegend, die er liebte: verbrannte Vorstädte, staubige Straßen unter hoher Allee, rot und orange bemalte Hütten am sandigen Ufer, Lastwagen und Ladeplätze der Schiffe, lange violette Mauern, farbiges armes Volk. Am Abend dieses Tages saß er am Rand einer Vorstadt im Staube und malte die farbigen Zelte und Wagen eines Karussels, am Straßenbord auf kahlem, versengtem Anger saß er hingekauert, angesogen von den starken Farben der Zelte. Tief biß er sich fest im verschossenen Lila einer Zeltborte, im freudigen Grün und Rot der schwerfälligen Wohnwagen, in den blau-weiß gestrichnen Gerüststangen. Grimmig wühlte er im Kadmium, wild im süßkühlen Kobalt, zog die verfließenden Striche Krapplack durch den gelb und grünen Himmel. Noch eine Stunde, oh, weniger, dann war Schluß, die Nacht kam, und morgen begann schon der August, der brennende Fiebermonat, der so viel Todesfurcht und Bangnis in seine glühenden Becher mischt. Die Sense war geschärft, die Tage neigten sich, der Tod lachte versteckt im bräunenden Laub. Klinge hell und

schmettre, Kadmium! Prahle laut, üppiger Krapplack! Lache grell, Zitronengelb! Her mit dir, tiefblauer Berg der Ferne! An mein Herz ihr, staubgrüne matte Bäume! Wie seid ihr müd, wie laßt ihr ergebene fromme Äste sinken! Ich trinke euch, holde Erscheinungen! Ich täusche euch Dauer und Unsterblichkeit vor, ich, der Vergänglichste, der Ungläubigste, der Traurigste, der mehr als ihr alle an der Angst vor dem Tode leidet. Juli ist verbrannt, August wird schnell verbrannt sein, plötzlich fröstelt uns aus gelbem Laub am betauten Morgen das große Gespenst entgegen. Plötzlich fegt November über den Wald. Plötzlich lacht das große Gespenst, plötzlich friert uns das Herz, plötzlich fällt uns das liebe rosige Fleisch von den Knochen, in der Wüste heult der Schakal, heiser singt sein verfluchtes Lied der Aasgeier. Ein verfluchtes Blatt der Großstadt bringt mein Bild, und darunter steht: „Vortrefflicher Maler, Expressionist, großer Kolorist, starb am sechzehnten dieses Monats."
Voll Haß riß er eine Furche Pariserblau unter den grünen Zigeunerwagen. Voll Erbitterung schlug er die Kante Chromgelb auf die Prellsteine. Voll tiefer Verzweiflung setzte er Zinnober in einen ausgesparten Fleck, vertilgte das fordernde Weiß, kämpfte blutend um Fortdauer, schrie hellgrün und neapelgelb zum unerbittlichen Gott. Stöhnend warf er mehr Blau in das fade Staubgrün, flehend zündete er innigere Lichter im Abendhimmel an. Die kleine Palette voll reiner, unvermischter Farben von hellster Leuchtkraft, sie war sein Trost, sein Turm, sein Arsenal, sein Gebetbuch, seine Kanone, aus der er nach dem bösen Tode schoß. Purpur war Leugnung des Todes, Zinnober war Verhöhnen der Verwesung. Gut war sein Arsenal, glänzend stand seine kleine tapfere Truppe, strahlend läuteten die raschen Schüsse seiner Kanonen auf. Es half nichts, alles Schießen war ja vergebens, aber Schießen war doch gut, war Glück und Trost, war noch Leben, war noch Triumphieren.
Thu Fu war gegangen, einen Freund zu besuchen, der dort zwischen Fabrik und Ladeplatz seine Zauberburg bewohnte. Nun kam er und brachte ihn mit, den armenischen Sterndeuter.
Klingsor, mit dem Bilde fertig, atmete tief auf, als er die beiden Gesichter bei sich sah, das blonde gute Haar Thu Fus,

den schwarzen Bart und den mit weißen Zähnen lächelnden Mund des Magiers. Und da kam mit ihnen auch der Schatten, der lange, dunkle, mit den weit zurückgeflohenen Augen in den tiefen Höhlen. Willkommen auch du, Schatten, lieber Kerl!

„Weißt du, was für ein Tag heut ist?“ fragte Klingsor seinen Freund.

„Der letzte Juli, ich weiß.“

„Ich stellte heut ein Horoskop“, sagte der Armenier, „und da sah ich, daß dieser Abend mir etwas bringen wird. Saturn steht unheimlich, Mars neutral, Jupiter dominiert. Li Tai Po, sind Sie nicht ein Julikind?“

„Ich bin am zweiten Juli geboren.“

„Ich dachte es. Ihre Sterne stehen verwirrt, Freund, nur Sie selbst können sie deuten. Fruchtbarkeit umgibt Sie wie eine Wolke, die nahe am Bersten ist. Seltsam stehen Ihre Sterne, Klingsor, Sie müssen es fühlen.“

Li packte sein Gerät zusammen. Erloschen war die Welt, die er gemalt hatte, erloschen der gelb und grüne Himmel, ertrunken die blaue helle Fahne, ermordet und verwelkt das schöne Gelb. Er war hungrig und durstig, die Kehle hing ihm voll Staub.

„Freunde“, sagte er herzlich, „wir wollen diesen Abend beisammen bleiben. Wir werden nicht mehr zusammen sein, wir alle vier, ich lese das nicht aus den Sternen, es steht mir im Herzen geschrieben. Mein Julimond ist vorüber, dunkel glühn seine letzten Stunden, in der Tiefe ruft die große Mutter. Nie war die Welt so schön, nie war ein Bild von mir so schön, Wetterleuchten zuckt, Musik des Untergangs ist angestimmt. Wir wollen sie mitsingen, die süße bange Musik, wir wollen hier beisammen bleiben und Wein trinken und Brot essen.“

Neben dem Karussell, dessen Zelt eben abgedeckt und für den Abend gerüstet wurde, standen einige Tische unter Bäumen, eine hinkende Magd ging ab und zu, ein kleines Wirtshaus lag im Schatten. Hier blieben sie und saßen am Brettertisch, Brot wurde gebracht und Wein in die irdenen Schalen geschenkt, unter den Bäumen glommen Lichter auf, drüben begann die Orgel des Karussells zu erdröhnen, heftig warf sie ihre bröckelnde gelle Musik in den Abend.

„Dreihundert Becher will ich heute leeren“, rief Li Tai Po

und stieß mit dem Schatten an. „Sei gegrüßt, Schatten, standhafter Zinnsoldat! Seid gegrüßt, Freunde! Seid gegrüßt, elektrische Lichter, Bogenlampen und funkelnde Pailletten am Karussell! Oh, daß Louis da wäre, der flüchtige Vogel! Vielleicht ist er uns schon vorausgeflogen in den Himmel. Vielleicht auch kommt er morgen wieder, der alte Schakal, und findet uns nicht mehr und lacht und pflanzt Bogenlampen und Fahnenstangen auf unser Grab."

Still ging der Magier und holte neuen Wein, froh lächelten seine weißen Zähne aus dem roten Mund.

„Schwermut", sagte er mit einem Blick zu Klingsor hinüber, „ist eine Sache, die man nicht mit sich tragen sollte. Es ist so leicht – es ist das Werk einer Stunde, einer kurzen intensiven Stunde mit zusammengebissenen Zähnen, dann ist man mit der Schwermut für immer fertig."

Klingsor sah aufmerksam auf seinen Mund, auf die hellen klaren Zähne, welche einst in einer glühenden Stunde die Schwermut erwürgt und totgebissen hatten. War auch ihm möglich, was dem Sterndeuter möglich gewesen war? Oh, kurzer süßer Blick in ferne Gärten: Leben ohne Angst, Leben ohne Schwermut! Er wußte, diese Gärten waren ihm unerreichbar. Er wußte, ihm war andres bestimmt, anders blickte zu ihm Saturn herüber, andre Lieder wollte Gott auf seinen Saiten spielen.

„Jeder hat seine Sterne", sagte Klingsor langsam, „jeder hat seinen Glauben. Ich glaube nur an eines: an den Untergang. Wir fahren in einem Wagen überm Abgrund, und die Pferde sind scheu geworden. Wir stehen im Untergang, wir alle, wir müssen sterben, wir müssen wieder geboren werden, die große Wende ist für uns gekommen. Es ist überall das gleiche: der große Krieg, die große Wandlung in der Kunst, der große Zusammenbruch der Staaten des Westens. Bei uns im alten Europa ist alles das gestorben, was bei uns gut und unser eigen war; unsre schöne Vernunft ist Irrsinn geworden, unser Geld ist Papier, unsre Maschinen können bloß noch schießen und explodieren, unsre Kunst ist Selbstmord. Wir gehen unter, Freunde, so ist es uns bestimmt, die Tonart Tsing Tse ist angestimmt."

Der Armenier schenkte Wein ein.

„Wie Sie wollen", sagte er. „Man kann ja sagen, und man kann nein sagen, das ist nur Kinderspiel. Untergang ist etwas, das nicht existiert. Damit Untergang oder Aufgang wäre, müßte es unten und oben geben. Unten und oben aber gibt es nicht, das lebt nur im Gehirn des Menschen, in der Heimat der Täuschungen. Alle Gegensätze sind Täuschungen: weiß und schwarz ist Täuschung, Tod und Leben ist Täuschung, gut und böse ist Täuschung. Es ist das Werk einer Stunde, einer glühenden Stunde mit zusammengebissenen Zähnen, dann hat man das Reich der Täuschungen überwunden."

Klingsor hörte seiner guten Stimme zu.

„Ich spreche von uns", gab er Antwort, „ich spreche von Europa, von unsrem alten Europa, das zweitausend Jahre lang das Gehirn der Welt zu sein glaubte. Dies geht unter. Meinst du, Magier, ich kenne dich nicht? Du bist ein Bote aus dem Osten, ein Bote auch an mich, vielleicht ein Spion, vielleicht ein verkleideter Feldherr. Du bist hier, weil hier das Ende beginnt, weil du hier Untergang witterst. Aber wir gehen gerne unter, du, wir sterben gerne, wir wehren uns nicht."

„Du kannst auch sagen: gerne werden wir geboren", lachte der Asiate. „Dir scheint es Untergang, mir scheint es vielleicht Geburt. Beides ist Täuschung. Der Mensch, der an die Erde glaubt als an die feststehende Scheibe unterm Himmel, der sieht und glaubt Aufgang und Untergang – und alle, fast alle Menschen glauben an die feste Scheibe! Die Sterne selbst wissen kein Auf und Unter."

„Sind nicht Sterne untergegangen?" rief Thu Fu.

„Für uns, für unsre Augen."

Er schenkte die Tassen voll, immer machte er den Schenken, immer war er dienstfertig und lächelte dazu. Er ging mit dem leeren Kruge weg, neuen Wein zu holen. Schmetternd schrie die Karussellmusik.

„Gehen wir hinüber, es ist so schön", bat Thu Fu, und sie gingen hin, standen an der bemalten Barriere, sahen im stechenden Glanz der Pailletten und Spiegel das Karussell im Kreise wüten, hundert Kinder mit den Augen gierig am Glanze hängen. Einen Augenblick fühlte Klingsor tief und lachend das Urtümliche und Negerhafte dieser kreiselnden Maschine, dieser mechanischen Musik, dieser grellen wilden Bilder und Farben, Spiegel und irrsinnigen Schmucksäulen, alles trug Züge von Medizinmann und Schamane,

von Zauber und uralter Rattenfängerei, und der ganze wilde wüste Glanz war im Grund nichts andres als der zuk-kende Glanz des Blechlöffels, den der Hecht für ein Fischlein hält und an dem man ihn herauszieht.
Alle Kinder mußten Karussell fahren. Allen Kindern gab Thu Fu Geld, alle Kinder lud der Schatten ein. In Knäueln umgaben sie die Schenkenden, hingen sich an, flehten, dankten. Ein schönes blondes Mädchen, zwölfjährig, dem gaben sie alle, sie fuhr jede Runde. Im Lichterglanz wehte hold der kurze Rock um ihre schönen Knabenbeine. Ein Knabe weinte. Knaben schlugen sich. Peitschend knallten zur Orgel die Tschinellen, gossen Feuer in den Takt, Opium in den Wein. Lange standen die vier im Getümmel.
Wieder saßen sie dann unterm Baume, in die Tassen goß der Armenier den Wein, schürte Untergang, lächelte hell. „Dreihundert Becher wollen wir heute leeren“, sang Klingsor; sein verbrannter Schädel glühte gelb, laut schallte sein Gelächter hin; Schwermut kniete, ein Riese, auf seinem zuckenden Herzen. Er stieß an, er pries den Untergang, das Sterbenwollen, die Tonart Tsing Tse. Brausend erscholl die Karussellmusik. Aber innen im Herzen saß Angst, das Herz wollte nicht sterben, das Herz haßte den Tod.
Plötzlich klirrte eine zweite Musik wütend in die Nacht, schrill, hitzig, aus dem Hause her. Im Erdgeschoß, neben dem Kamin, dessen Gesimse voll schön geordneter Weinflaschen stand, knallte ein Maschinengewehr los, Maschinengewehr, wild, scheltend, überstürzt. Leid schrie aus verstimmten Tönen, Rhythmus bog mit schwerer Dampfwalze stöhnende Dissonanzen nieder. Volk war da, Licht, Lärm, Burschen tanzten und Mädchen, auch die hinkende Magd, auch Thu Fu. Er tanzte mit dem blonden kleinen Mädchen, Klingsor sah zu, leicht und hold wehte ihr kurzes Sommerkleid um die dünnen schönen Beine, freundlich lächelte Thu Fus Gesicht, voll Liebe. An der Kaminecke saßen die andern, vom Garten hereingekommen, nah bei der Musik, mitten im Lärm. Klingsor sah Töne, hörte Farben. Der Magier nahm Flaschen vom Kamin, öffnete, schenkte ein. Hell stand sein Lächeln auf dem braunen klugen Gesicht. Furchtbar donnerte die Musik im niedern Saal. In die Reihe der alten Flaschen überm Kamin brach der Armenier lang-

sam eine Bresche, wie ein Tempelräuber Kelch um Kelch die Geräte eines Altars wegnimmt.

„Du bist ein großer Künstler“, flüsterte der Sterndeuter Klingsor zu, indem er seine Tasse füllte. „Du bist einer der größten Künstler dieser Zeit. Du hast das Recht, dich Li Tai Po zu nennen. Aber du bist, Li Tai, du bist ein gehetzter, armer, ein gepeinigter und angstvoller Mensch. Du hast die Musik des Untergangs angestimmt, du sitzest singend in deinem brennenden Haus, das du selber angezündet hast, und es ist dir nicht wohl dabei. Li Tai Po, auch wenn du jeden Tag dreihundert Becher leerst und mit dem Monde anstößt. Es ist dir nicht wohl dabei, es ist dir sehr weh dabei, Sänger des Untergangs, willst du nicht innehalten? Willst du nicht leben? Willst du nicht fortdauern?“

Klingsor trank und flüsterte mit seiner etwas heisern Stimme zurück: „Kann man denn Schicksal wenden? Gibt es denn Freiheit des Wollens? Kannst denn du, Sterndeuter, meine Sterne anders lenken?“

„Nicht lenken, nur deuten kann ich sie. Lenken kannst nur du dich selbst. Es gibt Freiheit des Wollens. Sie heißt Magie.“

„Warum soll ich Magie treiben, wenn ich Kunst treiben kann? Ist Kunst nicht ebenso gut?“

„Alles ist gut. Nichts ist gut. Magie hebt Täuschungen auf. Magie hebt jene schlimmste Täuschung auf, die wir ‚Zeit‘ heißen.“

„Tut das Kunst nicht auch?“

„Sie versucht es. Ist dein gemalter Juli, den du in deinen Mappen hast, dir genug? Hast du Zeit aufgehoben? Bist du ohne Angst vor dem Herbst, vor dem Winter?“

Klingsor seufzte und schwieg, schweigend trank er, schweigend füllte der Magier seine Tasse. Irrsinnig tobte die entfesselte Klaviermaschine, zwischen den Tanzenden schwebte engelhaft Thu Fus Gesicht. Der Juli war zu Ende.

Klingsor spielte mit den leeren Flaschen auf dem Tische, ordnete sie im Kreise.

„Dies sind unsre Kanonen“, rief er, „mit diesen Kanonen schießen wir die Zeit kaputt, den Tod kaputt, das Elend kaputt. Auch mit Farben habe ich auf den Tod geschossen, mit dem feurigen Grün, mit dem knallenden Zinnober, mit dem süßen Geraniumlack. Oft habe ich ihn auf den Schädel

getroffen, Weiß und Blau habe ich ihm ins Auge gejagt. Oft habe ich ihn in die Flucht geschlagen. Noch oft werde ich ihn treffen, ihn besiegen, ihn überlisten. Seht den Armenier, wieder öffnet er eine alte Flasche, und die eingeschlossene Sonne vergangener Sommer schießt uns ins Blut. Auch der Armenier hilft uns, auf den Tod zu schießen, auch der Armenier weiß keine andere Waffe gegen den Tod."
Der Magier brach Brot und aß.
„Gegen den Tod brauche ich keine Waffe, weil es keinen Tod gibt. Es gibt aber eines: Angst vor dem Tode. Die kann man heilen, gegen die gibt es eine Waffe. Es ist die Sache einer Stunde, die Angst zu überwinden. Aber Li Tai Po will nicht. Li liebt ja den Tod, er liebt ja seine Angst vor dem Tode, seine Schwermut, sein Elend, nur die Angst hat ihn ja all das gelehrt, was er kann und wofür wir ihn lieben."
Spöttisch stieß er an, seine Zähne blitzten, immer heiterer ward sein Gesicht, Leid schien ihm fremd. Niemand gab Antwort. Klingsor schoß mit der Weinkanone gegen den Tod. Groß stand der Tod vor den offenen Türen des Saales, der von Menschen, Wein und Tanzmusik geschwollen war. Groß stand der Tod vor den Türen, leise rüttelte er am schwarzen Akazienbaum, finster stand er im Garten auf der Lauer. Alles war draußen voll Tod, voll von Tod, nur hier im engen schallenden Saal ward noch gekämpft, ward noch herrlich und tapfer gekämpft gegen den schwarzen Belagerer, der nah durch die Fenster greinte.
Spöttisch blickte der Magier über den Tisch, spöttisch schenkte er die Schalen voll. Viele Schalen schon hatte Klingsor zerbrochen, neue hatte er ihm gegeben. Viel hatte auch der Armenier getrunken, aber aufrecht saß er wie Klingsor.
„Laß uns trinken, Li", höhnte er leise. „Du liebst ja den Tod, gerne willst du ja untergehen, gerne den Tod sterben. Sagtest du nicht so, oder habe ich mich getäuscht – oder hast du mich und dich selber am Ende getäuscht? Laß uns trinken, Li, laß uns untergehen!"
Zorn quoll in Klingsor empor. Auf stand er, stand aufrecht und hoch, der alte Sperber mit dem scharfen Kopf, spie in den Wein, zerschmiß seine volle Tasse am Boden. Weithin spritzte der rote Wein in den Saal, die Freunde wurden bleich, fremde Menschen lachten.

Aber schweigend und lächelnd holte der Magier eine neue Tasse, schenkte sie lächelnd voll, bot sie lächelnd Li Tai an. Da lächelte Li, da lächelte auch er. Über sein verzerrtes Gesicht lief das Lächeln wie Mondlicht.
„Kinder", rief er, „laßt diesen Fremdling reden! Er weiß viel, der alte Fuchs, er kommt aus einem versteckten und tiefen Bau. Er weiß viel, aber er versteht uns nicht. Er ist zu alt, um Kinder zu verstehen. Er ist zu weise, um Narren zu verstehen. Wir, wir Sterbenden, wissen mehr vom Tode als er. Wir sind Menschen, nicht Sterne. Seht da meine Hand, die eine kleine blaue Schale voll Wein hält! Sie kann viel, diese Hand, diese braune Hand. Sie hat mit vielen Pinseln gemalt, sie hat neue Stücke der Welt aus dem Finstern gerissen und vor die Augen der Menschen gestellt. Diese braune Hand hat viele Frauen unterm Kinn gestreichelt, und hat viele Mädchen verführt, viel ist sie geküßt worden, Tränen sind auf sie gefallen, ein Gedicht hat Thu Fu auf sie gedichtet. Diese liebe Hand, Freunde, wird bald voll Erde und voll Maden sein, keiner von euch würde sie mehr anrühren. Wohl, eben darum liebe ich sie. Ich liebe meine Hand, ich liebe meine Augen, ich liebe meinen weißen, zärtlichen Bauch, ich liebe sie mit Bedauern und mit Spott und mit großer Zärtlichkeit, weil sie alle so bald verwelken und verfaulen müssen. Schatten, du dunkler Freund, alter Zinnsoldat auf dem Grabe Andersens, auch dir ergeht es so, lieber Kerl! Stoß mit mir an, unsre lieben Glieder und Eingeweide sollen leben!"
Sie stießen an, dunkel lächelte der Schatten aus seinen tiefen Höhlenaugen – und plötzlich ging etwas durch den Saal, wie ein Wind, wie ein Geist. Verstummt war unversehens die Musik, plötzlich, wie erloschen, weggeflossen waren die Tänzer, von der Nacht verschlungen, und die Hälfte der Lichter war verlöscht. Klingsor blickte nach den schwarzen Türen. Draußen stand der Tod. Er sah ihn stehen. Er roch ihn. Wie Regentropfen in Landstraßenlaub, so roch der Tod.
Da rückte Li die Schale von sich weg, stieß den Stuhl von sich und ging langsam aus dem Saal, in den dunklen Garten hinaus und fort, im Finstern, Wetterleuchten überm Haupt, allein. Schwer lag ihm das Herz in der Brust, wie der Stein auf einem Grab.

Abend im August

Im sinkenden Abend kam Klingsor – er hatte den Nachmittag in Sonne und Wind bei Manuzzo und Veglia gemalt – sehr müde im Wald über Veglia zu einem kleinen, schlafenden Canvetto. Es gelang ihm, eine greise Wirtsfrau herbeizurufen, sie brachte ihm eine irdene Tasse voll Wein, er setzte sich auf einen Nußbaumstumpf vor der Tür und packte den Rucksack aus, fand noch ein Stück Käse und einige Pflaumen darin, und hielt sein Nachtmahl. Die alte Frau saß dabei, weiß, gebückt und zahnlos, und erzählte mit faltig arbeitendem Halse und stillgewordenen alten Augen vom Leben ihres Weilers und ihrer Familie, vom Krieg und der Teuerung und vom Stand der Felder, von Wein und Milch und was sie kosten, von gestorbenen Enkeln und ausgewanderten Söhnen; alle Lebenszeiten und Sternbilder dieses kleinen Bauernlebens lagen klar und freundlich ausgebreitet, rauh in dürftiger Schönheit, voll Freude und Sorge, voll Angst und Leben. Klingsor aß, trank, ruhte, hörte zu, fragte nach Kindern und Vieh, Pfarrer und Bischof, lobte freundlich den ärmlichen Wein, bot eine letzte Pflaume an, gab die Hand, wünschte eine glückliche Nacht und stieg, am Stock und mit dem Sack beschwert, langsam in den lichten Wald bergaufwärts, dem Nachtlager entgegen.

Es war die spätgoldene Stunde, noch glühte Licht des Tages überall, doch gewann der Mond schon Schimmer, und erste Fledermäuse schwammen in der grünen Flimmerluft. Ein Waldrand stand sanft im letzten Licht, helle Kastanienstämme vor schwarzen Schatten, eine gelbe Hütte strahlte leise das eingesogene Tageslicht von sich, sanftglühend wie ein gelber Topas, rosenrot und violett führten die kleinen Wege durch Wiesen, Reben und Wald, da und dort schon ein gelber Akazienzweig, der Westhimmel golden und grün über sammetblauen Bergen.

Oh, jetzt noch arbeiten zu können, in der letzten, verzauberten Viertelstunde des reifen Sommertages, der nie wiederkam! Wie namenlos schön war alles jetzt, wie ruhig, gut und spendend, wie voll von Gott!

Klingsor setzte sich ins kühle Gras, griff mechanisch nach dem Bleistift und ließ die Hand lächelnd wieder sinken. Er war todmüde. Seine Finger betasteten das trockene Gras, die trockene mürbe Erde. Wie lange noch, dann war dies liebe erregende Spiel vorbei! Wie lange noch, dann hatte man Hand und Mund und Augen voll Erde! Thu Fu hatte ihm dieser Tage ein Gedicht gesandt, dessen erinnerte er sich und sagte es langsam vor sich hin:

„Vom Baum des Lebens fällt
Mir Blatt um Blatt.
O taumelbunte Welt,
Wie machst du satt,
Wie machst du satt und müd,
Wie machst du trunken!
Was heut noch glüht,
Ist bald versunken.
Bald klirrt der Wind
Über mein braunes Grab,
Über das kleine Kind
Beugt sich die Mutter herab.
Ihre Augen will ich wiedersehn,
Ihr Blick ist mein Stern,
Alles andre mag gehn und verwehn,
Alles stirbt, alles stirbt gern.
Nur die ewige Mutter bleibt,
Von der wir kamen,
Ihr spielender Finger schreibt
In die flüchtige Luft unsre Namen."

Nun, es war gut so. Wie viele hatte Klingsor noch von seinen zehn Leben? Drei? Zwei? Mehr als eines war es immer noch, immer noch mehr als ein braves, gewöhnliches Allerwelts- und Bürgerleben. Und viel hatte er getan, viel gesehen, viel Papier und Leinwand bemalt, viele Herzen in Liebe und Haß erregt, in Kunst und Leben viel Ärgernis und frischen Wind in die Welt gebracht. Viel Frauen hatte er geliebt, viele Traditionen und Heiligtümer zerstört, viel neue Dinge gewagt. Viele volle Becher hatte er leergesogen, viel Tage und Sternennächte geatmet, unter vielen Sonnen gebrannt, in vielen Wassern geschwommen. Nun saß er hier, in Italien oder Indien oder China, der Sommerwind stieß launisch in die Kastanienkronen, gut und vollkommen

war die Welt. Es war gleichgültig, ob er noch hundert Bilder malte oder zehn, ob er noch zwanzig Sommer lebte oder einen. Müde war er geworden, müde. Alles stirbt, alles stirbt gern. Braver Thu Fu!
Es war Zeit, nach Hause zu kommen. Er würde ins Zimmer wanken, vom Wind durch die Balkontür empfangen. Er würde Licht machen und seine Skizzen auspacken. Das Waldinnere mit dem vielen Chromgelb und Chinesischblau war vielleicht gut, es würde einmal ein Bild geben. Auf denn, es war Zeit.
Er blieb dennoch sitzen, den Wind im Haar, in der wehenden, beschmierten Leinenjacke, Lächeln und Weh im abendlichen Herzen. Weich und schlaff wehte der Wind, weich und lautlos taumelten die Fledermäuse im erlöschenden Himmel. Alles stirbt, alles stirbt gern. Nur die ewige Mutter bleibt.
Er konnte auch hier schlafen, wenigstens eine Stunde, es war ja warm. Er legte den Kopf auf den Rucksack und sah in den Himmel. Wie ist die Welt schön, wie macht sie satt und müd!
Schritte kamen den Berg herab, kräftig auf losen hölzernen Sohlen. Zwischen den Farnen und Ginstern erschien eine Gestalt, eine Frau, schon waren die Farben ihrer Kleider nicht mehr zu erkennen. Sie kam näher, in gesundem, gleichmäßigem Tritt. Klingsor sprang auf und rief guten Abend. Sie erschrak ein wenig und blieb einen Augenblick stehen. Er sah ihr ins Gesicht. Er kannte sie, er wußte nicht, woher. Sie war hübsch und dunkel, hell blitzten ihre schönen, festen Zähne.
„Sieh da!" rief er und gab ihr die Hand. Er spürte, daß ihn etwas mit dieser Frau verband, irgendeine kleine Erinnerung. „Kennt man sich noch?"
„Madonna! Ihr seid ja der Maler von Castagnetta! Habt Ihr mich noch gekannt?"
Ja, jetzt wußte er. Sie war eine Bauernfrau vom Tavernetal, bei ihrem Hause hatte er einst, in der schon so schattentiefen und verwirrten Vergangenheit dieses Sommers, einige Stunden gemalt, hatte Wasser an ihrem Brunnen geschöpft, eine Stunde im Schatten des Feigenbaumes geschlummert, und zum Schluß einen Becher Wein und einen Kuß von ihr bekommen.

„Ihr seid nie mehr wiedergekommen“, klagte sie. „Ihr hattet es mir doch so sehr versprochen.“
Mutwille und Herausforderung klangen in ihrer tiefen Stimme. Klingsor wurde lebendig.
„Ecco, desto besser, daß du nun zu mir gekommen bist! Was für ein Glück ich habe, grade jetzt, wo ich so allein und traurig war!“
„Traurig? Macht mir nichts vor, Herr, Ihr seid ein Spaßmacher, kein Wort darf man Euch glauben. Na, ich muß aber weiter.“
„Oh, dann begleite ich dich.“
„Es ist nicht Euer Weg und ist auch nicht nötig. Was soll mir passieren?“
„Dir nichts, aber mir. Wie leicht könnte einer kommen und dir gefallen und ginge mit dir und küßte deinen lieben Mund und deinen Hals und deine schöne Brust, ein andrer statt meiner. Nein, das darf nicht sein.“
Er hatte die Hand um ihren Nacken gelegt und ließ sie nicht mehr los.
„Stern, mein kleiner! Schatz! Meine kleine süße Pflaume! Beiß mich, sonst esse ich dich.“
Er küßte sie, die sich lachend zurückbog, auf den offnen, starken Mund, zwischen Sträuben und Widerreden gab sie nach, küßte wieder, schüttelte den Kopf, lachte, suchte sich freizumachen. Er hielt sie an sich gezogen, seinen Mund auf ihrem, seine Hand auf ihrer Brust, ihr Haar roch wie Sommer, nach Heu, Ginster, Farnkraut, Brombeeren. Einen Augenblick tief Atem schöpfend, bog er den Kopf zurück, da sah er am verglühten Himmel klein und weiß den ersten Stern aufgegangen. Die Frau schwieg, ihr Gesicht war ernst geworden, sie seufzte, sie legte ihre Hand auf seine und drückte sie fester um ihre Brust. Er bückte sich sanft, drückte ihr den Arm in die Kniekehlen, die nicht widerstrebten, und bettete sie ins Gras.
„Hast du mich lieb?“ fragte sie wie ein kleines Mädchen. „Povera me!“
Sie tranken den Becher, Wind strich über ihr Haar und nahm ihren Atem mit.
Ehe sie Abschied nahmen, suchte er im Rucksack, in seinen Rocktaschen, ob er ihr nichts zu schenken habe, fand eine

kleine silberne Taschendose, noch halb voll von Zigarettentabak, die leerte er aus und gab sie ihr.
„Nein, kein Geschenk, gewiß nicht!" versicherte er. „Nur ein Andenken, daß du mich nicht vergißt."
„Ich vergesse dich nicht", sagte sie. Und: „Kommst du wieder?"
Er wurde traurig. Langsam küßte er sie auf beide Augen. „Ich komme wieder", sagte er.
Noch eine Weile hörte er, regungslos stehend, ihre Schritte auf den Holzsohlen bergabwärts klingen, über den Wiesengrund, durch den Wald, auf Erde, auf Fels, auf Laub, auf Wurzeln. Nun war sie fort. Schwarz stand der Wald in der Nacht, lau strich der Wind über die erloschene Erde. Irgend etwas, vielleicht ein Pilz, vielleicht ein welkes Farnkraut, roch scharf und bitter nach Herbst.
Klingsor konnte sich nicht zur Heimkehr entschließen. Wozu jetzt den Berg hinaufsteigen, wozu in seine Zimmer zu all den Bildern gehen? Er streckte sich ins Gras und lag und sah die Sterne an, schlief endlich ein und schlief, bis spät in der Nacht ein Tierschrei oder ein Windstoß oder die Kühle des Taus ihn erweckte. Dann stieg er nach Castagnetta hinauf, fand sein Haus, seine Tür, seine Zimmer. Briefe lagen da und Blumen, es war Freundesbesuch dagewesen.
So müde er war, er packte doch, nach der alten, zähen Gewöhnung, in aller Nacht noch seine Sachen aus und sah beim Lampenlicht die Skizzenblätter des Tages an. Das Waldinnere war schön, Gekräut und Gestein im lichtdurchzuckten Schatten glänzte kühl und köstlich wie eine Schatzkammer. Es war richtig gewesen, daß er nur mit Chromgelb, Orange und Blau gearbeitet und das Zinnobergrün weggelassen hatte. Lange sah er das Blatt an.
Aber wozu? Wozu alle die Blätter voll Farbe? Wozu all die Mühe, all der Schweiß, all die kurze, trunkene Schaffenslust? Gab es Erlösung? Gab es Ruhe? Gab es Frieden?
Erschöpft sank er, kaum entkleidet, ins Bett, löschte das Licht, suchte nach Schlaf und summte leise die Verse Thu Fus vor sich hin:

„Bald klirrt der Wind
Über mein braunes Grab."

Klingsor schreibt an Louis den Grausamen

Caro Luigi! Lange hat man Deine Stimme nicht mehr gehört. Lebst Du noch im Lichte? Nagt schon der Geier Dein Gebein?

Hast Du einmal mit einer Stricknadel in einer stehengebliebenen Wanduhr gestochert? Ich tat es einmal, und habe es erlebt, daß plötzlich der Teufel in das Werk fuhr und die ganze vorhandene Zeit abrasselte, die Zeiger machten Wettrennen ums Zifferblatt, mit einem unheimlichen Geräusch drehten sie sich wahnsinnig fort, prestissimo, bis ebenso plötzlich alles abschnappte und die Uhr den Geist aufgab. Genau so ist es zur Zeit hier bei uns: Sonne und Mond rennen gehetzt wie Amokläufer über den Himmel, die Tage jagen sich, die Zeit läuft einem davon, wie durch ein Loch im Sack. Hoffentlich wird auch das Ende dann ein plötzliches sein und diese betrunkene Welt untergehen, statt wieder in ein bürgerliches Tempo zu fallen.

Die Tage über bin ich zu sehr beschäftigt, als daß ich etwas denken könnte (wie komisch das übrigens klingt, wenn man einen solchen sogenannten „Satz" einmal laut vor sich hinsagt: „als daß ich etwas denken könnte")! Aber am Abend fehlst Du mir oft. Ich sitze dann meistens irgendwo im Wald in einem der vielen Keller und trinke den beliebten Rotwein, der zwar meistens nicht gut ist, aber doch auch das Leben tragen hilft und den Schlaf befördert. Einige Male bin ich sogar am Tisch im Grotto eingeschlafen und habe unter dem Grinsen der Eingeborenen bewiesen, daß es mit meiner Neurasthenie doch nicht so schlimm stehen kann. Manchmal sind Freunde und Mädchen dabei, und man übt seine Finger am Plastizin weiblicher Glieder und spricht über Hüte und Absätze und die Kunst. Manchmal glückt es, daß eine gute Temperatur erreicht wird, dann schreien und lachen wir die ganze Nacht, und die Leute freuen sich, daß Klingsor so ein lustiger Bruder ist. Es gibt hier eine sehr hübsche Frau, die jedesmal, wenn ich sie sehe, heftig nach Dir fragt.

Die Kunst, die wir beide treiben, hängt, wie ein Professor sagen würde, noch immer zu eng am Gegenstand (wäre fein als Bilderrätsel darzustellen). Wir malen immer noch, wenn auch mit etwas freier Handschrift und für den Bourgeois

aufregend genug, die Dinge der „Wirklichkeit“: Menschen, Bäume, Jahrmärkte, Eisenbahnen, Landschaften. Darin fügen wir uns noch einer Konvention. „Wirklich“ nennt ja der Bürger die Dinge, die von allen oder doch vielen ähnlich wahrgenommen und beschrieben werden. Ich habe im Sinn, sobald dieser Sommer herum ist, eine Zeitlang nur noch Phantasien zu malen, namentlich Träume. Es wird darin zum Teil auch nach Deinem Sinn zugehen, nämlich wahnsinnig lustig und überraschend, etwa so wie in den Geschichten Collofinos des Hasenjägers vom Kölner Dom. Wenn ich auch fühle, daß der Boden unter mir etwas dünn geworden ist, und wenn ich auch im ganzen mich wenig nach weitern Jahren und Taten sehne, ich möchte doch immerhin noch einige heftige Raketen dieser Welt in den Rachen jagen. Ein Bilderkäufer schrieb mir kürzlich, er sehe mit Bewunderung, wie ich in meinen neuesten Arbeiten eine zweite Jugend erlebe. Etwas daran ist ja richtig. Zu malen habe ich eigentlich erst dies Jahr recht angefangen, scheint mir. Aber es ist weniger ein Frühling, was ich da erlebe, als eine Explosion. Erstaunlich, wie viel Dynamit in mir noch steckt; aber Dynamit läßt sich schlecht im Sparherd brennen.
Lieber Louis, schon oft habe ich mich im stillen darüber gefreut, daß wir zwei alten Wüstlinge im Grunde so rührend schamhaft sind und einander lieber die Gläser an den Kopf schmeißen, als etwas von unsern Gefühlen gegeneinander merken zu lassen. Möge es so bleiben, alter Igel!
Wir haben dieser Tage in jenem Grotto bei Barengo ein Fest mit Brot und Wein gefeiert, herrlich klang unser Gesang im hohen Wald in der Mitternacht, die alten römischen Lieder. Man braucht so wenig zum Glück, wenn man älter wird und an den Füßen zu frieren beginnt: acht bis zehn Stunden Arbeit am Tag, einen Liter Piemonteser, ein halbes Pfund Brot, eine Virginia, ein paar Freundinnen, und allerdings Wärme und gutes Wetter. Die haben wir, die Sonne funktioniert prachtvoll, mein Schädel ist verbrannt wie der einer Mumie.
An manchen Tagen habe ich das Gefühl, mein Leben und Arbeiten beginne eben erst, manchmal aber kommt es mir vor, ich habe achtzig Jahre schwer gearbeitet und habe bald einen Anspruch auf Ruhe und Feierabend. Jeder kommt

einmal an ein Ende, mein Louis, auch ich, auch Du. Weiß Gott, was ich Dir da schreibe, man sieht, daß ich etwas unwohl bin. Es sind wohl Hypochondrien, ich habe viel Augenschmerzen, und manchmal verfolgt mich die Erinnerung an eine Abhandlung über Netzhautablösung, die ich vor Jahren gelesen habe.

Wenn ich durch meine Balkontür hinuntersehe, die Du kennst, dann wird mir klar, daß wir noch eine gute Weile fleißig sein müssen. Die Welt ist unsäglich schön und mannigfaltig, durch diese grüne hohe Tür läutet sie Tag und Nacht zu mir herauf und schreit und fordert, und immer wieder renne ich hinaus und reiße ein Stück davon an mich, ein winziges Stück. Die grüne Gegend hier ist durch den trocknen Sommer jetzt wunderbar licht und rötlich geworden, ich hätte nie gedacht, daß ich wieder zu Englischrot und Siena greifen würde. Dann steht der ganze Herbst bevor, Stoppelfelder, Weinlese, Maisernte, rote Wälder. Ich werde das alles noch einmal mitmachen, Tag für Tag, und noch einige hundert Studien malen. Dann aber, das fühle ich, werde ich den Weg nach innen gehen und noch einmal, wie ich es als junger Kerl eine Weile tat, ganz aus der Erinnerung und Phantasie malen, Gedichte machen und Träume spinnen. Auch das muß sein.

Ein großer Pariser Maler, den ein junger Künstler um Ratschläge bat, hat ihm gesagt: „Junger Mann, wenn Sie ein Maler werden wollen, so vergessen Sie nicht, daß man vor allem gut essen muß. Zweitens ist die Verdauung wichtig, sorgen Sie für einen regelmäßigen Stuhlgang! Und drittens: halten Sie sich stets eine hübsche kleine Freundin!" Ja, man sollte meinen, diese Anfänge der Kunst habe ich gelernt, und es könne mir hierin eigentlich kaum fehlen. Aber dies Jahr, es ist verflucht, stimmt es bei mir auch in diesen einfachen Dingen nicht mehr recht. Ich esse wenig und schlecht, oft ganze Tage nur Brot, ich habe zuzeiten mit dem Magen zu tun (ich sage Dir: das Unnützeste, was man zu tun haben kann!), und ich habe auch keine richtige kleine Freundin, sondern habe mit vier, fünf Frauen zu tun und bin ebensooft erschöpft wie hungrig. Es fehlt etwas am Uhrwerk, und seit ich mit der Nadel hineingestochen habe, läuft es zwar wieder, aber rasch wie der Satan, und rasselt so unvertraut dabei. Wie einfach ist das Leben, wenn man gesund ist! Du hast noch nie einen so langen Brief von mir bekommen, außer vielleicht damals in der Zeit, wo wir über die Palette disputierten. Ich will aufhören, es geht gegen fünf Uhr, das schöne Licht fängt an. Sei gegrüßt von Deinem

Klingsor

Nachschrift:
Ich erinnere mich, daß Du ein kleines Bild von mir gern hattest, das am meisten chinesische, das ich gemacht habe, mit der Hütte, dem roten Weg, den veronesergrünen Zakkenbäumen und der fernen Spielzeugstadt im Hintergrund. Ich kann es jetzt nicht schicken, weiß auch nicht, wo Du bist. Aber es gehört Dir, das möchte ich Dir für alle Fälle sagen.

Klingsor schickt seinem Freunde Thu Fu ein Gedicht

(Aus den Tagen, in welchen er an seinem Selbstbildnis malte)

Trunken sitz ich des Nachts im durchwehten Gehölz,
An den singenden Zweigen hat Herbst genagt;
Murmelnd läuft in den Keller,
Meine leere Flasche zu füllen, der Wirt.

Morgen, morgen haut mir der bleiche Tod
Seine klirrende Sense ins rote Fleisch,
Lange schon auf der Lauer
Weiß ich ihn liegen, den grimmen Feind.

Ihn zu höhnen, sing ich die halbe Nacht,
Lalle mein trunkenes Lied in den müden Wald;
Seiner Drohung zu lachen
Ist meines Liedes und meines Trinkens Sinn.

Vieles tat und erlitt ich, Wandrer auf langem Weg,
Nun am Abend sitz ich, trinke und warte bang,
Bis die blitzende Sichel
Mir das Haupt vom zuckenden Herzen trennt.

Das Selbstbildnis

In den ersten Septembertagen, nach vielen Wochen einer ungewöhnlichen trocknen Sonnenglut, gab es einige Regentage. In diesen Tagen malte Klingsor, in dem hochfenstrigen Saal seines Palazzos in Castagnetta, sein Selbstporträt, das jetzt in Frankfurt hängt.

Dies furchtbare und doch so zauberhaft schöne Bild, sein letztes ganz zu Ende geführtes Werk, steht am Ende der Arbeit jenes Sommers, am Ende einer unerhört glühenden, rasenden Arbeitszeit, als deren Gipfel und Krönung. Vielen ist es aufgefallen, daß jeder, der Klingsor kannte, ihn auf diesem Bilde sofort und unfehlbar wiedererkannte, obwohl niemals ein Bildnis sich so weit von jeder naturalistischen Ähnlichkeit entfernte.

Wie alle späteren Werke Klingsors, so kann man auch dies Selbstbildnis aus den verschiedensten Standpunkten betrachten. Für manche, zumal solche, die den Maler nicht kannten, ist das Bild vor allem ein Farbenkonzert, ein wunderbar gestimmter, trotz aller Buntheit still und edel wirkender Teppich. Andre sehen darin einen letzten kühnen, ja verzweifelten Versuch zur Befreiung vom Gegenständlichen: ein Antlitz wie eine Landschaft gemalt, Haare an Laub und Baumrinde erinnernd, Augenhöhlen wie Felsspalten – sie sagen, dies Bild erinnere an die Natur nur so wie mancher Bergrücken an ein Menschengesicht, mancher Baumast an Hände und Beine erinnert, nur von ferne her, nur gleichnishaft. Viele aber sehen im Gegenteil gerade in diesem Werk nur den Gegenstand, das Gesicht Klingsors, von ihm selbst mit unerbittlicher Psychologie zerlegt und gedeutet, eine riesige Konfession, ein rücksichtsloses, schreiendes, rührendes, erschreckendes Bekenntnis. Noch andere, und darunter einige seiner erbittertsten Gegner, sehen in diesem Bildnis lediglich ein Produkt und Zeichen von Klingsors angeblichem Wahnsinn. Sie vergleichen den Kopf des Bildes mit dem naturalistisch gesehenen Original, mit Photographien, und finden in den Deformationen und Übertreibungen der Formen negerhafte, entartete, atavistische, tierische Züge. Manche von diesen halten sich auch über das Götzenhafte und Phantastische dieses Bildes auf, sehen eine Art von monomanischer Selbstanbetung darin, eine Blasphemie und Selbstverherrlichung, eine Art von religiösem Größenwahn. Alle diese Arten der Betrachtung sind möglich und noch viele andere.

Während der Tage, die er an diesem Bilde malte, ging Klingsor nicht aus, außer des Nachts zum Wein, aß nur Brot und Obst, das ihm die Hauswirtin brachte, blieb unrasiert und sah mit den unter der verbrannten Stirn tief eingesunkenen Augen in dieser Verwahrlosung in der Tat erschreckend aus. Er malte sitzend und auswendig, nur von Zeit zu Zeit, fast nur in den Arbeitspausen, ging er zu dem großen, altmodischen, mit Rosenranken bemalten Spiegel an der Nordwand, streckte den Kopf vor, riß die Augen auf, schnitt Gesichter.

Viele, viele Gesichter sah er hinter dem Klingsor-Gesicht im großen Spiegel zwischen den dummen Rosenranken, viele Gesichter malte er in sein Gesicht hinein: Kindergesichter süß und erstaunt, Jünglingsschläfen voll Traum und Glut, spöttische Trinkeraugen, Lippen eines Dürstenden, eines Verfolgten, eines Leidenden, eines Suchenden, eines Wüstlings, eines enfant perdu. Den Kopf aber baute er majestätisch und brutal, einen Urwaldgötzen, einen in sich verliebten, eifersüchtigen Jehova, einen Popanz, vor dem man Erstlinge und Jungfrauen opfert. Dies waren einige seiner Gesichter. Ein andres war das des Verfallenden, des Untergehenden, des mit seinem Untergang Einverstandenen: Moos wuchs auf seinem Schädel, schief standen die alten Zähne, Risse durchzogen die welke Haut, und in den Rissen stand Schorf und Schimmel. Das ist es, was einige Freunde an dem Bilde besonders lieben. Sie sagen: es ist der Mensch, ecce homo, der müde, gierige, wilde, kindliche und raffinierte Mensch unsrer späten Zeit, der sterbende, sterben wollende Europamensch: von jeder Sehnsucht verfeinert, von jedem Laster krank, vom Wissen um seinen Untergang enthusiastisch beseelt, zu jedem Fortschritt bereit, zu jedem Rückschritt reif, ganz Glut und auch ganz Müdigkeit, dem Schicksal und dem Schmerz ergeben wie der Morphinist dem Gift, vereinsamt, ausgehöhlt, uralt, Faust zugleich und Karamasow, Tier und Weiser, ganz entblößt, ganz ohne Ehrgeiz, ganz nackt, voll von Kinderangst vor dem Tode und voll von müder Bereitschaft, ihn zu sterben.

Und noch weiter, noch tiefer hinter all diesen Gesichtern schliefen fernere, tiefere, ältere Gesichter, vormenschliche, tierische, pflanzliche, steinerne, so als erinnere sich der letzte Mensch auf Erden im Augenblick vor dem Tode nochmals traumschnell an alle Gestaltungen seiner Vorzeit und Weltenjugend.

In diesen rasend gespannten Tagen lebte Klingsor wie ein Ekstatiker. Nachts füllte er sich schwer mit Wein und stand dann, die Kerze in der Hand, vor dem alten Spiegel, betrachtete das Gesicht im Glas, das schwermütig grinsende Gesicht des Säufers. Den einen Abend hatte er eine Geliebte bei sich, auf dem Diwan im Studio, und während er sie nackt an sich gedrückt hielt, starrte er über ihre Schulter weg in den Spiegel, sah neben ihrem aufgelösten Haar sein verzerrtes Gesicht, voll Wollust und voll Ekel vor der Wollust, mit geröteten Augen. Er hieß sie morgen wiederkommen, aber Grauen hatte sie gefaßt, sie kam nicht wieder.

Nachts schlief er wenig. Oft erwachte er aus angstvollen Träumen, Schweiß im Gesicht, wild und lebensmüde, und sprang doch alsbald auf, starrte in den Schrankspiegel, las die wüste Landschaft dieser verstörten Züge ab, düster, haßvoll, oder lächelnd, wie schadenfroh. Er hatte einen Traum, in dem sah er sich selbst, wie er gefoltert wurde, in die Augen wurden Nägel geschlagen, die Nase mit Haken aufgerissen; und er zeichnete dies gefolterte Gesicht, mit den Nägeln in den Augen, mit Kohle auf einen Buchdeckel, der ihm zur Hand lag; wir fanden das seltsame Blatt nach seinem Tode. Von einem Anfall von Gesichtsneuralgien befallen, hing er krumm über die Lehne eines Stuhles, lachte und schrie vor Pein und hielt sein entstelltes Gesicht vor das Glas des Spiegels, betrachtete die Zuckungen, verhöhnte die Tränen.

Und nicht sein Gesicht allein, oder seine tausend Gesichter, malte er auf dies Bild, nicht bloß seine Augen und Lippen, die leidvolle Talschlucht des Mundes, den gespaltenen Felsen der Stirn, die wurzelhaften Hände, die zuckenden Finger, den Hohn des Verstandes, den Tod im Auge. Er malte, in seiner eigenwilligen, überfüllten, gedrängten und zukkenden Pinselschrift sein Leben dazu, seine Liebe, seinen Glauben, seine Verzweiflung. Scharen nackter Frauen malte er mit, im Sturm vorbeigetrieben wie Vögel, Schlachtopfer vor dem Götzen Klingsor, und einen Jüngling mit dem Gesicht des Selbstmörders, ferne Tempel und Wälder, einen alten bärtigen Gott, mächtig und dumm, eine Frauenbrust, vom Dolch gespalten, Schmetterlinge mit Gesichtern auf den Flügeln, und zuhinterst im Bilde, am Rande des Chaos den Tod, ein graues Gespenst, der mit einem Speer, klein wie eine Nadel, in das Gehirn des gemalten Klingsor stach.

Wenn er stundenlang gemalt hatte, trieb Unruhe ihn auf, rastlos lief er und flackernd durch sein Zimmer, die Türen wehten hinter ihm, riß Flaschen aus dem Schrank, riß Bücher aus den Schäften, Teppiche von den Tischen, lag lesend am Boden, lehnte sich tief atmend aus den Fenstern, suchte alte Zeichnungen und Photographien und füllte Böden und Tische und Betten und Stühle aller Zimmer mit Papieren, Bildern, Büchern, Briefen an. Alles wehte wirr und traurig durcheinander, wenn der Regenwind durch die Fenster kam. Er fand sein Kinderbildnis unter alten Sachen, Lichtbild aus seinem vierten Jahr, in einem weißen Sommeranzug, unterm weißlich hellblonden Haar ein süßtrotziges Knabengesicht. Er fand die Bilder seiner Eltern, Photographien von Jugendgeliebten. Alles beschäftigte, reizte, spannte, quälte ihn, riß ihn hin und her, alles riß er an sich, warf es wieder hin, bis er wieder davon zuckte, über seiner Holztafel hing und weitermalte. Tiefer zog er die Furchen durch das Geklüft seines Bildnisses, breiter baute er den Tempel seines Lebens auf, mächtiger sprach er die Ewigkeit jedes Daseins aus, schluchzender seine Vergänglichkeit, holder sein lächelndes Gleichnis, höhnischer seine Verurteilung zur Verwesung. Dann sprang er wieder auf, gejagter Hirsch, und lief den Trab des Gefangenen durch seine Zimmer. Freude durchzuckte ihn und tiefe Schöpfungswonne wie ein feuchtes frohlockendes Gewitter, bis Schmerz ihn wieder zu Boden warf und ihm die Scherben seines Lebens und seiner Kunst ins Gesicht schmiß. Er betete vor seinem Bild, und er spie es an. Er war irrsinnig, wie jeder Schöpfer irrsinnig ist. Aber er tat im Irrsinn des Schaffens unfehlbar klug wie ein Nachtwandler alles, was sein Werk förderte. Er fühlte gläubig, daß in diesem grausamen Kampf um sein Bildnis nicht nur Geschick und Rechenschaft eines einzelnen sich vollziehe, sondern Menschliches, sondern Allgemeines, Notwendiges. Er fühlte, nun stand er wieder vor einer Aufgabe, vor einem Schicksal, und alle vorhergegangene Angst und Flucht und aller Rausch und Taumel waren nur Angst und Flucht vor dieser seiner Aufgabe gewesen. Nun gab es nicht Angst noch Flucht mehr, nur noch Vorwärts, nur noch Hieb und Stich, Sieg und Untergang. Er siegte, und er ging unter, und litt und lachte und biß sich durch, tötete und starb, gebar und wurde geboren.

Ein französischer Maler wollte ihn besuchen, die Wirtin führte ihn ins Vorzimmer, Unordnung und Schmutz grinsten im überfüllten Raum. Klingsor kam, Farbe an den Ärmeln, Farbe im Gesicht, grau, unrasiert, mit langen Schritten rannte er durch den Raum. Der Fremde brachte Grüße aus Paris und Genf, sprach seine Verehrung aus. Klingsor ging auf und ab, schien nicht zu hören. Verlegen schwieg der Gast und begann sich zurückzuziehen, da trat Klingsor zu ihm, legte ihm die farbenbedeckte Hand auf die Schulter, sah ihm nah ins Auge. „Danke", sagte er langsam, mühsam, „danke, lieber Freund. Ich arbeite, ich kann nicht sprechen. Man spricht zu viel, immer. Seien Sie mir nicht böse, und grüßen Sie mir meine Freunde, sagen Sie ihnen, daß ich sie liebe." Und verschwand wieder ins andere Zimmer.

Das fertige Bild stellte er, am Ende dieser gepeitschten Tage, in die unbenützte leere Küche und schloß ab. Er hat es nie gezeigt. Dann nahm er Veronal und schlief einen Tag und eine Nacht hindurch. Dann wusch er sich, rasierte sich, legte neue Wäsche und Kleider an, fuhr zur Stadt und kaufte Obst und Zigaretten, um sie Gina zu schenken.

Klein und Wagner

1

Im Schnellzug, nach den raschen Handlungen und Aufregungen der Flucht und der Grenzüberschreitung, nach einem Wirbel von Spannungen und Ereignissen, Aufregungen und Gefahren, noch tief erstaunt darüber, daß alles gutgegangen war, sank Friedrich Klein ganz und gar in sich zusammen. Der Zug fuhr mit seltsamer Geschäftigkeit – nun wo doch keine Eile mehr war – nach Süden und riß die wenigen Reisenden eilig an Seen, Bergen, Wasserfällen und andern Naturwundern vorüber, durch betäubende Tunnels und über sanft schwankende Brücken, alles fremdartig, schön und etwas sinnlos, Bilder aus Schulbüchern und aus Ansichtskarten, Landschaften, die man sich erinnert einmal gesehen zu haben, und die einen doch nichts angehen. Dieses war nun die Fremde, und hierher gehörte er nun, nach Hause gab es keine Rückkehr. Das mit dem Geld war in Ordnung, es war da, er hatte es bei sich, alle die Tausenderscheine, und trug es jetzt wieder in der Brusttasche verwahrt.

Den Gedanken, daß ihm jetzt nichts mehr geschehen könne, daß er jenseits der Grenze und durch seinen falschen Paß vorläufig vor aller Verfolgung gesichert sei, diesen angenehmen und beruhigenden Gedanken zog er zwar immer wieder hervor, voll Verlangen, sich an ihm zu wärmen und zu sättigen; aber dieser hübsche Gedanke war wie ein toter Vogel, dem ein Kind in die Flügel bläst. Er lebte nicht, er tat kein Auge auf, er fiel einem wie Blei aus der Hand, er gab keine Lust, keinen Glanz, keine Freude her. Es war seltsam, es war ihm dieser Tage schon mehrmals aufgefallen: er konnte durchaus nicht denken, an was er wollte, er hatte keine Verfügung über seine Gedanken, sie liefen wie sie wollten, und sie verweilten trotz seinem Sträuben

mit Vorliebe bei Vorstellungen, die ihn quälten. Es war, als sei sein Gehirn ein Kaleidoskop, in dem der Wechsel der Bilder von einer fremden Hand geleitet wurde. Vielleicht war es nur die lange Schlaflosigkeit und Erregung, er war ja auch schon längere Zeit nervös. Jedenfalls war es häßlich, und wenn es nicht bald gelang, wieder etwas Ruhe und Freude zu finden, war es zum Verzweifeln.
Friedrich Klein tastete nach dem Revolver in seiner Manteltasche. Das war auch so ein Stück, dieser Revolver, das zu seiner neuen Ausrüstung und Rolle und Maske gehörte. Wie war es im Grunde lästig und ekelhaft, all das mit sich zu schleppen und bis in den dünnen, vergifteten Schlaf hinein bei sich zu tragen, ein Verbrechen, gefälschte Papiere, heimlich eingenähtes Geld, den Revolver, den falschen Namen. Es schmeckte so nach Räubergeschichten, nach einer schlechten Romantik, und es paßte alles so gar nicht zu ihm, zu Klein, dem guten Kerl. Es war lästig und ekelhaft, und nichts von Aufatmen und Befreiung dabei, wie er es erhofft hatte.
Mein Gott, warum hatte er eigentlich das alles auf sich genommen, er, ein Mann von fast vierzig Jahren, als braver Beamter und stiller harmloser Bürger mit gelehrten Neigungen bekannt, Vater von lieben Kindern? Warum? Er fühlte: ein Trieb mußte dagewesen sein, ein Zwang und Drang von genügender Stärke, um einen Mann wie ihn zu dem Unmöglichen zu bewegen – und erst wenn er das wußte, wenn er diesen Zwang und Trieb kannte, wenn er wieder Ordnung in sich hatte, erst dann war etwas wie Aufatmen möglich.
Heftig setzte er sich aufrecht, drückte die Schläfen mit den Daumen und gab sich Mühe zu denken. Es ging schlecht, sein Kopf war wie von Glas, und ausgehöhlt von Aufregungen, Ermüdung und Mangel an Schlaf. Aber es half nichts, er mußte nachdenken. Er mußte suchen, und mußte finden, er mußte wieder einen Mittelpunkt in sich wissen und sich selber einigermaßen kennen und verstehen. Sonst war das Leben nicht mehr zu ertragen.
Mühsam suchte er die Erinnerungen dieser Tage zusammen, wie man kleine Porzellanscherben mit einer Pinzette zusammenpickt, um den Bruch an einer alten Dose wieder zu kitten. Es waren lauter kleine Splitter, keiner hatte Zu-

sammenhang mit den andern, keiner deutete durch Struktur und Farbe aufs Ganze. Was für Erinnerungen! Er sah eine kleine blaue Schachtel, aus der er mit zitternder Hand das Amtssiegel seines Chefs herausnahm. Er sah den alten Mann an der Kasse, der ihm seinen Scheck mit braunen und blauen Banknoten ausbezahlte. Er sah eine Telephonzelle, wo er sich, während er ins Rohr sprach, mit der linken Hand gegen die Wand stemmte, um aufrecht zu bleiben. Vielmehr er sah nicht sich, er sah einen Menschen dies alles tun, einen fremden Menschen, der Klein hieß und nicht er war. Er sah diesen Menschen Briefe verbrennen, Briefe schreiben. Er sah ihn in einem Restaurant essen. Er sah ihn – nein, das war kein Fremder, das war er, das war Friedrich Klein selbst! – nachts über das Bett eines schlafenden Kindes gebückt. Nein, das war er selbst gewesen! Wie weh das tat, auch jetzt wieder in der Erinnerung! Wie weh das tat, das Gesicht des schlafenden Kindes zu sehen und seine Atemzüge zu hören und zu wissen: nie mehr würde man diese lieben Augen offen sehen, nie mehr diesen kleinen Mund lachen und essen sehen, nie mehr von ihm geküßt werden. Wie weh das tat! Warum tat jener Mensch Klein sich selber so weh!

Er gab es auf, die kleinen Scherben zusammenzusetzen. Der Zug hielt, ein fremder großer Bahnhof lag da, Türen schlugen, Koffer schwankten am Wagenfenster vorüber, Papierschilder blau und gelb riefen laut: Hotel Milano – Hotel Kontinental! Mußte er darauf achten? War es wichtig? War eine Gefahr? Er schloß die Augen und sank eine Minute lang in Betäubung, schreckte sofort wieder auf, riß die Augen weit auf, spielte den Wachsamen. Wo war er? Der Bahnhof war noch da. Halt – wie heiße ich? Zum tausendstenmal machte er die Probe. Also: Wie heiße ich? Klein. Nein, zum Teufel! Fort mit Klein, Klein existierte nicht mehr. Er tastete nach der Brusttasche, wo der Paß steckte.

Wie war das alles ermüdend! Überhaupt – wenn man wüßte, wie wahnsinnig mühsam es ist, ein Verbrecher zu sein – –! Er ballte die Hände vor Anstrengung. Das alles hier ging ihn ja gar nichts an, Hotel Milano, Bahnhof, Kofferträger, das alles konnte er ruhig weglassen – nein, es handelte sich um anderes, um Wichtiges. Um was? Im Halbschlummer, der Zug fuhr schon wieder, kam er zu seinen Gedanken zurück. Es war ja so wichtig, es handelte sich ja darum, ob das Leben noch länger zu ertragen sein würde. Oder – war es nicht einfacher, dem ganzen ermüdenden Unsinn ein Ende zu machen? Hatte er denn nicht Gift bei sich? Das Opium? – Ach nein, er erinnerte sich, das Gift hatte er ja nicht bekommen. Aber er hatte den Revolver. Ja richtig. Sehr gut. Ausgezeichnet.

„Sehr gut“ und „ausgezeichnet“ sagte er laut vor sich hin und fügte mehr solche Worte hinzu. Plötzlich hörte er sich sprechen, erschrak, sah in der Fensterscheibe sein entstelltes Gesicht gespiegelt, fremd, fratzenhaft und traurig. Mein Gott, schrie er in sich hinein, mein Gott! Was tun? Wozu noch leben? Mit der Stirn in dies bleiche Fratzenbild hinein, sich in diese trübe blöde Scheibe stürzen, sich ins Glas verbeißen, sich am Glase den Hals abschneiden. Mit dem Kopf auf die Bahnschwelle schlagen, dumpf und dröhnend, von den Rädern der vielen Wagen aufgewickelt werden, alles zusammen, Därme und Hirn, Knochen und Herz, auch die Augen – und auf den Schienen zerrieben, zu Nichts gemacht, ausradiert. Dies war das einzige, was noch zu wünschen war, was noch Sinn hatte.

Während er verzweifelt in sein Spiegelbild starrte, mit der Nase ans Glas stieß, schlief er wieder ein. Vielleicht Sekunden, vielleicht Stunden. Hin und her schlug sein Kopf, er öffnete die Augen nicht.

Er erwachte aus einem Traum, dessen letztes Stück ihm im Gedächtnis blieb. Er saß, so träumte ihm, vorn auf einem Automobil, das fuhr rasch und ziemlich waghalsig durch eine Stadt, bergauf und -ab. Neben ihm saß jemand, der den Wagen lenkte. Dem gab er im Traum einen Stoß in den Bauch, riß ihm das Steuerrad aus den Händen und steuerte nun selber, wild und beklemmend über Stock und Stein, knapp an Pferden und an Schaufenstern vorbei, an Bäume streifend, daß ihm Funken vor den Augen stoben.

Aus diesem Traum erwachte er. Sein Kopf war freier geworden. Er lächelte über die Traumbilder. Der Stoß in den Bauch war gut, er empfand ihn freudig nach. Nun begann er den Traum zu rekonstruieren und über ihn nachzudenken. Wie das an den Bäumen vorbei gepfiffen hatte! Vielleicht kam es von der Eisenbahnfahrt? Aber das Steuern war, bei aller Gefahr, doch eine Lust gewesen, ein Glück, eine Erlösung! Ja, es war besser, selber zu steuern und dabei in Scherben zu gehen, als immer von einem andern gefahren und gelenkt zu werden.

Aber – wem hatte er eigentlich im Traum diesen Stoß gegeben? Wer war der fremde Chauffeur, wer war neben ihm am Steuer des Automobils gesessen? Er konnte sich an kein Gesicht, an keine Figur erinnern – nur an ein Gefühl, eine vage dunkle Stimmung . . . Wer konnte es gewesen sein? Jemand, den er verehrte, dem er Macht über sein Leben einräumte, den er über sich duldete, und den er doch heimlich haßte, dem er doch schließlich den Tritt in den Bauch gab! Vielleicht sein Vater? Oder einer seiner Vorgesetzten? Oder – oder war es am Ende –?

Klein riß die Augen auf. Er hatte ein Ende des verlorenen Fadens gefunden. Er wußte alles wieder. Der Traum war vergessen. Es gab Wichtigeres. Jetzt wußte er! Jetzt begann er zu wissen, zu ahnen, zu schmecken, warum er hier im Schnellzug saß, warum er nicht mehr Klein hieß, warum er Geld unterschlagen und Papiere gefälscht hatte. Endlich, endlich!

Ja, es war so. Es hatte keinen Sinn mehr, es vor sich zu verheimlichen. Es war seiner Frau wegen geschehen, einzig seiner Frau wegen. Wie gut, daß er es endlich wußte!

Vom Turme dieser Erkenntnis aus meinte er plötzlich weite Strecken seines Lebens zu überblicken, das ihm seit langem immer in lauter kleine, wertlose Stücke auseinandergefallen war. Er sah auf eine lange durchlaufene Strecke zurück, auf seine ganze Ehe, und die Strecke erschien ihm wie eine lange, müde, öde Straße, wo ein Mann allein im Staube sich mit schweren Lasten schleppt. Irgendwo hinten, unsichtbar jenseits des Staubes, wußte er leuchtende Höhen und grüne rauschende Wipfel der Jugend verschwunden. Ja, er war einmal jung gewesen, und kein Jüngling wie alle, er hatte große Träume geträumt, er hatte viel vom Leben und von sich verlangt. Seither aber nichts als Staub und Lasten, lange Straße, Hitze und müde Knie, nur im vertrocknenden Herzen ein verschlafenes, alt gewordenes Heimweh lauernd. Das war sein Leben gewesen. Das war sein Leben gewesen.

Er blickte durchs Fenster und zuckte erstaunt zusammen.

Ungewohnte Bilder sahen ihn an. Er sah plötzlich aufzukkend, daß er im Süden war. Verwundert richtete er sich auf, lehnte sich hinaus, und wieder fiel ein Schleier, und das Rätsel seines Schicksals ward ein wenig klarer. Er war im Süden! Er sah Reblauben auf grünen Terrassen stehn, goldbraunes Gemäuer halb in Ruinen, wie auf alten Stichen, blühende rosenrote Bäume! Ein kleiner Bahnhof schwand vorbei, mit einem italienischen Namen, irgend etwas auf ogno oder ogna.

Soweit vermochte Klein jetzt die Wetterfahne seines Schicksals zu lesen. Es ging fort von seiner Ehe, seinem Amt, von allem, was bisher sein Leben und seine Heimat gewesen war. Und es ging nach Süden! Nun erst begriff er, warum er, mitten in Hetze und Rausch seiner Flucht, jene Stadt mit dem italienischen Namen zum Ziel gewählt hatte. Er hatte es nach einem Hotelbuch getan, anscheinend wahllos und auf gut Glück, er hätte ebensogut Amsterdam, Zürich oder Malmö sagen können. Erst jetzt war es kein Zufall mehr. Er war im Süden, er war durch die Alpen gefahren. Und damit hatte er den strahlendsten Wunsch seiner Jugendzeit erfüllt, jener Jugend, deren Erinnerungszeichen ihm auf der langen öden Straße eines sinnlosen Lebens erloschen und verlorengegangen waren. Eine unbekannte Macht hatte es so gefügt, daß ihm die beiden brennendsten Wünsche seines Lebens sich erfüllten: die längst vergessene Sehnsucht nach dem Süden, und das heimliche, niemals klar und frei gewordene Verlangen nach Flucht und Freiheit aus dem Frondienst und Staub seiner Ehe. Jener Streit mit seinem Vorgesetzten, jene überraschende Gelegenheit zu der Unterschlagung des Geldes – all das, was ihm so wichtig erschienen war, fiel jetzt zu kleinen Zufällen zusammen. Nicht sie hatten ihn geführt. Jene beiden großen Wünsche in seiner Seele hatten gesiegt, alles andre war nur Weg und Mittel gewesen.

Klein erschrak vor dieser neuen Einsicht tief. Er fühlte sich wie ein Kind, das mit Zündhölzern gespielt und ein Haus dabei angezündet hat. Nun brannte es. Mein Gott! Und was hatte er davon? Und wenn er bis nach Sizilien oder Konstantinopel fuhr, konnte ihn das um zwanzig Jahre jünger machen?

Indessen lief der Zug, und Dorf um Dorf lief ihm entgegen,

fremdartig schön, ein heiteres Bilderbuch, mit allen den hübschen Gegenständen, die man vom Süden erwartet und aus Ansichtskarten kennt: steinerne schön gewölbte Brükken über Bach und braunen Felsen, Weinbergmauern von kleinen Farnen überwachsen, hohe schlanke Glockentürme, die Fassaden der Kirchen bunt bemalt oder von gewölbten Hallen mit leichten, edlen Bogen beschattet, Häuser mit rosenrotem Anstrich und dickgemauerte Arkadenhallen mit dem kühlsten Blau gemalt, zahme Kastanien, da und dort schwarze Zypressen, kletternde Ziegen, vor einem Herrschaftshaus im Rasen die ersten Palmen kurz und dickstämmig. Alles merkwürdig und ziemlich unwahrscheinlich, aber alles zusammen war doch überaus hübsch und verkündete etwas wie Trost. Es gab diesen Süden, er war keine Fabel. Die Brücken und Zypressen waren erfüllte Jugendträume, die Häuser und Palmen sagten: du bist nicht mehr im Alten, es beginnt lauter Neues. Luft und Sonnenschein schienen gewürzt und verstärkt, das Atmen leichter, das Leben möglicher, der Revolver entbehrlicher, das Ausradiertwerden auf den Schienen minder dringlich. Ein Versuch schien möglich, trotz allem. Das Leben konnte vielleicht ertragen werden.

Wieder übernahm ihn die Erschlaffung, leichter gab er sich jetzt hin, und schlief, bis es Abend war und der volltönende Name der kleinen Hotelstadt ihn weckte. Hastig stieg er aus.

Ein Diener mit dem Schild „Hotel Milano“ an der Mütze redete ihn deutsch an, er bestellte ein Zimmer und ließ sich die Adresse geben. Schlaftrunken taumelte er aus der Glashalle und dem Rausch in den lauen Abend.

„So habe ich mir etwa Honolulu gedacht“, ging ihm durch den Kopf. Eine phantastisch unruhige Landschaft, schon beinahe nächtlich, schwankte ihm fremd und unbegreiflich entgegen. Vor ihm fiel der Hügel steil hinab, da lag unten tief geschachtelt die Stadt, senkrecht blickte er auf erleuchtete Plätze hinunter. Von allen Seiten stürzten steile spitze Zuckerhutberge jäh herab in einen See, der am Widerschein unzähliger Kailaternen kenntlich wurde. Eine Seilbahn senkte sich wie ein Korb den Schacht hinunter zur Stadt, halb gefährlich, halb spielzeughaft. Auf einigen der hohen Bergkegel glühten erleuchtete Fenster bis zum Gipfel in launischen Reihen, Stufen und Sternbildern geordnet. Von der Stadt wuchsen die Dächer großer Hotels herauf, dazwischen schwarzdunkle Gärten, ein warmer sommerhafter Abendwind voll Staub und Duft flatterte wohlgelaunt unter den grellen Laternen. Aus der wirr durchfunkelten Finsternis am See schwoll taktfest und lächerlich eine Blechmusik heran.

Ob das nun Honolulu, Mexiko oder Italien war, konnte ihm einerlei sein. Es war Fremde, es war neue Welt und neue Luft, und wenn sie ihn auch verwirrte und heimlich in Angst versetzte, sie duftete doch auch nach Rausch und Vergessen und neuen, unerprobten Gefühlen.

Eine Straße schien ins Freie zu führen, dorthin schlenderte er, an Lagerschuppen und leeren Lastfuhrwerken vorüber, dann bei kleinen Vorstadthäusern vorbei, wo laute Stimmen italienisch schrien und im Hof eines Wirtshauses eine Mandoline schrillte. Im letzten Hause klang eine Mädchenstimme auf, ein Duft von Wohllaut beklemmte ihm das Herz, viele Worte konnte er zu seiner Freude verstehen und den Refrain sich merken:

> Mama non vuole, papa ne meno,
> Come faremo a fare l'amor?

Es klang wie aus Träumen seiner Jugend her. Bewußtlos schritt er die Straße weiter, floß hingerissen in die warme Nacht, in der die Grillen sangen. Ein Weinberg kam, und bezaubert blieb er stehen: Ein Feuerwerk, ein Reigen von kleinen, grün glühenden Lichtern erfüllte die Luft und das duftende, hohe Gras, tausend Sternschnuppen taumelten trunken durcheinander. Es war ein Schwarm von Leuchtkäfern, langsam und lautlos geisterten sie durch die warm aufzuckende Nacht. Die sommerliche Luft und Erde schien sich phantastisch in leuchtenden Figuren und tausend kleinen beweglichen Sternbildern auszuleben.

Lange stand der Fremde dem Zauber hingegeben und vergaß die ängstliche Geschichte dieser Reise und die ängstliche Geschichte seines Lebens über der schönen Seltsamkeit. Gab es noch eine Wirklichkeit? Noch Geschäfte und Polizei? Noch Assessoren und Kursberichte? Stand zehn Minuten von hier ein Bahnhof?

Langsam wandte sich der Flüchtling, der aus seinem Leben heraus in ein Märchen gereist war, gegen die Stadt zurück. Laternen glühten auf. Menschen riefen ihm Worte zu, die er nicht verstand. Unbekannte Riesenbäume standen voll Blüten, eine steinerne Kirche hing mit schwindelnder Terrasse über dem Absturz, helle Straßen, von Treppen unterbrochen, flossen rasch wie Bergbäche in das Städtchen hinab.

Klein fand sein Hotel, und mit dem Eintritt in die überhellen nüchternen Räume, Halle und Treppenhaus schwand sein Rausch dahin, und es kehrte die ängstliche Schüchternheit zurück, sein Fluch und Kainszeichen. Betreten drückte er sich an den wachen, taxierenden Blicken des Concierge, der Kellner, des Liftjungen, der Hotelgäste vorbei in die ödeste Ecke eines Restaurants. Er bat mit schwacher Stimme um die Speisekarte, und las, als wäre er noch arm und müßte sparen, bei allen Speisen sorgfältig die Preise mit, bestellte etwas Wohlfeiles, ermunterte sich künstlich zu einer halben Flasche Bordeaux, der ihm nicht schmeckte, und war froh, als er endlich hinter verschlossener Tür in seinem schäbigen kleinen Zimmer lag. Bald schlief er ein, schlief gierig und tief, aber nur zwei, drei Stunden. Noch mitten in der Nacht wurde er wieder wach.

Er starrte, aus den Abgründen des Unbewußten kommend, in die feindselige Dämmerung, wußte nicht, wo er war, hatte das drückende und schuldhafte Gefühl, Wichtiges vergessen und versäumt zu haben. Wirr umhertastend erfühlte er einen Drücker und drehte Licht an. Das kleine Zimmer sprang ins grelle Licht, fremd, öde, sinnlos. Wo war er? Böse glotzten die Plüschsessel. Alles blickte ihn kalt und fordernd an. Da fand er sich im Spiegel und las das Vergessene aus seinem Gesicht. Ja, er wußte. Dies Gesicht hatte er früher nicht gehabt, nicht diese Augen, nicht diese Falten, nicht diese Farben. Es war ein neues Gesicht, schon einmal war es ihm aufgefallen, im Spiegel einer Glasscheibe, irgendwann im gehetzten Theaterstück dieser wahnsinnigen Tage. Es war nicht sein Gesicht, das gute, stille und etwas duldende Friedrich-Klein-Gesicht. Es war das Gesicht eines Gezeichneten, vom Schicksal mit neuen Zeichen gestempelt, älter und auch jünger als das frühere, maskenhaft

und doch wunderlich durchglüht. Niemand liebte solche Gesichter.
Da saß er im Zimmer eines Hotels im Süden mit seinem gezeichneten Gesicht. Daheim schliefen seine Kinder, die er verlassen hatte. Nie mehr würde er sie schlafen, nie mehr sie aufwachen sehen, nie mehr ihre Stimmen hören. Er würde niemals mehr aus dem Wasserglas auf jenem Nachttisch trinken, auf dem bei der Stehlampe die Abendpost und ein Buch lagen, und dahinter an der Wand überm Bett die Bilder seiner Eltern, und alles, und alles. Statt dessen starrte er hier im ausländischen Hotel in den Spiegel, in das traurige und angstvolle Gesicht des Verbrechers Klein, und die Plüschmöbel blickten kalt und schlecht, und alles war anders, nichts war mehr in Ordnung. Wenn sein Vater das noch erlebt hätte!
Niemals seit seiner Jugendzeit war Klein so unmittelbar und so einsam seinen Gefühlen überlassen gewesen, niemals so in der Fremde, niemals so nackt und senkrecht unter der unerbittlichen Sonne des Schicksals. Immer war er mit irgend etwas beschäftigt gewesen, mit etwas anderm als mit sich selbst, immer hatte er zu tun und zu sorgen gehabt, um Geld, um Beförderung im Amt, um Frieden im Hause, um Schulgeschichten und Kinderkrankheiten; immer waren große, heilige Pflichten des Bürgers, des Gatten, des Vaters um ihn her gestanden, in ihrem Schutz und Schatten hatte er gelebt, ihnen hatte er Opfer gebracht, von ihnen her war seinem Leben Rechtfertigung und Sinn gekommen. Jetzt hing er plötzlich nackt im Weltraum, er allein Sonne und Mond gegenüber, und fühlte die Luft um sich dünn und eisig.
Und das Wunderliche war, daß kein Erdbeben ihn in diese bange und lebensgefährliche Lage gebracht hatte, kein Gott und kein Teufel, sondern er allein, er selber! Seine eigene Tat hatte ihn hierher geschleudert, hier allein mitten in die fremde Unendlichkeit gestellt. In ihm selbst war alles gewachsen und entstanden, in seinem eigenen Herzen war das Schicksal groß geworden, Verbrechen und Auflehnung, Wegwerfen heiliger Pflichten, Sprung in den Weltenraum, Haß gegen sein Weib, Flucht, Vereinsamung und vielleicht Selbstmord. Andere mochten wohl auch Schlimmes und Umstürzendes erlebt haben, durch Brand und Krieg, durch

Unfall und bösen Willen anderer – er jedoch, der Verbrecher Klein, konnte sich auf nichts dergleichen berufen, auf nichts hinausreden, nichts verantwortlich machen, höchstens vielleicht seine Frau. Ja, sie, sie allerdings konnte und mußte herangezogen und verantwortlich gemacht werden, auf sie konnte er deuten, wenn einmal Rechenschaft von ihm verlangt wurde!

Ein großer Zorn brannte in ihm auf, und mit einemmal fiel ihm etwas ein, brennend und tödlich, ein Knäuel von Vorstellungen und Erlebnissen. Es erinnerte ihn an den Traum vom Automobil, und an den Stoß, den er seinem Feinde dort in den Bauch gegeben hatte.

Woran er sich nun erinnerte, das war ein Gefühl, oder eine Phantasie, ein seltsamer und krankhafter Seelenzustand, eine Versuchung, ein wahnsinniges Gelüst, oder wie immer man es bezeichnen wollte. Es war die Vorstellung oder Vision einer furchtbaren Bluttat, die er beging, indem er sein Weib, seine Kinder und sich selbst ums Leben brachte. Mehrmals, so besann er sich jetzt, während noch immer der Spiegel ihm sein gestempeltes, irres Verbrechergesicht zeigte, – mehrmals hatte er sich diesen vierfachen Mord vorstellen müssen, vielmehr sich verzweifelt gegen diese häßliche und unsinnige Vision gewehrt, wie sie ihm damals erschienen war. Genau damals hatten die Gedanken, Träume und quälenden Zustände in ihm begonnen, so schien ihm, welche dann mit der Zeit zu der Unterschlagung und zu seiner Flucht geführt hatten. Vielleicht – es war möglich – war es nicht bloß die übergroß gewordene Abneigung gegen seine Frau und sein Eheleben gewesen, die ihn von Hause fortgetrieben hatte, sondern noch mehr die Angst davor, daß er eines Tages doch noch dies viel furchtbarere Verbrechen begehen möchte: sie alle töten, sie schlachten und in ihrem Blut liegen sehen. Und weiter: auch diese Vorstellung noch hatte eine Vorgeschichte. Sie war zuzeiten gekommen, wie etwa ein leichter Schwindelanfall, wo man meint, sich fallenlassen zu müssen. Das Bild aber, die Mordtat, stammte aus einer besonderen Quelle her! Unbegreiflich, daß er das erst jetzt sah!

Damals, als er zum erstenmal die Zwangsvorstellung vom Töten seiner Familie hatte und über diese teuflische Vision zu Tode erschrocken war, da hatte ihn, gleichsam höhnisch,

eine kleine Erinnerung heimgesucht. Es war diese: Vor Jahren, als sein Leben noch harmlos, ja beinahe glücklich war, sprach er einmal mit Kollegen über die Schreckenstat eines süddeutschen Schullehrers namens W. (er kam nicht gleich auf den Namen), der seine ganze Familie auf eine furchtbar blutige Weise abgeschlachtet und dann die Hand gegen sich selber erhoben hatte. Es war die Frage gewesen, wie weit bei einer solchen Tat von Zurechnungsfähigkeit die Rede sein könne, und im weiteren darüber, ob und wie man überhaupt eine solche Tat, eine solche grausige Explosion menschlicher Scheußlichkeit verstehen und erklären könne. Er, Klein, war damals sehr erregt gewesen und hatte gegen einen Kollegen, welcher jenen Totschlag psychologisch zu erklären versuchte, überaus heftig geäußert: einem so scheußlichen Verbrechen gegenüber gebe es für einen anständigen Mann keine andere Haltung als Entrüstung und Abscheu, eine solche Bluttat könne nur im Gehirn eines Teufels entstehen, und für einen Verbrecher dieser Art sei überhaupt keine Strafe, kein Gericht, keine Folter streng und schwer genug. Er erinnerte sich noch heut genau des Tisches, an dem sie saßen, und des verwunderten und etwas kritischen Blickes, mit dem jener ältere Kollege ihn nach diesem Ausbruch seiner Entrüstung gestreift hatte.
Damals nun, als er sich selber zum erstenmal in einer häßlichen Phantasie als Mörder der Seinigen sah und vor dieser Vorstellung mit einem Schauder zurückschreckte, da war ihm dies um Jahre zurückliegende Gespräch über den Verwandtenmörder W. sofort wieder eingefallen. Und seltsam, obwohl er hätte schwören können, daß er damals völlig aufrichtig seine wahrste Empfindung ausgesprochen habe, war jetzt in ihm innen eine häßliche Stimme da, die ihn verhöhnte und ihm zurief: schon damals, schon damals vor Jahren bei dem Gespräch über den Schullehrer W. habe sein Innerstes dessen Tat verstanden, verstanden und gebilligt, und seine so heftige Entrüstung und Erregung sei nur daraus entstanden, daß der Philister und Heuchler in ihm die Stimme des Herzens nicht habe gelten lassen wollen. Die furchtbaren Strafen und Foltern, die er dem Gattenmörder wünschte, und die entrüsteten Schimpfworte, mit denen er dessen Tat bezeichnete, die hatte er eigentlich gegen sich selber gerichtet, gegen den Keim zum Verbrechen,

der gewiß damals schon in ihm war! Seine große Erregung bei diesem ganzen Gespräch und Anlaß war nur daher gekommen, daß in Wirklichkeit er sich selbst sitzen sah, der Bluttat angeklagt, und daß er sein Gewissen zu retten suchte, indem er auf sich selber jede Anklage und jedes schwere Urteil häufte. Als ob er damit, mit diesem Wüten gegen sich selbst, das heimliche Verbrechertum in seinem Innern bestrafen oder übertäuben könnte.
So weit kam Klein mit seinen Gedanken, und er fühlte, daß es sich da für ihn um Wichtiges, ja um das Leben selber handle. Aber es war unsäglich mühsam, diese Erinnerungen und Gedanken auseinanderzufädeln und zu ordnen. Eine aufzuckende Ahnung letzter, erlösender Erkenntnisse unterlag der Müdigkeit und dem Widerwillen gegen seine ganze Situation. Er stand auf, wusch sich das Gesicht, ging barfuß auf und ab, bis ihn fröstelte, und dachte nun zu schlafen.
Aber es kam kein Schlaf. Er lag unerbittlich seinen Empfindungen ausgeliefert, lauter häßlichen, schmerzenden und demütigenden Gefühlen: dem Haß gegen seine Frau, dem Mitleid mit sich selber, der Ratlosigkeit, dem Bedürfnis nach Erklärungen, Entschuldigungen, Trostgründen. Und da ihm für jetzt keine andern Trostgründe einfielen, und da der Weg zum Verständnis so tief und schonungslos in die heimlichsten und gefährlichsten Dickichte seiner Erinnerungen führte und der Schlaf nicht wiederkommen wollte, lag er den Rest der Nacht in einem Zustande, den er in diesem häßlichen Grad noch nicht gekannt hatte. Alle die widerlichen Gefühle, die in ihm stritten, vereinigten sich zu einer furchtbaren, erstickenden, tödlichen Angst, zu einem teuflischen Alpdruck auf Herz und Lunge, der sich immer von neuem bis an die Grenze des Unerträglichen steigerte. Was Angst war, hatte er ja längst gewußt, seit Jahren schon, und seit den letzten Wochen und Tagen erst! Aber so hatte er sie noch nie an der Kehle gefühlt! Zwanghaft mußte er an die wertlosesten Dinge denken, an einen vergessenen Schlüssel, an die Hotelrechnung, und daraus Berge von Sorgen und peinlichen Erwartungen schaffen. Die Frage, ob dies schäbige Zimmerchen für die Nacht wohl mehr als dreieinhalb Franken kosten würde, und ob er in diesem Fall noch länger im Hause bleiben solle, hielt ihn wohl eine

Stunde lang in Atem, Schweiß und Herzklopfen. Dabei wußte er genau, wie dumm diese Gedanken seien, und sprach immer wieder sich selbst vernünftig und begütigend zu, wie einem trotzigen Kind, rechnete sich an den Fingern die völlige Haltlosigkeit seiner Sorgen vor – vergebens, vollkommen vergebens! Vielmehr dämmerte auch hinter diesem Trösten und Zureden etwas wie blutiger Hohn auf, als sei auch das bloß Getue und Theater, geradeso wie damals sein Getue wegen des Mörders W. Daß die Todesangst, daß dies grauenhafte Gefühl einer Umschnürung und eines Verurteiltseins zu qualvollem Ersticken nicht von der Sorge um die paar Franken oder von ähnlichen Ursachen herkomme, war ihm ja klar. Dahinter lauerte Schlimmeres, Ernsteres – aber was? Es mußten Dinge sein, die mit dem blutigen Schullehrer, mit seinen eigenen Mordwünschen und mit allem Kranken und Ungeordneten in ihm zu tun hatten. Aber wie daran rühren? Wie den Grund finden? Da gab es keine Stelle in ihm innen, die nicht blutete, die nicht krank und faul und wahnsinnig schmerzempfindlich war. Er spürte: Lange war das nicht zu ertragen. Wenn es so weiterging, und namentlich wenn noch manche solche Nächte kamen, dann wurde er wahnsinnig oder nahm sich das Leben.

Angespannt setzte er sich im Bett aufrecht und suchte das Gefühl seiner Lage auszuschöpfen, um einmal damit fertig zu werden. Aber es war immer dasselbe: Einsam und hilflos saß er, mit fieberndem Kopf und schmerzlichem Herzdruck, in Todesbangigkeit dem Schicksal gegenüber wie ein Vogel der Schlange, festgebannt und von Furcht verzehrt. Schicksal, das wußte er jetzt, kam nicht von irgendwoher, es wuchs im eigenen Innern. Wenn er kein Mittel dagegen fand, so fraß es ihn auf – dann war ihm beschieden, Schritt für Schritt von der Angst, von dieser grauenhaften Angst verfolgt und aus seiner Vernunft verdrängt zu werden, Schritt für Schritt, bis er am Rande stand, den er schon nahe fühlte.

Verstehen können – das wäre gut, das wäre vielleicht die Rettung! Er war noch lange nicht am Ende mit dem Erkennen seiner Lage und dessen, was mit ihm vorgegangen war. Er stand noch ganz im Anfang, das fühlte er wohl. Wenn er sich jetzt zusammenraffen und alles ganz genau zusammenfassen, ordnen und überlegen könnte, dann würde er vielleicht den Faden finden. Das Ganze würde einen Sinn und ein Gesicht bekommen und würde dann vielleicht zu ertragen sein. Aber diese Anstrengung, dieses letzte Sichaufraffen war ihm zuviel, es ging über seine Kräfte, er konnte einfach nicht. Je angespannter er zu denken versuchte, desto schlechter ging es, er fand statt Erinnerungen und Erklärungen in sich nur leere Löcher, nichts fiel ihm ein, und dabei verfolgte ihn schon wieder die quälende Angst, er möchte gerade das Wichtigste vergessen haben. Er stöberte und suchte in sich herum wie ein nervöser Reisender, der alle Taschen und Koffer nach seiner Fahrkarte durchwühlt, die er vielleicht am Hut oder gar in der Hand hat. Aber was half es, das Vielleicht?

Vorher, vor einer Stunde oder länger – hatte er da nicht eine Erkenntnis gehabt, einen Fund getan? Was war es gewesen, was? Es war fort, er fand es nicht wieder. Verzweifelnd schlug er sich mit der Faust an die Stirn. Gott im Himmel, laß mich den Schlüssel finden! Laß mich nicht so umkommen, so jammervoll, so dumm, so traurig! In Fetzen gelöst wie Wolkentreiben im Sturm floh seine ganze Vergangenheit an ihm vorüber, Millionen Bilder, durcheinander und übereinander, unkenntlich und höhnend, jedes an irgend etwas erinnernd – an was? An was?

Plötzlich fand er den Namen „Wagner" auf seinen Lippen. Wie bewußtlos sprach er ihn aus: „Wagner – Wagner." Wo kam der Name her? Aus welchem Schacht? Was wollte er? Wer war Wagner? Wagner?

Er biß sich an dem Namen fest. Er hatte eine Aufgabe, ein Problem, das war besser als dies Hangen im Gestaltlosen. Also: Wer ist Wagner? Was geht mich Wagner an? Warum sagen meine Lippen, die verzogenen Lippen in meinem Verbrechergesicht, jetzt in der Nacht den Namen Wagner vor sich hin? Er nahm sich zusammen. Allerlei fiel ihm ein. Er dachte an Lohengrin, und damit an das etwas unklare Verhältnis, das er zu dem Musiker Wagner hatte. Er hatte ihn, als Zwanzigjähriger, rasend geliebt. Später war er mißtrauisch geworden, und mit der Zeit hatte er gegen ihn eine Menge von Einwänden und Bedenken gefunden. An Wagner hatte er viel herumkritisiert, und vielleicht galt diese Kritik weniger dem Richard Wagner selbst als seiner eigenen, einstigen Liebe zu ihm? Haha, hatte er sich wieder erwischt? Hatte er da wieder einen Schwindel aufgedeckt, eine kleine Lüge, einen kleinen Unrat? Ach ja, es kam einer um den andern zum Vorschein – in dem tadellosen Leben des Beamten und Gatten Friedrich Klein war es gar nicht tadellos, gar nicht sauber gewesen, in jeder Ecke lag ein Hund begraben! Ja, richtig, also so war es auch mit Wagner. Der Komponist Richard Wagner wurde von Friedrich Klein scharf beurteilt und gehaßt. Warum? Weil Friedrich Klein es sich selber nicht verzeihen konnte, daß er als junger Mensch für diesen selben Wagner geschwärmt hatte. In Wagner verfolgte er nun seine eigene Jugendschwärmerei, seine eigne Jugend, seine eigne Liebe. Warum? Weil Jugend und Schwärmerei und Wagner und all das ihn peinlich an Verlorenes erinnerten, weil er sich von einer Frau hatte heiraten lassen, die er nicht liebte, oder doch nicht richtig, nicht genug. Ach, und so, wie er gegen Wagner verfuhr, so verfuhr der Beamte Klein noch gegen viele und vieles. Er war ein braver Mann, der Herr Klein, und hinter seiner Bravheit versteckte er nichts als Unflat und Schande! Ja, wenn er ehrlich sein wollte – wieviel heimliche Gedanken hatte er vor sich selber verbergen müssen! Wieviel Blicke nach hübschen Mädchen auf der Gasse, wieviel Neid gegen Liebespaare, die ihm abends begegneten, wenn er vom Amt zu seiner Frau nach Hause ging! Und dann die Mordgedanken. Und hatte er nicht den Haß, der ihm selber hätte gelten sollen, auch gegen jenen Schullehrer – – –

Er schrak plötzlich zusammen. Wieder ein Zusammenhang! Der Schullehrer und Mörder hatte ja – Wagner geheißen! Also da saß der Kern! Wagner – so hieß jener Unheimliche, jener wahnsinnige Verbrecher, der seine ganze Familie umgebracht hatte. War nicht mit diesem Wagner irgendwie sein ganzes Leben seit Jahren verknüpft gewesen? Hatte nicht dieser üble Schatten ihn überall verfolgt?

Nun, Gott sei Dank, der Faden war wieder gefunden. Ja, und über diesen Wagner hatte er einst, in langvergangener besserer Zeit, sehr zornig und empört gescholten und ihm die grausamsten Strafen gewünscht. Und dennoch hatte er später selber, ohne mehr an Wagner zu denken, denselben Gedanken gehabt und hatte mehrmals in einer Art von Vi-

sion sich selber gesehen, wie er seine Frau und seine Kinder ums Leben brachte.
Und war denn das nicht eigentlich sehr verständlich? War es nicht richtig? Konnte man nicht sehr leicht dahin kommen, daß die Verantwortung für das Dasein von Kindern einem unerträglich wurde, ebenso unerträglich wie das eigene Wesen und Dasein, das man nur als Irrtum, nur als Schuld und Qual empfand?
Aufseufzend dachte er diesen Gedanken zu Ende. Es schien ihm jetzt ganz gewiß, daß er schon damals, als er ihn zuerst erfuhr, im Herzen jenen Wagnerschen Totschlag verstanden und gebilligt habe, gebilligt natürlich nur als Möglichkeit. Schon damals, als er noch nicht sich unglücklich und sein Leben verpfuscht fühlte, schon damals vor Jahren, als er noch meinte, seine Frau zu lieben und an ihre Liebe glaubte, schon damals hatte sein Innerstes den Schullehrer Wagner verstanden und seinem entsetzlichen Schlachtopfer heimlich zugestimmt. Was er damals sagte und meinte, war immer nur die Meinung seines Verstandes gewesen, nicht die seines Herzens. Sein Herz – jene innerste Wurzel in ihm, aus der das Schicksal wuchs – hatte schon immer und immer eine andere Meinung gehabt, es hatte Verbrechen begriffen und gebilligt. Es waren immer zwei Friedrich Klein dagewesen, ein sichtbarer und ein heimlicher, ein Beamter und ein Verbrecher, ein Familienvater und ein Mörder.
Damals aber war er im Leben stets auf der Seite des „bessern“ Ich gestanden, des Beamten und anständigen Menschen, des Ehemannes und rechtlichen Bürgers. Die heimliche Meinung seines Innersten hatte er nie gebilligt, er hatte sie nicht einmal gekannt. Und doch hatte diese innerste Stimme ihn unvermerkt geleitet und schließlich zum Flüchtling und Verworfenen gemacht!
Dankbar hielt er diesen Gedanken fest. Da war doch ein Stück Folgerichtigkeit, etwas wie Vernunft. Es genügte noch nicht, es blieb alles Wichtige noch so dunkel, aber eine gewisse Helligkeit, eine gewisse Wahrheit war doch gewonnen. Und Wahrheit – das war es, worauf es ankam. Wenn ihm nur das kurze Ende des Fadens nicht wieder verlorenging!
Zwischen Wachen und Schlaf vor Erschöpfung fiebernd,

immer an der Grenze zwischen Gedanken und Traum, verlor er hundertmal den Faden wieder, fand ihn hundertmal neu. Bis es Tag war und der Gassenlärm zum Fenster hereinscholl.

2

Den Vormittag lief Klein durch die Stadt. Er kam vor ein Hotel, dessen Garten ihm gefiel, ging hinein, sah Zimmer an und mietete eines. Erst im Weggehen sah er sich nach dem Namen des Hauses um und las: Hotel Kontinental. War ihm dieser Name nicht bekannt? Nicht vorausgesagt worden? Ebenso wie Hotel Milano? Er gab es indessen bald auf, zu suchen und war zufrieden in der Atmosphäre von Fremdheit, Spiel und eigentümlicher Bedeutsamkeit, in die sein Leben geraten schien.

Der Zauber von gestern kam allmählich wieder. Es war sehr gut, daß er im Süden war, dachte er dankbar. Er war gut geführt worden. Wäre dies nicht gewesen, dieser liebenswerte Zauber überall, dies ruhige Schlendern und Sichvergessenkönnen, dann wäre er Stunde um Stunde vor dem furchtbaren Gedankenzwang gestanden und wäre verzweifelt. So aber gelang es ihm, stundenlang in angenehmer Müdigkeit dahinzuvegetieren, ohne Zwang, ohne Angst, ohne Gedanken. Das tat ihm wohl. Es war sehr gut, daß es diesen Süden gab, und daß er ihn sich verordnet hatte. Der Süden erleichterte das Leben. Er tröstete. Er betäubte.

Auch jetzt am hellen Tage sah die Landschaft unwahrscheinlich und phantastisch aus, die Berge waren alle zu nah, zu steil, zu hoch, wie von einem etwas verschrobenen Maler erfunden. Schön aber war alles Nahe und Kleine: ein Baum, ein Stück Ufer, ein Haus in schönen heitern Farben, eine Gartenmauer, ein schmales Weizenfeld unter Reben stehend, klein und gepflegt wie ein Hausgarten. Dies alles war lieb und freundlich, heiter und gesellig, es atmete Gesundheit und Vertrauen. Diese kleine, freundliche, wohnliche Landschaft samt ihren stillheitern Menschen konnte man lieben. Etwas lieben zu können – welche Erlösung!

Mit dem leidenschaftlichen Willen, zu vergessen und sich zu verlieren, schwamm der Leidende, auf der Flucht vor

den lauernden Angstgefühlen, hingegeben durch die fremde Welt. Er schlenderte ins Freie, in das anmutige, fleißig bestellte Bauernland hinein. Es erinnerte ihn nicht an das Land und Bauerntum seiner Heimat, sondern mehr an Homer und an die Römer, er fand etwas Uraltes, Kultiviertes und doch Primitives darin, eine Unschuld und Reife, die der Norden nicht hat. Die kleinen Kapellen und Bildstöcke, die farbig und zum Teil zerfallend, fast alle von Kindern mit Feldblumen geschmückt, überall an den Wegen zu Ehren von Heiligen standen, schienen ihm denselben Sinn zu haben und vom selben Geist zu stammen wie die vielen kleinen Tempel und Heiligtümer der Alten, die in jedem Hain, Quell und Berg eine Gottheit verehrten und deren heitere Frömmigkeit nach Brot und Wein und Gesundheit duftete. Er kehrte in die Stadt zurück, lief unter hallenden Arkaden, ermüdete sich auf rauhem Steinpflaster, blickte neugierig in offene Läden und Werkstätten, kaufte italienische Zeitungen, ohne sie zu lesen, und geriet endlich müde in einen herrlichen Park am See. Hier schlenderten Kurgäste und saßen lesend auf Bänken, und alte ungeheure Bäume hingen wie in ihr Spiegelbild verliebt überm schwarzgrünen Wasser, das sie dunkel überwölbten. Unwahrscheinliche Gewächse, Schlangenbäume und Perükkenbäume, Korkeichen und andre Seltsamkeiten standen frech oder ängstlich oder trauernd im Rasen, der voll Blumen war, und an den fernen jenseitigen Seeufern schwammen weiß und rosig lichte Dörfer und Landhäuser.
Als er auf einer Bank zusammengesunken saß und nah am Einnicken war, riß ein fester elastischer Schritt ihn wach. Auf hohen rotbraunen Schnürstiefeln, im kurzen Rock über dünnen durchbrochenen Strümpfen lief eine Frau vorbei, ein Mädchen, kräftig und taktfest, sehr aufrecht und herausfordernd, elegant, hochmütig, ein kühles Gesicht mit geschminkter Lippenröte und einem hohen dichten Haarbau von hellem, metallischem Gelb. Ihr Blick traf ihn im Vorbeigehen eine Sekunde, sicher und abschätzend wie die Blicke des Portiers und Boys im Hotel, und lief gleichgültig weiter.
Allerdings, dachte Klein, sie hat recht, ich bin kein Mensch, den man beachtet. Unsereinem schaut so eine nicht nach. Dennoch tat die Kürze und Kühle ihres Blickes ihm heim-

lich weh, er kam sich abgeschätzt und mißachtet vor von jemand, der nur Oberfläche und Außenseite sah, und aus den Tiefen seiner Vergangenheit wuchsen ihm Stacheln und Waffen empor, um sich gegen sie zu wehren. Schon war vergessen, daß ihr feiner belebter Schuh, ihr so sehr elastischer und sicherer Gang, ihr straffes Bein im dünnen Seidenstrumpf ihn einen Augenblick gefesselt und beglückt hatten. Ausgelöscht war das Rauschen ihres Kleides und der dünne Wohlgeruch, der an ihr Haar und an ihre Haut erinnerte. Weggeworfen und zerstampft war der schöne holde Hauch von Geschlecht und Liebesmöglichkeit, der ihn von ihr gestreift hatte. Statt dessen kamen viele Erinnerungen. Wie oft hatte er solche Wesen gesehn, solche junge, sichere und herausfordernde Personen, seien es nun Dirnen oder eitle Gesellschaftsweiber, wie oft hatte ihre schamlose Herausforderung ihn geärgert, ihre Sicherheit ihn irritiert, ihr kühles, brutales Sichzeigen ihn angewidert! Wie manchmal hatte er, auf Ausflügen und in städtischen Restaurants, die Empörung seiner Frau über solche unweibliche und hetärenhafte Wesen von Herzen geteilt!

Mißmutig streckte er die Beine von sich. Dieses Weib hatte ihm seine gute Stimmung verdorben! Er fühlte sich ärgerlich, gereizt und benachteiligt, er wußte: wenn diese mit dem gelben Haar nochmals vorüberkommen und ihn nochmals mustern würde, dann würde er rot werden und sich in seinen Kleidern, seinem Hut, seinen Schuhen, seinem Gesicht, Haar und Bart unzulänglich und minderwertig vorkommen! Hole sie der Teufel! Schon dies gelbe Haar! Es war falsch, es gab nirgends in der Welt so gelbe Haare. Geschminkt war sie auch. Wie nur ein Mensch sich dazu hergeben konnte, seine Lippen mit Schminke anzumalen – negerhaft! Und solche Leute liefen herum, als gehörte ihnen die Welt, sie besaßen das Auftreten, die Sicherheit, die Frechheit und verdarben anständigen Leuten die Freude.

Mit den wieder aufwogenden Gefühlen von Unlust, Ärger und Befangenheit kam abermals ein Schwall von Vergangenheit heraufgekocht, und plötzlich dazwischen der Einfall: du berufst dich ja auf deine Frau, du gibst ihr ja recht, du ordnest dich ihr wieder unter! Einen Augenblick lang überfloß ihn ein Gefühl wie: ich bin ein Esel, daß ich noch immer mich unter die „anständigen Menschen“ rechne, ich bin ja keiner mehr, ich gehöre geradeso wie diese Gelbe zu einer Welt, die nicht mehr meine frühere und nicht mehr die anständige ist, in eine Welt, wo anständig oder unanständig nichts mehr bedeutet, wo jeder für sich das schwere Leben zu leben sucht. Einen Augenblick lang empfand er, daß seine Verachtung für die Gelbe ebenso oberflächlich und unaufrichtig war wie seine einstige Empörung über den Schullehrer und Mörder Wagner und auch seine Abneigung gegen den andern Wagner, dessen Musik er einst als allzu sinnenschwül empfunden hatte. Eine Sekunde lang tat sein verschütteter Sinn, sein verlorengegangenes Ich die Augen auf und sagte ihm mit seinem alleswissenden Blick, daß alle Empörung, aller Ärger, alle Verachtung ein Irrtum und eine Kinderei sei und auf den armen Kerl von Verächter zurückfalle.

Dieser gute, alleswissende Sinn sagte ihm auch, daß er hier wieder vor einem Geheimnis stehe, dessen Deutung für sein Leben wichtig sei, daß diese Dirne oder Weltdame, daß dieser Duft von Eleganz, Verführung und Geschlecht ihm keineswegs zuwider und beleidigend sei, sondern daß er sich diese Urteile nur eingebildet und eingehämmert habe, aus Angst vor seiner wirklichen Natur, aus Angst vor Wagner, aus Angst vor dem Tier oder Teufel, den er in sich entdecken konnte, wenn er einmal die Fesseln und Verkleidungen seiner Sitte und Bürgerlichkeit abwürfe. Blitzhaft zuckte etwas wie Lachen, wie Hohnlachen in ihm auf, das aber alsbald wieder schwieg. Es siegte wieder das Mißgefühl. Es war unheimlich, wie jedes Erwachen, jede Erregung, jeder Gedanke ihn immer wieder unfehlbar dorthin traf, wo er schwach und nur zu Qualen fähig war. Nun saß er wieder mitten darin und hatte es mit seinem fehlgeratenen Leben, mit seiner Frau, mit seinem Verbrechen, mit der Hoffnungslosigkeit seiner Zukunft zu tun. Angst kam wieder, das allwissende Ich sank unter wie ein Seufzer, den niemand hörte. O welche Qual! Nein, daran war nicht die Gelbe schuld. Und alles, was er gegen sie empfand, tat ihr ja nicht weh, traf nur ihn selber.

Er stand auf und fing zu laufen an. Früher hatte er oft geglaubt, er führe ein ziemlich einsames Leben, und hatte sich mit einiger Eitelkeit eine gewisse resignierte Philosophie zugeschrieben, galt auch unter seinen Kollegen für einen Gelehrten, Leser und heimlichen Schöngeist. Mein Gott, er war nie einsam gewesen! Er hatte mit den Kollegen, mit seiner Frau, mit den Kindern, mit allen möglichen Leuten geredet, und der Tag war dabei vergangen und die Sorgen erträglich geworden. Und auch wenn er allein gewesen war, war es keine Einsamkeit gewesen. Er hatte die Meinungen, die Ängste, die Freuden, die Tröstungen vieler geteilt, einer ganzen Welt. Stets war um ihn her und bis in ihn hinein Gemeinsamkeit gewesen, und auch noch im Alleinsein, im Leid und in der Resignation hatte er stets einer Schar und Menge angehört, einem schützenden Verband, der Welt der Anständigen, Ordentlichen und Braven. Jetzt aber, jetzt schmeckte er Einsamkeit. Jeder Pfeil fiel auf ihn selber, jeder Trostgrund erwies sich als sinnlos, jede Flucht vor der Angst führte nur in jene Welt hinüber, mit der er gebrochen hatte, die ihm zerbrochen und entglitten war. Alles, was sein Leben lang gut und richtig gewesen war, war es jetzt nicht mehr. Alles mußte er aus sich selber holen, niemand half ihm. Und was fand er denn in sich selbst? Ach, Unordnung und Zerrissenheit!

Ein Automobil, dem er auswich, lenkte seine Gedanken ab, warf ihnen neues Futter zu; er fühlte im unausgeschlafenen Schädel Leere und Schwindel. „Automobil", dachte er, oder sagte es, und wußte nicht, was es bedeute. Da sah er, einen Augenblick im Schwächegefühl die Augen schließend, ein Bild wieder, das ihm bekannt schien, das ihn erinnerte und seinen Gedanken neues Blut zuführte. Er sah sich auf einem Auto sitzen und es steuern, das war ein Traum, den er einmal geträumt hatte. In jenem Traumgefühl, da er den Lenker hinabgestoßen und sich selber der Steuerung bemächtigt hatte, war etwas wie Befreiung und Triumph gewesen. Es gab da einen Trost, irgendwo, schwer zu finden. Aber es gab einen. Es gab, und sei es auch nur in der Phantasie oder im Traum, die wohltätige Möglichkeit, sein Fahrzeug ganz allein zu steuern, jeden andern Führer hohnlachend vom Bock zu werfen, und wenn das Fahrzeug dann auch Sprünge machte und über Trottoirs oder in Häuser und Menschen hineinfuhr, so war es doch köstlich und war viel besser, als geschützt unter fremder Führung zu fahren und ewig ein Kind zu bleiben.

Ein Kind! Er mußte lächeln. Es fiel ihm ein, daß er als Kind und Jüngling seinen Namen Klein manchmal verflucht und gehaßt hatte. Jetzt hieß er nicht mehr so. War das nicht von Bedeutung – ein Gleichnis, ein Symbol? Er hatte aufgehört, klein und ein Kind zu sein und sich von andern führen zu lassen.

Im Hotel trank er zu seinem Essen einen guten, sanften Wein, den er auf gut Glück bestellt hatte und dessen Namen er sich merkte. Wenige Dinge gab es, die einem halfen, wenige, die trösteten und das Leben erleichterten; diese wenigen Dinge zu kennen war wichtig. Dieser Wein war so ein Ding, und die südliche Luft und Landschaft war eines. Was noch? Gab es noch andre? Ja, das Denken war auch so ein tröstliches Ding, das einem wohltat und leben half. Aber nicht jedes Denken! O nein, es gab ein Denken, das war Qual und Wahnsinn. Es gab ein Denken, das wühlte schmerzvoll im Unabänderlichen und führte zu nichts als Ekel, Angst und Lebensüberdruß. Ein anderes Denken war es, das man suchen und lernen mußte. War es überhaupt ein Denken? Es war ein Zustand, eine innere Verfassung, die immer nur Augenblicke dauerte und durch angestrengtes Denkenwollen nur zerstört wurde. In diesem höchst wünschenswerten Zustand hatte man Einfälle, Erinnerungen, Visionen, Phantasien, Einsichten von besonderer Art. Der Gedanke (oder Traum) vom Automobil war von dieser Art, von dieser guten und tröstlichen Art, und die plötzlich gekommene Erinnerung an den Totschläger Wagner und an jenes Gespräch, das er vor Jahren über ihn geführt hatte. Der seltsame Einfall mit dem Namen Klein war auch so. Bei diesen Gedanken, diesen Einfällen wichen für Augenblicke die Angst und das scheußliche Unwohlsein einer rasch aufleuchtenden Sicherheit – es war dann, als sei alles gut, das Alleinsein war stark und stolz, die Vergangenheit überwunden, die kommende Stunde ohne Schrekken.

Er mußte das noch erfassen, es mußte sich begreifen und lernen lassen! Er war gerettet, wenn es ihm gelang, häufig Gedanken von jener Art in sich zu finden, in sich zu pflegen und hervorzurufen. Und er sann und sann. Er wußte nicht, wie er den Nachmittag verbrachte, die Stunden schmolzen ihm weg wie im Schlaf, und vielleicht schlief er auch wirklich, wer wollte das wissen. Immerzu kreisten seine Gedanken um jenes Geheimnis. Er dachte sehr viel und mühsam über seine Begegnung mit der Gelben nach. Was bedeutete sie? Wie kam es, daß in ihm diese flüchtige Begegnung, das sekundenkurze Wechseln eines Blickes mit einem fremden, schönen, aber ihm unsympathischen Weibe für lange Stunden zur Quelle von Gedanken, von Gefühlen, von Erregungen, Erinnerungen, Selbstpeinigungen, Anklagen wurde? Wie kam das? Ging das andern auch so? Warum hatten die Gestalt, der Gang, das Bein, der Schuh und Strumpf der Gelben ihn einen winzigen Moment entzückt? Warum hatte dann ihr kühl abwägender Blick ihn so sehr ernüchtert? Warum hatte dieser fatale Blick ihn nicht bloß ernüchtert und aus der kurzen erotischen Bezauberung geweckt, sondern ihn auch beleidigt, empört und vor sich selbst entwertet? Warum hatte er gegen diesen Blick lauter Worte und Erinnerungen ins Feld geführt, welche seiner einstigen Welt angehörten, Worte, die keinen Sinn mehr hatten, Gründe, an die er nicht mehr glaubte? Er hatte Urteile seiner Frau, Worte seiner Kollegen, Gedanken und Meinungen seines einstigen Ich, des nicht mehr vorhandenen Bürgers und Beamten Klein, gegen jene gelbe Dame und ihren unangenehmen Blick aufgeboten, er hatte das Bedürfnis gehabt, sich gegen diesen Blick mit allen erdenklichen Mitteln zu rechtfertigen, und hatte einsehen müssen, daß seine Mittel lauter alte Münzen waren, welche nicht mehr galten. Und aus allen diesen langen, peinlichen Erwägungen war ihm nichts geworden als Beklemmung, Unruhe und leidvolles Gefühl des eigenen Unrechts! Nur einen einzigen Moment aber hatte er jenen andren, so sehr zu wünschenden Zustand wieder empfunden, einen Moment lang hatte er innerlich zu all jenen peinlichen Erwägungen den Kopf geschüttelt und es besser gewußt. Er hatte gewußt, eine Sekunde lang: Meine Gedanken über die Gelbe sind dumm und unwürdig, Schicksal steht über ihr wie über mir, Gott liebt sie, wie er mich liebt.

Woher war diese holde Stimme gekommen? Wo konnte man sie wiederfinden, wie sie wieder herbeilocken, auf welchem Ast saß dieser seltne, scheue Vogel? Diese Stimme sprach die Wahrheit, und Wahrheit war Wohltat, Heilung, Zuflucht. Diese Stimme entstand, wenn man im Herzen mit dem Schicksal einig war und sich selber liebte; sie war Got-

tes Stimme, oder war die Stimme des eigenen, wahrsten, innersten Ich, jenseits von allen Lügen, Entschuldigungen und Komödien.
Warum konnte er diese Stimme nicht immer hören? Warum flog die Wahrheit an ihm immer vorbei wie ein Gespenst, das man nur mit halbem Blick im Vorbeihuschen sehen kann und das verschwindet, wenn man den vollen Blick darauf richtet? Warum sah er wieder und wieder diese Glückspforte offenstehen, und wenn er hineinwollte, war sie doch geschlossen!
In seinem Zimmer aus einem Schlummer aufwachend, griff er nach einem Bändchen Schopenhauer, das auf dem Tischchen lag und das ihn meistens auf Reisen begleitete. Er schlug blindlings auf und las einen Satz: „Wenn wir auf unsern zurückgelegten Lebensweg zurücksehn und zumal unsre unglücklichen Schritte, nebst ihren Folgen, ins Auge fassen, so begreifen wir oft nicht, wie wir haben dieses tun, oder jenes unterlassen können; so daß es aussieht, als hätte eine fremde Macht unsre Schritte gelenkt. Goethe sagt im Egmont: Es glaubt der Mensch sein Leben zu leiten, sich selbst zu führen; und sein Innerstes wird unwiderstehlich nach seinem Schicksal gezogen." – Stand da nicht etwas, was ihn anging? Was mit seinen heutigen Gedanken nah und innig zusammenhing? – Begierig las er weiter, doch es kam nichts mehr, die folgenden Zeilen und Sätze ließen ihn unberührt. Er legte das Buch weg, sah auf die Taschenuhr, fand sie unaufgezogen und abgelaufen, stand auf und blickte durchs Fenster, es schien gegen Abend zu sein.
Er fühlte sich etwas angegriffen wie nach starker geistiger Anstrengung, aber nicht unangenehm und fruchtlos erschöpft, sondern sinnvoll ermüdet wie nach befriedigender Arbeit. Ich habe wohl eine Stunde oder mehr geschlafen, dachte er, und trat vor den Spiegelschrank, um sein Haar zu bürsten. Es war ihm seltsam frei und wohl zumute, und im Spiegel sah er sich lächeln! Sein bleiches überanstrengtes Gesicht, das er seit langem nur noch verzerrt und starr und irr gesehen hatte, stand in einem sanften, freundlichen, guten Lächeln. Verwundert schüttelte er den Kopf und lächelte sich selber zu.
Er ging hinab, im Restaurant wurde an einigen Tischen schon soupiert. Hatte er nicht eben erst gegessen? Einerlei,

er hatte große Lust, es sofort wieder zu tun, und er bestellte, mit Eifer den Kellner befragend, eine gute Mahlzeit.
„Will der Herr vielleicht heut abend nach Castiglione fahren?" fragte ihn der Kellner beim Vorlegen. „Es geht ein Motorboot vom Hotel."
Klein dankte mit Kopfschütteln. Nein, solche Hotelveranstaltungen waren nichts für ihn. – Castiglione? Davon hatte er schon sprechen hören. Es war ein Vergnügungsort mit einer Spielbank, so etwas wie ein kleines Monte Carlo. Lieber Gott, was sollte er dort tun?
Während der Kaffee gebracht wurde, nahm er aus dem Blumenstrauß, der in einer Kristallvase vor ihm stand, eine kleine weiße Rose und steckte sie an. Von einem Nebentische her streifte ihn der Rauch einer frisch angezündeten Zigarre. Richtig, eine gute Zigarre wollte er auch haben.
Unschlüssig stieg er dann vor dem Hause hin und her. Ganz gerne wäre er wieder in jene dörfliche Gegend gegangen, wo er gestern abend beim Gesang der Italienerin und dem magischen Funkentanz der Leuchtkäfer zum erstenmal die süße Wirklichkeit des Südens gespürt hatte. Aber es zog ihn auch zum Park, an das schattig überlaubte stille Wasser, zu den seltsamen Bäumen, und wenn er die Dame mit dem gelben Haar wieder angetroffen hätte, so würde ihr kalter Blick ihn jetzt nicht ärgern noch beschämen. Übrigens – wie unausdenklich lang war es seit gestern! Wie fühlte er sich in diesem Süden schon heimisch! Wieviel hatte er erlebt, gedacht, erfahren!
Er schlenderte eine Straße weit, umflossen von einem guten, sanften Sommerabendwind. Nachtfalter kreisten leidenschaftlich um die eben entzündeten Straßenlaternen, fleißige Leute schlossen spät ihre Geschäfte zu und klappten Eisenstangen vor die Läden, viele Kinder trieben sich noch herum und rannten bei ihren Spielen zwischen den kleinen Tischen der Cafés herum, an denen mitten auf der Straße Kaffee und Limonaden getrunken wurden. Ein Marienbild in einer Wandnische lächelte im Schein brennender Lichter. Auch auf den Bänken am See war noch Leben, wurde gelacht, gestritten, gesungen, und auf dem Wasser schwamm hier und dort noch ein Boot mit hemdärmeligen Ruderern und Mädchen in weißen Blusen.

Klein fand leicht den Weg zum Park wieder, aber das hohe Tor stand geschlossen. Hinter den hohen Eisenstangen stand die schweigende Baumfinsternis fremd und schon voll Nacht und Schlaf. Er blickte lang hinein. Dann lächelte er, und es wurde ihm nun erst der heimliche Wunsch bewußt, der ihn an diese Stelle vor das verschlossene Eisentor getrieben hatte. Nun, es war einerlei, es ging auch ohne Park.
Auf einer Bank am See saß er friedlich und sah dem vorübertreibenden Volk zu. Er entfaltete im hellen Laternenlicht eine italienische Zeitung und versuchte zu lesen. Er verstand nicht alles, aber jeder Satz, den er zu übersetzen vermochte, machte ihm Spaß. Erst allmählich begann er, über die Grammatik weg, auf den Sinn zu achten, und fand mit einem gewissen Erstaunen, daß der Artikel eine heftige, erbitterte Schmähung seines Volkes und Vaterlandes war. Wie seltsam, dachte er, das alles gibt es noch! Die Italiener schrieben über sein Volk, genau so wie die heimischen Zeitungen es immer über Italien getan hatten, genau so richtig, genau so empört, genau so unfehlbar vom eigenen Recht und fremden Unrecht überzeugt! Auch daß diese Zeitung mit ihrem Haß und ihrem grausamen Aburteilen ihn nicht zu empören und zu ärgern vermochte, war ja seltsam. Oder nicht? Nein, wozu sich empören? Das alles war ja die Art und Sprache einer Welt, zu der er nicht mehr gehörte. Sie mochte die gute, die bessere, die richtige Welt sein – es war nicht mehr die seine.
Er ließ die Zeitung auf der Bank liegen und ging weiter. Aus einem Garten strahlten über dicht blühenden Rosenstämmen hinweg hundert bunte Lichter. Menschen gingen hinein, er schloß sich an, eine Kasse, Aufwärter, eine Wand mit Plakaten. Mitten im Garten war ein Saal ohne Wände, nur ein großes Zeltdach, von welchem alle die zahllosen vielfarbigen Lampen niederhingen. Viele halbbesetzte Gartentische füllten den luftigen Saal; im Hintergrunde silbern, grün und rosa in grellen Farben glitzerte überhell eine schmale erhöhte Bühne. Unter der Rampe saßen Musikanten, ein kleines Orchester. Beschwingt und licht atmete die Flöte in die bunte warme Nacht hinaus, die Oboe satt und schwellend, das Cello sang dunkel, bang und warm. Auf der Bühne darüber sang ein alter Mann komische Lieder, sein

gemalter Mund lachte starr, in seinem kahlen bekümmerten Schädel spiegelte das üppige Licht.

Klein hatte nichts dergleichen gesucht, einen Augenblick fühlte er etwas wie Enttäuschung und Kritik und die alte Scheu vor dem einsamen Sitzen inmitten einer frohen und eleganten Menge; die künstliche Lustbarkeit schien ihm schlecht in den duftenden Gartenabend zu stimmen. Doch setzte er sich, und das aus so vielen buntfarbigen gedämpften Lampen niederrinnende Licht versöhnte ihn alsbald, es hing wie ein Zauberschleier über dem offenen Saal. Zart und innig glühte die kleine Musik herüber, gemischt mit dem Duft der vielen Rosen. Die Menschen saßen heiter und geschmückt in gedämpfter Fröhlichkeit; über Tassen, Flaschen und Eisbechern schwebten, von dem milden farbigen Licht hold behaucht und bepudert, helle Gesichter und schillernde Frauenhüte, und auch das gelbe und rosige Eis in den Bechern, die Gläser mit roten, grünen, gelben Limonaden klangen in dem Bilde festlich und juwelenhaft mit.

Niemand hörte dem Komiker zu. Der dürftige Alte stand gleichgültig und vereinsamt auf seiner Bühne und sang, was er gelernt hatte, das köstliche Licht floß an seiner armen Gestalt herab. Er endete sein Lied und schien zufrieden, daß er gehen konnte. An den vordersten Tischen klatschten zwei, drei Menschen mit den Händen. Der Sänger trat ab und erschien bald darauf durch den Garten im Saale, an einem der ersten Tische beim Orchester nahm er Platz. Eine junge Dame schenkte ihm Sodawasser in ein Glas, sie erhob sich dabei halb, und Klein blickte hin. Es war die mit den gelben Haaren.

Jetzt tönte von irgendwoher eine schrille Klingel lang und dringlich, es entstand Bewegung in der Halle. Viele gingen ohne Hut und Mantel hinaus. Auch der Tisch beim Orchester leerte sich, die Gelbe lief mit den andern hinaus, ihr Haar glänzte hell noch draußen in der Gartendämmerung. An dem Tisch blieb nur der alte Sänger sitzen.

Klein gab sich einen Stoß und ging hinüber. Er grüßte den Alten höflich, der nickte nur.

„Können Sie mir sagen, was dies Klingeln bedeutet?“ fragte Klein.

„Pause“, sagte der Komiker.

„Und wohin sind all die Leute gegangen?“

„Spielen. Jetzt ist eine halbe Stunde Pause, und so lange kann man im Kursaal drüben spielen."
„Danke. – Ich wußte nicht, daß auch hier eine Spielbank ist."
„Nicht der Rede wert. Nur für Kinder, höchster Einsatz fünf Franken."
„Danke sehr."
Er hatte schon wieder den Hut gezogen und sich umgedreht. Da fiel ihm ein, er könnte den Alten nach der Gelben fragen. Der kannte sie.
Er zögerte, den Hut noch in der Hand. Dann ging er weg. Was wollte er eigentlich? Was ging sie ihn an? Doch spürte er, sie ging ihn trotzdem an. Es war nur Schüchternheit, irgendein Wahn, eine Hemmung. Eine leise Welle von Unmut stieg in ihm auf, eine dünne Wolke. Schwere war wieder im Anzug, jetzt war er wieder befangen, unfrei und über sich selbst ärgerlich. Es war besser, er ging nach Hause. Was tat er hier, unter den vergnügten Leuten? Er gehörte nicht zu ihnen.
Ein Kellner, der Zahlung verlangte, störte ihn. Er war ungehalten. „Können Sie nicht warten, bis ich rufe?"
„Entschuldigen, ich dachte, der Herr wolle gehen. Mir ersetzt es niemand, wenn einer rausläuft."
Er gab mehr Trinkgeld, als nötig war.
Als er die Halle verließ, sah er aus dem Garten her die Gelbe zurückkommen. Er wartete und ließ sie an sich vorübergehen. Sie schritt aufrecht, stark und leicht wie auf Federn. Ihr Blick traf ihn, kühl, ohne Erkennen. Er sah ihr Gesicht hell beleuchtet, ein ruhiges und kluges Gesicht, fest und blaß, ein wenig blasiert, der geschminkte Mund blutrot, graue Augen voll Wachsamkeit, ein schönes, reich ausgeformtes Ohr, an dem ein grüner länglicher Stein blitzte. Sie ging in weißer Seide, der schlanke Hals sank in Opalschatten hinab, von einer dünnen Kette mit grünen Steinen umspannt.
Er sah sie an, heimlich erregt, und wieder mit zwiespältigem Eindruck. Etwas an ihr lockte, erzählte von Glück und Innigkeit, duftete nach Fleisch und Haar und gepflegter Schönheit, und etwas anderes stieß ab, schien unecht, ließ Enttäuschung fürchten. Es war die alte, anerzogene und ein Leben lang gepflegte Scheu vor dem, was er als dirnenhaft

empfand, vor dem bewußten Sichzeigen des Schönen, vor dem offenen Erinnern an Geschlecht und Liebeskampf. Er spürte wohl, daß der Zwiespalt in ihm selbst lag. Da war wieder Wagner, da war wieder die Welt des Schönen, aber ohne Zucht, des Reizenden, aber ohne Verstecktheit, ohne Scheu, ohne schlechtes Gewissen. Da steckte ein Feind in ihm, der ihm das Paradies verbot.

Die Tische in der Halle wurden jetzt von Dienern umgestellt und ein freier Raum in der Mitte geschaffen. Ein Teil der Gäste war nicht wiedergekommen.

„Dableiben", rief ein Wunsch in dem einsamen Mann. Er spürte voraus, was für eine Nacht ihm bevorstand, wenn er jetzt fortging. Eine Nacht wie die vorige, wahrscheinlich eine noch schlimmere. Wenig Schlaf, mit bösen Träumen, Hoffnungslosigkeit und Selbstquälerei, dazu das Geheul der Sinne, der Gedanke an die Kette von grünen Steinen auf der weißen und perlfarbigen Frauenbrust. Vielleicht war schon bald, bald der Punkt erreicht, wo das Leben nicht mehr auszuhalten war. Und er hing doch am Leben, sonderbar genug. Ja, tat er das? Wäre er denn sonst hier? Hätte er seine Frau verlassen, hätte er die Schiffe hinter sich verbrannt, hätte er diesen ganzen bösartigen Apparat in Anspruch genommen, alle diese Schnitte ins eigene Fleisch, und wäre er schließlich in diesen Süden hergereist, wenn er nicht am Leben hinge, wenn nicht Wunsch und Zukunft in ihm waren? Hatte er es nicht heut gefühlt, klar und wunderschön, bei dem guten Wein, vor dem geschlossenen Parktor, auf der Bank am Kai?

Er blieb und fand Platz am Tisch neben jenem, wo der Sänger und die Gelbe saßen. Dort waren sechs, sieben Menschen beisammen, welche sichtlich hier zu Hause waren, gewissermaßen ein Teil dieser Veranstaltung und Lustbarkeit waren. Er blickte beständig zu ihnen hinüber. Zwischen ihnen und den Stammgästen dieses Gartens bestand Vertraulichkeit, auch die Leute vom Orchester kannten sie und gingen an ihrem Tische ab und zu oder riefen Witze herüber, sie nannten die Kellner du und mit den Vornamen. Es wurde deutsch, italienisch und französisch durcheinander gesprochen.

Klein betrachtete die Gelbe. Sie blieb ernst und kühl, er hatte sie noch nicht lächeln sehen, ihr beherrschtes Gesicht schien unveränderlich. Er konnte sehen, daß sie an ihrem Tische etwas galt, Männer und Mädchen hatten gegen sie einen Ton von kameradschaftlicher Achtung. Er hörte nun auch ihren Namen nennen: Teresina. Er besann sich, ob sie schön sei, ob sie ihm eigentlich gefalle. Er konnte es nicht sagen. Schön war ohne Zweifel ihr Wuchs und ihr Gang, sogar ungewöhnlich schön, ihre Haltung beim Sitzen und die Bewegungen ihrer sehr gepflegten Hände. An ihrem Gesicht und Blick aber beschäftigte und irritierte ihn die stille Kühle, die Sicherheit und Ruhe der Miene, das fast maskenhaft Starre. Sie sah aus wie ein Mensch, der seinen eigenen Himmel und seine eigene Hölle hat, welche niemand mit ihm teilen kann. Auch in dieser Seele, welche durchaus hart, spröde und vielleicht stolz, ja böse schien, auch in dieser Seele mußte Wunsch und Leidenschaft brennen. Welcherlei Gefühle suchte und liebte sie, welche floh sie? Wo waren ihre Schwächen, ihre Ängste, ihr Verborgenes? Wie sah sie aus, wenn sie lachte, wenn sie schlief, wenn sie weinte, wenn sie küßte?

Und wie kam es, daß sie nun seit einem halben Tage seine Gedanken beschäftigte, daß er sie beobachten, sie studieren, sie fürchten, sich über sie ärgern mußte, während er noch nicht einmal wußte, ob sie ihm gefalle oder nicht?

War sie vielleicht ein Ziel und Schicksal für ihn? Zog eine heimliche Macht ihn zu ihr, wie sie ihn nach dem Süden gezogen hatte? Ein angeborener Trieb, eine Schicksalslinie, ein lebenslanger unbewußter Drang? War die Begegnung mit ihr ihm vorbestimmt? Über ihn verhängt?

Er hörte ein Bruchstück ihres Gesprächs mit angestrengtem Lauschen aus dem vielstimmigen Geplauder heraus. Zu einem hübschen, geschmeidigen, eleganten Jüngling mit gewelltem schwarzem Haar und glattem Gesicht hörte er sie sagen: „Ich möchte noch einmal richtig spielen, nicht hier, nicht um Pralinés, drüben in Castiglione oder in Monte Carlo.“ Und dann, auf seine Antwort hin, nochmals: „Nein, Sie wissen ja gar nicht, wie das ist! Es ist vielleicht häßlich, es ist vielleicht nicht klug, aber es ist hinreißend.“

Nun wußte er etwas von ihr. Es machte ihm großes Vergnügen, sie beschlichen und belauscht zu haben. Durch ein erleuchtetes kleines Fenster hatte er, der Fremde, von außen her, auf Posten stehend, einen kurzen Späherblick in ihre

Seele werfen können. Sie hatte Wünsche. Sie wurde von Verlangen gequält nach etwas, was erregend und gefährlich war, nach etwas, an das man sich verlieren konnte. Es war ihm lieb, das zu wissen. – Und wie war das mit Castiglione? Hatte er davon nicht heut schon einmal reden hören? Wann? Wo?

Einerlei, er konnte jetzt nicht denken. Aber er hatte jetzt wieder, wie schon mehrmals in diesen seltsamen Tagen, die Empfindung, daß alles, was er tat, hörte, sah und dachte, voll von Beziehung und Notwendigkeit war, daß ein Führer ihn leite, daß lange, ferne Ursachenreihen ihre Früchte trugen. Nun, mochten sie ihre Früchte tragen. Es war gut so.

Wieder überflog ihn ein Glücksgefühl, ein Gefühl von Ruhe und Sicherheit des Herzens, wunderbar entzückend für den, der die Angst und das Grauen kennt. Er erinnerte sich eines Wortes aus seiner Knabenzeit. Sie hatten, Schulknaben, miteinander darüber gesprochen, wie es wohl die Seiltänzer machen, daß sie so sicher und angstlos auf dem Seil gehen konnten. Und einer hatte gesagt: „Wenn du auf dem Stubenboden einen Kreidestrich ziehst, ist es gerade so schwer, genau auf diesem Kreidestrich vorwärtszugehen, wie auf dem dünnsten Seil. Und doch tut man es ruhig, weil keine Gefahr dabei ist. Wenn du dir vorstellst, es sei bloß ein Kreidestrich, und die Luft daneben sei Fußboden, dann kannst du auf jedem Seil sicher gehen." Das fiel ihm ein. Wie schön war das! War es bei ihm nicht vielleicht umgekehrt? Ging es ihm nicht so, daß er auch auf keinem ebenen Boden mehr ruhig und sicher gehen konnte, weil er ihn für ein Seil hielt?

Er war innig froh darüber, daß solche tröstliche Sachen ihm einfallen konnten, daß sie in ihm schlummerten und je und je zum Vorschein kamen. In sich innen trug man alles, worauf es ankam, von außen konnte niemand einem helfen. Mit sich selbst nicht im Krieg liegen, mit sich selbst in Liebe und Vertrauen leben – dann konnte man alles. Dann konnte man nicht nur seiltanzen, dann konnte man fliegen.

Eine Weile hing er, alles um sich her vergessend, diesen Gefühlen auf weichen, schlüpfrigen Pfaden der Seele in sich nachtastend wie ein Jäger und Pfadfinder, mit auf die Hand gestütztem Kopfe wie entrückt über seinem Tisch. In diesem Augenblick sah die Gelbe herüber und sah ihn an. Ihr Blick verweilte nicht lang, aber er las aufmerksam in seinem Gesicht, und als er es fühlte und ihr entgegenblickte, spürte er etwas wie Achtung, etwas wie Teilnahme und auch etwas wie Verwandtschaft. Diesmal tat ihr Blick ihm nicht weh, tat ihm nicht Unrecht. Diesmal, so fühlte er, sah sie ihn, ihn selbst, nicht seine Kleider und Manieren, seine Frisur und seine Hände, sondern das Echte, Unwandelbare, Geheimnisvolle an ihm, das Einmalige, Göttliche, das Schicksal.

Er bat ihr ab, was er heut Bittres und Häßliches über sie gedacht hatte. Aber nein, da war nichts abzubitten. Was er Böses und Törichtes über sie gedacht, gegen sie gefühlt hatte, das waren Schläge gegen ihn selbst gewesen, nicht gegen sie. Nein, es war gut so.

Plötzlich erschreckte ihn der Wiederbeginn der Musik. Das Orchester stimmte einen Tanz an. Aber die Bühne blieb leer und dunkel, statt auf sie waren die Blicke der Gäste nach dem leeren Viereck zwischen den Tischen gerichtet. Er erriet, es würde getanzt werden.

Aufblickend sah er am Nebentisch die Gelbe und den jungen bartlosen Elegant sich erheben. Er lächelte über sich, als er bemerkte, wie er auch gegen diesen Jüngling Widerstände fühlte, wie er nur mit Widerwillen seine Eleganz, seine sehr netten Manieren, sein hübsches Haar und Gesicht anerkannte. Der Jüngling bot ihr die Hand, führte sie in den freien Raum, ein zweites Paar trat an, und nun tanzten die beiden Paare elegant, sicher und hübsch einen Tango. Er verstand nicht viel davon, aber er sah bald, daß Teresina wunderbar tanze. Er sah: sie tat etwas, was sie verstand und bemeisterte, was in ihr lag und natürlich aus ihr herauskam. Auch der Jüngling mit dem gewellten schwarzen Haar tanzte gut, sie paßten zusammen. Ihr Tanz erzählte den Zuschauern lauter angenehme, lichte, einfache und freundliche Dinge. Leicht und zart lagen ihre Hände ineinander, willig und froh taten ihre Knie, ihre Arme, ihre Füße und Leiber die zartkräftige Arbeit. Ihr Tanz drückte Glück und Freude aus, Schönheit und Luxus, gute Lebensart und Lebenskunst. Er drückte auch Liebe und Geschlechtlichkeit aus, aber nicht wild und glühend, sondern eine Liebe voll Selbstverständlichkeit, Naivität und Anmut.

Sie tanzten den reichen Leuten, den Kurgästen das Schöne vor, das in deren Leben lag und das diese selber nicht ausdrücken und ohne eine solche Hilfe nicht einmal empfinden konnten. Diese bezahlten, geschulten Tänzer dienten der guten Gesellschaft zu einem Ersatz. Sie, die selber nicht so gut und geschmeidig tanzten, die angenehme Spielerei ihres Lebens nicht recht genießen konnten, ließen sich von diesen Leuten vortanzen, wie gut sie es hatten. Aber das war es nicht allein. Sie ließen sich nicht nur eine Schwerelosigkeit und heitere Selbstherrlichkeit des Lebens vorspielen, sie wurden auch an Natur und Unschuld der Gefühle und Sinne gemahnt. Aus ihrem überhasteten und überarbeiteten oder auch faulen und übersättigten Leben, das zwischen wilder Arbeit, wildem Vergnügen und erzwungener Sanatoriumspönitenz pendelte, blickten sie lächelnd, dumm und heimlich gerührt auf den Tanz dieser hübschen und gewandten jungen Menschen wie auf einen holden Lebensfrühling hin, wie auf ein fernes Paradies, das man verloren hat und von dem man nur noch an Feiertagen den Kindern erzählt, an das man kaum mehr glaubt, von dem man aber nachts mit brennendem Begehren träumt.

Und nun ging während des Tanzes mit dem Gesicht der Gelbhaarigen eine Veränderung vor, welcher Friedrich Klein mit reinem Entzücken zuschaute. Ganz allmählich und unmerklich, wie das Rosenrot über einen Morgenhimmel, kam über ihr ernstes, kühles Gesicht ein langsam wachsendes, langsam sich erwärmendes Lächeln. Gradaus vor sich hinblickend, lächelte sie wie erwachend, so als sei sie, die Kühle, erst nun durch den Tanz zum vollen Leben erwärmt worden. Auch der Tänzer lächelte, und auch das zweite Paar lächelte, und auf allen vier Gesichtern war es wunderhübsch, obwohl es wie maskenhaft und unpersönlich erschien – aber bei Teresina war es am schönsten und geheimnisvollsten, niemand lächelte so wie sie, so unberührt von außen, so im eigenen Wohlgefühl von innen her aufblühend. Er sah es mit tiefer Rührung, es ergriff ihn wie die Entdeckung eines heimlichen Schatzes.

„Was für wundervolles Haar sie hat!" hörte er in der Nähe jemand leise rufen. Er dachte daran, daß er dies wundervolle blondgelbe Haar geschmäht und bezweifelt hatte.

Der Tango war zu Ende, Klein sah Teresina einen Augenblick neben ihrem Tänzer stehen, der ihre linke Hand mit den Fingern noch in Schulterhöhe hielt, und sah den Zauber auf ihrem Gesicht nachleuchten und langsam schwinden. Es wurde halblaut geklatscht, und jedermann blickte den beiden nach, als sie mit schwebendem Schritt an ihren Tisch zurückkehrten.

Der nächste Tanz, der nach einer kurzen Pause begann, wurde nur von einem einzigen Paar ausgeführt, von Teresina und ihrem hübschen Partner. Es war ein freier Phantasietanz, eine kleine komplizierte Dichtung, beinahe schon eine Pantomime, die jeder Tänzer für sich allein spielte und die nur in einigen aufleuchtenden Höhepunkten und im galoppierend raschen Schlußtanz zum Paartanz wurde.

Hier schwebte Teresina, die Augen voll von Glück, so aufgelöst und innig dahin, folgte mit schwerelosen Gliedern so selig den Werbungen der Musik, daß es still in der Halle wurde und alle hingegeben auf sie schauten. Der Tanz endete mit einem heftigen Wirbel, wobei Tänzer und Tänzerin sich nur mit Händen und Fußspitzen berührten und sich, weit hintenüber hängend, bacchantisch im Kreise drehten.

Bei diesem Tanz hatte jedermann das Gefühl, daß die beiden Tanzenden in ihren Gebärden und Schritten, in Trennung und Wiedervereinigung, in immer erneutem Wegwerfen und Wiedergreifen des Gleichgewichtes Empfindungen darstellten, die allen Menschen vertraut und zutiefst erwünscht sind, die aber nur von wenigen Glücklichen so einfach, stark und unverborgen erlebt werden: die Freude des gesunden Menschen an sich selber, die Steigerung dieser Freude in der Liebe zum andern, das gläubige Einverstandensein mit der eigenen Natur, die vertrauensvolle Hingabe an die Wünsche, Träume und Spiele des Herzens. Viele empfanden für einen Augenblick nachdenkliche Trauer darüber, daß zwischen ihrem Leben und ihren Trieben so viel Zwiespalt und Streit bestand, daß ihr Leben kein Tanz, sondern ein mühsames Keuchen unter Lasten war – Lasten, die schließlich nur sie selber sich aufgebürdet hatten.

Friedrich Klein blickte, während er dem Tanz folgte, durch viele vergangene Jahre seines Lebens hindurch wie durch einen finstern Tunnel, und jenseits lag in Sonne und Wind grün und strahlend das Verlorene, die Jugend, das

starke einfache Fühlen, die gläubige Bereitschaft zum Glück – und all dies lag wieder seltsam nah, nur einen Schritt weit, durch Zauber herangezogen und gespiegelt.
Das innige Lächeln des Tanzes noch auf dem Gesicht, kam Teresina jetzt an ihm vorüber. Ihn durchfloß Freude und entzückte Hingabe. Und als habe er sie gerufen, blickte sie ihn plötzlich innig an, noch nicht erwacht, die Seele noch voll Glück, das süße Lächeln noch auf den Lippen. Und auch er lächelte ihr zu, dem nahen Glücksschimmer, durch den finstern Schacht so vieler verlorener Jahre.
Zugleich stand er auf, und gab ihr die Hand, wie ein alter Freund, ohne ein Wort zu sagen. Die Tänzerin nahm sie und hielt sie einen Augenblick fest, ohne stehenzubleiben. Er folgte ihr. Am Tisch der Künstler wurde ihm Platz gemacht, nun saß er neben Teresina und sah die länglichen grünen Steine auf der hellen Haut ihres Halses schimmern.
Er nahm nicht an den Gesprächen teil, von denen er das wenigste verstand. Hinter Teresinas Kopf sah er, im grelleren Licht der Gartenlaternen, die blühenden Rosenstämme, dunkle volle Kugeln, abgezeichnet, hier und da von Leuchtkäfern überflogen. Seine Gedanken ruhten, es gab nichts zu denken. Die Rosenkugeln schaukelten leicht im Nachtwind. Teresina saß neben ihm, an ihrem Ohr hing glitzernd der grüne Stein. Die Welt war in Ordnung.
Jetzt legte Teresina die Hand auf seinen Arm.
„Wir werden miteinander sprechen. Nicht hier. Ich erinnere mich jetzt, Sie im Park gesehen zu haben. Ich bin morgen dort, um die gleiche Zeit. Ich bin jetzt müde und muß bald schlafen. Gehen Sie lieber vorher, sonst pumpen meine Kollegen Sie an."
Da ein Kellner vorüberlief, hielt sie ihn an:
„Eugenio, der Herr will zahlen."
Er zahlte, gab ihr die Hand, zog den Hut, und ging davon, dem See nach, er wußte nicht wohin. Unmöglich, jetzt sich in sein Hotelzimmer zu legen. Er lief die Seestraße weiter, zum Städtchen und den Vororten hinaus, bis die Bänke am Ufer und die Anlagen ein Ende nahmen. Da setzte er sich auf die Ufermauer und sang vor sich hin, ohne Stimme, verschollene Liederbruchstücke aus Jugendjahren. Bis es kalt wurde und die steilen Berge eine feindselige Fremdheit annahmen. Da ging er zurück, den Hut in der Hand.

Ein verschlafener Nachtportier öffnete ihm die Tür.
„Ja, ich bin etwas spät“, sagte Klein und gab ihm einen Franken.
„Oh, wir sind das gewohnt. Sie sind noch nicht der letzte. Das Motorboot von Castiglione ist auch noch nicht zurück.“

3

Die Tänzerin war schon da, als Klein sich im Park einfand. Sie ging mit ihrem federnden Schritt im Innern des Gartens um die Rasenstücke und stand plötzlich am schattigen Eingang eines Gehölzes vor ihm.
Teresina musterte ihn aufmerksam mit den hellgrauen Augen, ihr Gesicht war ernst und etwas ungeduldig. Sofort im Gehen fing sie zu sprechen an.
„Können Sie mir sagen, was das gestern war? Wie kommt das, daß wir uns so in den Weg liefen? Ich habe darüber nachgedacht. Ich sah Sie gestern im Kursaalgarten zweimal. Das erste Mal standen Sie am Ausgang und sahen mich an, Sie sahen gelangweilt oder geärgert aus, und als ich Sie sah, fiel mir ein: dem bin ich schon einmal im Park begegnet. Es war kein guter Eindruck, und ich gab mir Mühe, Sie gleich wieder zu vergessen. Dann sah ich Sie wieder, kaum eine Viertelstunde später. Sie saßen am Nebentisch und sahen plötzlich ganz anders aus, ich merkte nicht gleich, daß Sie derselbe seien, der mir vorher begegnet war. Und dann, nach meinem Tanz, standen Sie auf einmal vor mir und hielten mich an der Hand, oder ich Sie, ich weiß nicht recht. Wie ging das zu? Sie müssen doch etwas wissen. Aber ich hoffe, Sie sind nicht etwa gekommen, um mir Liebeserklärungen zu machen?“
Sie sah ihn befehlend an.
„Ich weiß nicht“, sagte Klein. „Ich bin nicht mit bestimmten Absichten gekommen. Ich liebe Sie, seit gestern, aber wir brauchen ja nicht davon zu sprechen.“
„Ja, sprechen wir von anderm. Es war gestern einen Augenblick etwas zwischen uns da, was mich beschäftigt und auch erschreckt hat, als hätten wir irgend etwas Ähnliches oder Gemeinsames. Was ist das? Und, die Hauptsache: Was war

das für eine Verwandlung mit Ihnen? Wie war es möglich, daß Sie innerhalb einer Stunde zwei so ganz verschiedene Gesichter haben konnten? Sie sahen aus wie ein Mensch, der sehr Wichtiges erlebt hat."

„Wie sah ich aus?" fragte er kindlich.

„Oh, zuerst sahen Sie aus wie ein älterer, etwas vergrämter, unangenehmer Herr. Sie sahen aus wie ein Philister, wie ein Mann, der gewohnt ist, den Zorn über seine eigene Unfähigkeit an andern auszulassen."

Er hörte mit gespannter Teilnahme zu und nickte lebhaft. Sie fuhr fort:

„Und dann, nachher, das läßt sich nicht gut beschreiben. Sie saßen etwas vorgebückt; als Sie mir zufällig in die Augen fielen, dachte ich in der ersten Sekunde noch: Herrgott, haben diese Philister traurige Haltungen! Sie hatten den Kopf auf die Hand gestützt, und das sah nun plötzlich so seltsam aus: es sah aus, als wären Sie der einzige Mensch in der Welt, und als sei es Ihnen ganz und gar einerlei, was mit Ihnen und mit der ganzen Welt geschähe. Ihr Gesicht war wie eine Maske, schauderhaft traurig oder auch schauderhaft gleichgültig –"

Sie brach ab, schien nach Worten zu suchen, sagte aber nichts.

„Sie haben recht", sagte Klein bescheiden. „Sie haben so richtig gesehen, daß ich erstaunt sein müßte. Sie haben mich gelesen wie einen Brief. Aber eigentlich ist es ja nur natürlich und richtig, daß Sie das alles sahen."

„Warum natürlich?"

„Weil Sie, auf eine etwas andere Art, beim Tanzen ganz das gleiche ausdrücken. Wenn Sie tanzen, Teresina, und auch sonst in manchen Augenblicken, sind Sie wie ein Baum oder ein Berg oder Tier, oder ein Stern, ganz für sich, ganz allein. Sie wollen nichts anderes sein, als was Sie sind, einerlei ob gut oder böse. Ist es nicht das gleiche, was Sie bei mir sahen?"

Sie betrachtete ihn prüfend, ohne Antwort zu geben.

„Sie sind ein wunderlicher Mensch", sagte sie dann zögernd. „Und wie ist das nun: sind Sie wirklich so, wie Sie da aussahen? Ist Ihnen wirklich alles einerlei, was mit Ihnen geschieht?"

„Ja. Nur nicht immer. Ich habe oft auch Angst. Aber dann

kommt es wieder, und die Angst ist fort, und dann ist alles einerlei. Dann ist man stark. Oder vielmehr: einerlei ist nicht das Richtige: alles ist köstlich und willkommen, es sei, was es sei."

„Einen Augenblick hielt ich es sogar für möglich, daß Sie ein Verbrecher wären."

„Auch das ist möglich. Es ist sogar wahrscheinlich. Sehen Sie, ein ‚Verbrecher', das sagt man so, und man meint damit, daß einer etwas tut, was andre ihm verboten haben. Er selber aber, der Verbrecher, tut ja nur, was in ihm ist. – Sehen Sie, das ist die Ähnlichkeit, die wir beide haben: wir beide tun hier und da, in seltnen Augenblicken, das, was in uns ist. Nichts ist seltener, die meisten Menschen kennen das überhaupt nicht. Auch ich kannte es nicht, ich sagte, dachte, tat, lebte nur Fremdes, nur Gelerntes, nur Gutes und Richtiges, bis es eines Tages damit zu Ende war. Ich konnte nicht mehr, ich mußte fort, das Gute war nicht mehr gut, das Richtige war nicht mehr richtig, das Leben war nicht mehr zu ertragen. Aber ich möchte es dennoch ertragen, ich liebe es sogar, obwohl es soviel Qualen bringt."

„Wollen Sie mir sagen, wie Sie heißen und wer Sie sind?"

„Ich bin der, den Sie vor sich sehen, sonst nichts. Ich habe keinen Namen und keinen Titel und auch keinen Beruf. Ich mußte das alles aufgeben. Mit mir steht es so, daß ich nach einem langen braven und fleißigen Leben eines Tages aus dem Nest gefallen bin, es ist noch nicht lange her, und jetzt muß ich untergehen oder fliegen lernen. Die Welt geht mich nichts mehr an, ich bin jetzt ganz allein."

Etwas verlegen fragte sie: „Waren Sie in einer Anstalt?"

„Verrückt, meinen Sie? Nein. Obwohl auch das möglich wäre." Er wurde zerstreut, Gedanken packten ihn von innen. Mit beginnender Unruhe sprach er fort: „Wenn man darüber redet, wird auch das Einfachste gleich kompliziert und unverständlich. Wir sollten gar nicht davon sprechen! – Man tut das ja auch nur, man spricht nur dann darüber, wenn man es nicht verstehen will."

„Wie meinen Sie das? Ich will wirklich verstehen. Glauben Sie mir! Es interessiert mich sehr."

Er lächelte lebhaft.

„Ja, ja. Sie wollen sich darüber unterhalten. Sie haben etwas erlebt und wollen jetzt darüber reden. Ach, es hilft nichts.

Reden ist der sichere Weg dazu, alles mißzuverstehen, alles seicht und öde zu machen. – Sie wollen mich ja nicht verstehen und auch sich selber nicht! Sie wollen bloß Ruhe haben vor der Mahnung, die Sie gespürt haben. Sie wollen mich und die Mahnung damit abtun, daß Sie die Etikette finden, unter der Sie mich einreihen können. Sie versuchen es mit dem Verbrecher und mit dem Geisteskranken, Sie wollen meinen Stand und Namen wissen. Das alles führt aber nur weg vom Verstehen, das alles ist Schwindel, liebes Fräulein, ist schlechter Ersatz für Verstehen, ist vielmehr Flucht vor dem Verstehenwollen, vor dem Verstehenmüssen."

Er unterbrach sich, strich gequält mit der Hand über die Augen, dann schien ihm etwas Freundliches einzufallen, er lächelte wieder. „Ach, sehen Sie, als Sie und ich gestern einen Augenblick lang genau das gleiche fühlten, da sagten wir nichts und fragten nichts und dachten auch nichts – auf einmal gaben wir einander die Hand, und es war gut. Jetzt aber – jetzt reden wir und denken und erklären – und alles ist seltsam und unverständlich geworden, was so einfach war. Und doch wäre es ganz leicht für Sie, mich ebenso gut zu verstehen wie ich Sie."

„Sie glauben mich so gut zu verstehen?"

„Ja, natürlich. Wie Sie leben, weiß ich nicht. Aber Sie leben, wie ich es auch getan habe und wie alle es tun, meistens im Dunkeln und an sich selber vorbei, irgendeinem Zweck, einer Pflicht, einer Absicht nach. Das tun fast alle Menschen, daran ist die ganze Welt krank, daran wird sie auch untergehen. Manchmal aber, beim Tanzen zum Beispiel, geht die Absicht oder Pflicht Ihnen verloren, und Sie leben auf einmal ganz anders. Sie fühlen auf einmal so, als wären Sie allein auf der Welt, oder als könnten Sie morgen tot sein, und da kommt alles heraus, was Sie wirklich sind. Wenn Sie tanzen, stecken Sie damit sogar andere an. Das ist Ihr Geheimnis."

Sie ging eine Strecke weit rascher. Zuäußerst auf einem Vorsprung überm See blieb sie stehen.

„Sie sind sonderbar", sagte sie. „Manches kann ich verstehen. Aber – was wollten Sie eigentlich von mir?"

Er senkte den Kopf und sah einen Augenblick traurig aus.

„Sie sind es so gewohnt, daß man immer etwas von Ihnen haben will. Teresina, ich will von Ihnen nichts, was nicht Sie selber wollen und gerne tun. Daß ich Sie liebe, kann Ihnen gleichgültig sein. Es ist kein Glück, geliebt zu werden. Jeder Mensch liebt sich selber, und doch quälen sich Tausende ihr Leben lang. Nein, geliebt werden ist kein Glück. Aber lieben, das ist Glück!"
„Ich würde Ihnen gern irgendeine Freude machen, wenn ich könnte", sagte Teresina langsam, wie mitleidig.
„Das können Sie, wenn Sie mir erlauben, Ihnen irgendeinen Wunsch zu erfüllen."
„Ach, was wissen Sie von meinen Wünschen!"
„Allerdings, Sie sollten keine haben. Sie haben ja den Schlüssel zum Paradies, das ist Ihr Tanz. Aber ich weiß, daß Sie doch Wünsche haben, und das ist mir lieb. Und nun wissen Sie: da ist einer, dem macht es Spaß, Ihnen jeden Wunsch zu erfüllen."
Teresina besann sich. Ihre wachsamen Augen wurden wieder scharf und kühl. Was konnte er von ihr wissen? Da sie nichts fand, begann sie vorsichtig:
„Meine erste Bitte an Sie wäre, daß Sie aufrichtig sind. Sagen Sie mir, wer Ihnen etwas von mir erzählt hat."
„Niemand. Ich habe niemals mit einem Menschen über Sie gesprochen. Was ich weiß – es ist sehr wenig – weiß ich von Ihnen selbst. Ich hörte Sie gestern sagen, daß Sie sich wünschen, einmal in Castiglione zu spielen."
Ihr Gesicht zuckte.
„Ach so, Sie haben mich belauscht."
„Ja, natürlich. Ich habe Ihren Wunsch verstanden. Weil Sie nicht immer einig mit sich sind, suchen Sie nach Erregung und Betäubung."
„O nein, ich bin nicht so romantisch, wie Sie meinen. Ich suche beim Spiel nicht Betäubung, sondern einfach Geld. Ich möchte einmal reich sein oder doch sorgenfrei, ohne mich dafür verkaufen zu müssen. Das ist alles."
„Das klingt so richtig, und doch glaube ich es nicht. Aber wie Sie wollen! Sie wissen ja im Grunde ganz gut, daß Sie sich nie zu verkaufen brauchen. Reden wir nicht davon! Aber wenn Sie Geld haben wollen, sei es nun zum Spielen oder sonst, so nehmen Sie es doch von mir! Ich habe mehr, als ich brauche, glaube ich, und lege keinen Wert darauf."

Teresina zog sich wieder zurück.
„Ich kenne Sie ja kaum. Wie soll ich Geld von Ihnen nehmen?"
Er zog plötzlich den Hut, wie von einem Schmerz befallen, und brach ab.
„Was haben Sie?" rief Teresina.
„Nichts, nichts. – Erlauben Sie, daß ich gehe! Wir haben zuviel gesprochen, viel zuviel. Man sollte nie so viel sprechen."
Und da lief er schon, ohne Abschied genommen zu haben, rasch und wie von Verzweiflung hingeweht durch den Baumgang fort. Die Tänzerin sah ihm mit gestauten, uneinigen Empfindungen nach, aufrichtig verwundert über ihn und über sich.
Er aber lief nicht aus Verzweiflung, sondern nur aus unerträglicher Spannung und Gefülltheit. Es war ihm plötzlich unmöglich geworden, noch ein Wort zu sagen, noch ein Wort zu hören, er mußte allein sein, mußte notwendig allein sein, denken, horchen, sich selber zuhören. Das ganze Gespräch mit Teresina hatte ihn selbst in Erstaunen gesetzt und überrascht, die Worte waren ohne seinen Willen so gekommen, es hatte ihn wie ein Würgen das heftige Bedürfnis befallen, seine Erlebnisse und Gedanken mitzuteilen, zu formen, auszusprechen, sie sich selber zuzurufen. Er war erstaunt über jedes Wort, das er sich sagen hörte, aber mehr und mehr fühlte er, wie er sich in etwas hineinredete, was nicht mehr einfach und richtig war, wie er unnützerweise das Unbegreifliche zu erklären versuchte – und mit einemmal war es ihm unerträglich geworden, er hatte abbrechen müssen.
Jetzt aber, wo er sich der vergangenen Viertelstunde wieder zu erinnern suchte, empfand er dies Erlebnis freudig und dankbar. Es war ein Fortschritt, eine Erlösung, eine Bestätigung.
Die Zweifelhaftigkeit, in welche die ganze gewohnte Welt für ihn gefallen war, hatte ihn furchtbar ermüdet und gepeinigt. Er hatte das Wunder erlebt, daß das Leben am sinnvollsten wird in den Augenblicken, wo alle Sinne und Bedeutungen uns verlorengehen. Immer wieder aber war ihm der peinliche Zweifel gekommen, ob diese Erlebnisse wirklich wesentlich seien, ob sie mehr seien als kleine zufällige

Kräuselungen an der Oberfläche eines ermüdeten und erkrankten Gemütes, Launen im Grunde, kleine Nervenschwankungen. Jetzt hatte er gesehen, gestern abend und heute, daß sein Erlebnis wirklich war. Es hatte aus ihm gestrahlt und ihn verändert, es hatte einen andern Menschen zu ihm hergezogen. Seine Vereinsamung war durchbrochen, er liebte wieder, es gab jemand, dem er dienen und Freude machen wollte, er konnte wieder lächeln, wieder lachen!
Die Welle ging durch ihn hin wie Schmerz und wie Wollust, er zuckte vor Gefühl, Leben klang in ihm auf wie eine Brandung, unbegreiflich war alles. Er riß die Augen auf und sah: Bäume an einer Straße, Silberflocken im See, ein rennender Hund, Radfahrer – und alles war sonderbar, märchenhaft und beinahe allzu schön, alles wie nagelneu aus Gottes Spielzeugschachtel genommen, alles nur für ihn da, für Friedrich Klein, und er selbst nur dazu da, diesen Strom von Wunder und Schmerz und Freude durch sich hinzukken zu fühlen. Überall war Schönheit, in jedem Dreckhaufen am Weg, überall war tiefes Leiden, überall war Gott. Ja, das war Gott, und so hatte er ihn, vor unausdenklichen Zeiten, als Knabe einst empfunden und mit dem Herzen gesucht, wenn er „Gott" und „Allgegenwart" dachte. Herz, brich nicht vor Fülle!
Wieder schossen aus allen vergessenen Schächten seines Lebens frei gewordene Erinnerungen zu ihm empor, unzählbare: an Gespräche, an seine Verlobungszeit, an Kleider, die er als Kind getragen, an Ferienmorgen der Studentenzeit, und ordneten sich in Kreisen um einige feste Mittelpunkte: um die Gestalt einer Frau, um seine Mutter, um den Mörder Wagner, um Teresina. Stellen aus klassischen Schriftstellern fielen ihm ein und lateinische Sprichwörter, die ihn als Schüler einst ergriffen hatten, und törichte sentimentale Verse aus Volksliedern. Der Schatten seines Vaters stand hinter ihm, er erlebte wieder den Tod seiner Schwiegermutter. Alles, was je durch Auge und Ohr, durch Menschen und Bücher, mit Wonne oder Leid in ihn eingegangen und ihm untergesunken war, alles schien wieder da zu sein, alles zugleich, aufgerührt und durcheinander gewirbelt, ohne Ordnung, doch voller Sinn, alles wichtig, alles bedeutungsvoll, alles unverloren.
Der Andrang wurde zur Qual, zu einer Qual, die von höch-

ster Wollust nicht zu unterscheiden war. Sein Herz schlug rasch, Tränen standen ihm in den Augen. Er begriff, daß er nahe am Wahnsinn stehe, und wußte doch, daß er nicht wahnsinnig werden würde, und blickte zugleich in dies neue Seelenland des Irrsinns mit demselben Erstaunen und Entzücken wie in die Vergangenheit, wie in den See, wie in den Himmel: auch hier war alles zauberhaft, wohllaut und voll Bedeutung. Er begriff, warum im Glauben edler Völker der Wahnsinn für heilig galt. Er begriff alles, alles sprach zu ihm, alles war ihm erschlossen. Es gab keine Worte dafür, es war falsch und hoffnungslos, irgend etwas in Worten ausdenken und verstehen zu wollen! Man mußte nur offenstehen, nur bereit sein: dann konnte jedes Ding, dann konnte in unendlichem Zug wie in eine Arche Noah die ganze Welt in einen hineingehen, und man besaß sie, verstand sie und war eins mit ihr.

Trauer ergriff ihn. Oh, wenn alle Menschen dies wüßten, dies erlebten! Wie wurde drauflos gelebt, drauflos gesündigt, wie blind und maßlos wurde gelitten! Hatte er nicht gestern noch sich über Teresina geärgert? Hatte er nicht gestern noch seine Frau gehaßt, sie angeklagt und für alles Leid seines Lebens verantwortlich machen wollen? Wie traurig, wie dumm, wie hoffnungslos! Alles war doch so einfach, so gut, so sinnvoll, sobald man es von innen sah, sobald man hinter jedem Ding das Wesen stehen sah, ihn, Gott.

Hier bog ein Weg zu neuen Vorstellungsgärten und Bilderwäldern ein. Wendete er sein heutiges Gefühl der Zukunft zu, sprühten hundert Glücksträume auf, für ihn und für alle. Sein vergangenes, dumpfes, verdorbenes Leben sollte nicht beklagt, nicht angeklagt, nicht gerichtet werden, sondern erneut und ins Gegenteil verwandelt, voll Sinn, voll Freude, voll Güte, voll Liebe. Die Gnade, die er erlebt, mußte widerstrahlen und weiter wirken. Bibelsprüche kamen ihm in den Sinn, und alles, was er von begnadeten Frommen und Heiligen wußte. So hatte es immer begonnen, bei allen. Sie waren denselben harten und finstern Weg geführt worden wie er, feig und voll Angst, bis zur Stunde der Umkehr und Erleuchtung. „In der Welt habet ihr Angst", hatte Jesus zu seinen Jüngern gesagt. Wer aber die Angst überwunden hatte, der lebte nicht mehr in der Welt, sondern in Gott, in der Ewigkeit.

So hatten alle gelehrt, alle Weisen der ganzen Welt, Buddha und Schopenhauer, Jesus, die Griechen. Es gab nur eine Weisheit, nur einen Glauben, nur ein Denken: das Wissen von Gott in uns. Wie wurde das in den Schulen, Kirchen, Büchern und Wissenschaften verdreht und falsch gelehrt!

Mit weiten Flügelschlägen flog Kleins Geist durch die Bezirke seiner innern Welt, seines Wissens, seiner Bildung. Auch hier, wie in seinem äußern Leben, lag Gut um Gut, Schatz um Schatz, Quelle um Quelle, aber jedes für sich, abgesondert, tot und wertlos. Nun aber, mit dem Strahl des Wissens, mit der Erleuchtung, zuckte auch hier plötzlich Ordnung, Sinn und Formung durch das Chaos, Schöpfung begann, Leben und Beziehung sprang von Pol zu Pol. Sprüche entlegenster Kontemplation wurden selbstverständlich, Dunkles wurde hell, und das Einmaleins wurde zum mystischen Bekenntnis. Beseelt und liebeglühend ward auch diese Welt. Die Kunstwerke, die er in jüngeren Jahren geliebt hatte, klangen mit neuem Zauber herauf. Er sah: die rätselhafte Magie der Kunst öffnete sich demselben Schlüssel. Kunst war nichts andres als Betrachtung der Welt im Zustand der Gnade, der Erleuchtung. Kunst war: hinter jedem Ding Gott zeigen.

Flammend schritt der Beseligte durch die Welt, jeder Zweig an jedem Baume hatte teil an einer Ekstase, strebte edler empor, hing inniger herab, war Sinnbild und Offenbarung. Dünne violette Wolkenschatten liefen über den Seespiegel, schaudernd in zärtlicher Süße. Jeder Stein lag bedeutungsvoll neben seinem Schatten. So schön, so tief und heilig liebenswert war die Welt noch nie gewesen, oder nie mehr seit den geheimnisvollen, sagenhaften Jahren der ersten Kindheit. „So ihr nicht werdet wie die Kinder“, fiel ihm ein, und er fühlte: ich bin wieder Kind geworden, ich bin ins Himmelreich eingegangen.

Als er Müdigkeit und Hunger zu spüren begann, fand er sich weit von der Stadt. Nun erinnerte er sich, woher er kam, was gewesen war, und daß er ohne Abschied von Teresina weggelaufen war. Im nächsten Dorf suchte er ein Wirtshaus. Ein kleiner ländlicher Weinschank, mit einem eingepflockten Holztisch im Gärtchen unterm Kirschlorbeer, zog ihn an. Er verlangte Essen, man hatte aber nichts als Wein und Brot. Eine Suppe, bat er, oder Eier, oder Schinken. Nein, es gab solche Sachen hier nicht. Niemand aß hier dergleichen bei der teuren Zeit. Er hatte erst mit der Wirtin, dann mit einer Großmutter verhandelt, die auf der Steinschwelle der Haustür saß und Wäsche flickte. Nun setzte er sich in den Garten unterm tiefschattenden Baum, mit Brot und herbem Rotwein. Im Nachbargarten, unsichtbar hinter Reblaub und aufgehängter Wäsche, hörte er zwei Mädchenstimmen singen. Plötzlich fuhr ein Wort des Liedes ihm ins Herz, ohne daß er es doch festhalten konnte. Es kam im nächsten Vers wieder, es war der Name Teresina. Das Lied, ein Couplet von halb komischer Art, handelte von einer Teresina. Er verstand:

La sua mama alla finestra
Con una voce serpentina:
Vieni a casa, o Teresina,
Lasc' andare quel traditor!

Teresina! Wie liebte er sie! Wie herrlich war es, zu lieben!
Er legte den Kopf auf den Tisch und dämmerte, schlummerte ein und erwachte wieder, mehrmals, oftmals. Es war Abend. Die Wirtin kam und stellte sich vor den Tisch, über den Gast verwundert. Er legte Geld hin, erbat noch ein Glas Wein, fragte sie nach jenem Liede. Sie wurde freundlich, brachte den Wein und blieb bei ihm stehen. Er ließ sich das ganze Teresina-Lied vorsagen und hatte große Freude an dem Vers:

Io non sono traditore
E ne meno lusinghero,
Io son' figlio d'un ricco signore,
Son' venuto per fare l'amor.

Die Wirtin meinte, jetzt könnte er eine Suppe haben, sie koche ohnehin für ihren Mann, den sie erwarte.
Er aß Gemüsesuppe und Brot, der Wirt kam heim, an den grauen Steindächern des Dorfes verglühte die späte Sonne. Er fragte nach einem Zimmer, es wurde ihm eines angeboten, eine Kammer mit dicken nackten Steinwänden. Er

nahm es. Noch nie hatte er in einer solchen Kammer geschlafen, sie kam ihm vor wie das Gelaß aus einem Räuberdrama. Nun ging er durch das abendliche Dorf, fand einen kleinen Kramladen noch offen, bekam Schokolade zu kaufen und verteilte sie an Kinder, die in Mengen durch die Gasse schwärmten. Sie liefen ihm nach, Eltern grüßten ihn, jedermann wünschte ihm gute Nacht, und er gab es zurück, nickte allen den alten und jungen Menschen zu, die auf den Schwellen und Vortreppen der Häuser saßen.
Mit Freude dachte er an seine Kammer im Wirtshaus, an diese primitive, höhlenhafte Unterkunft, wo der alte Kalk von den grauen Mauern blätterte und nichts Unnützes an den nackten Wänden hing, nicht Bild noch Spiegel, nicht Tapete noch Vorhang. Er lief durch das abendliche Dorf wie durch ein Abenteuer, alles war beglänzt, alles voll geheimer Versprechung.
In die Osteria zurückkehrend, sah er vom leeren und dunkeln Gastzimmer aus Licht in einem Türspalt, ging ihm nach und kam in die Küche. Der Raum erschien ihm wie eine Märchenhöhle, das wenige dünne Licht floß über einen roten steinernen Boden und verlief sich, ehe es die Wände und Decke erreichte, in dichte warme Dämmerung, und von dem ungeheuer und tiefschwarz herabhängenden Rauchfang schien eine unerschöpfliche Quelle von Finsternis auszufließen.
Die Frau saß da mit der Großmutter, sie saßen beide gebückt, klein und schwach auf niederen demütigen Schemeln, die Hände auf den Knien ausruhend. Die Wirtsfrau weinte, niemand kümmerte sich um den Eintretenden. Er setzte sich auf den Rand eines Tisches neben Gemüseresten, ein stumpfes Messer blinkte bleiern auf, im Lichtschein glühte blankes Kupfergeschirr rot an den Wänden. Die Frau weinte, die alte Graue stand ihr bei und murmelte mit ihr in der Mundart, er verstand allmählich, daß Hader im Hause und der Mann nach einem Streit wieder fortgegangen war. Er fragte, ob er sie geschlagen habe, bekam aber keine Antwort. Allmählich fing er an zu trösten. Er sagte, der Mann werde gewiß schon bald wiederkommen. Die Frau sagte scharf: „Heut nicht und vielleicht auch morgen nicht.“ Er gab es auf, die Frau setzte sich aufrechter, man saß schweigend, das Weinen war verstummt. Die Ein-

fachheit des Vorgangs, zu dem keine Worte gemacht wurden, schien ihm wundervoll. Man hatte Streit gehabt, man hatte Schmerz empfangen, man hatte geweint. Jetzt war es vorbei, jetzt saß man still und wartete. Das Leben würde schon weitergehen. Wie bei Kindern. Wie bei Tieren. Nur nicht reden, nur nicht das Einfache kompliziert machen, nur nicht die Seele nach außen drehen.

Klein lud die Großmutter ein, Kaffee zu kochen, für sie alle drei. Die Frauen leuchteten auf, die Alte legte sofort Reisig in den Kamin, es knisterte von brechenden Zweigen, von Papier, von aufprasselnder Flamme. Im jäh aufflammenden Feuerschein sah er das Gesicht der Wirtin, von unten her beleuchtet, etwas vergrämt und doch beruhigt. Sie schaute ins Feuer, zwischenein lächelte sie, plötzlich stand sie auf, ging langsam zum Wasserhahn und wusch sich die Hände.

Dann saßen sie alle drei am Küchentisch und tranken den heißen schwarzen Kaffee, und einen alten Wacholderlikör dazu. Die Weiber wurden lebendiger, sie erzählten und fragten, lachten über Kleins mühsame und fehlerhafte Sprache. Ihm schien, er sei schon sehr lange hier. Wunderlich, was in diesen Tagen alles Platz hatte! Ganze Zeiträume und Lebensabschnitte fanden Raum in einem Nachmittag, jede Stunde schien mit Lebensfracht überladen. Sekundenlang zuckte Furcht in ihm wetterleuchtend auf, es könnte plötzlich Müdigkeit und Verbrauch der Lebenskraft ihn verhundertfacht überfallen und ihn aussaugen, wie Sonne einen Tropfen vom Felsen leckt. In diesen sehr flüchtigen, doch zuweilen wiederkehrenden Augenblicken, in diesem fremden Wetterleuchten sah er sich selbst leben, fühlte und sah in sein Gehirn und sah dort in beschleunigten Schwingungen einen unsäglich komplizierten, zarten, kostbaren Apparat vor tausendfacher Arbeit vibrieren, wie hinter Glas ein höchst sensibles Uhrwerk, das zu stören ein Stäubchen genügt.

Es wurde ihm erzählt, daß der Wirt sein Geld in unsichere Geschäfte stecke, viel außer Hause sei und da und dort Verhältnisse mit Frauen unterhalte. Kinder waren nicht da. Während Klein sich Mühe gab, die italienischen Worte für einfache Fragen und Auskünfte zu finden, arbeitete hinterm Glas das zarte Uhrwerk rastlos in feinem Fieber fort,

jeden gelebten Moment sofort in seine Abrechnungen und Abwägungen einbeziehend.
Zeitig erhob er sich, um schlafen zu gehen. Er gab den beiden Frauen die Hand, der alten und der jungen, die ihn durchdringend ansah, während die Großmutter mit dem Gähnen kämpfte. Dann tastete er sich die dunkle Steintreppe hinauf, erstaunlich hohe Riesenstufen, in seine Kammer. Dort fand er Wasser in einem Tonkrug bereit, wusch sich das Gesicht, vermißte einen Augenblick Seife, Hausschuhe, Nachthemd, lag noch eine Viertelstunde im Fenster, auf das granitne Gesimse gestützt, zog sich dann vollends aus und legte sich in das harte Bett, dessen grobe Leinwand ihn entzückte und einen Schwall von holden ländlichen Vorstellungen weckte. War es nicht das einzig Richtige, stets so zu leben, in einem Raum aus vier Steinwänden, ohne den lächerlichen Kram der Tapeten, des Schmucks, der vielen Möbel, ohne all das übertriebene und im Grund barbarische Zubehör? Ein Dach überm Kopf, gegen den Regen, eine einfache Decke um sich, gegen die Kälte, etwas Brot und Wein oder Milch, gegen den Hunger, morgens die Sonne zum Wecken, abends die Dämmerung zum Einschlafen – brauchte der Mensch mehr?
Aber kaum hatte er das Licht gelöscht, so waren Haus und Kammer und Dorf in ihm versunken. Er stand wieder am See bei Teresina und sprach mit ihr, konnte sich des heutigen Gespräches nur mit Mühe erinnern und wurde zweifelhaft, was er ihr eigentlich gesagt habe, ja ob nicht das ganze Gespräch nur ein Traum und Phantom von ihm gewesen sei. Die Dunkelheit tat ihm wohl – weiß Gott, wo er morgen aufwachen würde?
Ein Geräusch an der Tür weckte ihn. Leise wurde die Klinke gedreht, ein Faden dünnen Lichtes sank herein und zögerte im Spalt. Verwundert und doch im Augenblick wissend, blickte er hinüber, noch nicht in der Gegenwart. Da ging die Türe auf, mit einem Licht in der Hand stand die Wirtsfrau, barfuß, lautlos. Sie blickte zu ihm her, durchdringend, und er lächelte und streckte die Arme aus, tief erstaunt, gedankenlos. Da war sie schon bei ihm, und ihr dunkles Haar lag neben ihm auf dem rauhen Kissen.
Sie sprachen kein Wort. Von ihrem Kuß entzündet, zog er sie an sich. Die plötzliche Nähe und Wärme eines Men-

schen an seiner Brust, der fremde starke Arm um seinen Nacken erschütterte ihn seltsam – wie war diese Wärme ihm unbekannt, wie fremd, wie schmerzlich neu war ihm diese Wärme und Nähe – wie war er allein gewesen, wie sehr allein, wie lang allein! Abgründe und Flammenhöllen hatten zwischen ihm und aller Welt geklafft – und nun war da ein fremder Mensch gekommen, in wortlosem Vertrauen und Trostbedürfnis, eine arme, vernachlässigte Frau, so wie er selbst jahrelang ein vernachlässigter und verschüchterter Mann gewesen war, und hing an seinem Hals und gab und nahm und sog mit Gier den Tropfen Wonne aus dem kargen Leben, suchte trunken und doch schüchtern seinen Mund, spielte mit traurig zärtlichen Fingern in den seinen, rieb ihre Wange an seiner. Er richtete sich über ihrem blassen Gesichte auf und küßte sie auf beide geschlossene Augen und dachte: sie glaubt zu nehmen und weiß nicht, daß sie gibt, sie flüchtet ihre Vereinsamung zu mir und ahnt die meine nicht! Erst jetzt sah er sie, neben der er den ganzen Abend blind gesessen hatte, sah, daß sie lange, schlanke Hände und Finger hatte, hübsche Schultern und ein Gesicht voll von Schicksalsangst und blindem Kinderdurst, und ein halb ängstliches Wissen um kleine, holde Wege und Übungen der Zärtlichkeit.
Er sah auch und wurde traurig darüber, daß er selbst in der Liebe ein Knabe und Anfänger geblieben war, in langer, lauer Ehe resigniert, schüchtern und doch ohne Unschuld, begehrlich und doch voll von schlechtem Gewissen. Noch während er mit durstigen Küssen an Mund und Brust des Weibes hing, noch während er ihre Hand zärtlich und fast mütterlich auf seinen Haaren fühlte, empfand er im voraus Enttäuschung und Druck im Herzen, er fühlte das Schlimme wiederkommen: die Angst, und es durchfloß ihn schneidend kalt die Ahnung und Furcht, daß er tief in seinem Wesen nicht zur Liebe fähig sei, daß Liebe ihm nur Qual und bösen Zauber bringen könne. Noch ehe der kurze Sturm der Wollust vertobt war, schlug in seiner Seele Bangigkeit und Mißtrauen das böse Auge auf, Widerwille dagegen, daß er genommen worden sei statt selbst zu nehmen und zu erobern, und Vorgefühl von Ekel.
Lautlos war die Frau wieder davongeschlüpft, samt ihrem Kerzenlicht. Im Dunkeln lag Klein, und es kam mitten in

der Sättigung der Augenblick, den er schon vorher, schon vor Stunden in so viel ahnenden wetterleuchtenden Sekunden gefürchtet, der schlimme Augenblick, wo die überreiche Musik seines neuen Lebens in ihm nur noch müde und verstimmte Saiten fand und tausend Lustgefühle plötzlich mit Müdigkeit und Angst bezahlt werden mußten. Mit Herzklopfen fühlte er alle Feinde auf der Lauer liegen, Schlaflosigkeit, Depression und Alpdruck. Das rauhe Linnen brannte an seiner Haut, bleich sah die Nacht durchs Fenster. Unmöglich, hierzubleiben und wehrlos den kommenden Qualen standzuhalten! Ach, es kam wieder, die Schuld und Angst kam wieder und die Traurigkeit und die Verzweiflung! Alles Überwundene, alles Vergangene kam wieder. Es gab keine Erlösung.
Hastig kleidete er sich an, ohne Licht, suchte vor der Tür seine staubigen Stiefel, schlich hinab und aus dem Hause und lief, auf müden, einsinkenden Beinen, verzweifelt durch Dorf und Nacht davon, von sich selbst verhöhnt, von sich selbst verfolgt, von sich selbst gehaßt.

4

Ringend und verzweifelnd schlug sich Klein mit seinem Dämon. Was ihm seine Schicksalstage an Neuem, an Erkenntnis und Erlösung gebracht hatten, war in der trunkenen Gedankenhast und Hellsichtigkeit des vergangenen Tages zu einer Welle gestiegen, deren Höhe ihm unverlierbar erschienen war, während er schon wieder aus ihr zu sinken begann. Jetzt lag er wieder im Tal und Schatten, noch kämpfend, noch heimlich hoffend, aber tief verwundet. Einen Tag lang, einen kurzen, glänzenden Tag lang war es ihm gelungen, die einfache Kunst zu üben, die jeder Grashalm kann. Einen armen Tag lang hatte er sich selbst geliebt, sich selbst als Eines und Ganzes gefühlt, nicht in feindliche Teile zerspalten, er hatte sich geliebt, und in sich die Welt und Gott, und nichts als Liebe, Bestätigung und Freude war ihm von überall her entgegengekommen. Hätte gestern ein Räuber ihn überfallen, ein Polizist ihn verhaftet, es wäre Bestätigung, Lächeln, Harmonie gewesen! Und nun, mitten im Glück war er wieder umgefallen und klein geworden. Er

ging mit sich ins Gericht, während sein Innerstes wußte, daß jedes Gericht falsch und töricht sei. Die Welt, welche einen herrlichen Tag lang durchsichtig und ganz von Gott erfüllt gewesen war, lag wieder hart und schwer, und jedes Ding hatte seinen eigenen Sinn, und jeder Sinn widersprach jedem andern. Die Begeisterung dieses Tages hatte wieder weichen, hatte sterben können! Sie, die heilige, war eine Laune gewesen, und die Sache mit Teresina eine Einbildung, und das Abenteuer im Wirtshaus eine zweifelhafte und anrüchige Geschichte.
Er wußte bereits, daß das würgende Angstgefühl nur dann verging, wenn er nicht an sich schulmeisterte und Kritik übte, nicht in den Wunden stocherte, in den alten Wunden. Er wußte: alles Schmerzende, alles Dumme, alles Böse wurde zum Gegenteil, wenn man es als Gott erkennen konnte, wenn man ihm in seine tiefsten Wurzeln nachging, die weit über das Weh und Wohl und Gut und Böse hinauf reichten. Er wußte es. Aber es war nichts dagegen zu tun, der böse Geist war in ihm, Gott war wieder ein Wort, schön und fern. Er haßte und verachtete sich, und dieser Haß kam, wenn es Zeit war, ebenso ungewollt und unabwendbar über ihn wie zu andern Zeiten die Liebe und das Vertrauen. Und so mußte es immer wieder gehen! Immer und immer wieder würde er die Gnade und das Selige erleben, und immer wieder das verfluchte Gegenteil, und nie würde sein Leben die Straße gehen, die sein eigener Wille ihm vorschrieb. Spielball und schwimmender Kork, würde er ewig hin und wider geschlagen werden. Bis es zu Ende war, bis einmal eine Welle sich überschlug und Tod oder Wahnsinn ihn aufnahm. Oh, möchte es bald sein!
Zwangsweise kehrten die ihm längst so bitter vertrauten Gedanken wieder, unnütze Sorgen, unnütze Ängste, unnütze Selbstanklagen, deren Unsinn einzusehen nur eine Qual mehr war. Eine Vorstellung kehrte wieder, die er kürzlich (ihm schien, es seien Monate dazwischen) auf der Reise gehabt hatte: Wie gut es wäre, sich auf die Schienen unter einen Bahnzug zu stürzen, den Kopf voran! Diesem Bilde ging er begierig nach, atmete es wie Äther ein: den Kopf voran, alles in Splitter und Fetzen gehauen und gemahlen, alles auf die Räder gewickelt und auf den Schienen zu nichts zerrieben! Tief fraß sein Leid sich in diese Visio-

nen ein, mit Beifall und Wollust hörte, sah und schmeckte er die gründliche Zerstörung des Friedrich Klein, fühlte sein Herz und Gehirn zerrissen, verspritzt, zerstampft, den schmerzenden Kopf zerkracht, die schmerzenden Augen ausgelaufen, die Leber zerknetet, die Nieren zerrieben, das Haar wegrasiert, die Knochen, Knie und Kinn zerpulvert. Das war es, was der Totschläger Wagner hatte fühlen wollen, als er seine Frau, seine Kinder und sich selbst im Blut ersäufte. Genau dies war es. Oh, er verstand ihn so gut! Er selbst war Wagner, war ein Mensch von guten Gaben, fähig, das Göttliche zu fühlen, fähig zu lieben, aber allzu beladen, allzu nachdenklich, allzu leicht zu ermüden, allzu wohl unterrichtet über seine Mängel und Krankheiten. Was in aller Welt hatte solch ein Mensch, solch ein Wagner, solch ein Klein denn zu tun? Immer die Kluft vor Augen, die ihn von Gott trennte, immer den Riß der Welt durch sein eignes Herz gehen fühlend, ermüdet, aufgerieben vom ewigen Aufschwung zu Gott, der ewig mit Rückfall endete – was sollte solch ein Wagner, solch ein Klein anderes tun als sich auslöschen, sich und alles, was an ihn erinnern konnte, und sich zurückwerfen in den dunkeln Schoß, aus dem der Unausdenkliche immer und ewig wieder die vergängliche Welt der Gestaltungen ausstieß? Nein, es war nichts anderes möglich! Wagner mußte gehen, Wagner mußte sterben, Wagner mußte sich aus dem Buch des Lebens ausstreichen. Es mochte vielleicht nutzlos sein, sich umzubringen, es mochte vielleicht lächerlich sein. Vielleicht war alles das ganz richtig, was die Bürger, in jener anderen Welt drüben, über den Selbstmord sagten. Aber gab es irgend etwas für den Menschen in diesem Zustande, das nicht nutzlos, das nicht lächerlich war? Nein, nichts. Immer noch besser, den Schädel unter den Eisenrädern zu haben, ihn krachen zu fühlen und mit Willen in den Abgrund zu tauchen.
Auf schwankenden Knien hielt er sich Stunde um Stunde rastlos unterwegs. Auf den Schienen einer Bahnlinie, an die der Weg ihn geführt hatte, lag er einige Zeit, schlummerte sogar ein, den Kopf auf dem Eisen, erwachte wieder und hatte vergessen, was er wollte, stand auf, wehte taumelnd weiter, Schmerzen an den Sohlen, Qualen im Kopf, zuweilen fallend, von einem Dorn verletzt, zuweilen leicht und

wie schwebend, zuweilen Schritt um Schritt mühsam bezwingend.

„Jetzt reitet mich der Teufel reif!" sang er heiser vor sich hin. Reif werden! Unter Qualen fertig gebraten, zu Ende geröstet werden, wie der Kern im Pfirsich, um reif zu sein, um sterben zu können!

Ein Funke schwamm hier in seiner Finsternis, an den hing er alsbald alle Inbrunst seiner zerrissenen Seele. Ein Gedanke: es war nutzlos, sich zu töten, sich jetzt zu töten, es hatte keinen Wert, sich Glied für Glied auszurotten und zu zerschlagen, es war nutzlos! Gut aber und erlösend war es, zu leiden, unter Qualen und Tränen reif gegoren, unter Schlägen und Schmerzen fertig geschmiedet zu werden. Dann durfte man sterben, und dann war es ein gutes Sterben, schön und sinnvoll, das Seligste der Welt, seliger als jede Liebesnacht: ausgeglüht und völlig hingegeben in den Schoß zurückzufallen, zum Erlöschen, zum Erlösen, zur Neugeburt. Solch ein Tod, solch ein reifer und guter, edler Tod allein hatte Sinn, nur er war Erlösung, nur er war Heimkehr. Sehnsucht weinte in seinem Herzen auf. Oh, wo war der schmale, schwere Weg, wo war die Pforte? Er war bereit, er sehnte sich mit jeder Zuckung seines von Ermattung zitternden Leibes, seiner von Todespein geschüttelten Seele.

Als der Morgen am Himmel aufgraute und der bleierne See im ersten kühlen Silberblitz erwachte, stand der Gejagte in einem kleinen Kastanienwalde, hoch über See und Stadt, zwischen Farnkraut und hohen, blühenden Spiräen, feucht vom Tau. Mit erloschenen Augen, doch lächelnd, starrte er in die wunderliche Welt. Er hatte den Zweck seiner triebhaften Irrfahrt erreicht: er war so todmüde, daß die geängstigte Seele schwieg. Und, vor allem, die Nacht war vorbei! Der Kampf war gekämpft, eine Gefahr war überstanden. Von der Erschöpfung gefällt, sank er wie ein Toter zwischen Farn und Wurzeln auf den Waldboden, den Kopf ins Heidelbeerkraut, vor seinen versagenden Sinnen schmolz die Welt hinweg. Die Hände ins Gekräut geballt, Brust und Gesicht an der Erde, gab er sich hungernd dem Schlafe hin, als sei es der ersehnte letzte.

In einem Traume, von dem nur wenige Bruchstücke ihm nachher erinnerlich waren, sah er folgendes: An einem Tor, das wie der Eingang zu einem Theater aussah, hing ein großes Schild mit einer riesigen Aufschrift: sie hieß (das war unentschieden) entweder „Lohengrin“ oder „Wagner“. Zu diesem Tore ging er hinein. Drinnen war eine Frau, die glich der Wirtsfrau von heute nacht, aber auch seiner eigenen Frau. Ihr Kopf war entstellt, er war zu groß, und das Gesicht zu einer fratzenhaften Maske verändert. Widerwille gegen diese Frau ergriff ihn mächtig, er stieß ihr ein Messer in den Leib. Aber eine andere Frau, wie ein Spiegelbild der ersten, kam von hinten über ihn, rächend, schlug ihm scharfe, starke Krallen in den Hals und wollte ihn erwürgen.

Beim Aufwachen aus diesem tiefen Schlaf sah er verwundert Wald über sich und war steif vom harten Liegen, doch erfrischt. Mit leiser Beängstigung klang der Traum in ihm nach. Was für seltsame, naive und negerhafte Spiele der Phantasie! dachte er, einen Augenblick lächelnd, als ihm die Pforte mit der Aufforderung zum Eintritt in das Theater „Wagner“ wieder einfiel. Welche Idee, sein Verhältnis zu Wagner so darzustellen! Dieser Traumgeist war roh, aber genial. Er traf den Nagel auf den Kopf. Und er schien alles zu wissen! Das Theater mit der Aufschrift „Wagner“, war das nicht er selbst, war es nicht die Aufforderung, in sich selbst einzutreten, in das fremde Land seines wahren Innern? Denn Wagner war er selber – Wagner war der Mörder und Gejagte in ihm, aber Wagner war auch der Komponist, der Künstler, das Genie, der Verführer, die Neigung zu Lebenslust, Sinnenlust, Luxus – Wagner war der Sammelname für alles Unterdrückte, Untergesunkene, zu kurz Gekommene in dem ehemaligen Beamten Friedrich Klein. Und „Lohengrin“ – war nicht auch das er selbst, Lohengrin, der irrende Ritter mit dem geheimnisvollen Ziel, den man nicht nach seinem Namen fragen darf? Das weitere war unklar, die Frau mit dem furchtbaren Maskenkopf und die andere mit den Krallen – der Messerstoß in ihren Bauch erinnerte ihn auch noch an irgend etwas, er hoffte es noch zu finden – die Stimme von Mord und Todesgefahr war seltsam und grell vermischt mit der von Theater, Masken und Spiel.

Beim Gedanken an die Frau und das Messer sah er einen Augenblick deutlich sein eheliches Schlafzimmer vor sich. Da mußte er an die Kinder denken – wie hatte er die vergessen können! Er dachte an sie, wie sie morgens in ihren Nachthemdchen aus den kleinen Betten kletterten. Er

mußte an ihre Namen denken, besonders an Elly. Oh, die Kinder! Langsam liefen ihm Tränen aus den Augen über das übernächtige Gesicht. Er schüttelte den Kopf, erhob sich mit einiger Mühe und begann Laub und Erdkrumen von seinen zerdrückten Kleidern zu lesen. Nun erst erinnerte er sich klar dieser Nacht, der kahlen Steinkammer in der Dorfschenke, der fremden Frau an seiner Brust, seiner Flucht, seiner gehetzten Wanderung. Er sah dies kleine, entstellte Stück Leben an wie ein Kranker die abgezehrte Hand, den Ausschlag an seinem Bein anschaut.
In gefaßter Trauer, noch mit Tränen in den Augen, sagte er leise vor sich hin: „Gott, was hast du noch mit mir im Sinn?“ Aus den Gedanken der Nacht klang nur die eine Stimme voll Sehnsucht in ihm fort: nach Reifsein, nach Heimkehr, nach Sterbendürfen. War denn sein Weg noch weit? War die Heimat noch fern? War noch viel, viel Schweres, war noch Unausdenkliches zu leiden? Er war bereit dazu, er bot sich hin, sein Herz stand offen: Schicksal, stoß zu!
Langsam kam er durch Bergwiesen und Weinberge gegen die Stadt hinabgeschritten. Er suchte sein Zimmer auf, wusch und kämmte sich, wechselte die Kleider. Er ging speisen, trank etwas von dem guten Wein und spürte die Ermüdung in den steifen Gliedern sich lösen und wohlig werden. Er erkundigte sich, wann im Kursaal getanzt werde, und ging zur Teestunde hin.
Teresina tanzte eben, als er eintrat. Er sah das eigentümlich glänzende Tanzlächeln auf ihrem Gesicht wieder und freute sich. Er begrüßte sie, als sie zu ihrem Tisch zurückging, und nahm dort Platz.
„Ich möchte Sie einladen, heute abend mit mir nach Castiglione zu fahren“, sagte er leise.
Sie besann sich.
„Gleich heut?“ fragte sie. „Eilt es so sehr?“
„Ich kann auch warten. Aber es wäre hübsch. Wo darf ich Sie erwarten?“
Sie widerstand der Einladung nicht und nicht dem kindlichen Lachen, das für Augenblicke seltsam hübsch in seinem zerfurchten, einsamen Gesicht hing, wie an der letzten Wand eines abgebrannten und eingerissenen Hauses noch eine frohe bunte Tapete hängt.
„Wo waren Sie denn?“ fragte sie neugierig. „Sie waren ge-

stern so plötzlich verschwunden. Und jedesmal haben Sie ein anderes Gesicht, auch heute wieder. – Sie sind doch nicht Morphinist?"
Er lachte nur, mit einem seltsam hübschen und etwas fremdartigen Lachen, bei dem sein Mund und Kinn ganz knabenhaft aussahen, während über Stirn und Augen unverändert der Dornenreif lag.
„Bitte, holen Sie mich gegen neun Uhr ab, im Restaurant des Hotel Esplanade. Ich glaube, um neun geht ein Boot. Aber sagen Sie, was haben Sie seit gestern gemacht?"
„Ich glaube, ich war spazieren, den ganzen Tag, und auch die ganze Nacht. Ich habe eine Frau in einem Dorf trösten müssen, weil ihr Mann fortgelaufen war. Und dann habe ich mir viel Mühe mit einem italienischen Lied gegeben, das ich lernen wollte, weil es von einer Teresina handelt."
„Was ist das für ein Lied?"
„Es fängt an: Su in cima di quel boschetto."
„Um Gottes willen, diesen Gassenhauer kennen Sie auch schon? Ja, der ist jetzt in Mode bei den Ladenmädchen."
„Oh, ich finde das Lied sehr hübsch."
„Und eine Frau haben Sie getröstet?"
„Ja, sie war traurig, ihr Mann war weggelaufen und war ihr untreu."
„So? Und wie haben Sie sie getröstet?"
„Sie kam zu mir, um nicht mehr allein zu sein. Ich habe sie geküßt und bei mir liegen gehabt."
„War sie denn hübsch?"
„Ich weiß nicht, ich sah sie nicht genau. – Nein, lachen Sie nicht, nicht hierüber! Es war so traurig."
Sie lachte dennoch. „Wie sind Sie komisch! Nun, und geschlafen haben Sie überhaupt nicht? Sie sehen danach aus."
„Doch, ich habe mehrere Stunden geschlafen, in einem Wald dort oben."
Sie blickte seinem Finger nach, der in die Saaldecke deutete, und lachte laut.
„In einem Wirtshaus?"
„Nein, im Wald. In den Heidelbeeren. Sie sind schon beinahe reif."
„Sie sind ein Phantast. – Aber ich muß tanzen, der Direktor klopft schon. – Wo sind Sie, Claudio?"

Der schöne, dunkle Tänzer stand schon hinter ihrem Stuhl, die Musik begann. Am Schluß des Tanzes ging er.
Abends holte er sie pünktlich ab und war froh, den Smoking angezogen zu haben, denn Teresina hatte sich überaus festlich gekleidet, violett mit vielen Spitzen, und sah wie eine Fürstin aus.
Am Strande führte er Teresina nicht zum Kursschiff, sondern in ein hübsches Motorboot, das er für den Abend gemietet hatte. Sie stiegen ein, in der halboffenen Kajüte lagen Decken für Teresina bereit und Blumen. Mit scharfer Kurve schnob das rasche Boot zum Hafen hinaus in den See.
Draußen in der Nacht und Stille sagte Klein: „Teresina, ist es nicht eigentlich schade, jetzt dort hinüber unter die vielen Menschen zu gehen? Wenn Sie Lust haben, fahren wir weiter, ohne Ziel, solang es uns gefällt, oder wir fahren in irgendein hübsches stilles Dorf, trinken einen Landwein und hören zu, wie die Mädchen singen. Was meinen Sie?"
Sie schwieg, und er sah alsbald Enttäuschung auf ihrem Gesicht. Er lachte.
„Nun, es war ein Einfall von mir, verzeihen Sie. Sie sollen vergnügt sein und haben, was Ihnen Spaß macht, ein andres Programm haben wir nicht. In zehn Minuten sind wir drüben."
„Interessiert Sie denn das Spiel gar nicht?" fragte sie.
„Ich werde ja sehen, ich muß es erst probieren. Der Sinn davon ist mir noch etwas dunkel. Man kann Geld gewinnen und Geld verlieren. Ich glaube, es gibt stärkere Sensationen."
„Das Geld, um das gespielt wird, braucht ja nicht bloß Geld zu sein. Es ist für jeden ein Sinnbild, jeder gewinnt oder verliert nicht Geld, sondern all die Wünsche und Träume, die es für ihn bedeutet. Für mich bedeutet es Freiheit. Wenn ich Geld habe, kann niemand mir mehr befehlen. Ich lebe, wie ich will. Ich tanze, wann und wo und für wen ich will. Ich reise, wohin ich will."
Er unterbrach sie.
„Was sind Sie für ein Kind, liebes Fräulein! Es gibt keine solche Freiheit, außer in Ihren Wünschen. Werden Sie morgen reich und frei und unabhängig – übermorgen verlieben

Sie sich in einen Kerl, der Ihnen das Geld wieder abnimmt oder der Ihnen bei Nacht den Hals abschneidet."
„Reden Sie nicht so scheußlich! Also: wenn ich reich wäre, würde ich vielleicht einfacher leben als jetzt, aber ich täte es, weil es mir Spaß machte, freiwillig und nicht aus Zwang. Ich hasse Zwang! Und sehen Sie, wenn ich nun mein Geld im Spiel einsetze, dann sind bei jedem Verlust und Gewinn alle meine Wünsche beteiligt, es geht um alles, was mir wertvoll und begehrenswert ist, und das gibt ein Gefühl, das man sonst nicht leicht findet."
Klein sah sie an, während sie sprach, ohne sehr auf ihre Worte zu achten. Ohne es zu wissen, verglich er Teresinas Gesicht mit dem Gesicht jener Frau, von der er im Walde geträumt hatte.
Erst als das Boot in die Bucht von Castiglione einfuhr, wurde es ihm bewußt, denn jetzt erinnerte ihn der Anblick des beleuchteten Blechschildes mit dem Stationsnamen heftig an das Schild im Traum, auf welchem „Lohengrin" oder „Wagner" gestanden hatte. Genau so hatte jenes Schild ausgesehen, genau so groß, so grau und weiß, so grell beleuchtet. War dies hier die Bühne, die auf ihn wartete? Kam er hier zu Wagner? Nun fand er auch, daß Teresina der Traumfrau glich, vielmehr den beiden Traumfrauen, deren eine er mit dem Messer totgestochen, deren andre ihn tödlich mit den Krallen gewürgt hatte. Ein Schrecken lief ihm über die Haut. Hing denn das alles zusammen? Wurde er wieder von unbekannten Geistern geführt? Und wohin? Zu Wagner? Zu Mord? Zu Tod?
Beim Aussteigen nahm Teresina seinen Arm, und so Arm in Arm gingen sie durch den kleinen bunten Lärm der Schiffländе, durchs Dorf und in das Kasino. Hier gewann alles jenen halb reizenden, halb ermüdenden Schimmer von Unwahrscheinlichkeit, den die Veranstaltungen gieriger Menschen stets da bekommen, wo sie fern den Städten in stille Landschaften verirrt stehen. Die Häuser waren zu groß und zu neu, das Licht zu reichlich, die Säle zu prächtig, die Menschen zu lebhaft. Zwischen den großen, finsteren Bergzügen und dem weiten, sanften See hing der kleine dichte Bienenschwarm begehrlicher und übersättigter Menschen so ängstlich gedrängt, als sei er keine Stunde seiner Dauer gewiß, als könne jeden Augenblick etwas geschehen,

das ihn wegwischte. Aus Sälen, wo gespeist und Champagner getrunken wurde, quoll süße überhitzte Geigenmusik heraus, auf Treppen zwischen Palmen und laufenden Brunnen glühten Blumengruppen und Frauenkleider durcheinander, bleiche Männergesichter über offnen Abendröcken, blaue Diener mit Goldknöpfen geschäftig, dienstbar und vielwissend, duftende Weiber mit südlichen Gesichtern bleich und glühend, schön und krank, und nordische derbe Frauen drall, befehlend und selbstbewußt, alte Herren wie aus Illustrationen zu Turgenjew und Fontane.

Klein fühlte sich unwohl und müde, sobald sie die Säle betraten. Im großen Spielsaal zog er zwei Tausenderscheine aus der Tasche.

„Wie nun?" fragte er. „Wollen wir gemeinsam spielen?"

„Nein, nein, das ist nichts. Jeder für sich."

Er gab ihr einen Schein und bat sie, ihn zu führen. Sie standen bald an einem Spieltisch. Klein legte seine Banknote auf eine Nummer, das Rad wurde gedreht, er verstand nichts davon, sah nur seinen Einsatz weggewischt und verschwunden. Das geht schnell, dachte er befriedigt, und wollte Teresina zulachen. Sie war nicht mehr neben ihm. Er sah sie bei einem andern Tisch stehen und ihr Geld wechseln. Er ging hinüber. Sie sah nachdenklich, besorgt und sehr beschäftigt aus wie eine Hausfrau.

Er folgte ihr an einen Spieltisch und sah ihr zu. Sie kannte das Spiel und folgte ihm mit scharfer Aufmerksamkeit. Sie setzte kleine Summen, nie mehr als fünfzig Franken, bald hier, bald dort, gewann einige Male, steckte Scheine in ihre perlengestickte Handtasche, zog wieder Scheine heraus.

„Wie geht's?" fragte er zwischenein.

Sie war empfindlich über die Störung.

„Oh, lassen Sie mich spielen! Ich werde es schon gut machen." Bald wechselte sie den Tisch, er folgte ihr, ohne daß sie ihn sah. Da sie so sehr beschäftigt war und seine Dienste nie in Anspruch nahm, zog er sich auf eine Lederbank an der Wand zurück. Einsamkeit schlug über ihm zusammen. Er versank wieder in Nachdenken über seinen Traum. Es war sehr wichtig, ihn zu verstehen. Vielleicht würde er nicht oft mehr solche Träume haben, vielleicht waren sie wie im Märchen die Winke der guten Geister: zweimal, auch dreimal wurde man gelockt, oder wurde gewarnt, war man dann immer noch blind, so nahm das Schicksal seinen Lauf, und keine befreundete Macht griff mehr ins Rad. Von Zeit zu Zeit blickte er nach Teresina aus, sah sie an einem Tische bald sitzen, bald stehen, hell schimmerte ihr gelbes Haar zwischen den Fräcken.

Wie lang sie mit den tausend Franken ausreicht! dachte er gelangweilt, bei mir ging das schneller.

Einmal nickte sie ihm zu. Einmal, nach einer Stunde, kam sie herüber, fand ihn in sich versunken und legte ihm die Hand auf den Arm.

„Was machen Sie? Spielen Sie denn nicht?"

„Ich habe schon gespielt."

„Verloren?"

„Ja. Oh, es war nicht viel."

„Ich habe etwas gewonnen. Nehmen Sie von meinem Geld."

„Danke, heut nicht mehr. – Sind Sie zufrieden?"

„Ja, es ist schön. Nun, ich gehe wieder. Oder wollen Sie schon nach Hause?"

Sie spielte weiter, da und dort sah er ihr Haar zwischen den Schultern der Spieler aufglänzen. Er brachte ihr ein Glas Champagner hinüber und trank selbst ein Glas. Dann setzte er sich wieder auf die Lederbank an der Wand.

Wie war das mit den beiden Frauen im Traum? Sie hatten seiner eigenen Frau geglichen und auch der Frau im Dorfwirtshaus und auch Teresina. Von andern Frauen wußte er nicht, seit Jahren nicht. Die eine Frau hatte er erstochen, voll Abscheu über ihr verzerrtes geschwollenes Gesicht. Die andre hatte ihn überfallen, von hinten, und erwürgen wollen. Was war nun richtig? Was war bedeutsam? Hatte er seine Frau verwundet, oder sie ihn? Würde er an Teresina zugrunde gehen, oder sie an ihm? Konnte er eine Frau nicht lieben, ohne ihr Wunden zu schlagen, und ohne von ihr verwundet zu werden? War das sein Fluch? Oder war das allgemein? Ging es allen so? War alle Liebe so?

Und was verband ihn mit dieser Tänzerin? Daß er sie liebte? Er hatte viele Frauen geliebt, die nie davon erfahren hatten. Was band ihn an sie, die drüben stand und Glücksspiel wie ein ernstes Geschäft betrieb? Wie war sie kindlich in ihrem Eifer, in ihrer Hoffnung, wie war sie gesund, naiv und lebenshungrig! Was würde sie davon verstehen, wenn

sie seine tiefste Sehnsucht kannte, das Verlangen nach Tod, das Heimweh nach Erlöschen, nach Rückkehr in Gottes Schoß! Vielleicht würde sie ihn lieben, schon bald, vielleicht würde sie mit ihm leben – aber würde es anders sein, als es mit seiner Frau gewesen war? Würde er nicht, immer und immer, mit seinen innigsten Gefühlen allein sein?
Teresina unterbrach ihn. Sie blieb bei ihm stehen und gab ihm ein Bündel Banknoten in die Hand.
„Bewahren Sie mir das auf, bis nachher."
Nach einer Zeit, er wußte nicht, war es lang oder kurz, kam sie wieder und erbat das Geld zurück.
Sie verliert, dachte er, Gott sei Dank! Hoffentlich ist sie bald fertig.
Kurz nach Mitternacht kam sie, vergnügt und etwas erhitzt.
„So, ich höre auf. Sie Armer sind gewiß müde. Wollen wir nicht noch einen Bissen essen, eh wir heimfahren?"
In einem Speisesaal aßen sie Schinkeneier und Früchte und tranken Champagner. Klein erwachte und wurde munter. Die Tänzerin war verändert, froh und in einem leichten süßen Rausch. Sie sah und wußte wieder, daß sie schön war und schöne Kleider trug, sie spürte die Blicke der Männer, die von benachbarten Tischen herüber warben, und auch Klein fühlte die Verwandlung, sah sie wieder von Reiz und holder Verlockung umgeben, hörte wieder den Klang von Herausforderung und Geschlecht in ihrer Stimme, sah wieder ihre Hände weiß und ihren Hals perlfarben aus den Spitzen steigen.
„Haben Sie auch tüchtig gewonnen?" fragte er lachend.
„Es geht, noch nicht das große Los. Es sind etwa fünftausend."
„Nun, das ist ein hübscher Anfang."
„Ja, ich werde natürlich fortfahren, das nächstemal. Aber das richtige ist es noch nicht. Es muß auf einmal kommen, nicht tropfenweise."
Er wollte sagen: „Dann müßten Sie auch nicht tropfenweise setzen, sondern alles auf einmal" – aber er stieß statt dessen mit ihr an, auf das große Glück, und lachte und plauderte weiter.
Wie war das Mädchen hübsch, gesund und einfach in seiner Freude! Vor einer Stunde noch hatte sie an den Spieltischen gestanden, streng, besorgt, faltig, böse, rechnend.

Jetzt sah sie aus, als habe nie eine Sorge sie berührt, als wisse sie nichts von Geld, Spiel, Geschäften, als kenne sie nur Freude, Luxus und müheloses Schwimmen an der schillernden Oberfläche des Lebens. War das alles wahr, alles echt? Er selbst lachte ja auch, war ja auch vergnügt, warb ja auch um Freude und Liebe aus heitern Augen – und doch saß zugleich einer in ihm, der an das alles nicht glaubte, der dem allem mit Mißtrauen und mit Hohn zusah. War das bei andern Menschen anders? Ach, man wußte so wenig, so verzweifelt wenig von den Menschen! Hundert Jahreszahlen von lächerlichen Schlachten und Namen von lächerlichen alten Königen hatte man in den Schulen gelernt, und man las täglich Artikel über Steuern oder über den Balkan, aber vom Menschen wußte man nichts! Wenn eine Glocke nicht schellte, wenn ein Ofen rauchte, wenn ein Rad in einer Maschine stockte, so wußte man sogleich, wo zu suchen sei, und tat es mit Eifer, und fand den Schaden und wußte, wie er zu heilen war. Aber das Ding in uns, die geheime Feder, die allein dem Leben den Sinn gibt, das Ding in uns, das allein lebt, das allein fähig ist, Lust und Weh zu fühlen, Glück zu begehren, Glück zu erleben – das war unbekannt, von dem wußte man nichts, gar nichts, und wenn es krank wurde, so gab es keine Heilung. War es nicht wahnsinnig?

Während er mit Teresina trank und lachte, stiegen in andern Bezirken seiner Seele solche Fragen auf und nieder, dem Bewußtsein bald näher, bald ferner. Alles war zweifelhaft, alles schwamm im Ungewissen. Wenn er nur das Eine gewußt hätte: ob diese Unsicherheit, diese Not, diese Verzweiflung mitten in der Freude, dieses Denkenmüssen und Fragenmüssen auch in andern Menschen so war, oder nur in ihm allein, in dem Sonderling Klein?

Eines fand er, darin unterschied er sich von Teresina, darin war sie anders als er, war kindlich und primitiv gesund. Dies Mädchen rechnete, wie alle Menschen, und wie auch er selbst es früher getan hatte, immerzu instinktiv mit Zukunft, mit Morgen und Übermorgen, mit Fortdauer. Hätte sie sonst spielen und das Geld so ernst nehmen können? Und da, das fühlte er tief, da stand es bei ihm anders. Für ihn stand hinter jedem Gefühl und Gedanken das Tor offen, das ins Nichts führte. Wohl litt er an Angst, an Angst vor sehr vielem, vor dem Wahnsinn, vor der Polizei, der Schlaflosigkeit, auch an Angst vor dem Tod. Aber alles, wovor er Angst empfand, das begehrte und ersehnte er dennoch zugleich – er war voll brennender Sehnsucht und Neugierde nach Leid, nach Untergang, nach Verfolgung, nach Wahnsinn und Tod.

„Komische Welt", sagte er vor sich hin, und meinte damit nicht die Welt um ihn her, sondern dies innere Wesen. Plaudernd verließen sie den Saal und das Haus, kamen im blassen Laternenlicht an das schlafende Seeufer, wo sie ihren Bootsmann wecken mußten. Es dauerte eine Weile, bis das Boot abfahren konnte, und die beiden standen nebeneinander, plötzlich aus der Lichtfülle und farbigen Geselligkeit des Kasinos in die dunkle Stille des verlassenen nächtlichen Ufers verzaubert, das Lachen von drüben noch auf erhitzten Lippen und schon kühl berührt von Nacht, Schlafnähe und Furcht vor Einsamkeit. Sie fühlten beide dasselbe. Unversehens hielten sie sich bei den Händen, lächelten irr und verlegen in die Dunkelheit, spielten mit zuckenden Fingern einer auf Hand und Arm des andern. Der Bootsmann rief, sie stiegen ein, setzten sich in die Kabine, und mit heftigem Griff zog er den blonden schweren Kopf zu sich her und in die ausbrechende Glut seiner Küsse.

Zwischenein sich erwehrend, setzte sie sich aufrecht und fragte: „Werden wir wohl bald wieder hier herüber fahren?"

Mitten in der Liebeserregung mußte er heimlich lachen. Sie dachte bei allem noch ans Spiel, sie wollte wiederkommen und ihr Geschäft fortsetzen.

„Wann du willst", sagte er werbend, „morgen und übermorgen und jeden Tag, den du willst."

Als er ihre Finger in seinem Nacken spielen fühlte, durchzuckte ihn Erinnerung an das furchtbare Gefühl im Traum, als das rächende Weib ihm die Nägel in den Hals krallte.

„Jetzt sollte sie mich plötzlich töten, das wäre das richtige", dachte er glühend – „oder ich sie."

Ihre Brust mit tastender Hand umspannend lachte er leise vor sich hin. Unmöglich wäre es ihm gewesen, noch Lust und Weh zu unterscheiden. Auch seine Lust, seine hungrige Sehnsucht nach der Umarmung mit diesem schönen starken Weibe, war von Angst kaum zu unterscheiden, er ersehnte sie wie der Verurteilte das Beil. Beides war da, flammende Lust und trostlose Trauer, beides brannte, beides zuckte in fiebernden Sternen auf, beides wärmte, beides tötete.

Teresina entzog sich geschmeidig einer zu kühnen Liebkosung, hielt seine beiden Hände fest, brachte ihre Augen nah an seine und flüsterte wie abwesend: „Was bist du für ein Mensch, du? Warum liebe ich dich? Warum zieht mich etwas zu dir? Du bist schon alt und bist nicht schön – wie ist das? Höre, ich glaube doch, daß du ein Verbrecher bist. Bist du nicht einer? Ist dein Geld nicht gestohlen?"

Er suchte sich loszumachen: „Rede nicht, Teresina! Alles Geld ist gestohlen, alle Habe ist ungerecht. Ist denn das wichtig? Wir sind alle Sünder, wir sind alle Verbrecher, nur schon weil wir leben. Ist denn das wichtig?"

„Ach, was ist wichtig?" zuckte sie auf.

„Wichtig ist, daß wir diesen Becher austrinken", sagte Klein langsam, „nichts anderes ist wichtig. Vielleicht kommt er nicht wieder. Willst du mit mir schlafen kommen, oder darf ich mit zu dir gehen?"

„Komm zu mir", sagte sie leise. „Ich habe Angst vor dir, und doch muß ich bei dir sein. Sage mir dein Geheimnis nicht! Ich will nichts wissen!"

Das Abklingen des Motors weckte sie, sie riß sich los, strich sich klärend über Haar und Kleider. Das Boot lief leise an den Steg, Laternenlichter spiegelten splitternd im schwarzen Wasser. Sie stiegen aus.

„Halt, meine Tasche!" rief Teresina nach zehn Schritten. Sie lief zum Steg zurück, sprang ins Boot, fand auf dem Polster die Tasche mit ihrem Geld liegen, warf dem mißtrauisch blickenden Fährmann einen der Scheine hin und lief Klein in die Arme, der sie am Kai erwartete.

5

Der Sommer hatte plötzlich begonnen, in zwei heißen Tagen hatte er die Welt verändert, die Wälder vertieft, die Nächte verzaubert. Heiß drängte sich Stunde an Stunde, schnell lief die Sonne ihren glühenden Halbkreis ab, schnell und hastig folgten ihr die Sterne, Lebensfieber glühte hoch, eine lautlose gierige Eile jagte die Welt.

Ein Abend kam, da wurde Teresinas Tanz im Kursaal durch ein rasend hertobendes Gewitter unterbrochen. Lampen erloschen, irre Gesichter grinsten sich im weißen Flackern der Blitze an, Weiber schrien, Kellner brüllten, Fenster zerklirrten im Sturm.

Klein hatte Teresina sofort zu sich an den Tisch gezogen, wo er neben dem alten Komiker saß.

„Herrlich!" sagte er. „Wir gehen. Du hast doch keine Angst?"

„Nein, nicht Angst. Aber du darfst heute nicht mit mir kommen. Du hast drei Nächte nicht geschlafen, und du siehst scheußlich aus. Bring mich nach Haus, und dann geh schlafen in dein Hotel! Nimm Veronal, wenn du es brauchst. Du lebst wie ein Selbstmörder."

Sie gingen, Teresina im geborgten Mantel eines Kellners, mitten durch Sturm und Blitze und aufheulende Staubwirbel durch die leergefegten Straßen, hell und frohlockend knallten die prallen Donnerschläge durch die aufgewühlte Nacht, plötzlich brauste Regen los, auf dem Pflaster zerspritzend, voll und voller mit dem erlösenden Schluchzen wilder Güsse im dicken Sommerlaub.

Naß und durchschüttelt kamen sie in die Wohnung der Tänzerin, Klein ging nicht nach Hause, es wurde nicht mehr davon gesprochen. Aufatmend traten sie ins Schlafzimmer, taten lachend die durchnäßten Kleider ab, durchs Fenster schrillte grell das Licht der Blitze, in den Akazien wühlte Sturm und Regen sich müde.

„Wir waren noch nicht wieder in Castiglione", spottete Klein. „Wann gehen wir?"

„Wir werden wieder gehen, verlaß dich drauf. Hast du Langeweile?"

Er zog sie an sich, beide fieberten, und Nachglanz des Gewitters loderte in ihrer Liebkosung. In Stößen kam durchs Fenster die gekühlte Luft, mit bittrem Geruch von Laub und stumpfem Geruch von Erde. Aus dem Liebeskampf fielen sie beide schnell in Schlummer. Auf dem Kissen lag sein ausgehöhltes Gesicht neben ihrem frischen, sein dünnes trockenes Haar neben ihrem vollen blühenden. Vor dem Fenster glühte das Nachtgewitter in letzten Flammen auf, wurde müde und erlosch, der Sturm schlief ein, beruhigt rann ein stiller Regen in die Bäume.

Bald nach ein Uhr erwachte Klein, der keinen längern Schlaf mehr kannte, aus einem schweren schwülen Traumgewirre, mit wüstem Kopf und schmerzenden Augen. Regungslos lag er eine Weile, die Augen aufgerissen, sich besinnend, wo er sei. Es war Nacht, jemand atmete neben ihm, er war bei Teresina.

Langsam richtete er sich auf. Nun kamen die Qualen wieder, nun war ihm wieder beschieden, Stunde um Stunde zu liegen, Weh und Angst im Herzen, allein, nutzlose Leiden leiden, nutzlose Gedanken denken, nutzlose Sorgen sorgen. Aus dem Alpdrücken, das ihn geweckt hatte, krochen schwere fette Gefühle ihm nach, Ekel und Grauen, Übersättigung, Selbstverachtung.

Er tastete nach dem Licht und drehte an. Die kühle Helligkeit floß übers weiße Kissen, über die Stühle voll Kleider, schwarz hing das Fensterloch in der schmalen Wand. Über Teresinas abgewandtes Gesicht fiel Schatten, ihr Nacken und Haar glänzten hell.

So hatte er einst auch seine Frau zuweilen liegen sehen, auch neben ihr war er zuzeiten schlaflos gelegen, ihren Schlummer beneidend, von ihrem satten zufriedenen Atemholen wie verhöhnt. Nie, niemals war man von seinem Nächsten so ganz und gar, so vollkommen verlassen, als wenn er schlief! Und wieder, wie schon oft, fiel ihm das Bild des leidenden Jesus ein, im Garten Gethsemane, wo die Todesangst ihn ersticken will, seine Jünger aber schlafen, schlafen.

Leise zog er das Kissen mehr zu sich herüber, samt dem schlafenden Kopf Teresinas. Nun sah er ihr Gesicht, im Schlaf so fremd, so ganz bei sich selbst, so ganz von ihm abgewandt. Eine Schulter und Brust lagen bloß, unter dem Leintuch wölbte sich sanft ihr Leib bei jedem Atemzug. Komisch, fiel ihm ein, wie man in Liebesworten, in Gedichten, in Liebesbriefen immer und immer von den süßen Lippen und Wangen sprach, und nie von Bauch und Bein! Schwindel! Schwindel! Er betrachtete Teresina lang. Mit diesem schönen Leib, mit dieser Brust und diesen weißen, gesunden, starken, gepflegten Armen und Beinen würde sie ihn noch oft verlocken und ihn umschlingen und Lust von ihm

nehmen und dann ruhen und schlafen, satt und tief, ohne Schmerzen, ohne Angst, ohne Ahnung, schön und stumpf und dumm wie ein gesundes schlafendes Tier. Und er würde neben ihr liegen, schlaflos, mit flackernden Nerven, das Herz voll Pein. Noch oft? Noch oft? Ach nein, nicht oft mehr, nicht viele Male mehr, vielleicht keinmal mehr! Er zuckte zusammen. Nein, er wußte es: keinmal mehr!
Stöhnend bohrte er den Daumen in seine Augenhöhle, wo zwischen Auge und Stirn diese teuflischen Schmerzen saßen. Gewiß hatte auch Wagner diese Schmerzen gehabt, der Lehrer Wagner. Er hatte sie gehabt, diese wahnsinnigen Schmerzen, gewiß jahrelang, und hatte sie getragen und erlitten, und sich dabei reifen und Gott näher kommen gemeint in seinen Qualen, seinen nutzlosen Qualen. Bis er eines Tages es nicht mehr ertragen konnte – so wie auch er, Klein, es nicht mehr ertragen konnte. Die Schmerzen waren ja das wenigste, aber die Gedanken, die Träume, das Alpdrücken! Da war Wagner eines Nachts aufgestanden und hatte gesehen, daß es keinen Sinn habe, noch mehr, noch viele solche Nächte voll Qual aneinander zu reihen, daß man dadurch nicht zu Gott komme, und hatte das Messer geholt. Es war vielleicht unnütz, es war vielleicht töricht und lächerlich von Wagner, daß er gemordet hatte. Wer seine Qualen nicht kannte, wer seine Pein nicht gelitten hatte, der konnte es ja nicht verstehen.
Er selbst hatte vor kurzem, in einem Traum, eine Frau mit dem Messer erstochen, weil ihr entstelltes Gesicht ihm unerträglich gewesen war. Entstellt war freilich jedes Gesicht, das man liebte, entstellt und grausam aufreizend, wenn es nicht mehr log, wenn es schwieg, wenn es schlief. Da sah man ihm auf den Grund und sah nichts von Liebe darin, wie man auch im eigenen Herzen nichts von Liebe fand, wenn man auf den Grund sah. Da war nur Lebensgier und Angst, und aus Angst, aus dummer Kinderangst vor der Kälte, vor dem Alleinsein, vor dem Tode floh man zueinander, küßte sich, umarmte sich, rieb Wange an Wange, legte Bein zu Bein, warf neue Menschen in die Welt. So war es. So war er einst zu seiner Frau gekommen. So war die Frau des Wirtes in einem Dorf zu ihm gekommen, einst, am Anfang seines jetzigen Weges, in einer kahlen steinernen Kammer, barfuß und schweigend, getrieben von Angst, von

Lebensgier, von Trostbedürfnis. So war auch er zu Teresina gekommen, und sie zu ihm. Es war stets derselbe Trieb, dasselbe Begehren, dasselbe Mißverständnis. Es war auch stets dieselbe Enttäuschung, dasselbe grimme Leid. Man glaubte, Gott nah zu sein, und hielt ein Weib in den Armen. Man glaubte, Harmonie erreicht zu haben, und hatte nur seine Schuld und seinen Jammer weggewälzt, auf ein fernes zukünftiges Wesen! Ein Weib hielt man in den Armen, küßte ihren Mund, streichelte ihre Brust und zeugte mit ihr ein Kind, und einst würde das Kind, vom selben Schicksal ereilt, in einer Nacht ebenso neben einem Weibe liegen und ebenso aus dem Rausch erwachen und mit schmerzenden Augen in den Abgrund sehen, und das Ganze verfluchen. Unerträglich, das zu Ende zu denken!

Sehr aufmerksam betrachtete er das Gesicht der Schlafenden, die Schulter und Brust, das gelbe Haar. Das alles hatte ihn entzückt, hatte ihn getäuscht, hatte ihn verlockt, das alles hatte ihm Lust und Glück vorgelogen. Nun war es aus, nun wurde abgerechnet. Er war in das Theater Wagner eingetreten, er hatte erkannt, warum jedes Gesicht, sobald die Täuschung dahinfiel, so entstellt und unausstehlich war.

Klein stand vom Bett auf und ging auf die Suche nach einem Messer. Im Vorbeischleichen streifte er Teresinas lange hellbraune Strümpfe vom Stuhl – dabei fiel ihm blitzschnell ein, wie er sie das erste Mal gesehen, im Park, und wie von ihrem Gang und von ihrem Schuh und straffen Strumpf der erste Reiz ihm zugeflogen war. Er lachte leise, wie schadenfroh, und nahm Teresinas Kleider, Stück um Stück, in die Hand, befühlte sie und ließ sie zu Boden fallen. Dann suchte er weiter, dazwischen für Momente alles vergessend. Sein Hut lag auf dem Tisch, er nahm ihn gedankenlos in die Hände, drehte ihn, fühlte, daß er naß war, und setzte ihn auf. Beim Fenster blieb er stehen, sah in die Schwärze hinaus, hörte Regen singen, es klang wie aus verschollenen anderen Zeiten her. Was wollte das alles von ihm, Fenster, Nacht, Regen – was ging es ihn an, das alte Bilderbuch aus der Kinderzeit.

Plötzlich blieb er stehen. Er hatte ein Ding in die Hand genommen, das auf einem Tische lag, und sah es an. Es war ein silberner ovaler Handspiegel, und aus dem Spiegel schien ihm sein Gesicht entgegen, das Gesicht Wagners, ein

irres verzogenes Gesicht mit tiefen schattigen Höhlen und zerstörten, zersprungenen Zügen. Das geschah ihm jetzt so merkwürdig oft, daß er sich unversehens in einem Spiegel sah, ihm schien, er habe früher jahrzehntelang nie in einen geblickt. Auch das, schien es, gehörte zum Theater Wagner.
Er blieb stehen und blickte lang in das Glas. Dies Gesicht des ehemaligen Friedrich Klein war fertig und verbraucht, es hatte ausgedient, Untergang schrie aus jeder Falte. Dies Gesicht mußte verschwinden, es mußte ausgelöscht werden. Es war sehr alt, dies Gesicht, viel hatte sich in ihm gespiegelt, allzu viel, viel Lug und Trug, viel Staub und Regen war darüber gegangen. Es war einmal glatt und hübsch gewesen, er hatte es einst geliebt und gepflegt und Freude daran gehabt, und hatte es oft auch gehaßt. Warum? Beides war nicht mehr zu begreifen.
Und warum stand er jetzt da, nachts in diesem kleinen fremden Zimmer, mit einem Glas in der Hand und einem nassen Hut auf dem Kopf, ein seltsamer Hanswurst – was war mit ihm? Was wollte er? Er setzte sich auf den Tischrand. Was hatte er gewollt? Was suchte er? Er hatte doch etwas gesucht, etwas sehr Wichtiges gesucht?
Ja, ein Messer.
Plötzlich ungeheuer erschüttert sprang er empor und lief zum Bett. Er beugte sich über das Kissen, sah das schlafende Mädchen im gelben Haare liegen. Sie lebte noch! Er hatte es noch nicht getan! Grauen überfloß ihn eisig. Mein Gott, nun war es da! Nun war es soweit, und es geschah, was er schon immer und immer in seinen furchtbarsten Stunden hatte kommen sehen. Nun war es da. Nun stand er, Wagner, am Bett einer Schlafenden, und suchte das Messer! – Nein, er wollte nicht. Nein, er war nicht wahnsinnig! Gott sei Dank, er war nicht wahnsinnig! Nun war es gut.
Es kam Friede über ihn. Langsam zog er seine Kleider an, die Hosen, den Rock, die Schuhe. Nun war es gut.
Als er nochmals zum Bett treten wollte, fühlte er Weiches unter seinem Fuß. Da lagen Teresinas Kleider am Boden, die Strümpfe, das hellgraue Kleid. Sorgfältig hob er sie auf und legte sie über den Stuhl.
Er löschte das Licht und ging aus dem Zimmer. Vor dem Hause troff Regen still und kühl, nirgends Licht, nirgends

ein Mensch, nirgends ein Laut, nur der Regen. Er wandte das Gesicht nach oben und ließ sich den Regen über Stirn und Wangen laufen. Kein Himmel zu finden. Wie dunkel es war! Gern, gern hätte er einen Stern gesehen.
Ruhig ging er durch die Straßen, vom Regen durchweicht. Kein Mensch, kein Hund begegnete ihm, die Welt war ausgestorben. Am Seeufer ging er von Boot zu Boot, sie waren alle hoch ans Land gezogen und stramm mit Ketten befestigt. Erst ganz in der Vorstadt außen fand er eins, das lokker am Strick hing und sich lösen ließ. Das machte er los und hängte die Ruder ein. Schnell war das Ufer vergangen, es floß ins Grau hinweg wie nie gewesen, nur Grau und Schwarz und Regen war noch auf der Welt, grauer See, nasser See, grauer See, nasser Himmel, alles ohne Ende.
Draußen, weit im See, zog er die Ruder ein. Es war nun soweit, und er war zufrieden. Früher hatte er, in den Augenblicken, wo Sterben ihm unvermeidlich schien, doch immer gern noch ein wenig gezögert, die Sache auf morgen verschoben, es erst noch einmal mit dem Weiterleben probiert. Davon war nichts mehr da. Sein kleines Boot, das war er, das war sein kleines, umgrenztes, künstlich versichertes Leben – rundum aber das weite Grau, das war die Welt, das war All und Gott, dahinein sich fallen zu lassen war nicht schwer, das war leicht, das war froh.
Er setzte sich auf den Rand des Bootes nach außen, die Füße hingen ins Wasser. Er neigte sich langsam vor, neigte sich vor, bis hinter ihm das Boot elastisch entglitt. Er war im All.
In die kleine Zahl von Augenblicken, welche er von da an noch lebte, war viel mehr Erlebnis gedrängt als in die vierzig Jahre, die er zuvor bis zu diesem Ziel unterwegs gewesen war.
Es begann damit: Im Moment, wo er fiel, wo er einen Blitz lang zwischen Bootsrand und Wasser schwebte, stellte sich ihm dar, daß er einen Selbstmord begehe, eine Kinderei, etwas zwar nicht Schlimmes, aber Komisches und ziemlich Törichtes. Das Pathos des Sterbenwollens und das Pathos des Sterbens selbst fiel in sich zusammen, es war nichts damit. Sein Sterben war nicht mehr notwendig, jetzt nicht mehr. Es war erwünscht, es war schön und willkommen, aber notwendig war es nicht mehr. Seit dem Moment, seit

dem aufblitzenden Sekundenteil, wo er sich mit ganzem Wollen, mit ganzem Verzicht auf jedes Wollen, mit ganzer Hingabe hatte vom Bootsrand fallen lassen, in den Schoß der Mutter, in den Arm Gottes – seit diesem Augenblick hatte das Sterben keine Bedeutung mehr. Es war ja alles so einfach, es war ja alles so wunderbar leicht, es gab ja keine Abgründe, keine Schwierigkeiten mehr. Die ganze Kunst war: sich fallen lassen! Das leuchtete als Ergebnis seines Lebens hell durch sein ganzes Wesen: sich fallen lassen! Hatte man das einmal getan, hatte man einmal sich dahingegeben, sich anheimgestellt, sich ergeben, hatte man einmal auf alle Stützen und jeden festen Boden unter sich verzichtet, hörte man ganz und gar nur noch auf den Führer im eigenen Herzen, dann war alles gewonnen, dann war alles gut, keine Angst mehr, keine Gefahr mehr.

Dies war erreicht, dies Große, Einzige: er hatte sich fallen lassen! Daß er sich ins Wasser und in den Tod fallen ließ, wäre nicht notwendig gewesen, ebensogut hätte er sich ins Leben fallen lassen können. Aber daran lag nicht viel, wichtig war dies nicht. Er würde leben, er würde wiederkommen. Dann aber würde er keinen Selbstmord mehr brauchen und keinen von all diesen seltsamen Umwegen, keine von all diesen mühsamen und schmerzlichen Torheiten mehr, denn er würde die Angst überwunden haben.

Wunderbarer Gedanke: ein Leben ohne Angst! Die Angst überwinden, das war die Seligkeit, das war die Erlösung. Wie hatte er sein Leben lang Angst gelitten, und nun, wo der Tod ihn schon am Halse würgte, fühlte er nichts mehr davon, keine Angst, kein Grauen, nur Lächeln, nur Erlösung, nur Einverstandensein. Er wußte nun plötzlich, was Angst ist, und daß sie nur von dem überwunden werden kann, der sie erkannt hat. Man hatte vor tausend Dingen Angst, vor Schmerzen, vor Richtern, vor dem eigenen Herzen, man hatte Angst vor dem Schlaf, Angst vor dem Erwachen, vor dem Alleinsein, vor der Kälte, vor dem Wahnsinn, vor dem Tode – namentlich vor ihm, vor dem Tode. Aber all das waren nur Masken und Verkleidungen. In Wirklichkeit gab es nur eines, vor dem man Angst hatte: das Sichfallenlassen, den Schritt in das Ungewisse hinaus, den kleinen Schritt hinweg über all die Versicherungen, die es gab. Und wer sich einmal, ein einziges Mal hingegeben hatte, wer einmal das

große Vertrauen geübt und sich dem Schicksal anvertraut hatte, der war befreit. Er gehorchte nicht mehr den Erdgesetzen, er war in den Weltraum gefallen und schwang im Reigen der Gestirne mit. So war das. Es war so einfach, jedes Kind konnte das verstehen, konnte das wissen.
Er dachte dies nicht, wie man Gedanken denkt, er lebte, fühlte, tastete, roch und schmeckte es. Er schmeckte, roch, sah und verstand, was Leben war. Er sah die Erschaffung der Welt, er sah den Untergang der Welt, beide wie zwei Heerzüge beständig gegeneinander in Bewegung, nie vollendet, ewig unterwegs. Die Welt wurde immerfort geboren, sie starb immerfort. Jedes Leben war ein Atemzug, von Gott ausgestoßen. Jedes Sterben war ein Atemzug, von Gott eingesogen. Wer gelernt hatte, nicht zu widerstreben, sich fallen zu lassen, der starb leicht, der wurde leicht geboren. Wer widerstrebte, der litt Angst, der starb schwer, der wurde ungern geboren.
Im grauen Regendunkel über dem Nachtsee sah der Untersinkende das Spiel der Welt gespiegelt und dargestellt: Sonnen und Sterne rollten heraus, rollten hinab, Chöre von Menschen und Tieren, Geistern und Engeln standen gegeneinander, sangen, schwiegen, schrien, Züge von Wesen zogen gegeneinander, jedes sich selbst mißkennend, sich selbst hassend, und sich in jedem andern Wesen hassend und verfolgend. Ihrer aller Sehnsucht war nach Tod, war nach Ruhe, ihr Ziel war Gott, war die Wiederkehr zu Gott und das Bleiben in Gott. Dies Ziel schuf Angst, denn es war ein Irrtum. Es gab kein Bleiben in Gott! Es gab keine Ruhe! Es gab nur das ewige, ewige, herrliche, heilige Ausgeatmetwerden und Eingeatmetwerden, Gestaltung und Auflösung, Geburt und Tod, Auszug und Wiederkehr, ohne Pause, ohne Ende. Und darum gab es nur Eine Kunst, nur Eine Lehre, nur Ein Geheimnis: sich fallen lassen, sich nicht gegen Gottes Willen sträuben, sich an nichts klammern, nicht an Gut noch Böse. Dann war man erlöst, dann war man frei von Leid, frei von Angst, nur dann.
Sein Leben lag vor ihm wie ein Land mit Wäldern, Talschaften und Dörfern, das man vom Kamm eines hohen Gebirges übersieht. Alles war gut gewesen, einfach und gut gewesen, und alles war durch seine Angst, durch sein Sträuben zu Qual und Verwicklung, zu schauerlichen Knäueln und

Krämpfen von Jammer und Elend geworden! Es gab keine Frau, ohne die man nicht leben konnte – und es gab auch keine Frau, mit der man nicht hätte leben können. Es gab kein Ding in der Welt, das nicht ebenso schön, ebenso begehrenswert, ebenso beglückend war wie sein Gegenteil! Es war selig zu leben, es war selig zu sterben, sobald man allein im Weltraum hing. Ruhe von außen gab es nicht, keine Ruhe im Friedhof, keine Ruhe in Gott, kein Zauber unterbrach je die ewige Kette der Geburten, die unendliche Reihe der Atemzüge Gottes. Aber es gab eine andere Ruhe, im eigenen Innern zu finden. Sie hieß: Laß dich fallen! Wehre dich nicht! Stirb gern! Lebe gern!

Alle Gestalten seines Lebens waren bei ihm, alle Gesichter seiner Liebe, alle Wechsel seines Leidens. Seine Frau war rein und ohne Schuld wie er selbst, Teresina lächelte kindlich her. Der Mörder Wagner, dessen Schatten so breit über Kleins Leben gefallen war, lächelte ihm ernst ins Gesicht, und sein Lächeln erzählte, daß auch Wagners Tat ein Weg zur Erlösung gewesen war, auch sie ein Atemzug, auch sie ein Symbol, und daß auch Mord und Blut und Scheußlichkeit nicht Dinge sind, welche wahrhaft existieren, sondern nur Wertungen unsrer eigenen, selbstquälerischen Seele. Mit dem Morde Wagners hatte er, Klein, Jahre seines Lebens hingebracht, in Verwerfen und Billigen, Verurteilen und Bewundern, Verabscheuen und Nachahmen hatte er sich aus diesem Morde unendliche Ketten von Qualen, von Ängsten, von Elend geschaffen. Er hatte hundertmal voll Angst seinem eigenen Tode beigewohnt, er hatte sich auf dem Schafott sterben sehen, er hatte den Schnitt des Rasiermessers durch seinen Hals gefühlt und die Kugel in seiner Schläfe – und nun, da er den gefürchteten Tod wirklich starb, war es so leicht, war es so einfach, war es Freude und Triumph! Nichts in der Welt war zu fürchten, nichts war schrecklich – nur im Wahn machten wir uns all diese Furcht, all dies Leid, nur in unsrer eignen, geängsteten Seele entstand Gut und Böse, Wert und Unwert, Begehren und Furcht.

Die Gestalt Wagners versank weit in der Ferne. Er war nicht Wagner, nicht mehr, es gab keinen Wagner, das alles war Täuschung gewesen. Nun, mochte Wagner sterben! Er, Klein, würde leben.

Wasser floß ihm in den Mund, und er trank. Von allen Seiten, durch alle Sinne floß Wasser herein, alles löste sich auf. Er wurde angesogen, er wurde eingeatmet. Neben ihm, an ihn gedrängt, so eng beisammen wie die Tropfen im Wasser, schwammen andere Menschen, schwamm Teresina, schwamm der alte Sänger, schwammen seine einstige Frau, sein Vater, seine Mutter und Schwester, und tausend, tausend, tausend andre Menschen, und auch Bilder und Häuser, Tizians Venus und das Münster von Straßburg, alles schwamm, eng aneinander, in einem ungeheuren Strom dahin, von Notwendigkeit getrieben, rasch und rascher, rasend – und diesem ungeheuern, rasenden Riesenstrom der Gestaltungen kam ein anderer Strom entgegen, ungeheuer, rasend, ein Strom von Gesichtern, Beinen, Bäuchen, von Tieren, Blumen, Gedanken, Morden, Selbstmorden, geschriebenen Büchern, geweinten Tränen, dicht, dicht, voll, voll, Kinderaugen und schwarze Locken und Fischköpfe, ein Weib mit langem starrem Messer im blutigen Bauch, ein junger Mensch, ihm selbst ähnlich, das Gesicht voll heiliger Leidenschaft, das war er selbst, zwanzigjährig, jener verschollene Klein von damals! Wie gut, daß auch diese Erkenntnis nun zu ihm kam: daß es keine Zeit gab! Das einzige, was zwischen Alter und Jugend, zwischen Babylon und Berlin, zwischen Gut und Böse, Geben und Nehmen stand, das einzige, was die Welt mit Unterschieden, Wertungen, Leid, Streit, Krieg erfüllte, war der Menschengeist, der junge ungestüme und grausame Menschengeist im Zustand der tobenden Jugend, noch fern vom Wissen, noch weit von Gott. Er erfand Gegensätze, er erfand Namen. Dinge nannte er schön, Dinge häßlich, diese gut, diese schlecht. Ein Stück Leben wurde Liebe genannt, ein andres Mord. So war dieser Geist, jung, töricht, komisch. Eine seiner Erfindungen war die Zeit. Eine feine Erfindung, ein raffiniertes Instrument, sich noch inniger zu quälen und die Welt vielfach und schwierig zu machen! Von allem, was der Mensch begehrte, war er immer nur durch Zeit getrennt, nur durch diese Zeit, diese tolle Erfindung! Sie war eine der Stützen, eine der Krücken, die man vor allem fahren lassen mußte, wenn man frei werden wollte.

Weiter quoll der Weltstrom der Gestaltungen, der von Gott eingesogene, und der andere, ihm entgegen, der ausgeat-

mete. Klein sah Wesen, die sich dem Strom widersetzten, die sich unter furchtbaren Krämpfen aufbäumten und sich grauenhafte Qualen schufen: Helden, Verbrecher, Wahnsinnige, Denker, Liebende, Religiöse. Andre sah er, gleich ihm selbst, rasch und leicht in inniger Wollust der Hingabe, des Einverstandenseins dahingetrieben, Selige wie er. Aus dem Gesang der Seligen und aus dem endlosen Qualschrei der Unseligen baute sich über den beiden Weltströmen eine durchsichtige Kugel oder Kuppel aus Tönen, ein Dom von Musik, in dessen Mitte saß Gott, saß ein heller, vor Helle unsichtbarer Glanzstern, ein Inbegriff von Licht, umbraust von der Musik der Weltchöre, in ewiger Brandung.
Helden und Denker traten aus dem Weltstrom, Propheten, Verkünder. „Siehe, das ist Gott der Herr, und sein Weg führt zum Frieden", rief einer, und viele folgten ihm. Ein andrer verkündete, daß Gottes Bahn zum Kampf und Kriege führe. Einer nannte ihn Licht, einer nannte ihn Nacht, einer Vater, einer Mutter. Einer pries ihn als Ruhe, einer als Bewegung, als Feuer, als Kühle, als Richter, als Tröster, als Schöpfer, als Vernichter, als Verzeiher, als Rächer. Gott selbst nannte sich nicht. Er wollte genannt, er wollte geliebt, er wollte gepriesen, verflucht, gehaßt, angebetet sein, denn die Musik der Weltchöre war sein Gotteshaus und war sein Leben – aber es galt ihm gleich, mit welchen Namen man ihn pries, ob man ihn liebte oder haßte, ob man bei ihm Ruhe und Schlaf, oder Tanz und Raserei suchte. Jeder konnte suchen. Jeder konnte finden.
Jetzt vernahm Klein seine eigene Stimme. Er sang. Mit einer neuen, gewaltigen, hellen, hallenden Stimme sang er laut, sang er laut und hallend Gottes Lob, Gottes Preis. Er sang im rasenden Dahinschwimmen, inmitten der Millionen Geschöpfe, ein Prophet und Verkünder. Laut schallte sein Lied, hoch stieg das Gewölbe der Töne auf, strahlend saß Gott im Innern. Ungeheuer brausten die Ströme hin.

Innen und Außen

Es war ein Mann mit Namen Friedrich, der beschäftigte sich mit geistigen Dingen und besaß vielerlei Kenntnisse. Doch war ihm nicht eine Kenntnis wie die andere und ein Gedanke wie der andere, sondern er liebte eine gewisse Art des Denkens, und die anderen verachtete und verabscheute er. Was er liebte und verehrte, das war die Logik, jene so vortreffliche Methode, und weiterhin überhaupt das, was er „Wissenschaft" nannte.
„Zweimal zwei ist vier", pflegte er zu sagen, „daran glaube ich, und von dieser Wahrheit aus muß der Mensch das Denken betreiben."
Daß es auch andere Arten des Denkens und der Erkenntnis gab, war ihm zwar nicht unbekannt, aber „Wissenschaft" war das nicht, und er hielt nichts davon. Er war, obwohl Freidenker, nicht unduldsam gegen die Religion. Dies beruhte auf einer schweigenden Übereinstimmung der Wissenschaftlichen. Ihre Wissenschaft hatte sich seit manchen Jahrhunderten nahezu mit allem befaßt, was auf der Erde vorhanden und wissenswert ist, mit Ausschluß eines einzigen Gegenstandes, der menschlichen Seele. Diese der Religion zu überlassen, und deren Spekulationen über die Seele zwar nicht ernst zu nehmen, doch aber gewähren zu lassen, war mit der Zeit so Sitte geworden. Gegen die Religion also verhielt auch Friedrich sich duldsam, tief verhaßt und zuwider aber war ihm alles, was er als Aberglaube erkannte. Mochten fremde, ungebildete und zurückgebliebene Völker sich damit befassen, mochte im fernen Altertum ein mystisches oder magisches Denken vorhanden gewesen sein – seit es eine Wissenschaft und Logik gab, hatte es keinen Sinn mehr, diese veralteten und zweifelhaften Werkzeuge zu gebrauchen.

So sagte er und so dachte er, und wenn ihm in seinem Umkreise Spuren von Aberglauben zu Gesicht kamen, wurde er ärgerlich und fühlte sich wie von etwas Feindseligem berührt.

Am meisten aber erboste es ihn, wenn er solche Spuren unter seinesgleichen antreffen mußte, unter gebildeten Männern, welchen die Grundsätze des wissenschaftlichen Denkens vertraut waren. Und nichts war ihm schmerzlicher und unerträglicher als jener lästerliche Gedanke, welchen er neuerdings zuweilen auch unter Männern von hoher Bildung mußte aussprechen und erörtern hören, jener absurde Gedanke: daß das „wissenschaftliche Denken" möglicherweise keine höchste, keine zeitlose, ewige, vorbestimmte und unerschütterliche Denkart sei, sondern nur eine von vielen, eine zeitliche, vor Veränderung und vor Untergang nicht geschützte Art des Denkens. Dieser unehrerbietige, vernichtende, vergiftende Gedanke war da, das konnte auch Friedrich nicht leugnen, er war da und dort, angesichts der durch Krieg, Umsturz und Hunger in aller Welt entstandenen Not, wie eine Mahnung aufgetaucht, wie ein Geisterspruch, von weißer Hand an weiße Wand geschrieben.

Je mehr Friedrich darunter litt, daß dieser Gedanke vorhanden war und ihn so tief beunruhigen konnte, desto leidenschaftlicher befeindete er ihn und jene, welche er im Verdacht hatte, heimlich an ihn zu glauben. Denn offen und gerade heraus hatten bis zur Zeit sich aus dem Kreise der wahrhaft Gebildeten nur ganz wenige zu dieser neuen Lehre bekannt, einer Lehre, welche, wenn sie sich verbreitete und Macht gewann, bestimmt schien, jede geistige Kultur auf Erden zu vernichten und das Chaos heraufzuführen. Nun, so weit war es noch nicht gekommen, und jene Vereinzelten, die sich offen zu jenem Gedanken bekannten, waren noch so wenige, daß man sie als Sonderlinge und schrullige Originale auffassen konnte. Ein Tropfen von dem Gift aber, eine Ausstrahlung jenes Gedankens, war bald da, bald dort wahrzunehmen. Unter den Leuten vom Volk und den Halbgebildeten war ohnehin eine Unzahl von neuen Lehren, Geheimlehren, Sekten und Jüngerschaften zu bemerken, davon war die Welt voll, überall waren Aberglaube, Mystik, Geisterkult und andre dunkle Mächte spür-

bar, welche zu bekämpfen not getan hätte, welche aber die Wissenschaft, wie aus einem Gefühl heimlicher Schwäche, einstweilen mit Schweigen gewähren ließ.
Eines Tages kam Friedrich in das Haus eines seiner Freunde, mit welchem er schon manche gemeinsamen Studien betrieben hatte. Jetzt hatte er diesen Freund eine längere Zeit nicht mehr gesehen, wie sich das ja so fügen kann. Während er die Treppe jenes Hauses emporstieg, suchte er sich zu erinnern, wann und wo er das letztemal mit diesem Freund zusammengewesen sei. So sehr er sich aber sonst seines Gedächtnisses rühmen durfte, er konnte sich nicht mehr darauf besinnen. Unmerklich geriet er darüber in eine gewisse Verstimmung und Ärgerlichkeit, aus der er sich, vor der Tür des Freundes stehend, gewaltsam emporreißen mußte.
Kaum aber hatte er Erwin, seinen Freund, begrüßt, so fiel ihm in dessen freundlichem Gesicht ein gewisses, wie schonendes Lächeln auf, das er früher nicht an ihm gekannt zu haben meinte. Und kaum hatte er dies Lächeln gesehen, das er trotz seiner Freundlichkeit sofort als irgendwie spöttisch oder feindlich empfand, so erinnerte er sich augenblicklich auch an das, wo er soeben noch so ganz vergeblich in seinem Gedächtnis gesucht hatte, an sein letztes Zusammensein mit Erwin, vor längerer Zeit, und daß sie sich damals zwar ohne Streit, doch in innerer Uneinigkeit und Mißstimmung getrennt hatten, weil Erwin, wie ihm schien, seine damaligen Angriffe auf das Reich des Aberglaubens allzu wenig unterstützt hatte.
Es war seltsam. Wie hatte er das ganz vergessen können! Und nun wußte er auch, daß er nur darum so lange Zeit seinen Freund nicht mehr aufgesucht hatte, nur jener Verstimmung wegen, und daß er das selbst die ganze Zeit wohl gewußt habe, obwohl er vor sich selbst eine Menge anderer Gründe für das immer neue Verschieben dieses Besuches aufgezählt hatte.
Nun standen sie sich gegenüber, und es schien Friedrich, als habe die kleine Kluft und Spaltung von damals sich inzwischen unheimlich vergrößert. Zwischen ihm und Erwin fehlte, so schien ihm gefühlhaft, in diesem Augenblick irgend etwas, was sonst immer dagewesen war, eine Luft der Gemeinsamkeit, des unmittelbaren Verstehens, ja selbst

der Zuneigung. Statt ihrer war Leere da, eine Kluft, eine Fremde. Sie begrüßten sich, sprachen von der Jahreszeit, von Bekannten, von ihrem Befinden – und, Gott weiß wie es kam, bei jedem Wort hatte Friedrich das beängstigende Gefühl, den andern nicht ganz zu verstehen, von ihm nicht richtig gekannt zu sein, seine Worte an ihm abgleiten zu sehen, keinen gemeinsamen Boden für ein richtiges Gespräch finden zu können. Auch trug Erwin immerzu jenes freundliche Lächeln im Gesicht, das Friedrich schon beinahe zu hassen begann.

In einer Pause des mühsamen Gesprächs blickte sich Friedrich in dem wohlbekannten Studierzimmer um und sah an der Wand, mit einer Stecknadel lose angeheftet, ein Blatt Papier hängen. Der Anblick berührte ihn seltsam und weckte alte Erinnerungen, denn alsbald fiel ihm ein, daß dies einst in den Studentenjahren, vor langer Zeit, eine Gewohnheit Erwins gewesen war, von Zeit zu Zeit den Ausspruch eines Denkers oder den Vers eines Dichters in dieser Weise sich vor Augen und in Erinnerung zu halten. Er stand auf und trat an die Wand, um das Blatt zu lesen.

Da standen in Erwins hübscher Schrift die Worte: „Nichts ist außen, nichts ist innen, denn was außen ist, ist innen."

Erbleichend blieb er einen Augenblick stehen. Da war es! Da stand er vor dem Gefürchteten! Zu einer andern Zeit hätte er dies Blatt gelten lassen, hätte es nachsichtig geduldet, als eine Laune, als eine harmlose und schließlich jedem erlaubte Liebhaberei, vielleicht als eine kleine, der Schonung bedürftige Sentimentalität. Jetzt aber war das anders. Er fühlte, diese Worte waren nicht um einer flüchtigen poetischen Stimmung willen aufgeschrieben, nicht einer Laune wegen war Erwin nach so vielen Jahren zu einer Gewohnheit der Jugend zurückgekehrt. – Was hier stand, als Bekenntnis dessen, was seinen Freund zur Zeit beschäftigte, war Mystik! Erwin war abtrünnig.

Langsam wendete er sich ihm zu, dessen Lächeln wieder hell aufleuchtete.

„Erkläre mir dies!" forderte er ihn auf.

Erwin nickte voll Freundlichkeit.

„Hast du diesen Spruch nie gelesen?"

„Doch", rief Friedrich, „natürlich kenne ich ihn. Es ist Mystik, es ist Gnostizismus. Vielleicht poetisch, aber – –. Nun,

ich bitte dich, erkläre mir den Spruch, und warum er an deiner Wand hängt."
„Gerne", sagte Erwin. „Der Spruch ist eine erste Einführung in eine Erkenntnislehre, mit der ich zur Zeit beschäftigt bin und der ich schon viel Beglückung verdanke."
Friedrich bezwang seinen Unmut. Er fragte: „Eine neue Erkenntnislehre? Gibt es das? Und wie nennt sie sich?"
„Oh", sagte Erwin, „neu ist sie nur für mich. Sie ist schon sehr alt und ehrwürdig. Sie heißt Magie."
Das Wort war gesprochen. Friedrich, von einem so offenen Bekenntnis nun doch tief überrascht und erschreckt, fühlte sich mit furchtbarem Schauder dem Urfeind in der Person seines Freundes gegenübergestellt, Auge in Auge. Er schwieg. Er wußte nicht, ob ihm der Zorn oder das Weinen näher stehe, das Gefühl unausfüllbaren Verlustes erfüllte ihn bitter. Lange schwieg er.
Dann begann er, mit künstlichem Spott in der Stimme: „Du willst jetzt also ein Magier werden?"
„Ja", sagte Erwin ohne Zögern.
„Eine Art Zauberlehrling, nicht?"
„Gewiß."
Wieder schwieg Friedrich. Man hörte eine Uhr vom Nebenzimmer herüber ticken, so still war es.
Dann sagte er: „Du weißt, daß du damit jede Gemeinschaft mit der ernsten Wissenschaft preisgibst – und damit auch jede Gemeinschaft mit mir?"
„Ich hoffe das nicht", gab Erwin Antwort. „Doch wenn es durchaus so sein müßte – was bliebe mir da zu tun?"
Friedrich schrie, ausbrechend: „Was dir zu tun bleibt? Mit dieser Spielerei, mit diesem traurigen und unwürdigen Zauberglauben zu brechen, ganz und für immer brechen! Das bleibt dir zu tun, wenn du meine Achtung behalten willst."
Erwin lächelte ein wenig, obwohl auch er nun nicht mehr heiter schien.
„Du sprichst so", sagte er so leise, daß Friedrichs zornige Stimme noch während seiner stillen Worte im Zimmer nachzutönen schien – „du sprichst so, als ob das in meinem Wollen läge, als ob mir Wahl zustünde, Friedrich. Es ist nicht so. Mir steht keine Wahl zu. Nicht ich bin es, der Magie gewählt hat. Sie wählte mich."

Friedrich seufzte tief auf: „Dann lebe wohl“, sagte er mühsam, und erhob sich, ohne dem andern die Hand zu bieten.
„Nicht so!“ rief nun Erwin laut. „Nein, nicht so sollst du von mir fortgehen. Nimm an, einer von uns sei ein Sterbender – und so ist es! – und wir müßten Abschied nehmen.“
„Aber wer von uns, Erwin, ist dann der Sterbende?“
„Heute bin ich es wohl, Freund. Wer Neugeburt will, muß zum Sterben bereit sein.“
Nochmals trat Friedrich vor das Blatt und las den Spruch vom Innen und Außen.
„Gut denn“, sagte er schließlich. „Du hast recht, es nützt ja nichts, sich im Zorn zu trennen. Ich will tun, wie du sagst, und will annehmen, daß einer von uns ein Sterbender sei. Auch ich könnte ja der Sterbende sein. Ich will, ehe ich dich verlasse, eine letzte Bitte an dich tun.“
„Das ist mir lieb“, sagte Erwin. „Sprich, was kann ich dir zum Abschied Liebes erweisen?“
„Ich wiederhole meine erste Frage, das ist zugleich meine Bitte: erkläre mir diesen Spruch, so gut du kannst!“
Erwin besann sich kurze Zeit und sprach dann:
„Nichts ist außen, nichts ist innen. Der religiöse Sinn davon ist dir bekannt: Gott ist überall. Er ist im Geist, und ist auch in der Natur. Alles ist göttlich, weil Gott das All ist. Wir nannten das früher Pantheismus. Dann der philosophische Sinn: die Scheidung von außen und innen ist unserm Denken gewohnt, ist ihm aber nicht notwendig. Es gibt die Möglichkeit für unsern Geist, sich hinter die Grenze zurückzuziehen, die wir ihm gezogen haben, ins Jenseits. Jenseits der Gegensatzpaare, aus denen unsre Welt besteht, fangen neue, andere Erkenntnisse an. – Aber, lieber Freund, ich muß dir bekennen: seit mein Denken sich geändert hat, gibt es keine eindeutigen Worte und Sprüche mehr für mich, sondern jedes Wort hat zehnerlei, hunderterlei Sinn. Hier eben beginnt, was du fürchtest: Magie.“
Friedrich runzelte die Stirn und wollte ihn unterbrechen, aber Erwin sah ihn begütigend an und fuhr mit hellerer Stimme fort: „Erlaube mir, daß ich dir ein Beispiel mitgebe! Nimm etwas von mir mit, irgendeinen Gegenstand, und be-

obachte ihn je und je ein wenig, so wird dir der Satz vom Innen und Außen bald einen seiner vielen Sinne zeigen."

Er blickte um sich, griff von einem Wandgesimse eine kleine Figur aus Ton mit glasiger Oberfläche und gab sie Friedrich. Dazu sagte er:

„Nimm dies hier mit als meine Abschiedsgabe. Wenn dies Ding, das ich dir da in die Hand lege, aufhören wird, außer dir zu sein, und in dir sein wird, dann komme wieder zu mir! Bleibt es aber außer dir, immer so wie jetzt, dann soll auch der Abschied für immer gelten, den du von mir nimmst!"

Friedrich wollte noch vieles sagen, aber Erwin bot ihm die Hand, drückte sie und sagte Lebewohl mit einer Miene, welche kein Wort mehr zuließ.

Friedrich ging fort, die Treppe hinab (– wie ungeheuer lange war das her, seit er diese Treppe hinaufgestiegen war!), er ging über die Straßen und nach Hause, die kleine tönerne Figur in der Hand, ratlos und im Herzen unglücklich. Vor seinem Hause blieb er stehen, schüttelte einen Augenblick ingrimmig die Faust, in welcher er das Figürchen hielt, und fühlte große Lust, das lächerliche Ding auf dem Boden zu zerschmettern. Er tat es nicht, biß sich auf die Lippen und ging in seine Wohnung. Nie war er so erregt, so von widerstreitenden Gefühlen gepeinigt gewesen.

Er suchte nach einem Platz für das Geschenk seines Freundes und stellte die Figur auf den oberen Schaft eines Bücherbretts. Da blieb sie zunächst stehen.

Manchmal sah er sie im Lauf der Tage an, über sie und ihre Herkunft grübelnd, und grübelnd über den Sinn, den dies törichte Ding für ihn haben sollte. Es war eine kleine Menschen- oder Götter- oder Götzenfigur, mit zwei Gesichtern, wie sie der römische Gott Janus hatte, aus Ton ziemlich roh geformt und mit einer gebrannten, etwas rissig gewordenen Glasur bedeckt. Das kleine Bildnis sah grob und gering aus, es war ganz gewiß keine Arbeit aus Römer- oder Griechenhand, eher die eines zurückgebliebenen Naturvolkes in Afrika oder auf den Inseln der Südsee. Auf den beiden Gesichtern, die einander völlig gleich waren, lag ein dumpfes, träges, ein wenig grinsendes Lächeln – es war geradezu häßlich, wie der kleine Kobold immerzu sein albernes Lächeln vergeudete.

Friedrich konnte sich an diese Figur nicht gewöhnen. Sie war ihm durchaus zuwider und unangenehm, sie war ihm im Wege, sie störte ihn. Er nahm sie schon am nächsten Tage herab und stellte sie auf den Ofen, und eines anderen Tages stellte er sie auf einen Schrank. Immer wieder kam sie ihm vor Augen, als drängte sie sich vor, lächelte ihn kalt und stumpfsinnig an, machte sich wichtig, verlangte Beachtung. Nach zwei oder drei Wochen nahm er sie und stellte sie ins Vorzimmer, zwischen die Photographien aus Italien und die kleinen spielerischen Andenken, welche dort herumstanden und welche nie jemand betrachtete. Jetzt sah er den Götzen wenigstens nur noch in den Augenblicken, wenn er ausging oder heimkehrte, und ging dann rasch an ihm vorüber, ohne ihn jemals mehr näher anzusehen. Aber auch hier störte ihn das Ding noch, ohne daß er es sich eingestand. Mit diesem Scherben, mit dieser zweigesichtigen Mißgeburt war Verdruß und Qual in sein Leben gekommen.

Eines Tages, nach Monaten, kehrte er von einer kurzen Reise heim – er unternahm jetzt von Zeit zu Zeit solche Ausflüge, als triebe etwas ihn rastlos um –, trat in sein Haus, ging durchs Vorzimmer, ward von der Magd empfangen, las Briefe, die auf ihn gewartet hatten. Aber er war unruhig und zerstreut, als habe er Wichtiges vergessen; kein Buch lockte ihn, in keinem Stuhle fand er sich bequem. Er begann, sich zu untersuchen, bemühte sich zu erinnern – wie war das plötzlich entstanden? Hatte er etwas Wichtiges versäumt? Einen Ärger gehabt? Etwas Schädliches gegessen? Er riet und suchte, es fiel ihm ein, daß dies störende Gefühl ihn beim Eintritt in die Wohnung, im Vorzimmer, ergriffen hatte. Er lief hinüber, und unwillkürlich suchte sein erster Blick die Tonfigur.

Ein sonderbarer Schreck fuhr ihm über die Haut, als er den Götzen nicht mehr sah. Er war verschwunden. Er fehlte. War er auf seinen kleinen irdenen Beinen fortgegangen? Weggeflogen? Hatte ein Zauber ihn dorthin zurückgerufen, woher er gekommen war?

Friedrich raffte sich zusammen, lächelte, schüttelte verweisend den Kopf über seine Ängstlichkeit. Dann begann er ruhig zu suchen, durchs ganze Zimmer. Als er nichts fand, rief er die Magd. Sie kam, war verlegen und gestand sogleich, das Ding sei ihr beim Aufräumen aus der Hand gefallen.

„Wo ist es?"

Es war nicht mehr da. Es schien so fest, dies kleine Ding, sie hatte es ja oft in Händen gehabt, und doch war es in lauter kleine Stücke und Splitter zerbrochen, nicht mehr zu heilen; sie hatte die Trümmer dem Glaser gezeigt, der sie auslachte, und sie dann weggeworfen.

Friedrich entließ die Magd. Er lächelte. Er hatte nichts dagegen. Es war bei Gott nicht schade um den Götzen. Und nun war das Scheusal fort, nun würde er Ruhe haben. Hätte er das Ding damals gleich, am ersten Tage, in Stücke gehauen! Was hatte er in all dieser Zeit gelitten! Wie hatte dieser Götze ihn so träge, so fremdartig, so verschlagen, so böse, so teuflisch angelächelt! Nun, da er fort war, konnte er es sich ja gestehen: er hatte ihn gefürchtet, richtig und aufrichtig gefürchtet, diesen Tongott! War er nicht Sinnbild und Zeichen für alles, was ihm, Friedrich, zuwider und unerträglich war, was er als schädlich, feindlich und bekämpfenswert von jeher erkannt hatte, für allen Aberglauben, alle Finsternis, allen Gewissens- und Geisteszwang? Stellte er nicht jene unheimliche Macht dar, welche man unterirdisch zuweilen wühlen fühlte, jenes ferne Erdbeben, jenen nahenden Untergang der Kultur, jenes heraufdrohende Chaos? Hatte ihm diese schnöde Figur nicht den besten Freund geraubt – nein, nicht bloß geraubt – zum Feind gemacht! – Nun, jetzt war das Ding weg. Fort. Zerschmissen. Erledigt. Es war gut so, es war viel besser, als wenn er selbst ihn zerschlagen hätte.

So dachte er, oder sagte, und ging wie sonst seinen Beschäftigungen nach.

Es war aber wie ein Fluch. Jetzt, wo er sich gerade einigermaßen an die lächerliche Figur gewöhnt hatte, wo ihr Anblick am gewohnten Platz auf dem Vorzimmertisch ihm so allmählich ein wenig vertraut und gleichgültig geworden war – jetzt begann ihr Fehlen ihn zu peinigen! Ja, sie fehlte ihm, so oft er durch jenen Raum ging, er sah dort nichts mehr als die leere Stelle, wo sie sonst gestanden hatte, und von dieser Stelle ging Leere aus und füllte das ganze Zimmer mit Fremdheit und Starre.

Schlimme, schlimme Tage und schlimmere Nächte begannen für Friedrich. Durch das Vorzimmer konnte er nicht mehr gehen, ohne an den Götzen mit den zwei Gesichtern zu denken, ohne ihn zu vermissen, ohne seine Gedanken an ihn gebunden zu fühlen. Das wurde ihm zu einem quälenden Zwang. Und längst nicht nur in den Augenblicken, wo er durch jenes Zimmer ging, war er von diesem Zwang besessen, ach nein, so wie von jener Stelle auf dem leer gewordenen Tische Leere und Öde ausstrahlte, so strahlte dieser Gedankenzwang in seinem Innern aus, verdrängte langsam alles andere, fraß um sich und füllte auch hier alles mit Leere und Fremdheit.

Immer wieder stellte er sich jene Figur mit aller Deutlichkeit vor, schon um sich klarzumachen, wie unsinnig es sei, sich um ihren Verlust zu grämen. Er stellte sie sich vor in ihrer ganzen dummen Häßlichkeit und Barbarei, mit ihrem leeren oder auch listigen Lächeln, mit den beiden Gesichtern – ja, es geschah, daß er, wie im Zwang, mit verzerrtem Munde haßvoll jenes Lächeln nachzubilden suchte. Es verfolgte ihn die Frage, ob wirklich beide Gesichter vollkommen einander gleich gewesen seien. Hatte nicht das eine, vielleicht nur durch eine kleine Rauhigkeit oder einen Sprung in der Glasur, einen etwas anderen Ausdruck gehabt? Etwas Fragendes? Etwas von der Sphinx? Und wie unheimlich oder doch seltsam war die Farbe jener Glasur gewesen! Grün, auch Blau, auch Grau, aber auch Rot war darin, eine Glasur, die er nun oft in anderen Gegenständen wiederfand, im Aufglänzen eines Fensters in der Sonne, im Spiegel eines feuchten Straßenpflasters.

An dieser Glasur sann er viel herum, auch des Nachts. Es fiel ihm auch auf, was für ein sonderbares, fremd und ungut klingendes, unvertrautes, fast böses Wort das war: „Glasur!" Er zerlegte das Wort, er spaltete es haßvoll auseinander, und einmal drehte er es auch um. Da hieß es „Rusalg". Weiß der Teufel, woher dies Wort nun wieder seinen Klang nahm? Er kannte dies Wort „Rusalg", ganz bestimmt, er kannte es, und zwar war es ein feindliches, ein ungutes, ein Wort mit häßlichen und störenden Nebenbedeutungen. Lange quälte er sich damit, endlich kam er darauf, daß Rusalg ihn an ein Buch erinnerte, das er vor Jahren auf einer Reise gekauft und gelesen hatte, und das ihn entsetzt, gequält und doch heimlich fasziniert, und das „Fürstin Russalka" geheißen hatte. Es war schon wie ein Fluch – alles, was mit der Figur, mit der Glasur, mit dem Blau, mit dem Grün, dem Lächeln zusammenhing, bedeutete Feindliches, stach, quälte, enthielt Gift! Und wie höchst eigentümlich hatte er damals gelächelt, Erwin, sein einstiger Freund, als er ihm den Götzen in die Hand gegeben hatte! Wie höchst eigentümlich, wie höchst bedeutsam, wie höchst feindlich!

Friedrich wehrte sich mannhaft und an vielen Tagen nicht ohne Erfolg gegen diese Zwangsläufigkeit seiner Gedanken. Er fühlte deutlich die Gefahr – er wollte nicht wahnsinnig werden! Nein, lieber sterben. Vernunft tat not. Leben tat nicht not. Und es fiel ihm ein, daß vielleicht eben dies Magie sei, daß Erwin ihn mit Hilfe dieser Figur irgendwie verzaubert habe, und daß er als Opfer, als Verteidiger der Vernunft und Wissenschaft gegen diese dunklen Mächte, falle. Aber – wenn dies so war, wenn er das auch nur als möglich denken konnte –, dann gab es ja Magie, dann gab es ja Zauber! Nein, lieber sterben!

Ein Arzt empfahl ihm Spaziergänge und Waschungen, auch suchte er zuweilen am Abend Zerstreuung in einem Wirtshause. Es half jedoch wenig. Er fluchte Erwin, er fluchte sich selbst.

Eines Nachts lag er, wie es ihm zu jener Zeit oft geschah, vorzeitig und ängstlich erwacht im Bett, ohne den Schlaf wiederfinden zu können. Er fühlte sich überaus unwohl und beängstigt. Er wollte nachdenken, er wollte Trost suchen, wollte sich selber irgendwelche Sätze zusprechen, gute Sätze, beruhigende, tröstliche, etwas von der aufrichtenden Ruhe und Klarheit wie der Satz „Zweimal zwei ist vier“. Es fiel ihm nichts ein, doch stammelte er, halb irr in seinem Zustande, Töne und Silben vor sich hin, allmählich bildeten sich Worte auf seinen Lippen, und mehrmals sagte er, ohne einen Sinn dabei zu empfinden, denselben kleinen Satz vor sich hin, der da irgendwie in ihm entstanden war. Er lallte ihn vor sich hin, wie um sich an ihm zu betäuben, um sich an ihm wie an einer Brüstung wieder zum verlorenen Schlaf hinüberzutasten, auf dem schmalen, schmalen Weg, neben dem der Abgrund lag.

Aber plötzlich, indem er etwas lauter sprach, drangen die gelallten Worte in sein Bewußtsein. Er kannte sie. Sie lauteten: „Ja, jetzt bist du in mir drin!“ Und blitzschnell wußte er. Er wußte, was das bedeutete, daß es dem tönernen Götzen gelte, und daß er nun, in dieser grauen Nachtstunde, genau und pünktlich das erfüllt habe, was Erwin ihm an jenem unheimlichen Tage vorausgesagt hatte: daß jetzt diese Figur, die er damals verächtlich in den Fingern gehalten hatte, nicht mehr außer ihm, sondern in ihm innen war! „Denn was außen ist, ist innen."

Mit einem Satze aufspringend, fühlte er sich von Eis und Feuer durchströmt. Die Welt drehte sich rund um ihn, wahnsinnig starrten die Planeten ihn an. Er riß Kleider an sich, machte Licht, verließ Bett und Haus und lief mitten in aller Nacht zum Hause Erwins. Da sah er Licht brennen hinterm wohlbekannten Studierzimmerfenster, die Haustür unverschlossen, alles schien ihn zu erwarten. Er stürzte die Treppe hinan. Er trat flackernd in Erwins Studierzimmer, stützte zitternde Hände auf seinen Tisch. Erwin saß bei der Lampe im milden Licht, nachdenkend, lächelnd.

Freundlich erhob sich Erwin. „Du bist gekommen. Das ist gut."

„Hast du mich erwartet?" flüsterte Friedrich.

„Ich habe dich erwartet, wie du ja weißt, seit jener Stunde, wo du von hier fortgingst und meine kleine Gabe mit dir nahmst. Ist das geschehen, was ich damals sagte?"

Friedrich sagte mit leiser Stimme: „Es ist geschehen. Das Götzenbild ist jetzt in mir innen. Ich ertrage es nicht länger."

„Kann ich dir helfen?" fragte Erwin.

„Ich weiß nicht. Tu, wie du willst. Sage mir mehr von deiner Magie! Sage mir, du, wie der Götze wieder aus mir herauskommen kann."

Erwin legte seinem Freunde die Hand auf die Schulter. Er führte ihn zu einem Lehnstuhl, in den er ihn drückte.

Dann sprach er herzlich zu Friedrich, mit Lächeln und mit einer beinahe mütterlichen Stimme:

„Der Götze wird wieder aus dir herauskommen. Vertraue mir. Vertraue dir selbst. Du hast an ihn glauben gelernt. Jetzt lerne: ihn lieben! Er ist in dir innen, aber er ist noch tot, er ist noch ein Gespenst für dich. Erwecke ihn, sprich mit ihm, frage ihn! Er ist ja du selbst! Hasse ihn nicht mehr, fürchte ihn nicht, quäle ihn nicht – wie hast du diesen ar-

men Götzen gequält, der doch du selber warst! Wie hast du dich selber gequält!"
„Ist dies der Weg zur Magie?" fragte Friedrich. Er saß tief in den Sessel versunken, wie gealtert, seine Stimme war sanft.
Erwin sprach: „Dies ist der Weg, und den schwersten Schritt hast du vielleicht schon getan. Du hast erlebt: Außen kann zu Innen werden. Du bist jenseits der Gegensatzpaare gewesen. Es schien dir eine Hölle: lerne, Freund, daß sie Himmel ist! Denn es ist der Himmel, was dir bevorsteht. Siehe, das ist Magie: Außen und Innen vertauschen, nicht aus Zwang, nicht leidend, wie du es getan hast, sondern frei, wollend. Rufe Vergangenheit, rufe Zukunft herbei: beide sind in dir! Du bist bis heute der Sklave deines Innern gewesen. Lerne sein Herr sein. Dies ist Magie."

Tragisch

Als dem Chefredakteur gemeldet wurde, der Setzer Johannes warte seit einer Stunde im Vorzimmer und lasse sich durchaus nicht abweisen oder auf ein anderes Mal vertrösten, nickte er mit einem etwas melancholischen und ergebenen Lächeln und drehte sich auf seinem runden Bureaustuhl dem leise Eintretenden entgegen. Er wußte im voraus, welcherlei Anliegen den treuen weißbärtigen Schriftsetzer zu ihm führte, wußte, daß dies Anliegen eine hoffnungslose, ebenso sentimentale wie langweilige Sache sei, daß er dieses Mannes Wünsche nicht erfüllen und ihm keinen andern Gefallen erweisen könne als den, ihn mit artiger Miene anzuhören, und da der Bittsteller, ein seit vielen Jahren bei der Zeitung arbeitender Schriftsetzer, nicht nur ein sympathischer und achtungswerter Mensch, sondern auch ein Mann von Bildung war, nämlich ein in der vormodernen Periode sehr geschätzter, beinahe berühmter Schriftsteller, empfand der Redakteur bei seinen Besuchen, welche erfahrungsgemäß ein- bis zweimal im Jahre erfolgten und stets dieselbe Ansicht und denselben Erfolg, vielmehr Mißerfolg hatten, ein Gefühl, aus Mitleid und Verlegenheit gemischt, das sich bis zu starkem Unbehagen steigerte, als nun der Gemeldete leise eintrat und mit behutsamer Höflichkeit völlig geräuschlos die Türe hinter sich schloß.

„Setzen Sie sich, Johannes", sagte der Chefredakteur in ermunterndem Tone (beinahe demselben Ton, den er vor Zeiten als Feuilletonredakteur gegen die jungen Literaten angewandt hatte und heut jungen Politikern gegenüber verwendete). „Wie geht es denn? Haben Sie etwas zu klagen?"

Johannes blickte ihn aus den von ungeheuer vielen winzi-

gen Hautfalten umgebenen Augen, Kinderaugen im Gesichte eines Greises, schüchtern und traurig an.
„Es ist stets dasselbe", sagte er mit einer trauernd sanften Stimme. „Und es wird immer schlimmer, es geht rasch dem völligen Untergang entgegen. Ich habe neuerdings furchtbare Symptome festgestellt. Was vor zehn Jahren noch selbst dem Durchschnittsleser die Haare gesträubt hätte, das wird heute nicht bloß vom Leser willig hingenommen, in den vermischten Nachrichten und im Sportbericht, vom Inserat gar nicht zu reden – nein, selbst im Feuilleton, selbst im Leitartikel ist es eingerissen, auch bei guten, geschätzten Literaten sind heute diese Fehler, diese Ungeheuerlichkeiten und Entartungserscheinungen etwas Selbstverständliches, sind die Regel geworden. Auch bei Ihnen, Herr Chefredakteur, verzeihen Sie, auch bei Ihnen! Ich will ja längst nichts mehr darüber sagen, daß unsere Schriftsprache nur noch ein Bettlerjargon ist, verarmt und verlaust, daß alle schönen, reichen, seltenen, hochkultivierten Formen verschwunden sind, daß ich seit Jahren in keinem Leitartikel mehr ein Futurum exaktum, geschweige denn einen reichen, vollatmigen, edel gebauten, elastisch schreitenden Satz, eine gediegene, ihrer Struktur bewußte, schön ansteigende, anmutig abklingende Periode mehr angetroffen habe. Ich weiß, dies ist dahin. Wie sie auf Borneo und all jenen Inseln den Paradiesvogel, den Elefanten, den Königstiger ausgerottet haben, so haben sie all die holden Sätze, all die Inversionen, all die zarten Spiele und Schattierungen unserer lieben Sprache vernichtet und ausgerissen. Ich weiß, da ist nichts mehr zu retten. Aber die direkten Fehler, die stehengebliebenen krassen Flüchtigkeiten, die völlige Gleichgültigkeit auch den Grundregeln der grammatischen Logik gegenüber! Ach, Herr Doktor, da fängt man einen Satz, aus alter Gewohnheit, mit ‚Obschon' oder mit ‚Einerseits' an, und vergißt, nach kaum zwei Zeilen, die doch gewiß nicht komplizierten Verpflichtungen, die man sich mit diesem Satzanfang auferlegt hat, man unterschlägt den Nachsatz, biegt in eine andre Konstruktion ein, und es sind noch die Besten, die den Skandal wenigstens hinter einen Gedankenstrich zu verbergen, ihn durch die Kulisse einer kleinen Punktreihe abzudämpfen suchen. Sie wissen, Herr Chefredakteur, auch zu Ihrem Rüstzeug gehört dieser Gedanken-

strich. Er war mir einst, vor Jahren, fatal, er war mir verhaßt, aber es ist dahin gekommen, daß ich ihn heute mit Rührung begrüße, wenn er sich einmal zeigt, daß ich Ihnen für jeden solchen Gedankenstrich tief dankbar bin, denn er ist immerhin ein Rest des Ehemals, er ist ein Zeichen von Kultur, von schlechtem Gewissen, er ist ein abgekürztes, chiffriertes Bekenntnis des Schreibenden, daß er sich einer gewissen Verpflichtung gegen die Gesetze der Sprache bewußt ist, daß er es gewissermaßen bereut und bedauert, wenn er, von beklagenswerten Notwendigkeiten gezwungen, allzuoft sich am heiligen Geist der Sprache versündigen muß."
Der Redakteur, welcher während dieser Rede mit geschlossenen Augen an den Kalkulationen weitergerechnet hatte, in denen ihn der Besuch unterbrach, öffnete langsam seine Augen, ließ sie heiter auf Johannes ruhen, lächelte mit Wohlwollen und sagte langsam, begütigend, dem Alten zuliebe um anständige Formulierung sichtlich bemüht:
„Sehen Sie, Johannes, Sie haben vollkommen recht, ich habe Ihnen dies schon früher stets gerne zugegeben. Sie haben recht: jene Sprache der älteren Zeit, jene kultivierte, schön gepflegte Sprache, die vor zwei, drei Jahrzehnten noch von zahlreichen Autoren wenigstens annähernd gekannt war und gekonnt wurde, diese Sprache ist untergegangen. Sie ging unter, wie die Bauten der Ägypter und die Systeme der Gnostiker untergegangen sind, wie Athen und Byzanz untergehen mußten. Das ist traurig, lieber Freund, es ist tragisch – (bei diesem Wort zuckte der Setzer zusammen und öffnete die Lippen wie zu einem Ausruf, bezwang sich jedoch und sank ergeben in seine vorherige Haltung zurück) –, aber es ist unsre Bestimmung und muß unser Streben sein, nicht wahr, das Notwendige, das schicksalhaft sich Vollziehende hinzunehmen, sei es noch so traurig. Wie ich Ihnen ja auch früher schon sagte: es ist schön, dem Gewesenen eine gewisse Treue zu bewahren, und in Ihrem Falle kann ich diese Treue nicht nur verstehen, sondern muß sie bewundern. Aber das Festhalten an Dingen und Zuständen, welche nun einmal dem Untergang geweiht sind, muß seine Grenzen haben; das Leben selbst steckt uns diese Grenzen, und wenn wir darüber hinausgehen, wenn wir allzu zäh am Alten hängen, geraten wir eben in Widerspruch mit dem Leben, das stärker ist als wir. Ich verstehe

Sie sehr gut, glauben Sie mir das. Sie, der als ein ausgezeichneter Beherrscher jener Sprache, jener ererbten schönen Tradition bekannt ist, Sie, der einstige Dichter, müssen natürlich mehr als andre unter dem Verfalls- oder Übergangszustande leiden, in dem unsere Sprache, unsere ganze ehemalige Kultur sich befindet. Daß Sie als Setzer diesen Verfall täglich mitansehen, ja an ihm teilnehmen und gewissermaßen mitarbeiten müssen, hat etwas Bitteres, etwas von Trag – (bei diesen Worten zuckte Johannes wieder zusammen, so daß der Redakteur unwillkürlich ein andres Wort suchte) – hat etwas von Schicksalsironie. Aber so wenig wie Sie selbst, so wenig kann ich oder irgendein andrer da helfen. Wir müssen die Dinge gehen lassen und uns fügen."
Der Redakteur betrachtete das ebenso kindliche wie sorgenvolle Gesicht des alten Setzers mit Sympathie. Es war zuzugeben, diese allmählich aussterbenden Vertreter der alten Welt, der vormodernen, sogenannten „sentimentalen" Epoche hatten etwas für sich, sie waren angenehme Menschen, trotz ihrer Wehleidigkeiten. Mit gütigem Tone fuhr er fort:
„Sie wissen, vor etwa zwanzig Jahren, lieber Freund, wurden in unserem Lande die letzten Dichtungen gedruckt, teils noch in Form von Büchern, was freilich damals schon sehr selten geworden war, teils in den Feuilletons der Zeitungen. Dann kam, eigentlich ganz plötzlich, über uns alle die Einsicht, daß mit diesen Dichtungen etwas nicht stimme, daß sie entbehrlich, daß sie eigentlich töricht seien. Wir merkten damals etwas, es wurde uns etwas bewußt, was im stillen sich längst vollzogen hatte und nun plötzlich als erkannte Tatsache vor uns stand: daß die Zeit der Kunst vorüber, daß Kunst und Dichtung in unsrer Welt abgestorben waren, und daß es besser sei, sie ganz zu verabschieden, als sie, tot wie sie doch waren, weiter mit uns zu schleppen. Für uns alle, auch für mich, war dies damals eine recht bittere Erkenntnis. Und doch haben wir recht daran getan, ihr nachzuleben. Wer Goethe oder so etwas lesen will, kann es tun wie zuvor, ihm geht nichts dadurch verloren, daß nicht mehr Tag für Tag ein Berg von neuer, schwächlicher, entnervter Dichtung nachwächst. Wir haben uns alle damit abgefunden. Auch Sie taten es, Johannes, als Sie damals Ihren poetischen Beruf niederlegten und sich

eine schlichte Brotarbeit suchten. Und wenn Sie nun heute in Ihrem Alter allzusehr darunter leiden, daß Sie als Setzer so oft in Konflikt mit der Ihnen heilig gebliebenen Tradition und Kultur der Sprache geraten, dann, lieber Freund, mache ich Ihnen den Vorschlag: Geben Sie diese mühsame und wenig dankbare Arbeit auf! – Warten Sie noch, lassen Sie mich reden! Sie fürchten, Ihr Brot zu verlieren? Aber nein, da müßten wir ja Barbaren sein! Nein, von Hunger keine Rede. Sie sind altersversichert, und darüber hinaus wird unsere Firma – ich gebe Ihnen mein Wort – Ihnen lebenslang eine Pension gewähren, so daß Sie stets desselben Einkommens sicher sein können, das Sie zur Zeit haben."
Er war mit sich zufrieden. Diese Lösung, mit der Pensionierung, war ihm erst während des Sprechens eingefallen.
„Nun, was sagen Sie dazu?" fragte er lächelnd.
Johannes konnte nicht sogleich antworten. Bei den letzten Worten des gütigen Herrn hatte sein altes Kindergesicht den Ausdruck furchtbarer Angst angenommen, die welken Lippen waren ganz erbleicht, die Augen schauten starr und ratlos. Nur langsam fand er die Fassung wieder. Enttäuscht betrachtete ihn der Chef. Und so fing der Alte an zu reden, redete sehr leise, aber mit ungeheurer angstvoller Dringlichkeit, leidenschaftlich bemüht, seine Sache zum richtigen, überzeugenden, unwiderstehlichen Ausdruck zu bringen. Kleine rote Flecken kamen und vergingen auf Stirn und Wangen, flehentlich bat Auge und schräge Kopfhaltung um Gehör, um Gnade, der faltige dürre Hals wand sich lang, bittstellend, sehnlich aus dem weiten Hemdkragen. Johannes sprach:
„Herr Chefredakteur, verzeihen Sie doch bitte, daß ich Sie belästigt habe! Ich will es nicht wieder tun, nie wieder. Es geschah ja um einer guten Sache willen, aber ich begreife, daß ich Ihnen damit lästig werde. Ich begreife auch, daß Sie mir nicht helfen können, daß das Rad über uns alle weggeht. Aber um Gottes willen, nehmen Sie mir meine Arbeit nicht! Sie beruhigen mich darüber, daß ich nicht zu hungern brauche – aber das habe ich nie gefürchtet! Ich will auch gerne für geringeren Lohn arbeiten, meine Arbeitskraft ist ja wohl nicht mehr groß. Aber lassen Sie mir meine Arbeit, lassen Sie mir meinen Dienst, sonst töten Sie mich!"
Und ganz leise, mit glühenden Augen, heiser und ange-

spannt fuhr er fort: „Ich habe ja nichts als diesen Dienst, er ist ja das einzige, wofür ich gerne lebe! Ach, Herr Doktor, wie konnten Sie mir diesen furchtbaren Vorschlag machen, Sie, der einzige, der mich noch kennt, der noch weiß, wer ich einst war!"

Der Redakteur suchte die beängstigende Erregung des Mannes zu beruhigen, indem er ihm mehrmals unter wohlwollendem Brummen auf die Schultern klopfte. Nicht beruhigt, jedoch das Wohlwollen des andern und seine Teilnahme spürend, begann Johannes nach kurzer Pause wieder zu sprechen:

„Herr Chefredakteur, ich weiß, daß Sie einst, in Ihrer ersten Jugendzeit, Bücher von Nietzsche gelesen haben. Nun, auch ich habe ihn gelesen. Mit siebzehn Jahren, eines Abends in meiner lieben Schülerdachstube, kam ich beim Lesen des Zarathustra an jene Seiten, auf denen das Nachtlied steht. Nie, in diesen fast sechzig Jahren, habe ich jene Stunde vergessen, da ich zum ersten Male die Worte las: Nacht ist es, nun reden lauter alle springenden Brunnen –! Denn in jener Stunde war es, wo mein Leben seinen Sinn bekam, wo ich den Dienst begann, in dem ich noch heute stehe, in jener Stunde ging mir wie in einem Blitzstrahl das Wunder der Sprache auf, der unsägliche Zauber des Wortes; geblendet sah ich in ein unsterbliches Auge, fühlte eine göttliche Gegenwart, und ergab mich in sie als in mein Schicksal, meine Liebe, mein Glück und Verhängnis. Andere Dichter las ich dann, fand noch edlere, noch heiligere Worte als jenes Nachtlied, fand, vom Magnet gezogen, unsere großen Dichter, die niemand mehr kennt, fand den traumsüßen, traumschweren Novalis, dessen magische Worte alle wie nach Wein und wie nach Blut schmecken, und den feurigen jungen Goethe, und den alten mit dem geheimnisvollen Lächeln, ich fand den dunkelhastigen, schwer atmenden Kleist, den trunkenen Brentano, den raschen, zuckenden Hoffmann, den holden Mörike, den langsamen sorgfältigen Stifter, und alle, alle die Herrlichen: Jean Paul! Arnim! Büchner! Eichendorff! Heine! An sie hielt ich mich, ihr kleinerer Bruder zu sein wurde mein Verlangen, ihre Sprache zu schlürfen mein Sakrament, der hohe heilige Wald dieser Dichtung ward mein Tempel. In ihrer Welt habe ich gelebt, hielt mich eine Zeitlang beinahe für ihresgleichen, kannte tief die wunderbare Wollust, im geschmeidigen Stoff der Worte zu wühlen wie Wind im zärtlichen Sommerlaub, die Worte klingen zu machen, tanzen zu machen, die knistern, schauern, knallen, singen, schreien, frieren, zittern, zucken, erstarren zu machen. Es fanden sich Menschen, die in mir einen Dichter erkannten, in deren Herzen meine Melodie wie in Harfen wohnten. Nun, genug davon, genug. Es kam jene Zeit, von der auch Sie vorher zu sprechen beliebten, jene Zeit, wo sich unser ganzes Geschlecht von der Dichtung abwandte, wo wir alle wie in einem herbstlichen Schauder spürten: Nun sind die Tempeltüren zugeschlagen, nun ist es Abend, und die heiligen Wälder der Dichtung sind verdunkelt, kein Heutiger mehr findet die Zauberpfade ins göttliche Innere. Still wurde es, still verloren wir Dichter uns in das ernüchterte Land, dem der große Pan gestorben war."

Der Redakteur reckte seine Schultern in einem Gefühl tiefen Unbehagens, in einem zwiespältigen, quälenden Gefühl. Wohin verlor sich dieser arme alte Mann?! Er warf ihm einen heimlichen Blick zu, in dem geschrieben stand: „Nun ja, laß schon gut sein, wir wissen ja!" Aber Johannes war noch nicht am Ende.

„Damals", fuhr er fort, leise und angestrengt zu reden, „damals nahm auch ich Abschied von der Dichtung, deren Herz nicht mehr schlug. Eine Weile lebte ich gelähmt und gedankenlos dahin, bis mich die Verringerung und endlich das Ausbleiben der gewohnten Einkünfte aus meinen Schriften zwang, mir ein anderes Brot zu suchen. Ich wurde Setzer, weil ich zufällig diese Arbeit einst als Volontär bei einem Verleger gelernt hatte. Und ich habe es nicht bereut, wenn auch das Handwerk mir in den ersten Jahren recht bitter schmeckte. Aber ich fand in ihm das, was ich brauchte, was jeder Mensch braucht, um leben zu können: eine Aufgabe, einen Sinn meines Daseins. Verehrter Herr, auch ein Setzer dient im Tempel der Sprache, auch sein Handwerk gehört zum Dienst am Worte. Ich darf es Ihnen heute, wo ich ein alter Mann bin, gestehen: ich habe in Leitartikeln, in Feuilletons, in Parlamentsberichten, im Gerichtssaal, im Lokalen und in den Inseraten durch alle die Jahre viele Tausende und Zehntausende von Sprachsünden stillschweigend verbessert, viele Tausende von schlechtge-

bauten Sätzen eingerenkt und auf die Füße gestellt. O welche Freude mir das machte! Wie schön war es, wenn aus dem hingeschleuderten Diktat eines überanstrengten Redakteurs, aus dem verstümmelten Zitat eines halbgebildeten Parlamentsredners, aus der deformierten, paralytischen Syntax eines Reporters mich, nach wenigen magischen Strichen und Eingriffen, die holde Sprache wieder mit unverstellten, gesunden Zügen ansah! Aber mit der Zeit wurde dies immer schwieriger, der Unterschied zwischen meiner und der modischen Schriftsprache immer größer, die Risse im Bau immer breiter. Ein Leitartikel, den ich vor zwanzig Jahren durch zehn, zwölf kleine Liebesdienste leidlich heilen konnte, würde heute hundert und tausend Korrekturen erfordern, um in meinem Sinne leserlich zu werden. Es ging nicht mehr, immer häufiger mußte ich resignieren. Nun ja, Sie sehen, auch ich bin nicht völlig starr und reaktionär, auch ich lernte, leider, Konzessionen zu machen, dem großen Übel nicht mehr zu widerstehen.
Aber nun ist noch das andere da, was ich früher meinen ‚kleinen' Dienst nannte und was längst mein einziger geworden ist. Vergleichen Sie, Herr Doktor, einmal eine von mir gesetzte Spalte mit einer beliebigen andern Zeitung, so wird Ihnen der Unterschied in die Augen springen. Die heutigen Setzer, alle ohne Ausnahme, haben sich längst der Sprachverderbnis angepaßt, ja unterstützen und beschleunigen sie geradezu. Kaum einer weiß mehr, daß es ein zartes und inniges Gesetz gibt, ein ungeschriebenes künstlerisches Gesetz, nach welchem hier ein Komma, hier ein Doppelpunkt, hier ein Semikolon stehen muß. Und wie scheußlich, wie geradezu mörderisch werden, schon in den maschinengeschriebenen Manuskripten, und dann von den Setzern, jene Wörter behandelt, welche am Schluß einer Zeile stehen und das unverschuldete Unglück haben, zu lang zu sein, und in zwei Teile zerlegt werden müssen! Es ist grauenvoll. In unserer eigenen Zeitung habe ich, mit den Jahren stets zunehmend, Hunderttausende von solchen armen Wörtern, erwürgten, falsch geteilten, zerfetzten und geschändeten Wörtern antreffen müssen: Umst-ände – Betra-chtungen, ja einmal gab es einen Schlup-fwinkel! Hier nun ist mein Feld, hier kann ich auch heute noch den täglichen Kampf kämpfen, im Kleinen das Gute tun. Und Sie

wissen nicht, Sie ahnen nicht, Herr, wie schön das ist, wie gut, wie dankbar ein von der Folterbank erlöstes Wort, ein durch richtige Interpunktion geklärter Satz den Setzer anblickt! Nein, bitte verlangen Sie nie wieder von mir, daß ich dies alles wegwerfe und im Stich lasse!"

Der Redakteur, obwohl er Johannes seit Jahrzehnten kannte, hatte ihn doch noch niemals so lebhaft und persönlich sprechen hören, und während er sich innerlich gegen das Närrische und Übertriebene dieser Rede wehrte und kalt machte, empfand er doch auch einen kleinen, geheimen Wert in diesem Bekenntnis. Auch entging ihm nicht, wie hoch immerhin bei einem Setzer eine so zarte Gewissenhaftigkeit und Arbeitsfreude zu schätzen sei. Von neuem füllte er sein kluges Gesicht mit Freundlichkeit und sagte:

„Nun ja, Johannes, Sie haben mich ja längst überzeugt. Unter diesen Umständen nehme ich meinen Vorschlag – er war ja gut gemeint – natürlich zurück. Setzen Sie weiter, bleiben Sie in Ihrem Dienst! Und wenn ich Ihnen etwa sonst irgendeinen kleinen Gefallen erweisen kann, so sagen Sie es mir." – Er erhob sich und streckte dem Setzer die Hand hin, überzeugt, daß dieser nun endlich gehen werde.

Aber Johannes, die dargebotene Hand mit Innigkeit ergreifend, schloß sein Herz aufs neue auf, indem er sagte: „Danke von Herzen, Herr Chefredakteur, wie gütig sind Sie! Ach, allerdings hätte ich eine Bitte, eine kleine Bitte. Wenn Sie mir da ein wenig helfen möchten!"

Ohne wieder Platz zu nehmen, forderte der Redakteur ihn durch einen etwas ungeduldigen Blick zum Sprechen auf.

„Es handelt sich", sagte Johannes, „es handelt sich wieder um ‚tragisch', Herr Doktor, Sie wissen ja, wir sprachen früher mehrmals darüber. Sie kennen ja die Unsitte der Berichterstatter, jeden Unglücksfall tragisch zu nennen, während doch tragisch – nun, ich muß mich kurz fassen, genug hiervon. Also jeder gestürzte Radfahrer, jedes am Herd verbrannte Kind, jeder Sturz eines Kirschenpflückers von der Leiter wird mit dem entweihten Worte ‚tragisch' bezeichnet. Unserm früheren Reporter hatte ich es beinahe abgewöhnt, ich ließ ihm keine Ruhe, jede Woche war ich einmal bei ihm, und er war ein guter Mann, er lachte

und gab häufig nach, möglicherweise verstand er sogar, wenigstens teilweise, um was es mir zu tun war. Aber nun der neue Herr Redakteur für die kleinen Nachrichten – ich will sonst nicht über ihn urteilen, aber ich übertreibe kaum, wenn ich sage: jedes überfahrene Huhn wird ihm zum willkommenen Anlaß, jenes heilige Wort zu mißbrauchen. Wenn Sie mir die Möglichkeit verschaffen könnten, mit ihm einmal ernstlich zu reden, ihn bitten, daß er mich wenigstens ein einziges Mal richtig anhört –."
Der Redakteur trat zum Schaltbrett, drückte eine Taste nieder und sprach einige Worte in die Sprechmuschel.
„Herr Stettiner wird um zwei Uhr da sein und einige Minuten für Sie übrig haben. Ich werde ihn noch informieren. Aber fassen Sie sich kurz, wenn Sie bei ihm sind!"
Dankbar verabschiedete sich der alte Setzer. Der Redakteur sah ihn durch die Tür hinausschleichen, sah über den alten, drolligen Tuchrock das weiße dünne Haar hinabstechen, sah den gekrümmten Rücken des treuen Dieners, und hatte nichts mehr dagegen, daß es ihm mißglückt war, den Alten in den Ruhestand zu verlocken. Mochte er bleiben! Mochte er weiterhin einmal, zweimal im Jahre diese Audienzen wiederholen! Er war ihm nicht böse. Er konnte sich recht wohl in ihn hineinfühlen. Eben dieses konnte jedoch Herr Stettiner nicht, bei welchem Johannes sich um zwei Uhr einfand, und den zu informieren allerdings der Chef im Drang der Geschäfte vergessen hatte.
Herr Stettiner, ein äußerst brauchbarer jüngerer Mitarbeiter der Zeitung, der sich rasch vom Lokalberichterstatter zum Mitglied der Redaktion emporgeschwungen hatte, war kein Unmensch, und als Reporter hatte er gelernt, mit Menschen jeder Art umzugehen. Allein dem Phänomen Johannes stand dieser Kundige vollkommen fremd und ratlos gegenüber, er hatte in der Tat nicht gewußt, nie geahnt, daß es eine solche Art von Menschen gibt oder gab. Auch fühlte er sich als Redakteur, begreiflich genug, keineswegs verpflichtet, von einem Setzer Ratschläge und Belehrungen anzunehmen, sei dieser auch hundert Jahre alt und sei er auch früher, im sentimentalen Zeitalter, eine Berühmtheit, ja sei er Aristoteles selber gewesen. So geschah denn das Unabänderliche, daß Johannes nach wenigen Minuten, von dem rot und zornig gewordenen Herrn hastig zur Türe gebracht,

dessen Bureau verlassen mußte. Es geschah ferner, daß eine halbe Stunde später der alte Johannes im Setzersaal, nachdem er eine Viertelspalte voll unerhörter Fehler zusammengesetzt, über seinem Manuskripte mit einem wimmernden Klagelaut zusammensank und eine Stunde später tot war. Die Leute im Setzersaal, so plötzlich ihres Seniors beraubt, wurden nach kurzem Flüstern einig, ihm gemeinsam einen Kranz auf den Sarg zu stiften. Herrn Stettiner aber fiel die Aufgabe zu, in einer kleinen Notiz über den Todesfall zu berichten, denn immerhin war Johannes einst, vor dreißig oder vierzig Jahren, eine Art von Berühmtheit gewesen. Er schrieb „Tragisches Ende eines Dichters" – dann fiel ihm ein, daß Johannes eine Idiosynkrasie gegen das Wort „tragisch" gehabt habe, und immerhin hatte die seltsame Gestalt des Greises und sein plötzlicher Tod kurz nach ihrer Unterredung ihm so viel Eindruck gemacht, daß er sich verpflichtet fand, den Toten ein wenig zu ehren. In diesem Gefühl also strich er die Überschrift seiner Notiz wieder durch, ersetzte sie durch die Worte „Bedauerlicher Todesfall", fand plötzlich auch dies ungenügend und schal, wurde ärgerlich, nahm sich zusammen, und schrieb nun über seine Notiz endgültig die Worte „Einer von der alten Garde".

Kindheit des Zauberers

Wieder steig ich und wieder
In deinen Brunnen, holde Sage von einst,
Höre fern deine goldnen Lieder,
Wie du lachst, wie du träumst, wie du leise
  weinst.
Mahnend aus deiner Tiefe
Flüstert das Zauberwort;
Mir ist, ich sei trunken und schliefe
Und du riefest mir fort und fort . . .

Nicht von Eltern und Lehrern allein wurde ich erzogen, sondern auch von höheren, verborgeneren und geheimnisvolleren Mächten, unter ihnen war auch der Gott Pan, welcher in der Gestalt einer kleinen, tanzenden indischen Götzenfigur im Glasschrank meines Großvaters stand. Diese Gottheit, und noch andre, haben sich meiner Kinderjahre angenommen und haben mich, lange schon ehe ich lesen und schreiben konnte, mit morgenländischen, uralten Bildern und Gedanken so erfüllt, daß ich später jede Begegnung mit indischen und chinesischen Weisen als eine Wiederbegegnung, als eine Heimkehr empfand. Und dennoch bin ich Europäer, bin sogar im aktiven Zeichen des Schützen geboren, und habe mein Leben lang tüchtig die abendländischen Tugenden der Heftigkeit, der Begehrlichkeit und der unstillbaren Neugierde geübt. Zum Glück habe ich, gleich den meisten Kindern, das fürs Leben Unentbehrliche und Wertvollste schon vor dem Beginn der Schuljahre gelernt, unterrichtet von Apfelbäumen, von Regen und Sonne, Fluß und Wäldern, Bienen und Käfern, unterrichtet vom Gott Pan, unterrichtet vom tanzenden Götzen in der Schatzkammer des Großvaters. Ich wußte Bescheid in der Welt, ich verkehrte furchtlos mit Tieren und Sternen, ich kannte mich in Obstgärten und im Wasser bei den Fischen aus und konnte schon eine gute Anzahl von Liedern singen. Ich konnte auch zaubern, was ich dann leider früh verlernte und erst in höherem Alter von neuem lernen mußte, und verfügte über die ganze sagenhafte Weisheit der Kindheit.

Hinzu kamen nun also die Schulwissenschaften, welche mir

leichtfielen und Spaß machten. Die Schule befaßte sich klugerweise nicht mit jenen ernsthaften Fertigkeiten, welche für das Leben unentbehrlich sind, sondern vorwiegend mit spielerischen und hübschen Unterhaltungen, an welchen ich oft mein Vergnügen fand, und mit Kenntnissen, von welchen manche mir lebenslänglich treu geblieben sind; so weiß ich heute noch viele schöne und witzige lateinische Wörter, Verse und Sprüche sowie die Einwohnerzahlen vieler Städte in allen Erdteilen, natürlich nicht die von heute, sondern die der achtziger Jahre.

Bis zu meinem dreizehnten Jahre habe ich mich niemals ernstlich darüber besonnen, was einmal aus mir werden und welchen Beruf ich erlernen könnte. Wie alle Knaben liebte und beneidete ich manche Berufe: den Jäger, den Flößer, den Fuhrmann, den Seiltänzer, den Nordpolfahrer. Weitaus am liebsten aber wäre ich ein Zauberer geworden. Dies war die tiefste, innigst gefühlte Richtung meiner Triebe, eine gewisse Unzufriedenheit mit dem, was man die „Wirklichkeit" nannte und was mir zuzeiten lediglich wie eine alberne Vereinbarung der Erwachsenen erschien; eine gewisse bald ängstliche, bald spöttische Ablehnung dieser Wirklichkeit war mir früh geläufig, und der brennende Wunsch, sie zu verzaubern, zu verwandeln, zu steigern. In der Kindheit richtete sich dieser Zauberwunsch auf äußere, kindliche Ziele: ich hätte gern im Winter Äpfel wachsen und meine Börse sich durch Zauber mit Gold und Silber füllen lassen, ich träumte davon, meine Feinde durch magischen Bann zu lähmen, dann durch Großmut zu beschämen und zum Sieger und König ausgerufen zu werden; ich wollte vergrabene Schätze heben, Tote auferwecken und mich unsichtbar machen können. Namentlich dies, das Unsichtbarwerden, war eine Kunst, von der ich sehr viel hielt und die ich aufs innigste begehrte. Auch nach ihr, wie nach all den Zaubermächten, begleitete der Wunsch mich durchs ganze Leben in vielen Wandlungen, welche ich selbst oft nicht gleich erkannte. So geschah es mir später, als ich längst erwachsen war und den Beruf eines Literaten ausübte, daß ich häufige Male den Versuch machte, hinter meinen Dichtungen zu verschwinden, mich umzutaufen und hinter bedeutungsreiche spielerische Namen zu verbergen – Versuche, welche mir seltsamerweise von meinen Berufsgenossen des öftern verübelt und mißdeutet wurden. Blicke ich zurück, so ist mein ganzes Leben unter dem Zeichen dieses Wunsches nach Zauberkraft gestanden; wie die Ziele der Zauberwünsche sich mit den Zeiten wandelten, wie ich sie allmählich der Außenwelt entzog und in mich selbst einsog, wie ich allmählich dahin strebte, nicht mehr die Dinge, sondern mich selbst zu verwandeln, wie ich danach trachten lernte, die plumpe Unsichtbarkeit unter der Tarnkappe zu ersetzen durch die Unsichtbarkeit des Wissenden, welcher erkennend stets unerkannt bleibt – dies wäre der eigentlichste Inhalt meiner Lebensgeschichte.

Ich war ein lebhafter und glücklicher Knabe, spielend mit der schönen farbigen Welt, überall zu Hause, nicht minder bei Tieren und Pflanzen wie im Urwald meiner eigenen Phantasie und Träume, meiner Kräfte und Fähigkeiten froh, von meinen glühenden Wünschen mehr beglückt als verzehrt. Manche Zauberkunst übte ich damals, ohne es zu wissen, viel vollkommener, als sie mir je in späteren Zeiten wieder gelang. Leicht erwarb ich Liebe, leicht gewann ich Einfluß auf andre, leicht fand ich mich in die Rolle des Anführers, oder des Umworbenen, oder des Geheimnisvollen. Jüngere Kameraden und Verwandte hielt ich jahrelang im ehrfürchtigen Glauben an meine tatsächliche Zaubermacht, an meine Herrschaft über Dämonen, an meinen Anspruch auf verborgene Schätze und Kronen. Lange habe ich im Paradies gelebt, obwohl meine Eltern mich frühzeitig mit der Schlange bekannt machten. Lange dauerte mein Kindestraum, die Welt gehörte mir, alles war Gegenwart, alles stand zum schönen Spiel um mich geordnet. Erhob sich je ein Ungenügen und eine Sehnsucht in mir, schien je einmal die freudige Welt mir beschattet und zweifelhaft, so fand ich meistens leicht den Weg in die andere, freiere, widerstandslose Welt der Phantasie und fand, aus ihr wiedergekehrt, die äußere Welt aufs neue hold und liebenswert. Lange lebte ich im Paradiese.

Es war ein Lattenverschlag in meines Vaters kleinem Garten, da hatte ich Kaninchen und einen gezähmten Raben leben. Dort hauste ich unendliche Stunden, lang wie Weltzeitalter, in Wärme und Besitzerwonne, nach Leben dufteten die Kaninchen, nach Gras und Milch, Blut und Zeugung; und der Rabe hatte im schwarzen, harten Auge die Lampe

des ewigen Lebens leuchten. Am selben Orte hauste ich andere, endlose Zeiten, abends, bei einem brennenden Kerzenrest, neben den warmen schläfrigen Tieren, allein oder mit einem Kameraden, und entwarf die Pläne zur Hebung ungeheurer Schätze, zur Gewinnung der Wurzel Alraun und zu siegreichen Ritterzügen durch die erlösungsbedürftige Welt, wo ich Räuber richtete, Unglückliche erlöste, Gefangene befreite, Raubburgen niederbrannte, Verräter ans Kreuz schlagen ließ, abtrünnigen Vasallen verzieh, Königstöchter gewann und die Sprache der Tiere verstand.
Es gab ein ungeheuer großes, schweres Buch im großen Büchersaal meines Großvaters, darin suchte und las ich oft. Es gab in diesem unausschöpflichen Buch alte wunderliche Bilder – oft fielen sie einem gleich beim ersten Aufschlagen und Blättern hell und einladend entgegen, oft auch suchte man sie lang und fand sie nicht, sie waren weg, verzaubert, wie nie gewesen. Es stand eine Geschichte in diesem Buch, unendlich schön und unverständlich, die las ich oft. Auch sie war nicht immer zu finden, die Stunde mußte günstig sein, oft war sie ganz und gar verschwunden und hielt sich versteckt, oft schien sie Wohnort und Stelle gewechselt zu haben, manchmal war sie beim Lesen sonderbar freundlich und beinahe verständlich, ein andres Mal ganz dunkel und verschlossen wie die Tür im Dachboden, hinter welcher man in der Dämmerung manchmal die Geister hören konnte, wie sie kicherten oder stöhnten. Alles war voll Wirklichkeit, und alles war voll Zauber, beides gedieh vertraulich nebeneinander, beides gehörte mir.
Auch der tanzende Götze aus Indien, der in des Großvaters schätzereichem Glasschrank stand, war nicht immer derselbe Götze, hatte nicht immer dasselbe Gesicht, tanzte nicht zu allen Stunden denselben Tanz. Zuzeiten war er ein Götze, eine seltsame und etwas drollige Figur, wie sie in fremden unbegreiflichen Ländern von anderen, fremden und unbegreiflichen Völkern gemacht und angebetet wurden. Zu anderen Zeiten war er ein Zauberwerk, bedeutungsvoll und namenlos unheimlich, nach Opfern gierig, bösartig, streng, unzuverlässig, spöttisch, er schien mich dazu zu reizen, daß ich etwa über ihn lache, um dann Rache an mir zu nehmen. Er konnte den Blick verändern, obwohl er aus gelbem Metall war; manchmal schielte er. Wie-

der in anderen Stunden war er ganz Sinnbild, war weder häßlich noch schön, war weder böse noch gut, weder lächerlich noch furchtbar, sondern einfach, alt und unausdenklich wie eine Rune, wie ein Moosfleck am Felsen, wie die Zeichnung auf einem Kiesel, und hinter seiner Form, hinter seinem Gesicht und Bild wohnte Gott, weste das Unendliche, das ich damals, als Knabe, ohne Namen nicht minder verehrte und kannte als später, da ich es Shiva, Vishnu, da ich es Gott, Leben, Brahman, Atman, Tao oder ewige Mutter nannte. Es war Vater, war Mutter, es war Weib und Mann, Sonne und Mond.

Und in der Nähe des Götzen im Glasschrank und in anderen Schränken des Großvaters stand und hing und lag noch viel anderes Wesen und Geräte, Ketten aus Holzperlen wie Rosenkränze, palmblätterne Rollen mit eingeritzter alter indischer Schrift beschrieben, Schildkröten aus grünem Speckstein geschnitten, kleine Götterbilder aus Holz, aus Glas, aus Quarz, aus Ton, gestickte seidene und leinene Decken, messingene Becher und Schalen, und dieses alles kam aus Indien und aus Ceylon, der Paradiesinsel mit den Farnbäumen und Palmenufern und den sanften, rehäugigen Singalesen, aus Siam kam es und aus Birma, und alles roch nach Meer, Gewürz und Ferne, nach Zimmet und Sandelholz, alles war durch braune und gelbe Hände gegangen, befeuchtet von Tropenregen und Gangeswasser, gedörrt an Äquatorsonne, beschattet von Urwald. Und alle diese Dinge gehörten dem Großvater, und er, der Alte, Ehrwürdige, Gewaltige, im weißen breiten Bart, allwissend, mächtiger als Vater und Mutter, er war im Besitz noch ganz anderer Dinge und Mächte, sein war nicht nur das indische Götter- und Spielzeug, all das Geschnitzte, Gemalte, mit Zaubern Geweihte, Kokosnußbecher und Sandelholztruhe, Saal und Bibliothek, er war auch ein Magier, ein Wissender, ein Weiser. Er verstand alle Sprachen der Menschen, mehr als dreißig, vielleicht auch die der Götter, vielleicht auch der Sterne, er konnte Pali und Sanskrit schreiben und sprechen, er konnte kanaresische, bengalische, hindostanische, singalesische Lieder singen, kannte die Gebetsübungen der Mohammedaner und der Buddhisten, obwohl er Christ war und an den dreieinigen Gott glaubte, er war viele Jahre und Jahrzehnte in östlichen, heißen, gefährlichen Ländern ge-

wesen, war auf Booten und in Ochsenkarren gereist, auf Pferden und Mauleseln, niemand wußte so wie er Bescheid darum, daß unsre Stadt und unser Land nur ein sehr kleiner Teil der Erde war, daß tausend Millionen Menschen anderen Glaubens waren als wir, andere Sitten, Sprachen, Hautfarben, andre Götter, Tugenden und Laster hatten als wir. Ihn liebte, verehrte und fürchtete ich, von ihm erwartete ich alles, ihm traute ich alles zu, von ihm und von seinem verkleideten Gotte Pan im Gewand des Götzen lernte ich unaufhörlich. Dieser Mann, der Vater meiner Mutter, stak in einem Wald von Geheimnissen, wie sein Gesicht in einem weißen Bartwalde stak, aus seinen Augen floß Welttrauer und floß heitere Weisheit, je nachdem, einsames Wissen und göttliche Schelmerei. Menschen aus vielen Ländern kannten, verehrten und besuchten ihn, sprachen mit ihm englisch, französisch, indisch, italienisch, malaiisch, und reisten nach langen Gesprächen wieder spurlos hinweg, vielleicht seine Freunde, vielleicht seine Gesandten, vielleicht seine Diener und Beauftragten. Von ihm, dem Unergründlichen, wußte ich auch das Geheimnis herstammen, das meine Mutter umgab, das Geheime, Uralte, und auch sie war lange in Indien gewesen, auch sie sprach und sang Malajalam und Kanaresisch, wechselte mit dem greisen Vater Worte und Sprüche in fremden, magischen Zungen. Und wie er, besaß auch sie zuzeiten das Lächeln der Fremde, das verschleierte Lächeln der Weisheit.
Anders war mein Vater. Er stand allein. Weder der Welt des Götzen und des Großvaters gehörte er an noch dem Alltag der Stadt, abseits stand er, einsam, ein Leidender und Suchender, gelehrt und gütig, ohne Falsch und voll von Eifer im Dienst der Wahrheit, aber weit weg von jenem Lächeln, edel und zart, aber klar, ohne jenes Geheimnis. Nie verließ ihn die Güte, nie die Klugheit, aber niemals verschwand er in diese Zauberwolke des Großväterlichen, nie verlor sich sein Gesicht in diese Kindlichkeit und Göttlichkeit, dessen Spiel oft wie Trauer, oft wie feiner Spott, oft wie stumm in sich versunkene Göttermaske aussah. Mein Vater sprach mit der Mutter nicht in indischen Sprachen, sondern sprach englisch und ein reines, klares, schönes, leise baltisch gefärbtes Deutsch. Diese Sprache war es, mit der er mich anzog und gewann und unterrichtete, ihm

strebte ich zuzeiten voll Bewunderung und Eifer nach, allzu eifrig, obwohl ich wußte, daß meine Wurzeln tiefer im Boden der Mutter wuchsen, im Dunkeläugigen und Geheimnisvollen. Meine Mutter war voll Musik, mein Vater nicht, er konnte nicht singen.

Neben mir wuchsen Schwestern auf und zwei ältere Brüder, große Brüder, beneidet und verehrt. Um uns her war die kleine Stadt, alt und bucklig, und um sie her die waldigen Berge, streng und etwas finster, und mittendurch floß ein schöner Fluß, gekrümmt und zögernd, und dies alles liebte ich und nannte es Heimat, und im Walde und Fluß kannte ich Gewächs und Boden, Gestein und Höhlen, Vogel, Eichhorn, Fuchs und Fisch genau. Dies alles gehörte mir, war mein, war Heimat – aber außerdem war der Glasschrank und die Bibliothek da, und der gütige Spott im allwissenden Gesicht des Großvaters, und der dunkelwarme Blick der Mutter, und die Schildkröten und Götzen, die indischen Lieder und Sprüche, und diese Dinge sprachen mir von einer weiteren Welt, einer größeren Heimat, einer älteren Herkunft, einem größeren Zusammenhang. Und oben auf seinem hohen, drahtenen Gehäuse saß unser grauroter Papagei, alt und klug, mit gelehrtem Gesicht und scharfem Schnabel, sang und sprach und kam, auch er, aus dem Fernen, Unbekannten her, flötete Dschungelsprachen und roch nach Äquator. Viele Welten, viele Teile der Erde streckten Arme und Strahlen aus und trafen und kreuzten sich in unserem Hause. Und das Haus war groß und alt, mit vielen, zum Teil leeren Räumen, mit Kellern und großen hallenden Korridoren, die nach Stein und Kühle dufteten, und unendlichen Dachböden voll Holz und Obst und Zugwind und dunkler Leere. Viele Welten kreuzten ihre Strahlen in diesem Hause. Hier wurde gebetet und in der Bibel gelesen, hier wurde studiert und indische Philologie getrieben, hier wurde viel gute Musik gemacht, hier wußte man von Buddha und Lao Tse, Gäste kamen aus vielen Ländern, den Hauch von Fremde und Ausland an den Kleidern, mit absonderlichen Koffern aus Leder und aus Bastgeflecht und dem Klang fremder Sprachen, Arme wurden hier gespeist und Feste gefeiert, Wissenschaft und Märchen wohnten nah beisammen. Es gab auch eine Großmutter, die wir etwas fürchteten und wenig kannten, weil sie kein Deutsch sprach und in einer französischen Bibel las. Vielfach und nicht überall verständlich war das Leben dieses Hauses, in vielen Farben spielte hier das Licht, reich und vielstimmig klang das Leben. Es war schön und gefiel mir, aber schöner noch war die Welt meiner Wunschgedanken, reicher noch spielten meine Wachträume. Wirklichkeit war niemals genug, Zauber tat not.

Magie war heimisch in unsrem Hause und in meinem Leben. Außer den Schränken des Großvaters gab es noch die meiner Mutter, voll asiatischer Gewebe, Kleider und Schleier, magisch war auch das Schielen des Götzen, voll Geheimnis der Geruch mancher alten Kammern und Treppenwinkel. Und in mir innen entsprach vieles diesem Außen. Es gab Dinge und Zusammenhänge, die nur in mir selber und für mich allein vorhanden waren. Nichts war so geheimnisvoll, so wenig mitteilbar, so außerhalb des alltäglich Tatsächlichen wie sie, und doch war nichts wirklicher. Schon das launische Auftauchen und wieder Sichverbergen der Bilder und Geschichten in jenem großen Buche war so und die Wandlungen im Gesicht der Dinge, wie ich sie zu jeder Stunde sich vollziehen sah. Wie anders sahen Haustür, Gartenhaus und Straße an einem Sonntagabend aus als an einem Montagmorgen! Welch völlig anderes Gesicht zeigten Wanduhr und Christusbild im Wohnzimmer an einem Tage, wo Großvaters Geist dort regierte, als wenn es der Geist des Vaters war, und wie sehr verwandelte sich alles aufs neue in den Stunden, wo überhaupt kein fremder Geist den Dingen ihre Signatur gab, sondern mein eigener, wo meine Seele mit den Dingen spielte und ihnen neue Namen und Bedeutungen gab! Da konnte ein wohlbekannter Stuhl oder Schemel, ein Schatten beim Ofen, der gedruckte Kopf einer Zeitung schön oder häßlich und böse werden, bedeutungsvoll oder banal, sehnsuchtweckend oder einschüchternd, lächerlich oder traurig. Wie wenig Festes, Stabiles, Bleibendes gab es doch! Wie lebte alles, erlitt Veränderung, sehnte sich nach Wandlung, lag auf der Lauer nach Auflösung und Neugeburt!

Von allen magischen Erscheinungen aber die wichtigste und herrlichste war „der kleine Mann“. Ich weiß nicht, wann ich ihn zum ersten Male sah, ich glaube er war schon immer da, er kam mit mir zur Welt. Der kleine Mann war ein winziges, grau schattenhaftes Wesen, ein Männlein, Geist oder Kobold, Engel oder Dämon, der zuzeiten da war und vor mir her ging, im Traum wie auch im Wachen, und dem ich folgen mußte, mehr als dem Vater, mehr als der Mutter, mehr als der Vernunft, ja oft mehr als der Furcht. Wenn der Kleine mir sichtbar wurde, gab es nur ihn, und wohin er ging oder was er tat, das mußte ich ihm nachtun: Bei Gefahren zeigte er sich. Wenn mich ein böser Hund, ein erzürnter größerer Kamerad verfolgte und meine Lage heikel wurde, dann, im schwierigsten Augenblick, war das kleine Männlein da, lief vor mir, zeigte mir den Weg, brachte Rettung. Er zeigte mir die lose Latte im Gartenzaun, durch die ich im letzten bangen Augenblick den Ausweg gewann, er machte mir vor, was gerade zu tun war: sich fallen lassen, umkehren, davonlaufen, schreien, schweigen. Er nahm mir etwas, das ich essen wollte, aus der Hand, er führte mich an den Ort, wo ich verlorengegangene Besitztümer wiederfand. Es gab Zeiten, da sah ich ihn jeden Tag. Es gab Zeiten, da blieb er aus. Diese Zeiten waren nicht gut, dann war alles lau und unklar, nichts geschah, nichts ging vorwärts.

Einmal, auf dem Marktplatz, lief der kleine Mann vor mir her und ich ihm nach, und er lief auf den riesigen Marktbrunnen zu, in dessen mehr als mannstiefes Steinbecken die vier Wasserstrahlen sprangen, turnte an der Steinwand empor bis zur Brüstung, und ich ihm nach, und als er von da mit einem hurtigen Schwung hinein ins tiefe Wasser sprang, sprang auch ich, es gab keine Wahl, und wäre ums Haar ertrunken. Ich ertrank aber nicht, sondern wurde herausgezogen, und zwar von einer jungen hübschen Nachbarsfrau, die ich bis dahin kaum gekannt hatte und zu der ich nun in ein schönes Freundschafts- und Neckverhältnis kam, das mich lange Zeit beglückte.

Einmal hatte mein Vater mich für eine Missetat zur Rede zu stellen. Ich redete mich so halb und halb heraus, wieder einmal darunter leidend, daß es so schwer war, sich den Erwachsenen verständlich zu machen. Es gab einige Tränen und eine gelinde Strafe, und zum Schluß schenkte mir der Vater, damit ich die Stunde nicht vergesse, einen hübschen kleinen Taschenkalender. Etwas beschämt und von der Sache nicht befriedigt, ging ich weg und ging über die Flußbrücke, plötzlich lief der kleine Mann vor mir, er sprang auf das Brückengeländer und befahl mir durch seine Gebärde, das Geschenk meines Vaters wegzuwerfen, in den Fluß. Ich tat es sofort, Zweifel und Zögern gab es nicht, wenn der Kleine da war, die gab es nur, wenn er fehlte, wenn er ausblieb und mich im Stich ließ. Ich erinnere mich eines Tages, da ging ich mit meinen Eltern spazieren, und der kleine Mann erschien, er ging auf der linken Straßenseite, und ich ihm nach, und so oft mein Vater mich zu sich auf die andere Seite hinüber befahl, der Kleine kam nicht mit, beharrlich ging er links, und ich mußte jedesmal sofort wieder zu ihm hinüber. Mein Vater ward der Sache müde und ließ mich schließlich gehen, wo ich mochte, er war gekränkt, und erst später, zu Hause, fragte er mich, warum ich denn durchaus habe ungehorsam sein und auf der andern Straßenseite gehen müssen. In solchen Fällen kam ich sehr in Verlegenheit, ja richtig in Not, denn nichts war unmöglicher, als irgendeinem Menschen ein Wort vom kleinen Mann zu sagen. Nichts wäre verbotener, schlechter, todsündiger gewesen, als den kleinen Mann zu verraten, ihn zu nennen, von ihm zu sprechen. Nicht einmal an ihn denken, nicht einmal ihn rufen oder herbeiwünschen konnte ich. War er da, so war es gut, und man folgte ihm. War er nicht da, so war es, als sei er nie gewesen. Der kleine Mann hatte keinen Namen. Das Unmöglichste auf der Welt aber wäre es gewesen, dem kleinen Mann, wenn er einmal da war, nicht zu folgen. Wohin er ging, dahin ging ich ihm nach, auch ins Wasser, auch ins Feuer. Es war nicht so, daß er mir dies oder jenes befahl oder riet. Nein, er tat einfach dies oder das, und ich tat es nach. Etwas, was er tat, nicht nachzutun, war ebenso unmöglich, wie es meinem Schlagschatten unmöglich wäre, meine Bewegungen nicht mitzumachen. Vielleicht war ich nur der Schatten oder Spiegel des Kleinen, oder er der meine; vielleicht tat ich, was ich ihm nachzutun meinte, vor ihm, oder zugleich mit ihm. Nur war er nicht immer da, leider, und wenn er fehlte, so fehlte auch meinem Tun die Selbstverständlichkeit und Notwendigkeit, dann konnte alles auch anders sein, dann gab es für jeden Schritt die Möglichkeit des Tuns oder Lassens, des Zögerns, der Überlegung. Die guten, frohen und glücklichen Schritte meines damaligen

Lebens sind aber alle ohne Überlegung geschehen. Das Reich der Freiheit ist auch das Reich der Täuschungen, vielleicht.
Wie hübsch war meine Freundschaft mit der lustigen Nachbarsfrau, die mich damals aus dem Brunnen gezogen hatte! Sie war lebhaft, jung und hübsch und dumm, von einer liebenswerten, fast genialen Dummheit. Sie ließ sich von mir Räuber- und Zaubergeschichten erzählen, glaubte mir bald zu viel, bald zu wenig, und hielt mich mindestens für einen der Weisen aus dem Morgenlande, womit ich gerne einverstanden war. Sie bewunderte mich sehr. Wenn ich ihr etwas Lustiges erzählte, lachte sie laut und inbrünstig, noch lang ehe sie den Witz begriffen hatte. Ich hielt ihr das vor, ich fragte sie: „Höre, Frau Anna, wie kannst du über einen Witz lachen, wenn du ihn noch gar nicht verstanden hast? Das ist sehr dumm, und es ist außerdem beleidigend für mich. Entweder verstehst du meine Witze und lachst, oder du kapierst sie nicht, dann brauchst du aber nicht zu lachen und zu tun, als hättest du verstanden." Sie lachte weiter. „Nein", rief sie, „du bist schon der gescheiteste Junge, den ich je gesehen habe, großartig bist du. Du wirst ein Professor werden oder Minister oder ein Doktor. Das Lachen, weißt du, daran ist nichts übelzunehmen. Ich lache einfach, weil ich eine Freude an dir habe und weil du der spaßigste Mensch bist, den es gibt. Aber jetzt erkläre mir also deinen Witz!" Ich erklärte ihn umständlich, sie mußte noch dies und jenes fragen, schließlich begriff sie ihn wirklich, und wenn sie vorher herzlich und reichlich gelacht hatte, so lachte sie jetzt erst recht, lachte ganz toll und hinreißend, daß es auch mich ansteckte. Wie haben wir oft miteinander gelacht, wie hat sie mich verwöhnt und bewundert, wie war sie von mir entzückt! Es gab schwierige Sprechübungen, die ich ihr manchmal vorsagen mußte, ganz schnell dreimal nacheinander, zum Beispiel: „Wiener Wäscher waschen weiße Wiener Wäsche" oder die Geschichte vom Kottbuser Postkutschkasten. Auch sie mußte es probieren, ich bestand darauf, aber sie lachte schon vorher, keine drei Worte brachte sie richtig heraus, wollte es auch gar nicht, und jeder begonnene Satz verlief in neues Gelächter. Frau Anna ist der vergnügteste Mensch gewesen, den ich gekannt habe. Ich hielt sie, in meiner Knabenklugheit, für namenlos

dumm, und am Ende war sie es auch, aber sie ist ein glücklicher Mensch gewesen, und ich neige manchmal dazu, glückliche Menschen für heimliche Weise zu halten, auch wenn sie dumm scheinen. Was ist dümmer und macht unglücklicher als Gescheitheit!

Jahre vergingen, und mein Verkehr mit Frau Anna war schon eingeschlafen, ich war schon ein großer Schulknabe und unterlag schon den Versuchungen, Leiden und Gefahren der Gescheitheit, da brauchte ich sie eines Tages wieder. Und wieder war es der kleine Mann, der mich zu ihr führte. Ich war seit einiger Zeit verzweifelt mit der Frage nach dem Unterschied der Geschlechter und der Entstehung der Kinder beschäftigt, die Frage wurde immer brennender und quälender, und eines Tages schmerzte und brannte sie so sehr, daß ich lieber gar nicht mehr leben wollte, als dies bange Rätsel ungelöst lassen. Wild und verbissen ging ich, von der Schule heimkehrend, über den Marktplatz, den Blick am Boden, unglücklich und finster, da war plötzlich der kleine Mann da! Er war ein seltner Gast geworden, er war mir seit langem untreu oder ich ihm – nun sah ich ihn plötzlich wieder, klein und flink lief er am Boden vor mir her, nur einen Augenblick sichtbar, und lief ins Haus der Frau Anna hinein. Er war verschwunden, aber schon war ich ihm in dies Haus gefolgt, und schon wußte ich warum, und Frau Anna schrie auf, als ich unerwartet ihr ins Zimmer gelaufen kam, denn sie war eben beim Umkleiden, aber sie ward mich nicht los, und bald wußte ich fast alles, was zu wissen mir damals so bitter notwendig war. Es wäre eine Liebschaft daraus geworden, wenn ich nicht noch allzu jung dafür gewesen wäre.

Diese lustige dumme Frau unterschied sich von den meisten andern Erwachsenen dadurch, daß sie zwar dumm, aber natürlich und selbstverständlich war, immer gegenwärtig, nie verlogen, nie verlegen. Die meisten Erwachsenen waren anders. Es gab Ausnahmen, es gab die Mutter, Inbegriff des Lebendigen, rätselhaft Wirksamen, und den Vater, Inbegriff der Gerechtigkeit und Klugheit, und den Großvater, der kaum mehr ein Mensch war, den Verborgenen, Allseitigen, Lächelnden, Unausschöpflichen. Die allermeisten Erwachsenen aber, obwohl man sie verehren und fürchten mußte, waren sehr tönerne Götter. Wie waren sie komisch mit ihrer ungeschickten Schauspielerei, wenn sie mit Kindern redeten! Wie falsch klang ihr Ton, wie falsch ihr Lächeln! Wie nahmen sie sich wichtig, sich und ihre Verrichtungen und Geschäfte, wie übertrieben ernst hielten sie, wenn man sie über die Gasse gehen sah, ihre Werkzeuge, ihre Mappen, ihre Bücher unter den Arm geklemmt, wie warteten sie darauf, erkannt, gegrüßt und verehrt zu werden! Manchmal kamen am Sonntag Leute zu meinen Eltern, um „Besuch zu machen". Männer mit Zylinderhüten in ungeschickten Händen, die in steifen Glacéhandschuhen staken, wichtige, würdevolle, vor lauter Würde verlegene Männer, Anwälte und Amtsrichter, Pfarrer und Lehrer, Direktoren und Inspektoren, mit ihren etwas ängstlichen, etwas unterdrückten Frauen. Sie saßen steif auf den Stühlen, zu allem mußte man sie nötigen, bei allem ihnen behilflich sein, beim Ablegen, beim Eintreten, beim Niedersitzen, beim Fragen und Antworten, beim Fortgehen. Diese kleinbürgerliche Welt nicht so ernst zu nehmen, wie sie verlangte, war mir leicht gemacht, da meine Eltern ihr nicht angehörten und sie selber komisch fanden. Aber auch wenn sie nicht Theater spielten, Handschuhe trugen und Visiten machten, waren die meisten Erwachsenen mir reichlich seltsam und lächerlich. Wie taten sie wichtig mit ihrer Arbeit, mit ihren Handwerken und Ämtern, wie groß und heilig kamen sie sich vor! Wenn ein Fuhrmann, Polizist oder Pflasterer die Straße versperrte, das war eine heilige Sache, da war es selbstverständlich, daß man auswich und Platz machte oder gar mithalf. Aber Kinder mit ihren Arbeiten und Spielen, die waren nicht wichtig, die wurden beiseitegeschoben und angebrüllt. Taten sie denn weniger Richtiges, weniger Gutes, weniger Wichtiges als die Großen? O nein, im Gegenteil, aber die Großen waren eben mächtig, sie befahlen, sie regierten. Dabei hatten sie, genau wie wir Kinder, ihre Spiele, sie spielten Feuerwehrübung, spielten Soldaten, sie gingen in Vereine und Wirtshäuser, aber alles mit jener Miene von Wichtigkeit und Gültigkeit, als müsse das alles so sein und gäbe es nichts Schöneres und Heiligeres.

Gescheite Leute waren unter ihnen, zugegeben, auch unter den Lehrern. Aber war nicht das eine schon merkwürdig und verdächtig, daß unter allen diesen „großen" Leuten,

welche doch alle vor einiger Zeit selbst Kinder gewesen waren, so sehr wenige sich fanden, die es nicht vollkommen vergessen und verlernt hatten, was ein Kind ist, wie es lebt, arbeitet, spielt, denkt, was ihm lieb und leid ist? Wenige, sehr wenige, die das noch wußten! Es gab nicht nur Tyrannen und Grobiane, die gegen Kinder böse und häßlich waren, sie überall wegjagten, sie scheel und haßvoll ansahen, ja manchmal anscheinend etwas wie Furcht vor ihnen hatten. Nein, auch die andern, die es gut meinten, die gern zuweilen zu einem Gespräch mit Kindern sich herabließen, auch sie wußten meistens nicht mehr, worauf es ankam, auch sie mußten fast alle sich mühsam und verlegen zu Kindern herunterschrauben, wenn sie sich mit uns einlassen wollten, aber nicht zu richtigen Kindern, sondern zu erfundenen, dummen Karikaturkindern.
Alle diese Erwachsenen, fast alle, lebten in einer andern Welt, atmeten eine andere Art von Luft als wir Kinder. Sie waren häufig nicht klüger als wir, sehr oft hatten sie nichts vor uns voraus als jene geheimnisvolle Macht. Sie waren stärker, ja, sie konnten uns, wenn wir nicht freiwillig gehorchten, zwingen und prügeln. War das aber eine echte Überlegenheit? War nicht jeder Ochs und Elefant viel stärker als so ein Erwachsener? Aber sie hatten die Macht, sie befahlen, ihre Welt und Mode galt als die richtige. Dennoch, und das war mir ganz besonders merkwürdig und einige Male beinahe grauenhaft – dennoch gab es viele Erwachsene, die uns Kinder zu beneiden schienen. Manchmal konnten sie es ganz naiv und offen aussprechen und etwa mit einem Seufzer sagen: „Ja, ihr Kinder habet es noch gut!" Wenn das nicht gelogen war – und es war nicht gelogen, das spürte ich zuweilen bei solchen Aussprüchen –, dann waren also die Erwachsenen die Mächtigen, die Würdigen und Befehlenden gar nicht glücklicher als wir, die wir gehorchen und ihnen Hochachtung erweisen mußten. In einem Musikalbum, aus dem ich lernte, stand auch richtig ein Lied mit dem erstaunlichen Kehrreim: „O selig, o selig, ein Kind noch zu sein!" Dies war ein Geheimnis. Es gab etwas, was wir Kinder besaßen und was den Großen fehlte, sie waren nicht bloß größer und stärker, sie waren in irgendeinem Betracht auch ärmer als wir! Und sie, die wir oft um ihre lange Gestalt, ihre Würde, ihre anscheinende

Freiheit und Selbstverständlichkeit, um ihre Bärte und langen Hosen beneideten, sie beneideten zuzeiten, sogar in Liedern, die sie sangen, uns Kleine!
Nun, einstweilen war ich trotz allem glücklich. Es gab vieles in der Welt, was ich gern anders gesehen hätte, und gar in der Schule; aber ich war dennoch glücklich. Es wurde mir zwar von vielen Seiten versichert und eingebleut, daß der Mensch nicht bloß zu seiner Lust auf Erden wandle und daß wahres Glück erst jenseits den Geprüften und Bewährten zuteil werde, es ging dies aus vielen Sprüchen und Versen hervor, die ich lernte und die mir oft sehr schön und rührend erschienen. Allein diese Dinge, welche auch meinem Vater viel zu schaffen machten, brannten mich nicht sehr, und wenn es mir einmal schlecht ging, wenn ich krank war oder unerfüllte Wünsche hatte, oder Streit und Trotz mit den Eltern, dann flüchtete ich selten zu Gott, sondern hatte andere Schleichwege, die mich wieder ins Helle führten. Wenn die gewöhnlichen Spiele versagten, wenn Eisenbahn, Kaufladen und Märchenbuch verbraucht und langweilig waren, dann fielen mir oft gerade die schönsten neuen Spiele ein. Und wenn es nichts anderes war, als daß ich abends im Bett die Augen schloß und mich in den märchenhaften Anblick der vor mir erscheinenden Farbenkreise verlor – wie zuckte da Beglückung und Geheimnis aufs neue auf, wie ahnungsvoll und vielversprechend wurde die Welt!
Die ersten Schuljahre gingen hin, ohne mich sehr zu verändern. Ich machte die Erfahrung, daß Vertrauen und Aufrichtigkeit uns zu Schaden bringen kann, ich lernte unter einigen gleichgültigen Lehrern das Notwendigste im Lügen und Sichverstellen; von da an kam ich durch. Langsam aber welkte auch mir die erste Blüte hin, langsam lernte auch ich, ohne es zu ahnen, jenes falsche Lied des Lebens, jenes Sichbeugen unter die „Wirklichkeit“, unter die Gesetze der Erwachsenen, jene Anpassung an die Welt, „wie sie nun einmal ist“. Ich weiß seit langem, warum in den Liederbüchern der Erwachsenen solche Verse stehen wie der: „O selig, ein Kind noch zu sein“, und auch für mich gab es viele Stunden, in welchen ich die beneidete, die noch Kinder sind.
Als es sich, in meinem zwölften Jahre, darum handelte, ob

ich Griechisch lernen solle, sagte ich ohne weiteres ja, denn mit der Zeit so gelehrt zu werden wie mein Vater und womöglich wie mein Großvater, schien mir unerläßlich. Aber von diesem Tage an war ein Lebensplan für mich da; ich sollte studieren und entweder Pfarrer oder Philologe werden, denn dafür gab es Stipendien. Auch der Großvater war einst diesen Weg gegangen.

Scheinbar war dies ja nichts Schlimmes. Nur hatte ich jetzt auf einmal eine Zukunft, nur stand jetzt ein Wegweiser an meinem Wege, nur führte mich jetzt jeder Tag und jeder Monat dem angeschriebenen Ziele näher, alles wies dorthin, alles führte weg, weg von der Spielerei und Gegenwärtigkeit meiner bisherigen Tage, die nicht ohne Sinn, aber ohne Ziel, ohne Zukunft gewesen waren. Das Leben der Erwachsenen hatte mich eingefangen, an einer Haarlocke erst oder an einem Finger, aber bald würde es mich ganz gefangen haben und festhalten, das Leben nach Zielen, nach Zahlen, das Leben der Ordnung und der Ämter, des Berufs und der Prüfungen; bald würde auch mir die Stunde schlagen, bald würde auch ich Student, Kandidat, Geistlicher, Professor sein, würde Besuche mit einem Zylinderhut machen, lederne Handschuhe dazu tragen, die Kinder nicht mehr verstehen, sie vielleicht beneiden. Und ich wollte ja doch in meinem Herzen dies alles nicht, ich wollte nicht fort aus meiner Welt, wo es gut und köstlich war. Ein ganz heimliches Ziel allerdings gab es für mich, wenn ich an die Zukunft dachte. Eines wünschte ich mir sehnlich, nämlich ein Zauberer zu werden.

Der Wunsch und Traum blieb mir lange treu. Aber er begann an Allmacht zu verlieren, er hatte Feinde, es stand ihm anderes entgegen, Wirkliches, Ernsthaftes, nicht zu Leugnendes. Langsam, langsam welkte die Blüte hin, langsam kam mir aus dem Unbegrenzten etwas Begrenztes entgegen, die wirkliche Welt, die Welt der Erwachsenen. Langsam wurde mein Wunsch, ein Zauberer zu werden, obwohl ich ihn noch sehnlich weiter wünschte, vor mir selber wertloser, wurde vor mir selber zur Kinderei. Schon gab es etwas, worin ich nicht mehr Kind war. Schon war die unendliche, tausendfältige Welt des Möglichen mir begrenzt, in Felder geteilt, von Zäunen durchschnitten. Langsam verwandelte sich der Urwald meiner Tage, es erstarrte das Para-

dies um mich her. Ich blieb nicht, was ich war, Prinz und König im Land des Möglichen, ich wurde nicht Zauberer, ich lernte Griechisch, in zwei Jahren würde Hebräisch hinzukommen, in sechs Jahren würde ich Student sein.
Unmerklich vollzog sich die Einschnürung, unmerklich verrauschte ringsum die Magie. Die wunderbare Geschichte im Großvaterbuch war noch immer schön, aber sie stand auf einer Seite, deren Zahl ich wußte, und da stand sie heute und morgen und zu jeder Stunde, es gab keine Wunder mehr. Gleichmütig lächelte der tanzende Gott aus Indien, und war aus Bronze, selten sah ich ihn mehr an, nie mehr sah ich ihn schielen. Und – das Schlimmste – seltener und seltener sah ich den Grauen, den kleinen Mann. Überall war ich von Entzauberung umgeben, vieles wurde eng, was einst weit, vieles wurde ärmlich, was einst kostbar gewesen war.
Doch spürte ich das nur im verborgenen, unter der Haut, noch war ich fröhlich und herrschsüchtig, lernte schwimmen und Schlittschuh laufen, ich war der Erste im Griechischen, alles ging scheinbar vortrefflich. Nur hatte alles eine etwas blassere Farbe, einen etwas leereren Klang, nur war es mir langweilig geworden, zur Frau Anna zu gehen, nur ging ganz sachte aus allem, was ich lebte, etwas verloren, etwas nicht Bemerktes, nicht Vermißtes, das aber doch weg war und fehlte. Und wenn ich jetzt einmal wieder mich selber ganz und glühend fühlen wollte, dann bedurfte ich stärkerer Reize dazu, mußte mich rütteln und einen Anlauf nehmen. Ich gewann Geschmack an stark gewürzten Speisen, ich naschte häufig, ich stahl zuweilen Groschen, um mir irgendeine besondere Lust zu gönnen, weil es sonst nicht lebendig und schön genug war. Auch begannen die Mädchen mich anzuziehen; es war kurz nach der Zeit, da der kleine Mann noch einmal erschienen und mich noch einmal zu Frau Anna geführt hatte.

Traumfährte

Eine Aufzeichnung

Es war ein Mann, der übte den wenig angesehenen Beruf eines Unterhaltungsschriftstellers aus, gehörte aber immerhin zu jener kleineren Zahl der Literaten, die ihren Beruf nach Möglichkeit ernst nehmen und welchen von einigen Schwärmern eine ähnliche Verehrung entgegengebracht wird, wie sie in früheren Zeiten, als es noch eine Dichtung und Dichter gab, den wirklichen Dichtern dargebracht zu werden pflegte. Dieser Literat schrieb allerlei hübsche Sachen, er schrieb Romane, Erzählungen und auch Gedichte, und gab sich dabei die erdenklichste Mühe, seine Sache gut zu machen. Es glückte ihm jedoch selten, seinem Ehrgeiz Genüge zu tun, denn er machte, obwohl er sich für bescheiden hielt, den Fehler, sich anmaßenderweise nicht mit seinen Kollegen und Zeitgenossen, den andern Unterhaltungsschriftstellern, zu vergleichen und an ihnen zu messen, sondern an den Dichtern der vergangenen Zeit – an jenen also, welche sich schon über Generationen hinweg bewährt hatten, und da mußte er denn zu seinem Schmerze immer wieder bemerken, daß auch die beste und geglückteste Seite, die er je geschrieben, noch hinter dem verlorensten Satz oder Vers jedes wirklichen Dichters weit zurückstand. So wurde er immer unzufriedener und verlor alle Freude an seiner Arbeit, und wenn er noch je und je eine Kleinigkeit schrieb, so tat er es nur, um dieser Unzufriedenheit und inneren Dürre in Form von bitteren Kritiken an seiner Zeit und an sich selbst ein Ventil und einen Ausdruck zu geben, und natürlich wurde dadurch nichts besser. Manchmal auch versuchte er wieder in die verzauberten Gärten der reinen Dichtung zurückzufinden und huldigte der Schönheit in hübschen Sprachgebilden, worin er der Natur, den Frauen, der Freundschaft sorgfältige Denkmäler

errichtete, und diese Dichtungen hatten in der Tat eine gewisse Musik in sich und eine Ähnlichkeit mit den echten Dichtungen echter Dichter, an welche sie erinnerten wie etwa eine flüchtige Verliebtheit oder Rührung einen Geschäfts- und Weltmann gelegentlich an seine verlorene Seele erinnern kann.
Eines Tages in der Zeit zwischen Winter und Frühling saß dieser Schriftsteller, der so gerne ein Dichter gewesen wäre, und sogar von manchen für einen gehalten wurde, wieder an seinem Schreibtisch. Wie gewohnt, war er spät aufgestanden, erst gegen Mittag, nachdem er die halbe Nacht gelesen hatte. Nun saß er und starrte auf die Stelle des Papiers, an welcher er gestern zu schreiben aufgehört hatte. Es standen kluge Dinge auf diesem Papier, in einer geschmeidigen und kultivierten Sprache vorgetragen, feine Einfälle, kunstvolle Schilderungen, manche schöne Rakete und Leuchtkugel stieg aus diesen Zeilen und Seiten auf, manches zarte Gefühl klang an – dennoch aber war der Schreibende enttäuscht von dem, was er auf seinem Papier las, ernüchtert saß er vor dem, was er gestern abend mit einer gewissen Freude und Begeisterung begonnen hatte, was gestern eine Abendstunde lang wie Dichtung ausgesehen und sich nun über Nacht doch eben wieder in Literatur verwandelt hatte, in leidiges beschriebenes Papier, um das es eigentlich schade war.
Wieder auch fühlte und bedachte er in dieser etwas kläglichen Mittagsstunde, was er schon manche Male gefühlt und bedacht hatte, nämlich die sonderbare Tragikomik seiner Lage, die Torheit seines heimlichen Anspruches auf echtes Dichtertum (da es doch echtes Dichtertum in der heutigen Wirklichkeit nicht gab noch geben konnte) und die Kindlichkeit und dumme Vergeblichkeit seiner Anstrengungen, mit Hilfe seiner Liebe zur alten Dichtung, mit Hilfe seiner hohen Bildung, mit Hilfe seines feinen Gehörs für die Worte der echten Dichter etwas erzeugen zu wollen, was echter Dichtung gleichkam oder doch bis zum Verwechseln ähnlich sah (da er doch recht wohl wußte, daß aus Bildung und aus Nachahmung überhaupt nichts erzeugt werden kann).
Halb und halb war ihm auch bekannt und bewußt, daß die hoffnungslose Streberei und kindliche Illusion all seiner Be-

mühungen keineswegs nur eine vereinzelte und persönliche Angelegenheit sei, sondern daß jeder Mensch, auch der scheinbar Normale, auch der scheinbar Glückliche und Erfolgreiche ebendieselbe Torheit und hoffnungslose Selbsttäuschung in sich hege, daß jeder Mensch beständig und immerzu nach irgend etwas Unmöglichem strebe, daß auch der Unscheinbarste das Ideal des Adonis, der Dümmste das Ideal des Weisen, der Ärmste das Wunschbild des Krösus in sich trage. Ja, halb und halb wußte er sogar, daß es auch mit jenem so hoch verehrten Ideal der „echten Dichtung" nichts sei, daß Goethe zu Homer oder Shakespeare ganz ebenso hoffnungslos als zu etwas Unerreichbarem emporgeblickt habe, wie ein heutiger Literat etwa zu Goethe emporblicken mochte, und daß der Begriff „Dichter" nur eine holde Abstraktion sei, daß auch Homer und Shakespeare nur Literaten gewesen seien, begabte Spezialisten, welchen es gelungen war, ihren Werken jenen Anschein des Überpersönlichen und Ewigen zu geben. Halb und halb wußte er dies alles, so wie kluge und des Denkens gewohnte Menschen diese selbstverständlichen und schrecklichen Dinge eben zu wissen vermögen. Er wußte oder ahnte, daß auch ein Teil seiner eigenen Schreibversuche auf Leser einer späteren Zeit vielleicht den Eindruck einer „echten Dichtung" machen würde, daß spätere Literaten vielleicht zu ihm und seiner Zeit mit Sehnsucht zurückblicken würden wie zu einem goldenen Zeitalter, wo es noch wirkliche Dichter, wirkliche Gefühle, wirkliche Menschen, eine wirkliche Natur und einen wirklichen Geist gegeben habe. Es hatte, wie ihm bekannt war, der behäbige Kleinstädter der Biedermeierzeit und der feiste Kleinbürger eines mittelalterlichen Städtchens schon ebenso kritisch und ebenso sentimental seine eigene raffinierte, verdorbene Zeit in Gegensatz gebracht zu einem unschuldigen, naiven, seligen Gestern, und hatte seine Großväter und ihre Lebensweise mit derselben Mischung aus Neid und Mitleid betrachtet, mit welcher der heutige Mensch die selige Zeit vor der Erfindung der Dampfmaschine zu betrachten geneigt ist.
Alle diese Gedanken waren dem Literaten geläufig, alle diese Wahrheiten waren ihm bekannt. Er wußte: dasselbe Spiel, dasselbe gierige, edle, hoffnungslose Streben nach etwas Gültigem, Ewigem, an sich selbst Wertvollem, das ihn

zum Vollschreiben von Papierblättern antrieb, trieb auch alle anderen an: den General, den Minister, den Abgeordneten, die elegante Dame, den Kaufmannslehrling. Alle Menschen strebten irgendwie, sei es noch so klug oder noch so dumm, über sich selbst und über das Mögliche hinaus, befeuert von heimlichen Wunschbildern, geblendet von Vorbildern, gelockt von Idealen. Kein Leutnant, der nicht den Gedanken an Napoleon in sich trug – und kein Napoleon, der nicht zu Zeiten sich selbst als Affen, seine Erfolge als Spielmünzen, seine Ziele als Illusionen empfunden hätte. Keiner, der nicht diesen Tanz mitgetanzt hätte. Keiner auch, der nicht irgendwann in irgendeiner Spalte das Wissen um diese Täuschung gespürt hätte. Gewiß, es gab Vollendete, es gab Menschgötter, es gab einen Buddha, es gab einen Jesus, es gab einen Sokrates. Aber auch sie waren vollendet und vom Allwissen ganz und gar durchdrungen gewesen nur in einem einzigen Augenblick, im Augenblick ihres Sterbens. Ihr Sterben war ja nichts anderes gewesen als das letzte Durchdrungenwerden vom Wissen, als die letzte, endlich geglückte Hingabe. Und möglicherweise hatte jeder Tod diese Bedeutung, möglicherweise war jeder Sterbende ein sich Vollendender, der den Irrtum des Strebens ablegte, der sich hingab, der nichts mehr sein wollte.

Diese Art von Gedanken, so wenig kompliziert sie auch ist, stört den Menschen sehr im Streben, im Tun, im Weiterspielen seines Spiels. Und so ging es auch mit der Arbeit des strebsamen Dichters in dieser Stunde nicht vorwärts. Es gab kein Wort, das würdig gewesen wäre, niedergeschrieben zu werden, es gab keinen Gedanken, dessen Mitteilung wirklich notwendig gewesen wäre. Nein, es war schade um das Papier, es war besser, es unbeschrieben zu lassen.

Mit diesem Gefühl legte der Literat seine Feder weg und steckte seine Papierblätter in die Schieblade; wäre ein Feuer zur Hand gewesen, so hätte er sie ins Feuer gesteckt. Die Situation war ihm nicht neu, es war eine schon oft gekostete, eine gleichsam schon gezähmte und geduldig gewordene Verzweiflung. Er wusch sich die Hände, zog Hut und Mantel an und ging aus. Ortsveränderung war eines seiner längst bewährten Hilfsmittel, er wußte, daß es nicht gut war, in solcher Stimmung lange im selben Raume mit all dem beschriebenen und unbeschriebenen Papier zu bleiben. Besser war es, auszugehen, die Luft zu fühlen und die Augen am Bilderspiel der Straße zu üben. Es konnte sein, daß schöne Frauen ihm begegneten, oder daß er einen Freund antraf, daß eine Horde Schulkinder oder irgendeine drollige Spielerei in einem Schaufenster ihn auf andere Gedanken brachte, es konnte sich begeben, daß das Automobil eines der Herren dieser Welt, eines Zeitungsverlegers oder eines reichen Bäckermeisters, ihn an einer Straßenecke überfuhr: lauter Möglichkeiten zur Änderung der Lage, zur Schaffung neuer Zustände.

Langsam schlenderte er durch die Vorfrühlingsluft, sah in den traurigen kleinen Rasenstücken vor den Mietshäusern nickende Büsche von Schneeglöckchen stehen, atmete feuchte laue Märzluft, die ihn verführte, in einen Park einzubiegen. Dort an der Sonne zwischen den kahlen Bäumen setzte er sich auf eine Bank, schloß die Augen und gab sich dem Spiel der Sinne in dieser verfrühten Frühlingssonnenstunde hin: wie weich die Luft sich an die Wangen legte, wie voll versteckter Glut die Sonne schon kochte, wie streng und bang der Erdboden duftete, wie freundlich spielerisch zuweilen kleine Kinderschuhe über den Kies der Wege trappelten, wie hold und allzu süß irgendwo im nackten Gehölz eine Amsel sang. Ja, dies alles war sehr schön, und da der Frühling, die Sonne, die Kinder, die Amsel lauter uralte Dinge waren, an welchen schon vor tausend und tausend Jahren der Mensch seine Freude hatte, so war es eigentlich nicht zu verstehen, warum man nicht am heutigen Tage ebensogut ein schönes Frühlingsgedicht sollte machen können wie vor fünfzig oder hundert Jahren. Und doch war es nichts damit. Die leiseste Erinnerung an Uhlands Frühlingslied (allerdings mit der Schubertmusik, deren Vorspiel so fabelhaft durchdringend und erregend nach Vorfrühling schmeckt) war hinreichend, um einem heutigen Dichter auf das eindringlichste zu zeigen, daß jene entzückenden Dinge für eine Weile zu Ende gedichtet seien und daß es keinen Sinn habe, jene so unausschöpflich vollen, selig atmenden Gestaltungen irgend nachahmen zu wollen.

In diesem Augenblick, als des Dichters Gedanken eben im Begriffe waren, wieder in jene alten unfruchtbaren Spuren einzulenken, blinzelte er hinter geschlossenen Lidern hervor aus schmaler Augenspalte und nahm, nicht mit den Augen allein, ein lichtes Wehen und Blinken wahr, Sonnenscheininseln, Lichtreflexe, Schattenlöcher, weiß durchwehtes Blau am Himmel, einen flimmernden Reigen bewegter Lichter, wie jeder ihn beim Blinzeln gegen die Sonne sieht, nur aber irgendwie betont, auf irgendeine Art wertvoll und einzig, durch irgendeinen geheimen Gehalt aus bloßer Wahrnehmung zu Erlebnis geworden. Was da vielstrahlig aufblitzte, wehte, verschwamm, wellte und mit Flügeln schlug, das war nicht bloß Lichtsturm von außen, und sein Schauplatz war nicht bloß das Auge, es war zugleich Leben, aufwallender Trieb von innen, und sein Schauplatz war die Seele, war das eigene Schicksal. Auf diese Weise sehen die Dichter, die „Seher", auf diese entzückende und erschütternde Art sehen jene, die vom Eros angerührt worden sind. Verschwunden war der Gedanke an Uhland und Schubert und Frühlingslieder, es gab keinen Uhland, keine Dichtung, keine Vergangenheit mehr, alles war ewiger Augenblick, war Erlebnis, war innerste Wirklichkeit.

Dem Wunder hingegeben, das er nicht zum ersten Male erlebte, zu welchem er aber die Berufung und Gnade längst verscherzt zu haben gemeint hatte, schwebte er unendliche Augenblicke im Zeitlosen, im Einklang von Seele und Welt, fühlte seinen Atem die Wolken leiten, fühlte die warme Sonne in seiner Brust sich drehen.

Indem er aber, dem seltenen Erlebnis hingegeben, aus blinzelnden Augen vor sich hinab starrte, alle Sinnestore halb geschlossen haltend, weil er wohl wußte, daß der holde Strom von innen käme – nahm er in seiner Nähe am Boden etwas wahr, was ihn fesselte. Es war, wie er nur langsam und allmählich erkannte, der kleine Fuß eines Mädchens, eines Kindes noch, er stak in braunem Lederhalbschuh und trat auf dem Sand des Weges fest und fröhlich einher, mit dem Gewicht auf dem Absatz. Dieser kleine Mädchenschuh, dies Braun des Leders, dieses kindlichfrohe Auftreten der kleinen Sohle, dieses Stückchen Seidenstrumpf überm zarten Knöchel erinnerte den Dichter an etwas, überwallte sein Herz plötzlich und mahnend wie das Gedächtnis eines wichtigen Erlebnisses, doch vermochte er den Faden nicht zu finden. Ein Kinderschuh, ein Kinderfuß, ein Kinderstrumpf – – was ging dies ihn an? Wo war dazu der Schlüssel? Wo war die Quelle in seiner Seele, die gerade diesem Bilde unter Millionen Antwort gab, es liebte, es an sich zog, es als lieb und wichtig empfand? Einen Augenblick schlug er das Auge ganz auf, sah einen halben Herzschlag lang die ganze Figur des Kindes, eines hübschen Kindes, spürte aber sofort, daß dies schon nicht mehr jenes Bild sei, das ihn anginge, das für ihn wichtig sei, und kniff unwillkürlich blitzschnell die Augen wieder so weit zu, daß er nur noch für den Rest eines Augenblickes den entschwindenden Kinderfuß sehen konnte. Dann schloß er die Augen ganz und gar, dem Fuß nachsinnend, seine Bedeutung fühlend, doch nicht wissend, gepeinigt vom vergeblichen Suchen, beseligt von der Kraft dieses Bildes in seiner Seele. Irgendwo, irgendwann war dieses Bildchen, dieser kleine Fuß im braunen Schuh von ihm erlebt und mit Erlebniswert durchtränkt worden. Wann war das gewesen? Oh, es mußte vor langer Zeit gewesen sein, vor Urzeiten, so weit schien es zu liegen, so von fern, so aus unausdenklicher Raumtiefe herauf blickte es ihn an, so tief war es in den Brunnen seines Gedächtnisses gesunken. Vielleicht trug er es, verloren und bis heute nie wieder gefunden, schon seit der ersten Kindheit in sich herum, seit jener fabelhaften Zeit, deren Erinnerungen alle so verschwommen und unbildlich sind, und so schwer zu rufen, und doch farbenstärker, wärmer, voller als alle späteren Erinnerungen. Lange wiegte er den Kopf, mit geschlossenen Augen, lang sann er hin und wider, sah diesen, sah jenen Faden in sich aufblitzen, diese Reihe, jene Kette von Erlebnissen, aber in keiner war das Kind, war der braune Kinderschuh zu Hause. Nein, es war nicht zu finden, es war hoffnungslos, dies Suchen fortzusetzen.

Es ging ihm mit dem Erinnerungen-Suchen wie es einem geht, der das dicht vor ihm Stehende nicht zu erkennen vermag, weil er es für weit entfernt hält und darum alle Formen umdeutet. In dem Augenblick nun aber, da er seine Bemühungen aufgab und eben bereit war, dies lächerliche kleine Blinzel-Erlebnis fallenzulassen und zu vergessen, rückte die Sache sich um und der Kinderschuh an seine

rechte Stelle. Mit einem tiefen Aufseufzen empfand der Mann plötzlich, daß im angehäuften Bildersaal seines Innern der Kinderschuh nicht zuunterst lag, nicht zum uralten Gut gehörte, sondern ganz frisch und neu war. Eben erst hatte er mit diesem Kinde zu tun gehabt, eben erst, so schien ihm, hatte er diesen Schuh hinweglaufen sehen.
Und nun mit einem Schlage hatte er es. Ja, ach ja, da war es, da stand das Kind, zu dem der Schuh gehörte, und war ein Stück aus einem Traum, den der Schriftsteller in der vergangenen Nacht geträumt hatte. Mein Gott, wie war solches Vergessen möglich? Mitten in der Nacht war er aufgewacht, beglückt und erschüttert von der geheimnisvollen Kraft seines Traumes, war erwacht und hatte das Gefühl gehabt, ein wichtiges, herrliches Erlebnis gehabt zu haben – und dann war er nach kurzem wieder eingeschlafen, und eine Stunde Morgenschlaf hatte genügt, das ganze herrliche Erlebnis wieder auszulöschen, so daß er erst in dieser Sekunde wieder, durch den flüchtigen Anblick des Kinderfußes geweckt, daran gedacht hatte. So flüchtig, so vergänglich, so ganz dem Zufall preisgegeben waren die tiefsten, die wunderbarsten Erlebnisse unsrer Seele! Und siehe, auch jetzt gelang es ihm nicht mehr, den ganzen Traum dieser Nacht vor sich aufzubauen. Nur vereinzelte Bilder, zum Teil ohne Zusammenhang, waren noch zu finden, einige frisch und voll Lebensglanz, andre schon grau und bestaubt, schon im Verschwimmen begriffen. Und was für ein schöner, tiefer, beseelter Traum war das doch gewesen! Wie hatte ihm bei jenem ersten Erwachen in der Nacht das Herz geschlagen, entzückt und bang wie an Festtagen der Kinderzeit! Wie hatte ihn das lebendige Gefühl durchströmt, mit diesem Traum etwas Edles, Wichtiges, Unvergeßliches, Unverlierbares erlebt zu haben! Und jetzt, diese paar Stunden später, war gerade noch dieses Bruchstückchen da, diese paar schon verwehenden Bildchen, dieser schwache Nachhall im Herzen – alles andre war verloren, war vergangen, hatte kein Leben mehr!
Immerhin, dies wenige war nun gerettet. Der Schriftsteller faßte alsbald den Entschluß, in seinem Gedächtnis alles zusammenzusuchen, was von dem Traume noch darin übrig wäre, und es aufzuschreiben, so treu und genau wie möglich. Alsbald zog er ein Notizbuch aus der Tasche und

machte die ersten Aufzeichnungen in Stichworten, um womöglich den Aufbau und Umriß des ganzen Traumes, die Hauptlinien wieder aufzufinden. Aber auch dies glückte nicht. Weder Anfang noch Ende des Traumes war mehr zu erkennen, und von den meisten der noch vorhandenen Bruchstücke wußte er nicht, an welche Stelle der Traumgeschichte sie gehörten. Nein, er mußte anders beginnen. Er mußte vor allem das retten, was noch erreichbar war, mußte die paar noch nicht erloschenen Bilder, vor allem den Kinderschuh, sofort festhalten, ehe auch sie entflogen, diese scheuen Zaubervögel.
So wie ein Totengräber die gefundene Inschrift auf einem uralten Steine abzulesen versucht, ausgehend von den wenigen noch erkennbaren Buchstaben oder Bildzeichen, so suchte unser Mann seinen Traum zu lesen, indem er Stückchen um Stückchen zusammensetzte.
Er hatte im Traum irgend etwas mit einem Mädchen zu tun gehabt, einem seltsamen, vielleicht nicht eigentlich schönen, aber irgendwie wunderbaren Mädchen, das vielleicht dreizehn oder vierzehn Jahre alt, aber an Gestalt kleiner als dies Alter war. Ihr Gesicht war gebräunt gewesen. Ihre Augen? Nein, die sah er nicht. Ihr Name? Nicht bekannt. Ihre Beziehung zu ihm, dem Träumer? Halt, da war der braune Schuh! Er sah diesen Schuh samt seinem Zwillingsbruder sich bewegen, sah ihn tanzen, sah ihn Tanzschritte machen, die Schritte eines Boston. O ja, nun wußte er eine Menge wieder. Er mußte von neuem beginnen.
Also: Er hatte im Traum mit einem wunderbaren, fremden, kleinen Mädchen getanzt, einem Kinde mit gebräuntem Gesicht, in braunen Schuhen – war nicht alles an ihr braun gewesen? Auch das Haar? Auch die Augen? Auch die Kleider? Nein, das wußte er nicht mehr – es war zu vermuten, es schien möglich, aber gewiß war es nicht. Er mußte beim Gewissen bleiben, bei dem, worauf sich sein Gedächtnis tatsächlich stützte, sonst kam er ins Uferlose. Schon jetzt begann er zu ahnen, daß diese Traumsuche ihn weit hinwegführen würde, daß er da einen langen, einen endlosen Weg begonnen habe. Und eben jetzt wieder fand er ein Stück.
Ja, er hatte mit der Kleinen getanzt, oder tanzen wollen, oder sollen, und sie hatte, noch für sich allein, eine Reihe von frischen, sehr elastischen und entzückend straffen

Tanzschritten getan. Oder hatte er doch mit ihr getanzt, war sie nicht allein gewesen? Nein. Nein, er hatte nicht getanzt, er hatte es nur gewollt, vielmehr es war so verabredet worden, von ihm und irgend jemandem, daß er mit dieser kleinen Braunen tanzen solle. Aber zu tanzen hatte dann doch nur sie allein begonnen, ohne ihn, und er hatte sich ein wenig vor dem Tanzen gefürchtet oder geniert, es war ein Boston, den konnte er nicht gut. Sie aber hatte zu tanzen begonnen, allein, spielend, wundervoll rhythmisch, mit ihren kleinen braunen Schuhen hatte sie sorgfältig die Figuren des Tanzes auf den Teppich geschrieben. Aber warum hatte er selbst nicht getanzt? Oder warum hatte er ursprünglich tanzen wollen? Was war das für eine Verabredung gewesen? Das konnte er nicht finden.
Es meldete sich eine andere Frage: Wem hatte das liebe kleine Mädchen geglichen, an wen erinnerte sie? Lange suchte er vergeblich, alles schien wieder hoffnungslos, und einen Augenblick wurde er geradezu ungeduldig und verdrießlich, beinahe hätte er alles wieder aufgegeben. Aber da war schon wieder ein Einfall da, eine neue Spur glänzte auf. Die Kleine hatte seiner Geliebten geglichen – o nein, geglichen hatte sie ihr nicht, er war sogar darüber erstaunt gewesen, sie ihr so wenig ähnlich zu finden, obwohl sie doch ihre Schwester war. Halt! Ihre Schwester? Oh, da sprang ja die ganze Spur wieder leuchtend auf, alles bekam Sinn, alles war wieder da. Er begann von neuem aufzuzeichnen, hingerissen von der plötzlich hervortretenden Inschrift, tief entzückt von der Wiederkehr der verloren geglaubten Bilder.
So war es gewesen: Im Traum war seine Geliebte dagewesen, Magda, und zwar war sie nicht wie in der letzten Zeit zänkisch und böser Laune gewesen, sondern überaus freundlich, etwas still, aber vergnügt und hübsch. Magda hatte ihn mit einer besonderen stillen Zärtlichkeit begrüßt, ohne Kuß, sie hatte ihm die Hand gegeben und ihm erzählt, jetzt wolle sie ihn endlich mit ihrer Mutter bekannt machen, und dort bei der Mutter werde er dann ihre jüngere Schwester kennen lernen, die ihm später zur Geliebten und Frau bestimmt sei. Die Schwester sei sehr viel jünger als sie und tanze sehr gerne, er werde sie am raschesten gewinnen, wenn er mit ihr tanzen gehe.

Wie schön war Magda in diesem Traume gewesen! Wie hatte alles Besondere, Liebliche, Seelenvolle, Zarte ihres Wesens, so wie es in seinen Vorstellungen von ihr zur Zeit seiner größten Liebe gelebt hatte, aus ihren frischen Augen, aus ihrer klaren Stirn, aus ihrem vollen duftenden Haar geleuchtet!

Und dann hatte sie ihn im Traume in ein Haus geführt, in ihr Haus, ins Haus ihrer Mutter und Kindheit, in ihr Seelenhaus, um ihm dort ihre Mutter zu zeigen und ihre kleine schönere Schwester, damit er diese Schwester kennenlerne und liebe, denn sie sei ihm zur Geliebten bestimmt. Er konnte sich aber des Hauses nicht mehr erinnern, nur einer leeren Vorhalle, in welcher er hatte warten müssen, und auch der Mutter konnte er sich nicht mehr entsinnen, nur eine alte Frau, eine grau oder schwarz gekleidete Bonne oder Pflegerin war im Hintergrunde sichtbar gewesen. Dann aber war die Kleine gekommen, die Schwester, ein entzückendes Kind, ein Mädchen von etwa zehn oder elf Jahren, im Wesen aber wie eine Vierzehnjährige. Besonders ihr Fuß in dem braunen Schuh war so kindlich gewesen, so völlig unschuldig, lachend und unwissend, so noch gar nicht damenhaft und doch so weiblich! Sie hatte seine Begrüßung freundlich aufgenommen, und Magda war von diesem Augenblick an verschwunden, es war nur noch die Kleine da. Sich an Magdas Rat erinnernd, schlug er ihr vor, zu tanzen. Und da hatte sie alsbald aufstrahlend genickt und ohne Zögern zu tanzen begonnen, allein, und er hatte sich nicht getraut, sie zu umfassen und mitzutanzen, einmal, weil sie so schön und vollkommen war in ihrem kindlichen Tanz, und dann auch, weil das, was sie tanzte, ein Boston war, ein Tanz, in dem er sich nicht sicher fühlte.

Mitten zwischen seinen Bemühungen, der Traumbilder wieder habhaft zu werden, mußte der Literat einen Augenblick über sich selbst lächeln. Es fiel ihm ein, daß er soeben noch gedacht hatte, wie unnütz es sei, sich um ein neues Frühlingsgedicht zu bemühen, da doch dies alles längst unübertrefflich gesagt sei – aber wenn er an den Fuß des tanzenden Kindes dachte, an die leichten holden Bewegungen der braunen Schuhe, an die Sauberkeit der Tanzfigur, die sie auf den Teppich schrieben, und daran, wie über all dieser hübschen Grazie und Sicherheit doch ein Hauch von

Befangenheit, ein Duft von Mädchenscheu gelegen hatte, dann war ihm klar, daß man bloß diesem Kinderfuß ein Lied zu singen brauchte, um alles zu übertreffen, was die früheren Dichter je über Frühling und Jugend und Liebesahnung gesagt hatten. Aber kaum waren seine Gedanken auf dies Gebiet hinüber abgeirrt, kaum hatte er begonnen, flüchtig mit dem Gedanken an ein Gedicht „An einen Fuß im braunen Schuh“ zu spielen, da fühlte er mit Schrecken, daß der ganze Traum ihm wieder entgleiten wollte, daß all die seligen Bilder undicht wurden und wegschmolzen. Ängstlich zwang er seine Gedanken zur Ordnung, und fühlte doch, daß der ganze Traum, mochte er seinen Inhalt auch aufgeschrieben haben, ihm in diesem Augenblick doch schon nicht mehr ganz und gar gehöre, daß er fremd und alt zu werden beginne. Und er fühlte auch sofort, daß dies immer so sein werde: daß diese entzückenden Bilder ihm stets nur so lange zu eigen gehören und seine Seele mit ihrem Duft erfüllen würden, als er mit ganzem Herzen bei ihnen verweilte, ohne Nebengedanken, ohne Absichten, ohne Sorgen.

Nachdenklich trat der Dichter seinen Heimweg an, den Traum vor sich hertragend wie ein unendlich krauses, unendlich zerbrechliches Spielzeug aus dünnstem Glase. Er war voll Bangen um seinen Traum. Ach wenn es ihm nur glücken würde, die Gestalt der Traumgeliebten ganz wieder in sich aufzubauen! Aus dem braunen Schuh, aus der Tanzfigur, aus dem Schimmer von Braun im Gesicht der Kleinen, aus diesen wenigen kostbaren Resten das Ganze wieder herzustellen, das schien ihm wichtiger als alles andere auf der Welt. Und mußte es nicht in der Tat unendlich wichtig für ihn sein? War nicht diese anmutige Frühlingsgestalt ihm zur Geliebten versprochen, war sie nicht aus den tiefsten und besten Quellen seiner Seele geboren, ihm als Sinnbild seiner Zukunft, als Ahnung seiner Schicksalsmöglichkeiten, als sein eigenster Traum vom Glücke entgegengetreten? – Und während er bangte, war er doch im Innersten unendlich froh. War es nicht wunderbar, daß man solche Dinge träumen konnte, daß man diese Welt aus luftigstem Zaubermaterial in sich trug, daß innen in unsrer Seele, in der wir so oft verzweifelt wie in einem Trümmerhaufen vergebens nach irgendeinem Rest von Glauben, von

Freude, von Leben gesucht haben, daß innen in dieser Seele solche Blumen aufwachsen konnten?
Zu Hause angekommen, schloß der Literat die Tür hinter sich ab und legte sich auf einen Ruhestuhl. Das Notizbuch mit seinen Aufzeichnungen in der Hand, las er aufmerksam die Stichworte durch, und fand, daß sie wertlos seien, daß sie nichts gaben, daß sie nur hinderten und verbauten. Er riß die Blätter aus und vernichtete sie sorgfältig, und beschloß, nichts mehr aufzuschreiben. Unruhig lag er und suchte Sammlung, und plötzlich kam ein Stück des Traumes wieder hervor, plötzlich sah er sich wieder im fremden Hause in jener kahlen Vorhalle warten, sah im Hintergrunde eine besorgte alte Dame im dunkeln Kleide hin und wider gehen, fühlte noch einmal den Augenblick des Schicksals: daß jetzt Magda gegangen sei, um ihm seine neue, jüngere, schönere, seine wahre und ewige Geliebte zuzuführen. Freundlich und besorgt blickte die alte Frau zu ihm herüber – und hinter ihren Zügen und hinter ihrem grauen Kleide tauchten andere Züge und andre Kleider auf, Gesichter von Wärterinnen und Pflegerinnen aus seiner eigenen Kindheit, das Gesicht und graue Hauskleid seiner Mutter. Und aus dieser Schicht von Erinnerungen, aus diesem mütterlichen, schwesterlichen Kreise von Bildern also fühlte er die Zukunft, die Liebe ihm entgegenwachsen. Hinter dieser leeren Vorhalle, unter den Augen besorgter, lieber, treuer Mütter und Mägde war das Kind herangediehen, dessen Liebe ihn beglücken, dessen Besitz sein Glück, dessen Zukunft seine eigne sein sollte.
Auch Magda sah er nun wieder, wie sie ihn ohne Kuß so sonderbar zärtlich-ernst begrüßte, wie ihr Gesicht noch einmal, wie im Abendgoldlicht, allen Zauber umschloß, den es einst für ihn gehabt, wie sie im Augenblick des Verzichtens und Abschiednehmens noch einmal in aller Liebenswürdigkeit ihrer seligsten Zeiten strahlte, wie ihr vertieftes und verdichtetes Gesicht die Jüngere, Schönere, Wahre, Einzige voraus verkündete, welche ihm zuzuführen und gewinnen zu helfen sie gekommen war. Sie schien ein Sinnbild der Liebe selbst zu sein, ihrer Demut, ihrer Wandlungsfähigkeit, ihrer halb mütterlichen, halb kindlichen Zauberkraft. Alles, was er je in diese Frau hineingesehen, hineingeträumt, hineingewünscht und gedichtet hatte, alle Verklä-

rung und Anbetung, die er ihr einst in der hohen Zeit seiner Liebe dargebracht hatte, war in ihrem Gesicht gesammelt, ihre ganze Seele, samt seiner eigenen Liebe war Gesicht geworden, strahlte sichtbar aus ernsten, holden Zügen, lächelte traurig und freundlich aus ihren Augen. War es möglich, von einer solchen Geliebten Abschied zu nehmen? Aber ihr Blick sagte: es muß Abschied genommen werden, es muß Neues geschehen.

Und herein auf kleinen flinken Kinderfüßen kam das Neue, kam die Schwester, aber ihr Gesicht war nicht zu sehen, nichts von ihr war deutlich zu sehen, als daß sie klein und zierlich war, in braunen Schuhen stak, Braunes im Gesicht und Braunes im Gewand hatte, und daß sie mit einer entzückenden Vollendung tanzen konnte. Und zwar Boston – den Tanz, den ihr zukünftiger Geliebter gar nicht gut konnte. Mit gar nichts anderem konnte die Überlegenheit des Kindes über den Erwachsenen, Erfahrenen, oft Enttäuschten besser ausgedrückt werden als damit, daß sie so frei und schlank und fehlerlos tanzte, und ausgerechnet den Tanz, worin er schwach, worin er ihr hoffnungslos unterlegen war!

Den ganzen Tag blieb der Literat mit seinem Traum beschäftigt, und je tiefer er in ihn eindrang, desto schöner schien er ihm, desto mehr schien er ihm alle Dichtungen der besten Dichter zu übertreffen. Lange Zeit, manche Tage lang hing er dem Wunsche und Plane nach, diesen Traum so aufzuschreiben, daß er nicht nur für den Träumer selbst, sondern auch für andere diese unnennbare Schönheit, Tiefe und Innigkeit habe. Spät erst gab er diese Wünsche und Versuche auf, und sah, daß er sich damit begnügen müsse, in seiner Seele ein echter Dichter zu sein, ein Träumer, ein Seher, daß sein Handwerk aber das eines bloßen Literaten bleiben müsse.

Bei den Massageten

So sehr auch ohne Zweifel mein Vaterland, falls ich wirklich ein solches hätte, alle übrigen Länder der Erde an Annehmlichkeiten und herrlichen Einrichtungen überträfe, spürte ich vor kurzem doch wieder einmal Wanderlust und tat eine Reise in das ferne Land der Massageten, wo ich seit der Erfindung des Schießpulvers nie mehr gewesen war. Es gelüstete mich, zu sehen, inwieweit dieses so berühmte und tapfere Volk, dessen Krieger einst den großen Cyrus überwunden haben, sich inzwischen verändert und den Sitten der jetzigen Zeit möchte angepaßt haben.
Und in der Tat, ich hatte in meinen Erwartungen die wackeren Massageten keineswegs überschätzt. Gleich allen Ländern, welche zu den vorgeschrittenern zu zählen den Ehrgeiz haben, sendet auch das Land der Massageten neuerdings jedem Fremdling, der sich seiner Grenze nähert, einen Reporter entgegen – abgesehen natürlich von jenen Fällen, in denen es bedeutende, ehrwürdige und distinguierte Fremde sind, denn ihnen wird, je nach Rang, selbstverständlich weit mehr Ehre erwiesen. Sie werden, wenn sie Boxer oder Fußballmeister sind, vom Hygieneminister, wenn sie Wettschwimmer sind, vom Kultusminister, und wenn sie Inhaber eines Weltrekords sind, vom Reichspräsidenten oder von dessen Stellvertreter empfangen. Nun, mir blieb es erspart, solche Aufmerksamkeit auf mich gehäuft zu sehen, ich war Literat, und so kam mir denn ein einfacher Journalist an der Grenze entgegen, ein angenehmer junger Mann von hübscher Gestalt, und ersuchte mich, vor dem Betreten des Landes ihn einer kurzen Darlegung meiner Weltanschauung und speziell meiner Ansichten über die Massageten zu würdigen. Dieser hübsche Brauch war also auch hier inzwischen eingeführt worden.

„Mein Herr“, sagte ich, „lassen Sie mich, der ich Ihre herrliche Sprache nur unvollkommen beherrsche, mich auf das Unerläßlichste beschränken. Meine Weltanschauung ist diejenige des Landes, in welchem ich jeweils reise, dies versteht sich ja wohl von selbst. Was nun meine Kenntnisse über Ihr hochberühmtes Land und Volk betrifft, so stammen sie aus der denkbar besten und ehrwürdigsten Quelle, nämlich aus dem Buch ‚Klio‘ des großen Herodot. Erfüllt von tiefer Bewunderung für die Tapferkeit Ihres gewaltigen Heeres und für das ruhmreiche Andenken Ihrer Heldenkönigin Tomyris, habe ich schon in früheren Zeiten Ihr Land zu besuchen die Ehre gehabt, und habe diesen Besuch nun endlich erneuern wollen.“

„Sehr verbunden“, sprach etwas düster der Massagete. „Ihr Name ist uns nicht unbekannt. Unser Propagandaministerium verfolgt alle Äußerungen des Auslandes über uns mit größter Sorgfalt, und so ist uns nicht entgangen, daß Sie der Verfasser von dreißig Zeilen über massagetische Sitten und Bräuche sind, die Sie in einer Zeitung veröffentlicht haben. Es wird mir eine Ehre sein, Sie auf Ihrer diesmaligen Reise durch unser Land zu begleiten und dafür zu sorgen, daß Sie bemerken können, wie sehr manche unsrer Sitten sich seither verändert haben.“

Sein etwas finsterer Ton zeigte mir an, daß meine früheren Äußerungen über die Massageten, die ich doch so sehr liebte und bewunderte, hier im Lande keineswegs vollen Beifall gefunden hatten. Einen Augenblick dachte ich an Umkehr, ich erinnerte mich an jene Königin Tomyris, die den Kopf des großen Cyrus in einen mit Blut gefüllten Schlauch gesteckt hatte, und an andere rassige Äußerungen dieses lebhaften Volksgeistes. Aber schließlich hatte ich meinen Paß und das Visum, und die Zeiten der Tomyris waren vorüber.

„Entschuldigen Sie“, sagte mein Führer nun etwas freundlicher, „wenn ich darauf bestehen muß, Sie erst im Glaubensbekenntnis zu prüfen. Nicht daß etwa das Geringste gegen Sie vorläge, obwohl Sie unser Land schon früher einmal besucht haben. Nein, nur der Formalität wegen, und weil Sie sich etwas einseitig auf Herodot berufen haben. Wie Sie wissen, gab es zur Zeit jenes gewiß hochbegabten Joniers noch keinerlei offiziellen Propaganda- und Kulturdienst, so mögen ihm seine immerhin etwas fahrlässigen Äußerungen über unser Land hingehen. Daß hingegen ein heutiger Autor sich auf Herodot berufe, und gar ausschließlich auf ihn, können wir nicht zugeben. – Also bitte, Herr Kollege, sagen Sie mir in Kürze, wie Sie über die Massageten denken und was Sie für sie fühlen."

Ich seufzte ein wenig. Nun ja, dieser junge Mann war nicht gesonnen, es mir leicht zu machen, er bestand auf den Förmlichkeiten. Hervor also mit den Förmlichkeiten! Ich begann:

„Selbstverständlich bin ich darüber genau unterrichtet, daß die Massageten nicht nur das älteste, frömmste, kultivierteste und zugleich tapferste Volk der Erde sind, daß ihre unbesieglichen Heere die zahlreichsten, ihre Flotte die größte, ihr Charakter der unbeugsamste und zugleich liebenswürdigste, ihre Frauen die schönsten, ihre Schulen und öffentlichen Einrichtungen die vorbildlichsten der Welt sind, sondern daß sie auch jene in der ganzen Welt so hochgeschätzte und manchen anderen großen Völkern so sehr mangelnde Tugend in höchstem Maße besitzen, nämlich gegen Fremde im Gefühl ihrer eigenen Überlegenheit gütig und nachsichtig zu sein und nicht von jedem armen Fremdling zu erwarten, daß er, einem geringeren Lande entstammend, sich selbst auf der Höhe der massagetischen Vollkommenheit befinde. Auch hierüber werde ich nicht ermangeln, in meiner Heimat wahrheitsgetreu zu berichten."

„Sehr gut", sprach mein Begleiter gütig, „Sie haben in der Tat bei der Aufzählung unserer Tugenden den Nagel, oder vielmehr die Nägel auf den Kopf getroffen. Ich sehe, daß Sie über uns besser unterrichtet sind, als es anfangs den Anschein hatte, und heiße Sie aus treuem massagetischem Herzen aufrichtig in unserem schönen Lande willkommen. Einige Einzelheiten in Ihrer Kenntnis bedürfen ja wohl noch der Ergänzung. Namentlich ist es mir aufgefallen, daß Sie unsre hohen Leistungen auf zwei wichtigen Gebieten nicht erwähnt haben: im Sport und im Christentum. Ein Massagete, mein Herr, war es, der im internationalen Hüpfen nach rückwärts mit verbundenen Augen den Weltrekord mit 11,098 erzielt hat."

„In der Tat", log ich höflich, „wie konnte ich daran nicht

denken! Aber Sie erwähnten auch noch das Christentum als ein Gebiet, auf dem Ihr Volk Rekorde aufgestellt habe. Darf ich darüber um Belehrung bitten?"

„Nun ja", sagte der junge Mann. „Ich wollte ja nur andeuten, daß es uns willkommen wäre, wenn Sie über diesen Punkt Ihrem Reisebericht den einen oder andern freundlichen Superlativ beifügen könnten. Wir haben zum Beispiel in einer kleinen Stadt am Araxes einen alten Priester, der in seinem Leben nicht weniger als 63000 Messen gelesen hat, und in einer andern Stadt gibt es eine berühmte moderne Kirche, in welcher alles aus Zement ist, und zwar aus einheimischem Zement: Wände, Turm, Böden, Säulen, Altäre, Dach, Taufstein, Kanzel usw., alles bis auf den letzten Leuchter, bis auf die Opferbüchsen."

Na, dachte ich, da habt ihr wohl auch einen zementierten Pfarrer auf der Zementkanzel stehen. Aber ich schwieg.

„Sehen Sie", fuhr mein Führer fort, „ich will offen gegen Sie sein. Wir haben ein Interesse daran, unseren Ruf als Christen möglichst zu propagieren. Obgleich nämlich unser Land ja seit Jahrhunderten die christliche Religion angenommen hat und von den einstigen massagetischen Göttern und Kulten keine Spur mehr vorhanden ist, gibt es doch eine kleine, allzu hitzige Partei im Lande, welche darauf ausgeht, die alten Götter aus der Zeit des Perserkönigs Cyrus und der Königin Tomyris wieder einzuführen. Es ist dies lediglich die Schrulle einiger Phantasten, wissen Sie, aber natürlich hat sich die Presse der Nachbarländer dieser lächerlichen Sache bemächtigt und bringt sie mit der Reorganisation unseres Heerwesens in Verbindung. Wir werden verdächtigt, das Christentum abschaffen zu wollen, um im nächsten Krieg auch noch die paar letzten Hemmungen im Anwenden aller Vernichtungsmittel leichter fallenlassen zu können. Dies der Grund, warum eine Betonung der Christlichkeit unseres Landes uns willkommen wäre. Es liegt uns natürlich fern, Ihre objektiven Berichte im geringsten beeinflussen zu wollen, doch kann ich Ihnen immerhin unter vier Augen anvertrauen, daß Ihre Bereitschaft, etwas Weniges über unsere Christlichkeit zu schreiben, eine persönliche Einladung bei unserm Reichskanzler zur Folge haben könnte. Dies nebenbei."

„Ich will es mir überlegen", sagte ich. „Eigentlich ist Christentum nicht mein Spezialfach. – Und nun freue ich mich sehr darauf, das herrliche Denkmal wiederzusehen, das Ihre Vorväter dem heldenhaften Spargapises errichtet haben."

„Spargapises?" murmelte mein Kollege. „Wer soll das denn sein?"

„Nun, der große Sohn der Tomyris, der die Schmach, von Cyrus überlistet worden zu sein, nicht ertragen konnte und sich in der Gefangenschaft das Leben nahm."

„Ach ja, natürlich", rief mein Begleiter, „ich sehe, Sie landen immer wieder bei Herodot. Ja, dies Denkmal soll in der Tat sehr schön gewesen sein. Es ist auf sonderbare Weise vom Erdboden verschwunden. Hören Sie! Wir haben, wie Ihnen bekannt ist, ein ganz ungeheures Interesse für Wissenschaft, speziell für Altertumsforschung, und was die Zahl der zu Forschungszwecken aufgegrabenen oder unterhöhlten Quadratmeter Landes betrifft, steht unser Land in der Weltstatistik an dritter oder vierter Stelle. Diese gewaltigen Ausgrabungen, welche vorwiegend prähistorischen Funden galten, führten auch in die Nähe jenes Denkmals aus der Tomyris-Zeit, und da gerade jenes Terrain große Ausbeute, namentlich an massagetischen Mammutknochen, versprach, versuchte man in gewisser Tiefe das Denkmal zu untergraben. Und dabei ist es eingestürzt! Reste davon sollen aber im Museum Massageticum noch zu sehen sein."

Er führte mich zum bereitstehenden Wagen, und in lebhafter Unterhaltung fuhren wir dem Innern des Landes entgegen.

Ein Abend bei Doktor Faust

Zusammen mit seinem Freunde Doktor Eisenbart (dem Urgroßvater übrigens des nachmals so berühmten Mediziners) saß Doktor Johann Faustus in seinem Speisezimmer. Das üppige Abendessen war abgetragen, in den schweren, vergoldeten Pokalen duftete alter Rheinwein, eben waren die beiden Musikanten verschwunden, die zum Essen aufgespielt hatten, ein Flötenbläser und ein Lautenschläger.

„Also jetzt will ich dir die versprochene Probe geben", sagte Doktor Faust und goß einen Schluck von dem alten Wein in seine etwas fett gewordene Kehle. Er war kein junger Mann mehr, es war zwei oder drei Jahre vor seinem schrecklichen Ende.

„Ich sagte dir ja schon, daß mein Famulus zuweilen so drollige Apparate herstellt, mit denen man dies und jenes sehen und hören kann, was weit von uns entfernt, oder längst vergangen, oder noch Zukunft ist. Wir wollen es heute mit der Zukunft versuchen. Der Bursche hat da etwas sehr Amüsantes und Kurioses erfunden, weißt du. So, wie er uns öfter in magischen Spiegeln die Helden und Schönen der Vergangenheit gezeigt hat, so hat er jetzt etwas für die Ohren erfunden, einen Schalltrichter, der gibt uns die Geräusche zu hören, welche in ferner Zukunft an ebendem Ort einmal erklingen werden, an dem der Schallapparat aufgestellt ist."

„Sollte dein dienender Geist, lieber Freund, dich da nicht vielleicht etwas beschwindeln?"

„Ich glaube es nicht", sagte Faust. „Für die schwarze Magie ist ja die Zukunft keineswegs unerreichbar. Du weißt, wir sind immer von der Voraussetzung ausgegangen, daß die Geschehnisse auf Erden ohne Ausnahme dem Gesetz von Ursache und Wirkung unterliegen. Es kann also an der Zukunft ebensowenig etwas geändert werden, wie an der Vergangenheit: auch die Zukunft ist durch das Kausalgesetz festgelegt, sie ist also schon da, nur sehen und schmecken wir sie noch nicht. Ebenso wie der Mathematiker und Astronom genau den Eintritt einer Sonnenfinsternis weit vorausberechnen kann, ebenso könnte, wenn wir eine Methode dafür erfunden hätten, jeder beliebige andere Teil der Zukunft uns sichtbar und hörbar gemacht werden. Mephistopheles hat nun eine Art Wünschelrute für das Ohr erfunden, er hat eine Falle gebaut, in welcher die Töne eingefangen werden, welche in einigen hundert Jahren hier in diesem Raum ertönen werden. Wir haben es wiederholt probiert. Manchmal freilich ertönt gar nichts, dann sind wir eben in der Zukunft auf eine Leere gestoßen, auf einen Zeitpunkt, in dem nichts Hörbares sich in unserem Raume abspielt. Andere Male haben wir allerlei gehört, zum Beispiel hörten wir einmal einige Menschen, die in ferner Zukunft leben werden, von einem Gedicht sprechen, in dem die Taten des Doktor Faust, also die meinen, besungen werden. Aber genug, wir wollen es probieren."

Auf seinen Ruf erschien in der gewohnten grauen Mönchskutte der Hausgeist, er setzte eine kleine Maschine mit einem Schalltrichter auf die Tafel, schärfte den Herren dringlichst ein, daß sie ja während des ganzen Vorganges sich jeder Bemerkung enthalten sollten, dann drehte er an der Maschine, die mit einem leisen, zarten Sausen zu arbeiten begann.

Längere Zeit hörte man nichts als dieses spannende Sausen, dem die beiden Doktoren erwartungsvoll lauschten. Dann schrillte plötzlich ein nie gehörter Ton auf: ein böses, wildes, teuflisches Geheule, von dem nicht zu sagen war, ob es von einem Lindwurm oder etwa von einem wütenden Dämon stamme; ungeduldig, warnend, zornig, befehlend schrie der böse Ton, in kurzen, heftigen Stößen sich wiederholend, als pfeife ein verfolgter Drache durch den Raum. Doktor Eisenbart wurde blaß und atmete auf, als der scheußliche Schrei sich, in immer größerer Entfernung noch oftmals wiederholt, in der Ferne verlor.

Es folgte Stille, dann aber erklang ein neuer Laut: eine Männerstimme, wie aus großer Ferne kommend, in eindringlich

predigendem Ton. Die Hörer konnten Bruchstücke der Rede verstehen und sich auf die bereitgelegten Schreibtafeln notieren, zum Beispiel die Sätze:
„– und so schreitet nach dem leuchtenden Vorbild Amerikas das Ideal wirtschaftlichen Betriebes unaufhaltsam seiner siegreichen Vollendung und Verwirklichung entgegen. – – Während einerseits der Komfort im Leben des Arbeiters eine nie erlebte Höhe erreicht hat, – – und können wir ohne Überheblichkeit sagen, daß die kindlichen Träume früherer Zeitalter von einem Paradiese durch die heutige Produktionstechnik mehr als – –“
Wieder Stille. Dann kam eine neue Stimme, eine tiefe, ernste Stimme, die sprach: „Meine Herrschaften, ich bitte um Gehör für ein Gedicht, eine Schöpfung des großen Nikolaus Unterschwang, von dem man ja wohl sagen darf, daß er wie kein anderer das Innerste unserer Zeit hinausgestülpt, den Sinn und Un-Sinn unseres Daseins am weisesten erschaut hat.

Den Schornstein hält er in der Hand,
An beiden Backen trägt er Flossen,
Und nach dem Barometerstand
Steigt er auf Leitern ohne Sprossen.

So steigt er lange Leitern lang
Mit Wolken in dem Mantelfutter,
Nach einem Leben wird ihm bang,
Ihn überkommt die Wankelmutter.“

Doktor Faust konnte den größeren Teil dieses Gedichtes niederschreiben. Auch Eisenbart notierte fleißig.
Eine schläfrige Stimme, ohne Zweifel die Stimme einer älteren Frau oder Jungfer, wurde hörbar, sie sagte: „Langweiliges Programm! Als ob man nur dazu das Radio erfunden hätte! Na, jetzt kommt wenigstens Musik.“
In der Tat brach jetzt eine Musik los, eine wilde, geile, sehr taktfeste Musik, schmetternd bald, bald schmachtend, eine ganz und gar unbekannte, fremdartige, unanständige, bösartige Musik, von heulenden, quäkenden und gaksenden Blasinstrumenten, durchschüttert von Gongschlägen, überklettert zuweilen von einer singenden, heulenden Sänger-

stimme, welche Worte oder Verse in unbekannter Sprache von sich gab.
Zwischenein ertönte in regelmäßigen Abständen der geheimnisvolle Vers:

Bewunderung dein Haar erregt,
Wird stets mit Gögö es gepflegt!

Auch jener erste, bösartige, wütende, warnende Ton, jenes Drachengeheul voll Qual und Zorn wurde zwischenein immer je und je wieder laut.
Als der Hausgeist lächelnd seine Maschine zum Stillstand brachte, blickten die beiden Gelehrten einander merkwürdig an, in einem peinlichen Gefühl von Verlegenheit und Scham, als seien sie ungewollt Zeugen eines unanständigen, verbotenen Vorganges geworden. Beide überlasen ihre Notizen und zeigten sie einander.
„Was hältst du davon?“ sagte Faust endlich.
Doktor Eisenbart trank einen langen Schluck aus seinem Becher, er blickte zu Boden und blieb lange nachdenklich und schweigsam. Endlich sagte er, mehr zu sich selbst als zu seinem Freunde: „Es ist schauderhaft! Es kann gar kein Zweifel darüber herrschen, daß die Menschheit, von deren Leben wir da ein Probestück gehört haben, irrsinnig ist. Es sind unsere Nachkommen, die Söhne unserer Söhne, die Urenkel unserer Urenkel, die wir da so bedenkliche, traurige, verwirrte Dinge sprechen hören, die so Entsetzen erregende Schreie ausstoßen, so unverständliche Idiotenverse singen. Unsere Nachkommen, Freund Faust, werden im Wahnsinn enden.“
„Das möchte ich nicht so bestimmt behaupten“, meinte Faust. „Deine Ansicht hat ja nichts Unwahrscheinliches, aber sie ist doch pessimistischer als nötig. Wenn hier, an einem einzigen beschränkten Ort der Erde, solche wilde, verzweifelte, unanständige und zweifellos verrückte Töne erklingen, so braucht das noch nicht zu bedeuten, daß die ganze Menschheit geisteskrank geworden sei. Es kann ja sein, daß an dem Ort, an dem wir uns befinden, in einigen hundert Jahren ein Irrenhaus stehen wird und daß wir Bruchstücke davon zu hören bekommen haben. Es kann auch sein, daß eine Gesellschaft von schwer Betrunkenen

da ihre Einfälle zum besten gegeben hat. Denke an das Gebrüll einer vergnügten Volksmenge, etwa an einem Karnevalsfest! Das klingt ganz ähnlich. Aber was mich stutzig macht, das sind jene anderen Töne, jene Schreie, die weder von Menschenstimmen noch von Musikinstrumenten erzeugt sein können. Sie klingen, so scheint mir, absolut teuflisch. Es können nur Dämonen sein, die solche Töne ausstoßen."

Er wandte sich an Mephistopheles: „Weißt du vielleicht etwas darüber? Kannst du uns sagen, was für Töne wir da gehört haben?"

„Wir haben", sagte der Hausgeist und lächelte, „in der Tat dämonische Töne gehört. Die Erde, meine Herren, welche ja schon heute zur guten Hälfte Eigentum des Teufels ist, wird bis in einer gewissen Zeit ihm ganz gehören, und wird einen Teil, eine Provinz der Hölle bilden. Sie haben sich über die Ton- und Wortsprache dieser Erdhölle etwas hart und ablehnend geäußert, meine Herren. Es scheint mir aber immerhin bemerkenswert und hübsch, daß es auch in der Hölle Musik und Dichtung geben wird. Es ist Belial, dem diese Abteilung untersteht. Ich finde, er macht seine Sache recht hübsch."

Schwäbische Parodie

Im schönen Schwabenlande gibt es eine Menge von schönen und merkwürdigen Städten und Dörfern voll denkwürdiger Erinnerungen, und viele davon haben denn auch ausgezeichnete, ja klassische Schilderungen gefunden. Ich erinnere nur an Meggerles dreibändige Geschichte von Bopfingen und an Mörikes tiefschürfende Forschungen über die Familie Wispel. Als erste Anregung und Grundlage für eine spätere heimatkundliche Darstellung von berufener Hand möchten nachstehende historische Notizen über Knörzelfingen, die Perle des Knörzeltales, angesehen werden. Denn wahrlich, es dürfte an der Zeit sein, endlich einmal eine Lanze für Knörzelfingen zu brechen und diese Perle eines unserer schönsten Heimattäler aus ihrem jahrhundertlangen Dornröschenschlaf zu wecken.
Jedem schwäbischen Schulknaben aus der Heimatkunde wohlbekannt, entspringt in diesem großenteils mit Laubwald bestandenen, von Kalkschichten romantisch durchzogenen Tale ein munterer kleiner Fluß oder Bach, die Knörzel. Es ist eine bekannte Anekdote aus Württembergs glorreicher Geistesgeschichte, wie Ludwig Uhland am Ende seiner Schuljahre bei der Reifeprüfung vor seinem verehrten Professor Hosiander stand und von diesem nach dem einundzwanzigsten linken Nebenfluß des Neckars befragt wurde und zum tiefen Bedauern des verdienstvollen Lehrers die Antwort schuldig blieb. Heute mag es uns bedeutsam erscheinen, daß gerade unser großer Uhland, der so manche Flur- und Dorfnamen Schwabens in seinen Dichtungen für die Ewigkeit aufbewahrt hat, diese merkwürdige Lücke in seinem sonst so reichen Wissen aufwies. So wie der große Dichter die Knörzel vergessen hatte, so wurde sie seit langem von der Literatur sowohl wie vom öffentlichen

Interesse vernachlässigt. Und doch rauschte einst auch hier der große Strom der Geschichte, und heute noch weiß der Volksmund zahlreiche Merkwürdigkeiten und Sagen über diese Gegend zu berichten, deren Sammlung tunlichst in Angriff genommen werden sollte, noch ehe die alles nivellierende Flut der gewaltigen Neuzeit auch diese Zeugen der Vorzeit vernichtend überspült hat.
Ursprünglich, das heißt bis zum verhängnisvollen Jahr 1231, gehörte das Tal zu den gewaltigen Besitzungen der Grafen von Calw, während die Burg Knörzelfingen nicht von diesen, sondern schon in grauer Vorzeit von Knorz dem Ersten errichtet worden sein soll. Ihre wohlgelungene Abbildung finden wir noch in den Kupferstichen Merians, heute indessen ist sie vom Erdboden verschwunden, und es kündet nur noch der sogenannte Brennesselberg, eine von Unkraut überwucherte, für den Botaniker beachtenswerte Schutthalde, von dem ehrwürdigen Bauwerk. Die Frage, ob Knorz der Erste, der Erbauer der Burg, identisch sei mit Knorz dem Wunderlichen, der Lieblingsfigur so mancher Volkserzählungen, ist von der Wissenschaft nicht nur nicht gelöst, sondern sogar mit einer gewissen Ängstlichkeit umgangen worden. Ritter Knorz, der Held so vieler gemütvoller Volkssagen, ist indessen von der neueren Forschung als eine lediglich mythische Persönlichkeit erkannt worden, und so lassen wir die zahlreichen Spuren, welche diese ehrwürdige Figur in Sitte und Sage, in Sprache und Brauch der Knörzelfinger hinterlassen hat, besser auf sich beruhen. Erwähnt sei nur, daß die wunderlichen Ausdrücke „knorzen" und „Knorzer" nach den genialen Forschungen Fischers und Bohnenbergers zweifellos jenem Sagenkreise entstammen; sie haben sich inzwischen das gesamte schwäbische Sprachgebiet erobert. Unter den heimatkundlichen Volkserzählungen, welche unser geschätzter Erzähler Martin Kurtz zwar nachweislich geplant, aber beklagenswerterweise nicht geschrieben hat, soll auch ein Roman über Knorz den Wunderlichen gewesen sein.
Ebenfalls noch dem Gebiete sagenhafter Volksüberlieferung entstammt die Erzählung vom Bade Herzog Eugens des Langhaarigen in der Knörzel, wie denn überhaupt die Knörzel vor Zeiten als Heilbad sich eines hohen Ansehens erfreute, worauf wir noch zurückkommen werden. Bekannt-

lich soll bei diesem Bade Herzog Eugen die hübsche Bauerntochter Barbara Klemm, die sogenannte „Klemmin", auf seinem Rücken durch die schäumenden Wellen der Knörzel getragen haben, und wir möchten es immerhin als voreilig bezeichnen, wenn Hammelehle in seiner sonst verdienstvollen Dissertation „Herzog Eugen der Langhaarige in seinen Beziehungen zum Humanismus" in diesem Bericht lediglich eine humanistisch-klassizistische Nachdichtung des Abenteuers zwischen Zeus und der Europa glaubt erkennen zu dürfen. Ist doch wahrlich diese Barbara Klemmin als Geliebte des prachtliebenden und verblendeten Fürsten historisch genugsam bezeugt, zum Beispiel in dem anonymen Spottgedicht „Des Herzogs Beklemmung" von 1523. Damals war es ja Achilles Zwilling, der Archidiakon von Stuttgart und Eugens tapferer Hofprediger, der des Herzogs zornigen Befehl, die Klemmin alsbald in öffentlicher Predigt zu rehabilitieren, mit den echt schwäbischen Manneswörten zurückwies: „Ob sie Sie geklemmt hat, Durchlaucht, oder von Ihnen geklemmt worden ist, dies zu untersuchen wird jeder schwäbische Theologe als seiner unwürdig zurückweisen."

Im achtzehnten Jahrhundert war es ein Knörzelfinger, der Taglöhnerssohn Adam Wulle, der als beliebter Laienprediger und Wortführer einer von ihm begründeten pietistischen Sekte eines großen Rufes im Lande genoß und namentlich allgemeines Staunen erregte durch seine improvisierte anderthalbstündige Predigt voll Zündkraft über das Bibelwort: „Und Joram zeugete den Usia." Es ist ebenderselbe Adam Wulle, von welchem die drollige Geschichte überliefert worden ist, daß einst ein Kamerad ihn über das Zeichen belehrt habe, an welchem unfehlbar erkannt werden könne, ob eine Frau eine Hexe sei oder nicht. Eine Hexe, so wurde ihm gesagt, sei sofort an den schneeweißen Knien zu erkennen. Einem Verdachte folgend, betrachtete am Abend Wulle die Knie seiner Ehefrau und sprach sie des Verdachtes ledig mit den Worten: „E Hex bisch net, aber e dreckats Säule."

Überhaupt scheinen die Bürger von Knörzelfingen, nach gut schwäbischem Brauch, sich einer glücklichen Gabe im Prägen kurzer und eindrucksvoller Kernworte erfreut zu haben. Der Schultheiß von Knörzelfingen war es, der die

treuherzige Meinung des Volkes über den Pfarrer und Dichter Eduard Mörike zu klassischem Ausdruck gebracht hat. Mörike war einige Zeit in einem Dorfe jener Gegend Pfarrvikar, und als der Schultheiß einst gefragt wurde, ob er denn auch wisse, daß sein Nachbar, der Vikar Mörike, so schöne Gedichte mache, da nickte der brave Mann und sagte: „Der Kerle könnt' au ebbes G'scheiters tun."
Eine eigene, ausführliche Darstellung verdiente die Geschichte Knörzelfingens als Heilbad. In alten Zeiten soll ein Graf von Württemberg sich auf der Jagd in das Knörzeltal verirrt haben, und, obwohl er und seine Mannen ringsum Hasen, Hirsche, Fasanen und anderes Wild in Menge erlegten, wurden sie doch dieser erlegten Beute nur selten habhaft und entdeckten, als sie der Sache nachgingen, daß die verwundeten Tiere sich zur murmelnden Knörzel schleppten, aus ihr tranken oder sich in ihr wuschen und alsbald gesund wieder in die prächtigen Wälder liefen, die noch heute der Schmuck der Gegend sind. So entstand der Ruf des Knörzelwassers und seiner Heilkraft, und das Tal wurde jahrhundertelang, ähnlich wie so manches andere begnadete Tal unserer Heimat, von Kranken aller Art besucht, namentlich aber von Leuten, welche an Gicht und Rheumatismen litten. Sei es nun, daß der Charakter des Wassers sich im Laufe der Zeiten verändert hat oder daß es auf Menschen nicht dieselbe Wirkung übte wie auf die Tiere des Waldes – kurz, es wurden in diesem Bad ebensowenig wie in andern Bädern Heilungen erzielt, sehr zum Vorteil der Badewirte, denn die Kranken wurden nicht gesund und blieben weg, sondern sie blieben krank und heilungsbegierig und kamen Jahr für Jahr zur Badekur wieder, wie es ja auch in andern Bädern die Sitte ist. Wirte und Kranke waren mit diesem Zustande zufrieden; die Wirte verdienten, und die Kranken konnten Jahr für Jahr wiederkommen, einander ihre Schmerzen klagen und einige Sommerwochen teils in Liegestühlen, teils an den mit den Rebhühnern und Forellen der Gegend wohlbesetzten Wirtstafeln sitzen.
Daß dies angenehme Badeleben ein Ende fand, daran war der Schwabenstreich eines Knörzelfingers schuld, der als Arzt in seinem Städtchen lebte. Er war ein Zeitgenosse und Gesinnungsgenosse des Justinus Kerner, des Dr. Passavant und anderer romantischer Schwarmgeister, und er hätte als

Badearzt sein gutes Auskommen haben können, wenn er nicht ein Heißsporn, Idealist und rüder Wahrheitsfanatiker gewesen wäre. Dieser merkwürdige Arzt (sein Name darf bis zum heutigen Tage in Knörzelfingen nicht ausgesprochen werden) hat innerhalb weniger Jahre das beliebte Heilbad vollkommen stillgelegt und ruiniert. Er lachte die Kranken aus, die ihn befragten, wieviel und wie lange Bäder sie nehmen sollten und ob die Bade- oder die Trinkkur wirksamer sei. Er setzte den Badegästen, gestützt auf unleugbare große Kenntnisse und eine zündende Beredsamkeit, auseinander, daß alle diese Gicht- und Gliederschmerzen keineswegs von leiblicher, sondern von seelischer Herkunft seien, und daß weder das Schlucken von Arzneien noch das Baden in irgendwelchen Wässern da irgend nützen könne, denn diese lästigen Krankheiten entstünden nicht aus dem Stoffwechsel und vermittels der Harnsäure, wie eine materialistische Wissenschaft vorgebe, sondern seien eine Folge von Charakterfehlern und daher nur mit seelischen Mitteln heilbar, insofern nämlich überhaupt von „heilbaren" Krankheiten gesprochen werden könne. Und die werten Herrschaften möchten daher sich von den Bädern nichts versprechen, sondern ihre Charakterschwächen bereuen oder sich mit ihnen abfinden. Es gelang diesem Arzt, in wenigen Jahren den Ruf des uralten Heilbades zu vernichten. Eine spätere Generation hat sich zwar energisch um die Wiedereröffnung dieser Geldquelle bemüht. Aber inzwischen hatte die allgemeine Bildung große Fortschritte gemacht, und kein Arzt schickte mehr einen Kranken in ein Bad, bloß um dessen guten Rufes willen, sondern es wurden genaue chemische Analysen des Wassers verlangt. Diese Analysen ergaben beim Knörzelwasser zwar dessen lobenswerte Beschaffenheit als Trinkwasser, weitere Lockmittel für die Ärzte und Patienten aber fanden sich in dem Wasser nicht. Darum reisen die Gichtkranken Jahr um Jahr in andere Bäder, unterhalten sich dort über ihre Leiden und legen Wert auf gute Verpflegung und Kurmusik, nach Knörzelfingen aber geht keiner mehr.

Vieles wäre noch zu berichten, aber angesichts des ungeheuren Stoffes begnüge ich mich mit dem Bewußtsein, den Gegenstand zwar keineswegs erschöpft, aber doch die Anregung zu dessen weiterer Behandlung gegeben zu haben.

Meine kleine Schrift über Knörzelfingen gedenke ich der hochverehrten, angeblich von Knorz dem Ersten gestifteten Universität zum Zweck der Erlangung der Rektorswürde vorzulegen, doch bleibt die Wahl der Fakultät noch weiterer Überlegung vorbehalten.

König Yu

Eine Geschichte aus dem alten China

Nicht häufig sind in der alten chinesischen Geschichte die Beispiele von Regenten und Staatsmännern, welche ihren Untergang dadurch fanden, daß sie unter den Einfluß eines Weibes und einer Verliebtheit gerieten. Eins dieser seltenen Beispiele, ein sehr merkwürdiges, ist das des Königs Yu von Dschou und seiner Frau Bau Si.

Das Land Dschou stieß im Westen an die Länder der mongolischen Barbaren, und seine Residenz Fong lag mitten in einem unsichern Gebiet, das von Zeit zu Zeit den Überfällen und Raubzügen jener Barbarenstämme ausgesetzt war. Darum mußte daran gedacht werden, den Grenzschutz möglichst zu verstärken und namentlich die Residenz besser zu schützen.

Von König Yu nun, der kein schlechter Staatsmann war und auf gute Ratgeber zu hören wußte, berichten uns die Geschichtsbücher, daß er es verstand, durch sinnreiche Einrichtungen die Nachteile seiner Grenze auszugleichen, daß aber alle diese sinnreichen und bewundernswerten Einrichtungen durch die Launen einer hübschen Frau wieder zunichte gemacht wurden.

Der König nämlich richtete mit Hilfe aller seiner Lehnsfürsten an der Westgrenze einen Grenzschutz ein, und dieser Grenzschutz hatte gleich allen politischen Gebilden eine doppelte Gestalt: eine moralische nämlich und eine mechanische. Die moralische Grundlage des Übereinkommens war der Schwur und die Zuverlässigkeit der Fürsten und ihrer Beamten, deren jeder sich verpflichtete, sofort auf den ersten Notruf hin mit seinen Soldaten der Residenz und dem König zu Hilfe zu eilen. Die Mechanik aber, deren der König sich bediente, bestand in einem wohl ausgedachten System von Türmen, die er an seiner Westgrenze bauen

ließ. Auf jedem dieser Türme sollte Tag und Nacht Wachtdienst getan werden, und die Türme waren mit sehr starken Trommeln ausgerüstet. Geschah nun an irgendeiner Stelle der Grenze ein feindlicher Einbruch, so schlug der nächste Turm seine Trommel, und von Turm zu Turm flog das Trommelzeichen in kürzester Zeit durch das ganze Land.
Lange Zeit war König Yu mit dieser klugen und verdienstvollen Einrichtung beschäftigt, hatte Unterredungen mit seinen Fürsten, hörte die Berichte der Baumeister, ordnete das Einexerzieren des Wachdienstes an. Nun hatte er aber eine Lieblingsfrau mit Namen Bau Si, eine schöne Frau, die es verstand, sich mehr Einfluß auf Herz und Sinn des Königs zu verschaffen, als für einen Herrscher und sein Reich gut ist. Bau Si verfolgte gleich ihrem Herrn die Arbeiten an der Grenze mit großer Neugier und Teilnahme, so wie zuweilen ein lebhaftes und kluges Mädchen den Spielen der Knaben mit Bewunderung und Eifer zusieht. Einer der Baumeister hatte ihr, um die Sache recht anschaulich zu machen, von dem Grenzschutz ein zierliches Modell aus Ton verfertigt, bemalt und gebrannt; da war die Grenze dargestellt und das System von Türmen, und in jedem der kleinen zierlichen Tontürme stand ein unendlich kleiner töner-ner Wächter, und statt der Trommel war ein kleinwinziges Glöckchen eingehängt. Dieses hübsche Spielzeug machte der Königsfrau unendliches Vergnügen, und wenn sie zuweilen schlechter Laune war, so schlugen ihre Dienerinnen ihr meistens vor, „Barbarenüberfall" zu spielen. Dann stellten sie alle die Türmchen auf, zogen an den Zwergglöckchen und wurden dabei sehr vergnügt und ausgelassen.
Es war ein großer Tag in des Königs Leben, als endlich die Bauten fertig, die Trommeln aufgestellt und ihre Bediener eingedrillt waren und als nun nach vorheriger Verabredung an einem glückbringenden Kalendertag der neue Grenzschutz auf die Probe gestellt wurde. Der König, stolz auf seine Taten, war voll Spannung; die Hofbeamten standen zum Glückwünschen bereit, am meisten von allen aber war die schöne Frau Bau Si in Erwartung und Aufregung und konnte es kaum erwarten, bis alle vorbereitenden Zeremonien und Anrufungen vollendet waren.
Endlich war es so weit, und es sollte zum erstenmal im großen und wirklichen jenes Turm- und Trommelspiel gespielt

werden, das der Königsfrau so oft Vergnügen bereitet hatte. Kaum konnte sie sich zurückhalten, selbst in das Spiel einzugreifen und Befehle zu geben, so groß war ihre freudige Erregung. Mit ernstem Gesicht gab ihr der König einen Wink, und sie beherrschte sich. Die Stunde war gekommen; es sollte nun im großen und mit wirklichen Türmen, mit wirklichen Trommeln und Menschen „Barbarenüberfall“ gespielt werden, um zu sehen, wie alles sich bewähre. Der König gab das Zeichen, der erste Hofbeamte übergab den Befehl dem Hauptmann der Reiterei, der Hauptmann ritt vor den ersten Wachtturm und gab Befehl, die Trommel zu rühren. Gewaltig dröhnte der tiefe Trommelton, feierlich und tief beklemmend rührte der Klang an jedes Ohr. Bau Si war vor Erregung bleich geworden und fing zu zittern an. Gewaltig sang die große Kriegstrommel ihren rauhen Erdbebengesang, einen Gesang voll Mahnung und Drohung, voll von Zukünftigem, von Krieg und Not, von Angst und Untergang. Alle hörten ihn mit Ehrfurcht. Nun begann er zu verklingen, da hörte man vom nächsten Turm die Antwort, fern und schwach und rasch ersterbend, und dann hörte man nichts mehr und nach einer kleinen Weile nahm das feierliche Schweigen ein Ende, man sprach wieder, man ging auf und ab und begann sich zu unterhalten.
Unterdessen lief der tiefe drohende Trommelklang vom zweiten zum dritten und zehnten und dreißigsten Turm, und wo er hörbar wurde, mußte nach strengem Befehl jeder Soldat alsbald bewaffnet und mit gefülltem Brotbeutel am Treffpunkt antreten, mußte jeder Hauptmann und Oberst, ohne einen Augenblick zu verlieren, den Abmarsch rüsten und aufs äußerste beschleunigen, mußte gewisse vorbestimmte Befehle ins Innere des Landes senden. Überall wo der Trommelklang gehört worden war, wurde Arbeit und Mahlzeit, Spiel und Schlaf unterbrochen, wurde gepackt, wurde gesattelt, gesammelt, marschiert und geritten. In kürzester Frist waren aus allen Nachbarbezirken eilige Truppen unterwegs zur Residenz Fong.
In Fong, inmitten des Hofes, hatte die Ergriffenheit und Spannung, welche beim Ertönen der furchtbaren Trommel sich jedes Gemüts bemächtigt hatte, bald wieder nachgelassen. Angeregt und plaudernd bewegte man sich in den Gärten der Residenz, die ganze Stadt hatte Feiertag, und als

nach weniger als drei Stunden schon von zwei Seiten her kleine und größere Kavalkaden sich näherten, und dann von Stunde zu Stunde neue eintrafen, was den ganzen Tag und die beiden folgenden Tage andauerte, ergriff den König, die Beamten und Offiziere eine immer wachsende Begeisterung. Der König wurde mit Ehrungen und Glückwünschen überhäuft, die Baumeister bekamen ein Gastmahl, und der Trommler vom Turm I, der den ersten Trommelschlag getan hatte, wurde vom Volk bekränzt, in den Straßen umhergeführt und von jedermann beschenkt.
Völlig hingerissen und wie berauscht aber war jene Frau des Königs, Bau Si. Herrlicher als sie es sich je hatte vorzustellen vermögen, war ihr Türmchen- und Glöckchenspiel Wirklichkeit geworden. Magisch war der Befehl, gehüllt in die weite Tonwelle des Trommelklangs, in das leere Land hinein entschwunden; und lebendig, lebensgroß, ungeheuer kam seine Wirkung aus den Fernen zurückgeströmt, aus dem herzbeklemmenden Geheul jener Trommel war ein Heer geworden, ein Heer von wohlbewaffneten Hunderten und Tausenden, die in stetigem Strom, in stetiger eiliger Bewegung vom Horizont her geritten und marschiert kamen: Bogenschützen, leichte und schwere Reiter, Lanzenträger erfüllten mit zunehmendem Getümmel allmählich allen Raum rund um die Stadt herum, wo sie empfangen und an ihre Standorte gewiesen, wo sie begrüßt und bewirtet wurden, wo sie sich lagerten, Zelte aufschlugen und Feuer entzündeten. Tag und Nacht dauerte es an, wie ein Märchenspuk kamen sie aus dem grauen Erdboden heraus, fern, winzig, in Staubwölkchen gehüllt, um zuletzt hier, dicht vor den Augen des Hofes und der entzückten Bau Si, in überwältigender Wirklichkeit aufgereiht zu stehen.
König Yu war sehr zufrieden, und besonders zufrieden war er mit dem Entzücken seiner Lieblingsfrau; sie strahlte vor Glück wie eine Blume und war ihm noch niemals so schön erschienen. Feste haben keine Dauer. Auch dies große Fest verklang und wich dem Alltag: keine Wunder geschahen mehr, keine Märchenträume wurden erfüllt. Müßigen und launischen Menschen scheint dies unerträglich. Bau Si verlor einige Wochen nach dem Fest alle ihre gute Laune wieder. Das kleine Spiel mit den tönernen Türmchen und den an

Bindfäden gezogenen Glöckchen war so fad geworden, seit sie das große Spiel gekostet hatte. O wie berauschend war das gewesen! Und da lag nun alles bereit, das beseligende Spiel zu wiederholen: da standen die Türme und hingen die Trommeln, da zogen die Soldaten auf Wache und saßen die Trommler in ihren Uniformen, alles wartend, alles auf den großen Befehl gespannt, und alles tot und unnütz, solange der Befehl nicht kam!
Bau Si verlor ihr Lachen, sie verlor ihre strahlende Laune; mißmutig sah der König sich seiner liebsten Gespielin, seines Abendtrostes beraubt. Er mußte seine Geschenke aufs höchste steigern, um nur ein Lächeln bei ihr erreichen zu können. Es wäre nun der Augenblick für ihn gewesen, die Lage zu erkennen und die kleine süße Zärtlichkeit seiner Pflicht zu opfern. Yu aber war schwach. Daß Bau Si wieder lache, schien ihm wichtiger als alles andre.
So erlag er ihrer Versuchung, langsam und unter Widerstand, aber er erlag. Bau Si brachte ihn so weit, daß er seiner Pflicht vergaß. Tausendmal wiederholten Bitten erliegend, erfüllte er ihr den einzigen großen Wunsch ihres Herzens: er willigte ein, der Grenzwache das Signal zu geben, als sei der Feind in Sicht. Alsbald erklang die tiefe, erregende Stimme der Kriegstrommel. Furchtbar schien sie diesmal dem König zu tönen, und auch Bau Si erschrak bei dem Klang. Dann aber wiederholte sich das ganze entzückende Spiel: es tauchten am Rand der Welt die kleinen Staubwolken auf, es kamen die Truppen geritten und marschiert, drei Tage lang, es verneigten sich die Feldherrn, es schlugen die Soldaten ihre Zelte auf. Bau Si war selig, ihr Lachen strahlte. König Yu aber hatte schwere Stunden. Er mußte bekennen, daß kein Feind ihn überfallen habe, daß alles ruhig sei. Er suchte zwar den falschen Alarm zu rechtfertigen, indem er ihn als eine heilsame Übung erklärte. Es wurde ihm nicht widersprochen, man verbeugte sich und nahm es hin. Aber es sprach sich unter den Offizieren herum, man sei auf einen treulosen Streich des Königs hereingefallen, nur seiner Buhlfrau zuliebe habe er die ganze Grenze alarmiert und sie alle in Bewegung gesetzt, alle die Tausende. Und die meisten der Offiziere wurden unter sich einig, einem solchen Befehl künftig nicht mehr zu folgen. Inzwischen gab der König sich Mühe, den verstimmten Truppen

durch reichliche Bewirtung die Laune zu heilen. So hatte Bau Si ihr Ziel erreicht.

Noch ehe sie aber von neuem in Launen verfallen und das gewissenlose Spiel abermals erneuern konnte, traf ihn und sie die Strafe. Die Barbaren im Westen, vielleicht zufällig, vielleicht auch weil eine Kunde von jener Geschichte zu ihnen gedrungen war, kamen cines Tages plötzlich in großen Schwärmen über die Grenze geritten. Unverzüglich gaben die Türme ihre Zeichen, dringlich mahnte der tiefe Trommelklang und lief bis zur fernsten Grenze. Aber das vortreffliche Spielzeug, dessen Mechanik so sehr zu bewundern war, schien jetzt zerbrochen zu sein – wohl tönten die Trommeln, nichts aber tönte diesmal in den Herzen der Soldaten und Offiziere des Landes. Sie folgten der Trommel nicht, und vergebens spähte der König mit Bau Si nach allen Seiten; nirgends erhoben sich Staubwolken, nirgendher kamen die kleinen grauen Züge gekrochen, niemand kam ihm zu Hilfe.

Mit den wenigen Truppen, welche gerade vorhanden waren, eilte der König den Barbaren entgegen. Aber diese waren in großer Zahl; sie schlugen die Truppen, sie nahmen die Residenz Fong ein, sie zerstörten den Palast, zerstörten die Türme. König Yu verlor sein Reich und sein Leben, und nicht anders erging es seiner Lieblingsfrau Bau Si, von deren verderblichem Lachen noch heute die Geschichtsbücher erzählen.

Fong wurde zerstört, das Spiel war ernst geworden. Es gab kein Trommelspiel mehr, und keinen König Yu, und keine lachende Frau Bau Si. Yus Nachfolger, König Ping, fand keinen andern Ausweg, als daß er Fong aufgab und die Residenz weit nach Osten verlegte; er mußte die künftige Sicherheit seiner Herrschaft durch Bündnisse mit Nachbarfürsten und durch Abtretung großer Landstrecken an diese erkaufen.

Edmund

Edmund, ein begabter Jüngling aus gutem Hause, war während mehrerer Studienjahre zum Lieblingsschüler des damals wohlbekannten Professors Zerkel geworden.
Es war zu jener Epoche, wo die sogenannte Nachkriegszeit sich ihrem Ende zuneigte, wo die großen Kriege, die große Übervölkerung und das vollkommene Verschwinden von Sitte und Religion Europa jenes verzweifelte Gesicht gegeben hatten, welches uns aus beinahe allen Bildnissen der Repräsentanten jener Zeit entgegenblickt. Noch hatte jene Epoche nicht eigentlich begonnen, welche unter dem Namen „Wiedergeburt des Mittelalters" bekannt ist, aber es war immerhin alles das, was seit mehr als hundert Jahren allgemeine Verehrung und Geltung genossen hatte, schon tief erschüttert, und es war in den weitesten Kreisen eine rasch wachsende Müdigkeit und Unlust gegenüber jenen Zweigen des Wissens und Könnens zu spüren, die man seit der Mitte des neunzehnten Jahrhunderts bevorzugt hatte. Man hatte genug und übergenug von den analytischen Methoden, von der Technik als Selbstzweck, von den rationalistischen Erklärungskünsten, von der dünnen Vernünftigkeit jenes Weltbildes, das einige Jahrzehnte vorher die Höhe europäischer Bildung bezeichnet hatte und unter dessen Vätern einst die Namen Darwin, Marx und Haeckel hervorragten. In fortgeschrittenen Kreisen wie denen, welchen Edmund angehörte, herrschte sogar eine gewisse allgemeine Geistesmüdigkeit, eine skeptische, von Eitelkeit übrigens nicht freie Lust an illusionsloser Selbstkritik, an einer kultivierten Selbstverachtung der Intelligenz und ihrer herrschenden Methoden. Zugleich wandte sich in diesen Kreisen ein fanatisches Interesse den damals hoch entwickelten Religionsforschungen zu. Man betrachtete die

Zeugnisse der gewesenen Religionen nicht mehr wie bisher vor allem historisch, soziologisch oder weltanschaulich, sondern suchte ihre unmittelbaren Lebenskräfte, die psychologische und magische Wirkung ihrer Formen, Bilder und Gebräuche kennenzulernen. Immerhin herrschte bei den Älteren und Lehrern noch mehr die etwas blasierte Neugierde reiner Wissenschaftlichkeit, eine gewisse Freude am Sammeln, Vergleichen, Erklären, Einordnen und Besserwissen; die Jüngeren und Schüler hingegen betrieben diese Studien in einem neuen Geist, nämlich voll Hochachtung, ja voll Neid gegen die Erscheinungen religiösen Lebens, voll Hunger nach den Inhalten jener Kulte und Formeln, die uns die Geschichte überliefert hat, und voll heimlicher, halb lebensmüder, halb zum Glauben bereiter Begierde nach dem Kern aller jener Erscheinungen, nach einem Glauben und einer Seelenhaltung, die es ihnen vielleicht ermöglichen würde, gleich ihren fernen Vorfahren aus starken und hohen Antrieben heraus und mit jener verlorengegangenen Frische und Intensität zu leben, wie sie aus den religiösen Kulten und aus den Kunstwerken der Vorzeit strahlt.

Berühmt wurde zum Beispiel der Fall jenes jungen Privatdozenten in Marburg, der sich vorgenommen hatte, das Leben und Sterben des frommen Dichters Novalis zu beschreiben. Bekanntlich hat dieser Novalis nach dem Tode seiner Braut den Beschluß gefaßt, ihr nachzusterben, und hat dazu als echter Frommer und Dichter nicht mechanische Mittel wie Gift oder Schußwaffen benutzt, sondern hat sich langsam durch rein seelische und magische Mittel dem Tode entgegengeführt und ist ganz früh gestorben. Der Privatdozent nun geriet in den Bann dieses merkwürdigen Lebens und Sterbens, und es ergriff ihn darüber der Wunsch, es diesem Dichter nachzutun und ihm nachzusterben, einfach durch seelische Nachahmung und Gleichrichtung. Der Antrieb dazu war nicht eigentlich Lebensüberdruß, vielmehr das Verlangen nach dem Wunder, das heißt nach Beeinflussung und Beherrschung des körperlichen Lebens durch die Kräfte der Seele. Und richtig lebte und starb er dem Dichter nach, noch nicht dreißigjährig. Der Fall erregte damals Aufsehen und wurde von allen konservativen Kreisen ebenso heftig verurteilt wie von jenem Teile der Jugend, welcher in Sport und materiellem Lebensgenuß sein Genüge fand. Aber genug davon; wir wollen hier nicht jene Zeit analysieren, sondern nur die Seelenhaltung und Stimmung der Kreise andeuten, zu welchen der Kandidat Edmund gehörte.

Dieser also studierte unter Professor Zerkel Religionswissenschaft, und sein Interesse galt beinahe ausschließlich jenen teils religiösen, teils magischen Übungen, durch welche andere Zeiten und Völker versucht hatten, sich des Lebens geistig zu bemächtigen und die Menschenseele gegen Natur und Schicksal stark zu machen. Es handelte sich ihm nicht, wie seinem Lehrer, um die denkerische und literarische Schauseite der Religionen, um ihre sogenannten Weltanschauungen, sondern was er zu erkennen und zu ergründen suchte, waren die echten, direkt ins Leben wirkenden Praktiken, Übungen und Formeln: das Geheimnis von der Gewalt der Symbole und Sakramente, die Techniken der seelischen Konzentration, die Mittel zur Erzeugung schöpferischer Seelenzustände. Die oberflächliche Art, mit der man ein Jahrhundert lang diese Phänomene wie Askese, Exorzismen, Mönchtum und Eremitentum erklärt hatte, war längst einem ernsten Studium gewichen. Zur Zeit war Edmund bei Zerkel in einem exklusiven Seminar, an welchem außer ihm nur noch ein einziger vorgeschrittener Schüler teilnahm, mit dem Eindringen in gewisse magische Formeln und Tantras beschäftigt, die man neuerdings im nördlichen Indien gefunden hatte. Sein Professor hatte für diese Studien ein rein forscherisches Interesse, er sammelte und ordnete diese Erscheinungen, wie ein anderer Insekten sammeln mag. Dagegen spürte er recht wohl, daß seinen Schüler Edmund eine ganz andere Art von Begierde zu diesen Zaubersprüchen und Gebetsformeln treibe, und er hatte auch längst bemerkt, daß der Schüler in manches Geheimnis, das dem Lehrer verschlossen geblieben war, durch die frömmere Art seines Studiums eingedrungen war; er hoffte, diesen guten Schüler noch lange zu behalten und sich seiner Mitarbeit zu bedienen.

Zur Zeit entzifferten, übersetzten und deuteten sie die Texte jener indischen Tantras, und soeben hatte Edmund einen dieser Sprüche aus der Ursprache folgendermaßen zu übertragen versucht:

„Wenn du in eine Lage kommst, wo deine Seele krank wird und dessen vergißt, was sie zum Leben bedarf, und du willst erkennen, was es ist, dessen sie bedarf und das du ihr geben mußt: dann mache dein Herz leer, beschränke deine Atmung auf das Mindestmaß, stelle dir das Zentrum deines Hauptes als eine leere Höhle vor, richte auf diese Höhle deinen Blick und sammle dich zu ihrer Betrachtung, so wird die Höhle plötzlich aufhören, leer zu sein, und wird dir das Bild dessen zeigen, wessen deine Seele bedarf, um weiterleben zu können."

„Gut", sagte der Professor und nickte. „Wo Sie ‚Vergessen' sagen, müßte es wohl noch etwas genauer ‚Verlieren' heißen. Und haben Sie bemerkt, daß das Wort für ‚Höhle' dasselbe ist, das diese gerissenen Priester oder Zauberdoktoren auch für den Mutterschoß gebrauchen. Diese Burschen haben es wahrhaftig fertiggebracht, aus einer ziemlich nüchternen Gebrauchsanweisung zur Heilung von Melancholikern einen verzwickten Zauberspruch zu machen. Dieses mar pegil trafu gnoki mit seinen Anklängen an die Formel des großen Schlangenzaubers mag für den armen Bengalen, den sie damit geprellt haben, unheimlich und grausig genug geklungen haben! Die Anweisung selbst mit dem Leermachen des Herzens, der Atembeschränkung und dem Nach-Innen-Richten des Blickes bietet uns ja freilich nichts Neues, sie ist zum Beispiel im Spruch Nummer 83 entschieden präziser formuliert. Nun, Edmund, Sie sind natürlich wieder ganz anderer Ansicht? Was meinen Sie dazu?"

„Herr Professor", sagte Edmund leise, „ich meine, daß Sie auch in diesem Fall den Wert der Formel selbst unterschätzen; es kommt hier nicht auf die wohlfeilen Ausdeutungen an, die wir den Worten geben, sondern es kommt auf die Worte selbst an, es muß zum nackten Sinn des Spruches noch etwas dazukommen, sein Klang, die Wahl seltener und altertümlicher Worte, das Assoziationen weckende Anklingen an den Schlangenzauber – erst all dieses zusammen gab dem Spruch seine magische Gewalt."

„Falls er sie wirklich hatte!" lachte der Professor. „Es ist eigentlich schade, daß Sie nicht damals gelebt haben, als diese Sprüche noch lebendig waren. Sie wären ein höchst dankbares Objekt für die Zauberkünste dieser Spruchdichter gewesen. Aber Sie sind nun leider einige tausend Jahre zu spät gekommen, und ich möchte mit Ihnen wetten: Sie mögen sich noch so sehr bemühen, die Vorschriften dieses Spruches auszuführen, es wird nicht das mindeste Ergebnis herauskommen."

Er wandte sich dem andern Schüler zu und sprach interessant und in guter Laune weiter.

Inzwischen überlas Edmund seinen Spruch nochmals, er hatte ihm besonderen Eindruck gemacht durch seine Eingangsworte, die ihm auf ihn selbst und seine Lage zu passen schienen. Wort für Wort sprach er sich die Formel im Innern vor, und versuchte zugleich, ihre Vorschriften genau zu erfüllen:

„Wenn du in eine Lage kommst, wo deine Seele krank wird und dessen vergißt, was sie zum Leben bedarf, und du willst erkennen, was es ist, dessen sie bedarf und das du ihr geben mußt: dann mache dein Herz leer, beschränke deine Atmung . . ." und so weiter.

Es gelang ihm besser als bei früheren Versuchen, sich zu konzentrieren. Er befolgte die Anweisungen, und ein Gefühl sagte ihm, es sei dafür wirklich der Augenblick gekommen, seine Seele sei in Gefahr und habe das Wichtigste vergessen.

Schon kurz nach Beginn des einfachen Atem-Yoga, das er oft geübt hatte, fühlte er etwas in seinem Innern geschehen, fühlte dann in der Mitte seines Kopfes eine kleine Höhlung entstehen, sah sie klein und dunkel gähnen, richtete mit zunehmender Glut seine Aufmerksamkeit auf die nußgroße Höhle, oder den „Mutterschoß". Und die Höhle begann sich zögernd von innen her zu erhellen, und die Helligkeit nahm allmählich zu, und klar und klarer enthüllte sich seinem Blick in der Höhle das Bild dessen, was zu tun ihm nötig war, damit er das Leben weiterleben könne. Er erschrak nicht über das Bild, er zweifelte keinen Augenblick an seiner Echtheit; er spürte im Innersten, daß das Bild recht habe, daß es ihm nichts zeige als das „vergessene" tiefste Bedürfnis seiner Seele.

So folgte er denn, von dem Bilde mit nie gekannten Kräften gespeist, freudig und sicher dem Befehl des Bildes und führte die Tat aus, deren Vorbild er in der Höhle erblickt hatte. Er schlug die während der Übung gesenkten Lider wieder auf, er erhob sich von der Bank, trat einen Schritt vor, streckte die Hände aus, legte sie beide um den Hals des Professors und drückte ihn so lange zusammen, bis er fühlte, daß es genug sei. Er ließ den Erdrosselten zu Boden sinken, wendete sich weg, und wurde erst jetzt daran erinnert, daß er nicht allein sei: sein Mitschüler saß totenbleich in der Bank, Schweißtropfen auf der Stirn, und starrte ihn mit Entsetzen an.

„Es hat sich alles wörtlich und buchstäblich erfüllt!“ rief Edmund begeistert. „Ich machte mein Herz leer, ich atmete flach, ich dachte an die Höhle im Kopf, ich richtete meinen Blick nach ihr, bis er wirklich nach innen ging, und gleich kam auch schon das Bild; ich sah den Lehrer und sah mich selbst, und sah meine Hände um seinen Hals und alles. Ganz von selber gehorchte ich dem Bilde, es brauchte keine Kraft, es bedurfte keines Entschlusses. Und jetzt ist mir so wunderbar wohl wie noch nie in meinem ganzen Leben!“

„Mensch“, rief der andere, „komm doch zu dir und besinne dich! Du hast getötet! Du bist ein Mörder! Sie werden dich dafür hinrichten!“

Edmund hörte nicht zu. Vorerst drangen diese Worte nicht bis zu ihm. Er sagte leise die Worte der Formel vor sich hin: „mar pegil trafu gnoki“ und sah vor sich weder tote noch lebende Lehrer, sondern die unbeschränkte Weite der Welt und des Lebens, die ihm offenstand.

Herr Claassen

In unsrer Schwarzwaldstadt Calw, in welche mein Vater im Jahr 1886 übersiedelt war, tauchte bald darauf eine Gestalt auf, ein ungewöhnlicher, ja höchst merkwürdiger, obwohl sehr stiller Fremdling. Er hieß Herr Claassen, und da er nicht nur zeitweise ein Mitarbeiter des von meinem Vater geleiteten christlichen Verlages war, sondern auch ein häufiger Gast in unsrem Hause, ist mir von ihm eine deutliche und wirksame Erinnerung geblieben, obwohl ich Knabe von dem eigentlichen Wesen, Tun und Leben dieses eigentümlichen Mannes unmöglich mehr als eine äußerliche und gewiß zum Teil mißverstehende Kenntnis gewinnen konnte. Das erste, was mir und uns allen an ihm auffiel und Eindruck machte, und was sich nie veränderte und verlor, war seine vollkommene Abgesondertheit und Fremdheit. Es kamen sehr viele Menschen in unser Haus, fremdenscheu waren wir Kinder nicht, und unter den Gästen des Großvaters und der Eltern waren nicht selten auch recht eigentümliche, fremdländische und auffallende Erscheinungen; aber wer eine Weile dablieb und zu unsrem Kreis gehörte, der reihte sich ein, verlor mit der Zeit die Fremdheit, nahm etwas von der Luft und vom Ton unsres Hauses an, sang unsre Lieder, spielte unsre Spiele mit, eignete sich etwas von unsrer Sprache und unsrer Lebensart an. Mit Herrn Claassen war das anders, auch als wir ihn schon jahrelang kannten. Er reihte sich nicht ein, ahmte uns nicht nach, nahm nichts von unsern Arten und Unarten an, er blieb stets und unwandelbar derselbe, stets ein vollkommen einsamer Fremdling, von uns und unsrer Welt aufgenommen, aber nicht beeinflußt und nicht verändert. Es umgab ihn eine andre Atmosphäre als uns, er brachte seine eigene Atemluft mit, er blieb ein Fremder, von den Eltern

teils geachtet, teils ertragen, von den Kindern teils belächelt, teils gefürchtet, ein andres Wesen als wir. So hat er denn auch bei uns stets korrekt und fremd „Herr Claassen" geheißen, nie wurde das „Herr" weggelassen, wenn man von ihm sprach, nie avancierte er zum Freund oder Onkel, nie erhielt er einen Spitznamen. Er war damals Mitarbeiter an einem großen theologischen Werk, das der Verlag vorbereitete. Und wie er von unsrer Art zu leben, zu sprechen, zu lachen, zu grüßen nichts annahm, so nahm er geistig von meinem Vater und selbst von meinem verehrten Großvater, dem ehrwürdigen Gelehrten, nichts an; er lernte wohl, das lehnte er nie ab, und tat es nicht umsonst, sondern hatte auch zu geben, aber er war in seiner Richtung, seinem Willen, seiner Denkart, seinen Urteilen vollkommen unbeeinflußbar. Vielleicht war dieser Einsiedler ein Narr, vielleicht ein Weiser, jedenfalls war er umpanzert und gehürnt und nicht zu wandeln noch zu biegen, und bei allem Ungewohnten, das er an sich hatte und das wir Kinder zum Teil als lächerlich empfanden, ging von dieser Unbeirrbarkeit eine kühle Ausstrahlung aus, die ihm Achtung verschaffte, ja gelegentlich Ehrfurcht forderte. Ich habe den Grund seines Geheimnisses erst spät, als er seit Jahrzehnten begraben war und ich selbst ein alter Mann wurde, begriffen.
Herr Claassen war ein großer, hagerer Mann von still würdiger Haltung, stets dunkel gekleidet mit einem schwarzen Mantel und einem schwarzen steifen Hute von besonderer Form, einer Art Halbzylinder, das hagere strenge Gesicht bartlos, mit halblangem Haar, die Stirn edel, hoch und schön durchformt, der Mund etwas gekniffen, mit zwei festgewordenen Falten des Grams in den Wangen, die Augen blau, still, oft wie erloschen oder erstorben, aber eines ungemein ernsten und eindringlichen Blickes fähig, wenn er sie langsam einem zuwendete. Die obere Hälfte des Gesichts war größer, schöner, entwickelter als die untere, es war ein typisches Stirngesicht, und es saß auf einem ganz dünnen, sehnigen Hals. Langsam waren alle seine Bewegungen, der Grund dieser Langsamkeit war aber nicht Trägheit, sondern ein Wille, sich still zu halten und mit einem Minimum an Bewegung auszukommen; wenn er bei uns zu Tische saß, regte sich außer den langsam wandernden Augen nichts an dem ganzen Manne, und im Gehen trug er den

Oberkörper steif und würdig, nur seine Beine gingen, alles andre blieb unbewegt. Es war an seiner Gestalt etwas hölzern Trockenes, und ebenso war seine Stimme wie leblos, trocken setzte sie ein wohlüberlegtes und gewissenhaft genau gewähltes Wort hinter das andre. Sah man ihn durch das Städtchen gehen, die hohe hagere Figur im langen dunklen Rocke, einen Stock in der Rechten, tadellos aufrecht, aber völlig in sich gekehrt, so schien er nicht ein Einwohner und Nachbar, schien ohne Beziehung zu Häusern, Gassen und Menschen, schien nur zufällig für eine Stunde, vom Jupiter nach dem Saturn unterwegs, sich im Städtchen aufzuhalten, dergleichen er schon viele gesehen. Er hatte ein Zimmer bei einer frommen Familie in der „Insel“ gemietet, einem ärmlichen und etwas finstern Fabrikviertel. Dort lebte er, von alten Büchern umgeben, und studierte und schrieb, holte zuzeiten meinen Vater zu Spaziergängen ab, kam manchmal zu einer Mahlzeit und für einen Abend als Gast, uns Kindern schien er unausdenklich alt zu sein, war aber wohl nicht älter als mein Vater. In seiner Stube, die wir übrigens kaum je einmal zu sehen bekamen, besaß er einen Schatz: eine Truhe voll kleiner, auf dicken Karton geklebter und schon etwas gilbender Photographien, unzähliger, aber wohlgeordneter Photographien, welche er im Lauf seines Lebens gesammelt hatte, und auf welchen Gebäude, Skulpturen und Werke der Maler abgebildet waren. Er konnte auch Harmonium spielen, aber auch dabei gab und verhielt er sich nicht so wie wir, wenn wir musizierten, sondern er spielte in einer geisterhaften, beinah bewegungslosen und automatenhaften Art. Er lebte ganz als Einsiedler, und man konnte sich nicht vorstellen, daß auch er einmal jung oder gar ein Kind gewesen sei, daß er Eltern, Geschwister und Verwandte gehabt habe. Und er lebte, von dem Besitz an Büchern und der Bildertruhe abgesehen, vollkommen bedürfnislos, mit einem Teller Suppe, einem Schluck Milch zufrieden.

Und doch war auch dieser entrückte Einsiedler einst jung und nicht gleichgültig gegen die Speisen gewesen, die man ihm vorsetzte. Es gab einen Spruch von ihm, von uns Kindern hundertmal zitiert, gemimt und parodiert, einen Spruch, den er einst bei einem Mittagessen von sich gab, als eines von uns Kindern sich dagegen sträubte, seinen Teller leer zu essen. Da hob Herr Claassen langsam den langen, hölzernen Zeigefinger empor, drehte langsam seine blassen, großen Augen dem unartigen Kinde zu und sprach in seinem fremdartigen Tonfall, mit seiner feierlichen Lehrhaftigkeit, mit seiner trocknen, erstorbenen Stimme die Worte: „Ich mochte in meiner Jugend nicht Kohl, aber ich mußte." Das Wort ging in unsern Sprachschatz ein. Wer es gebrauchte, der sprach es geziert, übergenau artikulierend, mit Grabesernst und hohler Stimme. Als wir den Spruch damals von seinen Lippen vernahmen, schien er uns schlechthin komisch, und komisch war wohl in der Tat der Widerspruch zwischen der Tatsache vom nicht gemochten Kohl, die er uns mitteilte, und dem feierlichen Ton, der mahnenden Gebärde, dem geschraubten Stil seines Ausspruches. Wahrscheinlich ist aber doch keines von uns in Lachen ausgeplatzt, und wir beherrschten uns nicht etwa aus Furcht vor Strafe, denn wir wußten Herrn Claassen gegenüber die Eltern, namentlich die Mutter, durchaus auf unsrer Seite, sondern es war die Würde und Unbeweglichkeit, die erstarrte Stilisiertheit des Mannes, die uns trotz allem im Bann hielt. Und wie alles, was Herrn Claassen angeht, so haftete auch jener Spruch vom Kohl in unsrem Gedächtnis, und später, Jahrzehnte später, begann sogar dieser Spruch, der so lang zu unsrem komischen Repertoire gehört hatte, sich für mich mit einer gewissen Bedeutsamkeit zu umspinnen und schien weit mehr zu sagen, als wir darin gesucht und gefunden hatten. Erstens sagte er das Erstaunliche, daß auch Herr Claassen einst jung gewesen war, und sein Gesicht, seine Gebärde und die Stimme, mit der er das Wort Jugend aussprach, schien Herrn Claassens Jugend noch um beträchtliche Zeitstrecken weiter zurück in die Vergangenheit zu schieben. Und was war es, das wir über diese so unendlich ferne, sagenhafte Jugend erfuhren? Daß er nicht mochte, aber mußte. Viel später erst dachte ich darüber wirklich nach und dachte, es werde gewiß nicht nur der Kohl gewesen sein, den er nicht mochte, zu dem er aber gezwungen wurde. Vielleicht hatte es vieles gegeben, was er mochte und nicht durfte, und vieles, was er nicht mochte, aber mußte. Vielleicht war Herr Claassen einst ganz ähnlich gewesen wie andre Menschen, ganz ähnlich wie wir selbst, ein weicher, lebhafter und bewegter Mensch mit Freuden

und Leiden, mit Trieben und Leidenschaften, Gelüsten und Geschmäckern, Launen und Stimmungen. Vielleicht hatte er Lieblingsspiele gehabt, bei denen er wild und unbändig wurde, vielleicht hatte er sich vor Gewittern gefürchtet und sich nach schönen Spielsachen gesehnt, vielleicht hatte er auch rezitiert, geschauspielert und Verse gemacht und jenes herrliche und beklemmende Gefühl im Herzen gekannt, wenn eine Musik so unerträglich schön ist, daß man weinen muß. Vielleicht hatte man ihm in früher Jugend das alles ausgetrieben, verboten, zertreten, ausgescholten, ausgeprügelt, vielleicht war es alles langsam und in Schmerzen untergegangen und abgestorben, bis sein ganzes Leben nicht mehr aus Mögen, nur noch aus Müssen bestand. Vielleicht war der lange dürre Zeigefinger, den er ausstrecken konnte, als wäre es ein Uhrzeiger, einst ein rosiges, feistes Kinderfingerchen gewesen, und die hart gefalteten Wangen glatt, und die trocknen, blassen Augen feucht und strahlend. Vielleicht wäre Herr Claassen glücklicher und ganz anders gewesen, wenn er so geblieben wäre, wenn er Lachen und Weinen, Leidenschaft und Gelüste nicht so vollkommen abgelegt und vergessen hätte; hübscher, umgänglicher und uns Jungen sympathischer wäre er dann ohne Zweifel gewesen. Aber schließlich gab es viele junge, viele glattwangige und vergnügte, sympathische und umgängliche Menschen, während es einen zweiten Herrn Claassen nicht gab. War seine Würde steif und sein Ernst etwas pathetisch, war seine Sprache geziert und seine Stimme erstorben, so war doch alles in allem in diesem langen, hagern, holzgeschnitzten Heiligen eine Stärke und Größe, ein Wille, ein Beharren, ein Aufrechtstehen, eine Unabhängigkeit, eine Tapferkeit, und dann war in seinem Gehaben und in seinem Blick ein solcher Ernst und eine solche fast flehende Reinheit, ein solches Entferntsein von allem Gemeinen, daß man nicht damit auskam, diesen Fremdling einfach nur von der komischen Seite zu nehmen.
Obwohl ich von den Gesprächen zwischen meinen Eltern und Herrn Claassen nur wenige mit anhörte und nichts, gar nichts von ihnen verstand, denn sie waren stets theologisch, und zudem verfügte Herr Claassen noch über die mir vom häufigen Hören her vertraute Sprache frommer Gelehrtheit hinaus über ganz neue, oft erstaunliche Worte – trotzdem

hatte ich ein waches Gefühl und Interesse für die Art von Verhältnis, welches zwischen den Eltern und ihm bestand. Unsere Mutter, daran war nicht zu zweifeln, hatte für und gegen den Fremdling ganz ähnliche Empfindungen wie wir Kinder, nämlich eine immer wieder wache, oft belustigte Neugierde für das Originelle und Fremdartige seiner Erscheinung und seines Gehabens, eine ehrliche, oft prachtvoll und glühend ausbrechende Abneigung gegen das Starre, pedantisch Steife, Beherrschte, Temperamentlose in seinem Auftreten, eine Neigung, ihn nicht so ernst zu nehmen wie er selbst zu tun schien, und doch wieder ein Gefühl von Ehrfurcht für die Unbeugsamkeit und Gradlinigkeit seines Charakters. Außerdem empfand sie als Frau eine gewisse Dankbarkeit für die mehr als ritterliche Reinheit, mit welcher der Einsiedler von den Frauen dachte und sprach, und zugleich fühlte sie als mütterliche Frau häufig ihr Mitleid durch das Einsame, Hilflose, Öde und Unbehütete seiner Junggesellenexistenz angerufen. Was aber die Meinungen und Lehren anging, die er vortrug, so waren sie ihr nur eben insoweit recht und erträglich, als sie fromm und christlich waren, in allem Einzelnen aber lehnte sie sie entschlossen und kampfbereit, ja gelegentlich entrüstet ab. Mir war es, als dem Sohn und Enkel von Theologen, längst bekannt, daß fromme Christen über Glaubensartikel und Lehrmeinungen äußerst verschiedener Meinung sein konnten, in unsrem protestantisch-pietistischen Kreise war dies etwas Selbstverständliches. Herr Claassen nun dachte sowohl über die Kirche und Gemeinschaft wie über die Praxis des christlichen Lebens ganz und gar anders als meine Mutter, und daß er seine Lehren aus einer gründlichen Bibelkenntnis und einer ungewöhnlichen theologischen Belesenheit zu stützen und zu rechtfertigen wußte, schreckte sie gar nicht; wenn er gar über Dinge, von welchen er nach ihrer Meinung unmöglich etwas verstehen konnte, etwa über Kindererziehung, seine scharf formulierten Ansichten kundgab, konnte sie ihm aufs leidenschaftlichste widersprechen. Für Herrn Claassen waren Familie und Hauswesen, und am Ende sogar Kirche und Gemeinde nichts an sich Heiliges, sondern gehörten der Welt der Kreatur und des Zufalls an, für ihn existierte der Mensch im Grunde nur als Einzelner, und hatte sich, mit radikaler Ausrottung alles

Privaten, zum Opfer zu bringen und dem Erlöser hinzugeben. Er blickte namentlich mit Mißbilligung, ja Verachtung auf jede Zärtlichkeit zwischen Eltern und Kindern, und daß mein Vater seine Tochter nicht selten am Arm führte, empfand er schon eher als frivol.

Mein Vater nun war den theoretisch-theologischen Gesprächen nicht abgeneigt, er war ein guter Zuhörer und konnte sehr duldsam sein, und für die Belesenheit des Herrn Claassen, namentlich in den Kirchenvätern und den Mystikern Tauler, Seuse und Eckehart, hatte er eine entschiedene Hochachtung, wenn er auch Claassens Verehrung für seinen Privatheiligen und Meister Jakob Böhme immerhin mit Mißtrauen betrachtete. Er war in jenen Unterhaltungen und Disputationen meistens der Vermittelnde, stand aber, alles in allem, doch mehr auf der Mutter Seite; ich merkte es wohl.

Eines Nachts nun, als wir wohl schon fünf oder mehr Jahre in Calw gewohnt hatten, brach in der „Insel" ein Brand aus, der in dem alten engen Häusergewinkel furchtbar wütete. Es brannten außer Fabrikgebäuden auch mehrere Wohnhäuser nieder, und sechs Familien wurden abdachlos. Obdachlos wurde auch unser Fremdling. Der Brand war nicht in unserer Nähe, aber die ganze Stadt war alarmiert. Mein Vater ging, als der Brand größer und größer wurde, spät in der Nacht noch aus, um nach Herrn Claassen zu sehen, er war in Sorge um ihn, und in Sorge war er auch um ein sehr seltenes und wertvolles Buch, das bei Herrn Claassen lag und ihm bei seiner Arbeit diente, es war ein schwerer Foliant aus dem sechzehnten Jahrhundert, in Holz und Schweinsleder gebunden, den Claassen aus einer Universitätsbibliothek entlehnt und für den mein Vater sich mitverbürgt hatte. Siehe, da traf er den Gesuchten unterwegs auf der Gasse. Herr Claassen trug einen schwarzen Mantel und den feierlichen Hut, langsam und aufrecht kam er daher, und vor sich her schob er einen kleinen Schubkarren, den er entlehnt hatte und auf dem das riesige Buch lag – das einzige, was er aus seiner Stube und dem Brande hatte retten können. Es war ihm alles verbrannt. Doch verlor er keine Worte darüber, erst später einmal gestand er, es sei unter seiner verlorenen Habe ein unersetzliches Stück gewesen, dessen Verlust ihm sehr leid getan habe: das Bildnis seiner Mutter. Er war mit seinem Schubkarren zu uns unterwegs, um das kostbare Buch meinem Vater anzuvertrauen. Mein Vater nahm ihn mit, nahm ihm das Buch ab und brachte ihn in einem Gastzimmer unter. Mit dieser Geschichte vom großen Brande, der verlorenen Habe und dem geretteten Buch war Herr Claassen aufs neue ein Held und interessanter Mann für uns geworden. Er zeigtc sich übrigens in nichts verändert, und in der nächstfolgenden Zeit bekamen wir des öftern durch unsre Basen merkwürdige Geschichten über ihn erzählt. Man hatte nämlich den abgebrannten und obdachlosen Mann bald nachher bei unsrem Onkel Friedrich einquartiert, der eins der ältesten und schönsten Häuser der Stadt besaß, ein in den Berg gebautes großes Haus aus Klosterzeiten, zu dessen Eingangstür man im Freien eine gewaltige Treppe bis zur Höhe des ersten Stockwerks emporstieg und dessen Zimmer meterdicke Wände und massive Deckengewölbe hatten. Dort wohnte Herr Claassen ein Jahr oder länger, und die vielen Töchter unsres Onkels (er hatte ihrer sieben, doch weiß ich nicht, ob damals schon alle geboren waren) fanden den Gast, der auch die Mahlzeiten der Familie teilte, äußerst lästig, sie fürchteten ihn und fanden häufig ihr friedliches Mittagessen durch ihn erheblich gestört und beeinträchtigt. Herr Claassen nämlich litt darunter, wenn er bei Tische die Kinder mit unverhohlenem Vergnügen ihren Hunger stillen sah, und wenn es etwa vorkam, daß eines etwas rasch und heißhungrig aß oder den geleerten Teller mit allzu naiver Dringlichkeit der Mutter zum Nachfüllen darstreckte, dann hatte er Mühe, einer so schamlosen Darbietung des schnöden Trieblebens gegenüber seine Gelassenheit zu bewahren. Er hatte ja auch lange Jahre als Einsiedler gelebt. Tagsüber konnten die Kinder und der Fremdling in dem gewaltigen Hause mit den Gewölben, den tiefen Nischen und den vielen steinernen Treppen einander nach Belieben ausweichen, bei diesen Mahlzeiten aber stießen die beiden Welten je und je feindselig aneinander. Ich weiß von den Geschichten, welche die Basen uns erzählten, nur noch eine einzige, aber wie alles, was mir an Erinnerungen an diesen Mann übriggeblieben ist, ist auch diese Geschichte merkwürdig geladen mit dem Fluidum des Einsiedlers. Also er sah wieder einmal bei Tische eines der Kinder seinen Teller mit aufregender und unangemessener Eile leer essen, ihn der Mutter hinreichen und mit noch halbvollem Munde um mehr bitten. Da drehte Herr Claassen seine großen, strengen und anklagenden Augen langsam der Kleinen zu, stach mehrmals in der Richtung gegen sie mit dem dünnen hölzernen Zeigefinger in die Luft und sprach, rhythmisch betonend, mit Richterstimme zu dem Kind die Worte:

Das ist die Gier!
Das ist das Tier in dir!

Auch dieser Ausspruch wurde natürlich zu einem geflügelten Wort, aber die Basen schätzten die Bereicherung unsres Spruchschatzes nicht so hoch ein, daß sie sie Herrn Claassen verziehen hätten. Sie fürchteten und haßten ihn.
Ich hatte inzwischen Calw und das väterliche Haus verlassen und war auswärts auf Schulen, ich sah Herrn Claassen selten mehr. Als Maulbronner Seminarist, die hebräische Grammatik und ein eher schlechtes Zeugnis im Köfferchen neben den flickbedürftigen Kleidern kam ich einst wieder in die Ferien nach Hause. In der Vorstellung, die ich damals von mir selbst hatte, war ich eigentlich ein so gut wie erwachsener und schon ziemlich gelehrter junger Mann, doch hinderte dies mich nicht, voll Vergnügen und Leidenschaft in allerlei ziemlich kindliche Spiele und Beschäftigungen zurückzusinken, wobei ich vor mir selbst die Ausrede hatte, es geschehe meinem jüngeren Bruder Hans zuliebe, welcher kaum erst mit dem Lateinlernen begonnen hatte. Zu meinen damaligen Spielereien gehörte das Anfertigen von Feuerwerk nach Hörensagen und nach eigener Erfindung, wobei Salpeter das Hauptmaterial war. Ich hatte eine Anzahl von knallenden teils, teils von leuchtenden und farbigen Präparaten vorbereitet und wollte diese nun, zusammen mit Hans, an einem günstigen Abend auf einem Felsen über der Stadt loslassen. Die Erlaubnis des Vaters dazu zu bekommen, war nicht ganz leicht, er schätzte diese Spiele keineswegs und wollte mir namentlich bei einer so gefährlichen Unternehmung den jüngeren Bruder nicht gerne anvertrauen, sah aber freilich ein, daß mir ohne Hans die Sache nicht die halbe Freude machen konnte. Es wurde

beraten und hinausgezögert, Vater bestand darauf, daß ein Erwachsener, eine Autorität mit dabei sein müsse, er selber war bei schlechtem Befinden. Ein junger Basler Missionar brachte damals in Calw einen Erholungsurlaub zu und kam oft zu meinem Vater, an ihn wandten wir uns, und er war jung und gefällig genug, die Leitung der Expedition zu übernehmen; er hatte sich in Afrika schwierigeren Aufgaben gewachsen gezeigt. Nun war alles gut, ich bestand darauf, uns gleich für diesen Abend zu verabreden, und mit Dunkelwerden marschierten Hans und ich ab, mit unsern Feuerwerksstücken beladen, wir holten den Missionar ab, der vergnügt mitkam und sich als guten Kameraden zeigte. Oben auf unserm Felsen machten wir uns mit dem Aufbauen und Auslegen unsrer Sachen viel zu schaffen, es war stockdunkel, kaum konnten wir einander sehen, und jedesmal, wenn eine unsrer Lichtbeschwörungen verpufft war, standen wir blind und mußten eine Weile warten und um uns tasten, um uns wieder zurechtzufinden. Geduldig stand der Hausfreund dabei, leistete etwa auch Beistand, und am Ende war so ziemlich alles abgebrannt und schien uns Brüdern wohlgeglückt. Nur ein flaches längliches Kartongehäuse, ein Produkt meiner Spekulation, war nicht losgegangen, der Zunder mußte erloschen oder abgefallen sein. Ich suchte danach und brauchte lang, bis ich das Ding fand. Als ich es am Boden mit der Hand ertastet hatte, zog ich es an mich und beugte mich im Finstern darüber, um nachzusehen, aus welchem Grunde es versagt habe. Und eben als ich die kleine Teufelsknarre mir dicht vor die Augen hielt, ging der Kobold unbegreiflicherweise doch noch los; für einen schrecklich schönen Augenblick war die Welt, von meiner Hand und dem kleinen Karton in ihr beginnend bis zum Scheitel des Himmels hinauf, ein einziges riesig flammendes Licht, eine ungeheure Woge von Gluthauch wehte mich an und schloß sich saugend um mich zusammen. Es folgte darauf eine tiefe Finsternis, die sich nicht wieder lichten wollte, und ein Augenblick der Leere und Betäubung, dann erwachte ich in glühenden Schmerzen, und mein erster entsetzter Gedanke war, nun sei ich blind. Ich versuchte die Augen zu öffnen, und da es nicht ging, tastete ich mit den Händen nach ihnen, und fand das ganze Gesicht als eine brennende Wunde, die Lider von einem hei-

ßen Schleim aus Pulverdampf, verbrannter Haut, verbrannten Haaren und etwas Blut bedeckt, und unlöslich zusammengeklebt. Erst eine lange Weile später, als ich unten in der Stadt an einen Brunnen geführt wurde und mir das Gesicht abzuwaschen versuchte, gingen die Augen ein wenig auf, ich hielt meine Hand davor und konnte die Hand sehen, und die Freude darüber, daß ich noch sehe, war für einen Augenblick überwältigend, dann aber schlugen die Schmerzen wie Höllenflammen über mir zusammen.
Ich lag nun viele Tage in meinem Zimmerchen im Bett, den ganzen Kopf in einen dicken Brandverband eingebunden, an welchem – was meinen Geschwistern besonders bemitleidenswert schien – über dem Munde ein kleiner Spalt offengelassen war, durch den ich atmen und etwas flüssige Nahrung einnehmen konnte.
In meiner finstern Gefangenschaft erhielt ich manche Besuche, es kamen fast alle Verwandte und Hausfreunde, und besonders saß in den ersten Tagen der arme Missionar oft lang und geduldig bei meinem Bett, der so freundlich die Führung und Verantwortung auf unsrem Nachtmarsch übernommen hatte. Als diese ersten Tage mit den heftigsten Schmerzen und dem Fieber erduldet waren, begann ich mißmutig und ungeduldig zu werden; das Bettliegen mochte hingehen und die schmale Kost am Ende auch, aber dieses blinde Eingebundensein, ohne Augen, ohne lesen zu können, machte mir die Tage bis zur Unleidlichkeit lang. An einem dieser Tage nun hörte ich, wie im Nebenzimmer meine Mutter einen Besuch empfing, es war Herr Claassen, und bald wurde er zu mir hereingeführt, setzte sich neben meinem Bett nieder und blieb eine halbe Stunde da sitzen. Er redete mich mit Sie an, ich war vor kurzem konfirmiert worden, und er, der Korrekte und Förmliche, war der erste, der mir alsbald die Ehre dieser Anrede erwies und niemals mehr ins Duzen zurückfiel.
Herr Claassen räusperte sich und sagte in seiner genau artikulierenden Sprechweise und mit trockener Stimme etwa das Folgende: „Sie sind, mein junger Freund, von einem Unglück heimgesucht worden und haben große Schmerzen zu erdulden. Ohne Zweifel haben Sie sich in diesen Tagen der Prüfung antiker Vorbilder erinnert und sich die Lebens- und Leidenslehre der Stoa zu eigen zu machen versucht."

Ich murmelte hinter meinem dicken Verbande etwas nicht Verständliches, widersprach aber nicht, obwohl ich seine mich ehrende Voraussetzung hätte zurückweisen sollen. Denn ich hatte in diesen Leidenstagen zwar auf die Zähne gebissen und die Schmerzen einigermaßen anständig zu ertragen gesucht, hatte dabei aber weder des Zenon noch des Seneca gedacht, sondern eher an jene Vorbilder des tapferen Schmerzertragens, die ich aus den bis vor kurzem von mir geliebten Indianerbüchern, namentlich dem Lederstrumpf, kannte. Und es war mir die Nachfolge auch dieser heroischen Vorbilder immer nur für kurze Fristen gelungen, dazwischen hatte ich oft reichlich gestöhnt. Immerhin, im Kern hatte mein ehrwürdiger Besucher und Tröster das Richtige erraten.

Er fuhr nun fort, indem er die Gedanken der stoischen Lebensführung sorgfältig und mit Hochachtung charakterisierte, und ich bekam damals eine Ahnung davon, daß dieser heroische Einsiedler wahrscheinlich einst selber es mit der Verwirklichung des stoischen Ideals sehr ernst genommen habe. Aber, so kam er nun ans Ziel seiner Ermahnung und Tröstung, so edel und ehrwürdig dies stoische Ideal auch sein möge, es könne nicht mehr das unsre sein, denn wir seien nicht antike Menschen, nicht Griechen noch Römer, sondern es sei inzwischen ein neuer Äon angebrochen und ein neuer Geist in die Welt gekommen, und die Sophia der Alten sei nicht mehr die unsre, denn es sei der Erlöser gekommen, der Sohn, das Lamm, um uns durch sein Liebesopfer zu versöhnen und wieder zu Gotteskindern zu machen. Und aus dieser Versöhnung und der gläubigen Hingabe an das geopferte Lamm komme der Seele ein ganz andres Heil und eine andre Freudigkeit, als jene Weisen der alten Welt sich auszudenken vermocht hätten. Ich möge denn, ich junger Geprüfter und Anhänger des stoischen Ideals der Ataraxie, in meinem Unglück und meinen Schmerzen den Wink von oben, die göttliche Führung erkennen, deren Ziel es sei, mich durch den Sohn zum Vater, und in der Gotteskindschaft zu jener echten Sophia, jener obersten Weisheit zu bringen.

Er sprach nicht ganz so, wie ich es aus den Reden der Pietisten kannte; seine Worte waren zwar auch feierlich und gesalbt, aber sowohl seine leidenschaftslose, vergeistigte

Sprechart wie seine Ausdrücke schienen mir anders, schienen mir edler, persönlicher, geistiger als jene erbaulichen Reden, deren ich so viele gehört hatte. Die Worte des Herrn Claassen machten mir Eindruck, ich neigte dazu, sie ernst zu nehmen. Allein im Grunde verlangte und erwartete ja doch auch dieser seltsame Weise dasselbe von mir, was schon mancher Pietist und Missionar, schon mancher frommgesinnte Onkel mir dringend nahegelegt hatte. Ich sollte durch ein Ja, durch ein Bekenntnis oder Gelübde, durch einen Willensakt eine Umkehr und Wandlung in mir bewirken, deren ich mich wohl bedürftig, aber nicht fähig fühlte. Ich sollte gewissermaßen ein Erlebnis bejahen, das ich gar nicht gehabt hatte. Und eben die Häufigkeit solcher Zureden und Ermahnungen, das Insistieren der gesamten frommen Umwelt auf meine Bekehrung rief auch hier am Ende doch nur Kälte und Widerspruch hervor. Übrigens zwang mich Herr Claassen in keiner Weise zu Antworten oder Gelübden, auch ließ ich ihn feigerweise im Glauben, mein Sprechvermögen hinter dem Verbande sei weit geringer als es in Wirklichkeit schon war. Als er sich erhob und meine Hand faßte, dankte ich murmelnd für seinen Besuch.

Als ich wieder genesen war, fragte ich meinen Vater einmal, was eigentlich der Herr Claassen sei. Mein Vater besann sich einen Augenblick, dann sagte er: „Ein Theosoph." Aber auf seinem Gesicht erkannte ich deutlich einen Ausdruck, der etwa sagte: „Laß es dabei bewenden, Junge, das sind Dinge, die man dir noch nicht erklären kann." Und ich fragte nicht weiter. Doch fiel mir das Wort, mit dem mein Vater den Herrn Claassen bezeichnet hatte, nach manchen Jahren wieder ein, als ich zum erstenmal wieder das Wort „Theosoph" und „Theosophie" hörte. Aber die Theosophen, von welchen man mir nun erzählte und deren Schriften man mir zeigte, hatten mit Herrn Claassen sehr wenig Ähnlichkeit, sie waren sehr geschickt im Verwenden indischer Ausdrücke wie Karma, Ahimsa, Samsara und sollten von einer geheimnisvollen Frau Blavatsky abstammen, von welcher die einen sagten, sie sei eine Schwindlerin gewesen, die andern aber, sie müsse notwendig von der Welt so verkannt werden, sei aber in Wahrheit eine Prophetin und eine direkte Schülerin der Mahatmas gewesen. Wie dem

nun sei, ich habe in einigen recht wenig bedeutenden Schriften jener Theosophen dann in der Tat einiges gefunden, was mir wichtig wurde und mir den Weg nach Osten, den ich schon seit langem ahnte, finden half.
Ich kam nach jenem Krankenbesuch mit Herrn Claassen nicht wieder in so nahe Berührung, und mit den Jahren entschwand er aus meinem Leben. Dagegen versuchte ich es damals, noch ein Knabe, mehrere Male, diesen mir geheimnisvollen Mann aus seinen Schriften zu ergründen. In der gewaltigen Bibliothek meines Großvaters stand ein Buch, dessen Verfasser Herr Claassen war. Ich nahm es einst in die Hand, las die erste Seite des Vorwortes, und darin war irgendein Klang, der mich anzog, so daß ich von Zeit zu Zeit das Buch von neuem heraussuchte und darin zu lesen mir Mühe gab, aber wenn auch da und dort ein Wort oder Satz mir verständlich und interessant war, es blieb das Buch mir doch vollständig verschlossen und versiegelt; überall stieß ich darin auf Sätze und Redewendungen, an denen mein Verstehenwollen erfolglos zurückprallte. Zu den verständlichen Sätzen des Vorwortes gehörte zum Beispiel dieser:
„Zu der unsichtbaren und unbekannten Idee, dem Ideal der Ideale unsres zu Gott geschaffenen Gemütes, als unsrer wahren Geistes- und Seelennatur den Weg aufs neue zu zeigen, und mit dem Wege das Ziel, und mit dem Ziel den Trieb dahin aufs neue zu wecken aus dem ewigen Grunde in denen, die dahin eingehen wollen: darum ist dieses Buch zuhöchst und auch zunächst geschrieben. Zunächst, denn es geschah um des Nächsten willen; zuhöchst, denn den Preis des Allerhöchsten bezielt es in dem so ganz Unwürdigen, der es schrieb."
Dies konnte ich annähernd verstehen. Aber gleich darauf kamen Sätze wie etwa dieser: „Auf Erden, aber nicht von der Erde und nicht zur Erde geneigt; im Himmel, aber hier noch im verborgenen Himmel des Gemüts, ist und steht, lebt und wirkt die Kirche in den Einzelnen, die zu ihr gehören und des Reiches Kinder sind. In der Menge aber und selbst in der Anstaltlichkeit nach ausgeformter Lehre, ausgebildeter Andachtsübung und gesetzlicher Verfassung ihrer zerteilten Kirchenkörper, nach ihrer ganzen Äußerlichkeit und Gesetzlichkeit, ihrer Zucht und ihrem Mangel

an Zucht, nach ihrer unbewußten und bewußten Vermischung mit dem Geist dieser Welt und ihres Fürsten, ist die Jungfrau, welche allein den Drachen und die Schlange in der Göttlichen Kraft des Sohnes überwinden kann, in Gottes Augen vielfältig zur Hure geworden."

Ich mußte es aufgeben. Dagegen lernte ich bald darauf ein anderes Buch von ihm kennen, es hieß „Schöpfungsharfe" und war eine christliche Anthologie von Gedichten, aber nicht nur von geistlichen, sondern auch von weltlichen, mir zum Teil schon bekannten Dichtern. Und in diesem Buch machten wir, meine Schwester und ich, eine Entdeckung, die mich verblüffte, ja empörte, und die mir für lange Zeit alle Neugierde auf die Schriften Claassens vertrieb. Ich fand da nämlich Gedichte, die mir wohlbekannt waren und die mich dennoch hier mit wunderlich fremdem und entstelltem Gesicht anblickten: der Herausgeber hatte solche Zeilen, deren Inhalt und Gesinnung ihm mißfiel, zum Teil einfach weggelassen, zum Teil auch durch eigene Zutaten verbessert. Übrigens stand auf den Titelblättern aller seiner Bücher nicht „von Johannes Claassen", sondern stets „durch Johannes Claassen", womit zum Ausdruck gebracht wurde, daß der Verfasser sich nicht als den Urheber und Macher dieser Werke ansehe, sondern nur als das Werkzeug, dessen Gott sich bedient hatte, um sie der Welt mitzuteilen.

Meine Erinnerungen an Herrn Claassen sind eigentlich hier zu Ende. Ich sah ihn zwar noch einige Male wieder, aber während der nun folgenden Jahre der Entwicklung, des Kampfes und der Suche nach einem Beruf geriet ich zur ganzen heimatlichen, väterlichen und christlichen Welt in einen immer größeren Konflikt, und jetzt war für meine rabiate Stellungnahme auch Herr Claassen nicht mehr der respektable und interessante Fremdling, sondern eben auch ein Mitglied und Wortführer jener frommen Welt, der ich nicht angehören und mit der ich vorerst keinen Frieden schließen wollte. Und als ich nach Jahren der Entfremdung und des Kampfes um meine Persönlichkeit und meinen Lebensinhalt mich wenigstens mit Vater und Familie wieder versöhnt und in ein herzliches Verhältnis gebracht, als ich geheiratet und meinen Beruf gefunden hatte, da war Herr Claassen beinahe vergessen. Und dann starb er, und mein Vater übersiedelte für seine letzten Jahre nach einem andern Ort, der mir nichts bedeutete, und dann starb auch er, und unversehens war mir die Heimat und das Heimatgefühl, wenn auch nicht das Heimweh, abhanden gekommen, und die Calwer Jahre wurden zu einer fernen, geliebten, aber unwiederbringlich verlorenen „alten Zeit".

Aus meines Vaters Nachlaß, von dem nur wenige kleine Erinnerungsstücke in meinen Besitz gelangt sind, nahm ich mir auch eine kleine altmodische Photographie in Visitenkartenformat mit, welche in den achtziger Jahren in Münster in Westfalen hergestellt ist und Herrn Claassen um wenige Jahre jünger, im ganzen aber doch so zeigt, wie ich ihn in meiner Knabenzeit gekannt habe. Auf der Rückseite steht von des Fremdlings Hand in sehr kleiner Schrift die Widmung: „Dem werthen Hause in Calw. 17. Juni 1890. J. Cl." Aber es kamen Jahre und Jahrzehnte, in denen ich auch dies Bildchen nie mehr in die Hand bekam und schließlich vergaß, daß ich es besessen hatte.

Nun hat es ja aber mit dem Gedenken und Vergessen seine eigene Bewandtnis. Jede Lebensstufe hat ihre Konstellationen und Bilder, und mit dem Beginn des Alterns kommen jene Bilder und Gestalten, die in frühester Jugend für uns bedeutsam waren, unfehlbar und auch wenn sie ganz und gar vergessen schienen, aus dem Dunkel und der Ferne wieder hervor und durchbrechen die später darüber gelagerten Bilderschichten mit einer langsamen, stillen Penetranz. So ging es auch mir, und siehe da, unter den Figuren aus der Kindheit, deren viele mir mehr als halb verlorengegangen, verblaßt oder einander so ähnlich geworden waren, daß sie ineinander überflossen, stand scharf und klar und ganz mit den Mächten und Ansprüchen einer Hauptfigur auch Herr Claassen auf. Ich hatte sehr wenig Gelegenheit, meine Erinnerungen an Calw aufzufrischen, zu vermehren und zu kontrollieren; eigentlich die einzigen Gelegenheiten dieser Art waren die seltenen Besuche meiner Schwester. So kam ich einst mit ihr auch auf Herrn Claassen zu sprechen, und es zeigte sich, daß auch sie sein Bild in jener Deutlichkeit und Wirklichkeit bewahrt hatte, wie sie nur die Hauptfiguren, die Planeten am Sternhimmel der Kindheit behalten. Wir konnten uns, wenn wir jene Bilderwelt beschworen, dieser oder jener Dienstmagd, Waschfrau oder Bettlerin, dieses oder jenes entfernten Verwandten nur noch ungenau erinnern, und wenn eins von uns von einer Liese oder Lene sprach, konnte es vorkommen, daß auch das andre eine Weile mit von ihr sprach, daß aber nach einer Weile des einen Liese nicht mehr die des andern war und sich als unzuverlässige Schattengestalt erwies. Das Bild des Herrn Claassen aber ließ keine solchen Zweifel zu, er war ein Planet, und sein Bild sowohl wie einige seiner Taten und Aussprüche besaßen alle Merkmale der Wirklichkeit und Legitimität, welche so vielen andern Erscheinungen im Urwald der Kindheit in bedauerlichstem Maße fehlten, so daß wir beide wohl etwa über eine Gestalt, nicht aber über ihren Namen einig werden konnten, und dieses oder jenes Diktum zwar gleichlautend aufbewahrt, aber jeder einem anderen Urheber zugeschrieben hatten. Während solcher Unterhaltungen mit meiner Schwester, und namentlich in den Stunden, die auf solche Unterhaltungen folgten, wurde mir unheimlich klar, wie es um alle Geschichte und Chronik beschaffen sei, und mein einstiger Vorsatz oder Wunsch, einmal als alter Mann die Chronik meiner frühen Jugend aufzuschreiben, wurde immer weiter ausgelaugt, aufgedröselt und in hundert brüchige Fäden zerpflückt. Von Herrn Claassen indessen hatten wir beide die gleiche Vorstellung und die gleichen Erinnerungen, dieser Fremdling hatte dem „werthen Hause in Calw" sein Bild unzerstörbar eingezeichnet. Nur freilich wurde meine Neigung, ihm eine besondere Art von Ehrerbietung und Wertschätzung zu widmen, von meiner Schwester nicht geteilt. Sie sah in Herrn Claassen noch immer eine vorwiegend komische und keineswegs sympathische Figur, sie erinnerte sich auch wärmer und genauer als ich an die Feindschaft zwischen ihm und unsrer Mutter, an die Klagen der Basen über ihren Tischgast.

Jenes kleine, vom Photographen Arnemann in Münster gemachte Bildnis konnte ich wieder auffinden; weitere Auskünfte und Zeugnisse über Herrn Claassen aber waren auf keine Weise zu beschaffen. Aber nun war einmal meine Teilnahme für diesen Mann wieder wach geworden, ich stieg in den Brunnen des Gedächtnisses hinab und nährte die Bilder durch Versenkung, es kamen manche Züge seines Gesichtes, vor allem Mund und Augen und über den trockenen Augen die seltsam dreieckig gefalteten Lider, zu

vollkommenem Leben zurück; ich konnte Herrn Claassen, den ich vor vielleicht vierzig Jahren zuletzt gesehen, mir wirklicher und getreuer „einbilden“ und vorstellen als manchen meiner Nachbarn, den ich erst gestern zuletzt gesehen hatte. Und es wurde nun auch meine Erinnerung an einige Begegnungen und Gespräche, namentlich an jenen Krankenbesuch und seine Rede über die Stoa, wieder stark belebt. Und plötzlich wurde mir Herr Claassen oder doch die Rolle, die er für mich gespielt, und die Bedeutung, die er für mich gehabt hatte, so klar, daß ich vom Augenblick der Erkenntnis an gar nicht mehr begriff, daß dieser Mann mir so lang hatte ein Rätsel sein können.
Claassen war ein Asket, er war ein echter Yogin, nur freilich kein indischer, sondern ein christlicher und abendländischer, und dies war es, was mich früher gehindert hatte, ihn zu erkennen, denn den indischen Büßer und Yogin kannte ich freilich recht wohl, er hatte mich als einer der reinsten und höchstausgebildeten Typen des nach oben strebenden Menschen schon in meiner Jugend, schon bald nach meiner Abwendung vom Christlichen, immer wieder angezogen und viel beschäftigt, ich kannte den Yogin aus der Literatur und Kunst, aus der Meditation, aus eigenen Yoga-Versuchen, war auch im Leben einigen yogakundigen Hindus begegnet. Soweit in unsrer Zeit und unter abendländischen Christen außerhalb des organisierten Mönchtums ein frommes Asketenleben überhaupt möglich war, soweit hatte Claassen es verwirklicht, und darin vor allem lag auch jene unvergeßliche, wunderbare Ausstrahlung von Fremdheit, Unberührbarkeit und gestirnhafter Einsamkeit, die wir alle um ihn so sehr und oft so lästig gespürt hatten. Dieser Fremdling war darum so fremd, so allein, so stark und unangreifbar, weil er sich von der Mehrzahl der Bedürfnisse befreit hatte, welchen wir anderen unterlagen. Er hatte in sich selbst „die Gier, das Tier in dir“ bekämpft und bis zu einem Grade ausgelöscht, den inmitten unsrer Zivilisation wenige erreichen. Und wenn auch der christliche Asket kaum je die Gelöstheit und Heiterkeit, die Unabhängigkeit, ja den göttlichen Humor asiatischer Yogin zu erreichen vermag, wenn ein Zug von Welthaß und Vergrämtheit ihn beinahe immer begleitet und kennzeichnet, und wenn auch dieser Zug bei Claassen ganz deutlich war zutage getreten, so hatte er eben

dennoch in seinem ganzen Wesen und Auftreten, Sein und Tun die Merkmale des Yoga-Kundigen, die Gefaßtheit, Sammlung und Stille, die Unbeirrbarkeit, die Strahlungskraft, welche „nicht von dieser Welt" sind.
Es war nicht die Frömmigkeit noch die Christlichkeit, welche mir und uns allen an Herrn Claassen solchen Eindruck gemacht hatte. Fromme und christliche Menschen kannten wir genug, darunter solche von hohen geistigen Graden wie unsern Großvater oder den Christoph Blumhardt, und solche von lauterem Willen und größter Opferbereitschaft wie unsre Eltern. Auch sie lebten fromm, auch sie frönten keinen Lastern und verlangten auch im täglichen Leben sehr viel von sich, sie hatten sich und ihr Leben in den Dienst Gottes gestellt. Aber trotz aller Frömmigkeit atmeten sie doch ebenso wie alle Menschen, lebten in einer Atmosphäre von Gemeinde, Freundschaft, Familie, kannten die Wärme der Zuneigung und die Empfindungen der Zärtlichkeit, kannten und duldeten sogar ein gewisses sinnliches Lebensbehagen, es gab Geburtstagskuchen und Sonntagsbraten, gemeinsames Musizieren, Ausflüge und Wanderungen, und mochten vielleicht auch die Alten und Frommen dies alles nur Gott zu Ehren treiben und lieben – wir Jungen, Unbekehrten liebten die hübschen und guten Dinge vorerst ganz naiv um ihrer selbst willen. Es gab in unserem Kreise und Hause zwar die Tendenz, auch das Natürliche und Weltliche zu heiligen und auf Gott zu beziehen, aber es gab keinen radikalen Bruch mit Welt und Sinnlichkeit, es gab keine Übung, Technik und Praxis der Entsinnlichung und Vergeistigung. Eben diese Übung, Technik und Praxis aber hatte Johannes Claassen. Woher er sie hatte, weiß ich nicht gewiß, doch ist es mir mehr als wahrscheinlich, daß sie katholisch-mönchischer Herkunft war. Denn er, der Protestant und kirchenfremde Mystiker, zeigte des öftern eine gewisse Sympathie und Verehrung für katholische Geister und Methoden, und eine seiner Schriften (von der ich nur durch meinen Vater weiß, sie war eine Streitschrift gegen den Theologen Ritschl) hat er mit dem Pseudonym Claravallensis bezeichnet. Ob ihm außer den benediktinischen und byzantinischen Klostertraditionen und dem Thomas von Kempen etwa auch die Exerzitien des heiligen Ignatius bekannt und von ihm erprobt worden waren, weiß ich

nicht. Ich weiß nur: er hatte aus christlicher, nicht indischer Tradition sich Regeln geholt, nach welchen er systematisch und lebenslang Askese und Versenkung geübt haben muß. Ich habe von hier aus nachträglich alles verstanden, worauf die seltsame Fremdheit und zugleich die starke Wirkung seiner Erscheinung beruhte.

Im Lauf der Jahre, seit die Gestalt des Claravallensis mir wieder aus meinen Jugenderinnerungen nahegetreten war, ist es mir dann auch gelungen, beim Stöbern in Antiquariaten und Katalogen wenigstens zweier von Claassens Schriften habhaft zu werden. Sie sind beide um die Mitte der achtziger Jahre erschienen, ganz kurz vor der Zeit, in der er zum erstenmal in Calw auftauchte und unser Haus betrat. Das eine dieser Bücher handelte von dem „Philosophus teutonicus" Jakob Böhme, das andre von dem katholischen Philosophen Franz von Baader, und eins dieser Bücher war eben dasselbe, in dem ich einst als Jüngling erfolglos zu lesen versucht hatte. Nun, ich habe inzwischen etwas hinzugelernt, vor allem die Kunst, mich auch durch fremdartige Syntax, Melodik und Terminologie eines Buches nicht so rasch einschüchtern, ermüden und abschrecken zu lassen. Und so gelingt mir jetzt die Lektüre dieser theosophischen Bücher ganz wohl, wie ich heute auch jene pietistische Literatur zum Teil lesen kann, welche mich in der Jugend mit einer so heftigen Abneigung erfüllte. Ich kann jetzt den „durch Johannes Claassen" dargestellten Böhme und Baader mit Verständnis lesen; nicht daß ich inzwischen ein so guter Christ geworden wäre, aber ich habe auf dem Umweg über Indien und China allmählich gelernt, fremden Vorstellungswelten und fremden Weisheiten Gehör zu schenken und Raum in mir zu gewähren. Und ich muß sagen: die Bücher von Johannes Claassen, so sehr sie samt ihrem Verfasser der Vergessenheit anheimgefallen scheinen, sind vollkommen reife Früchte eines bedeutenden Geistes und Charakters, und sie beschäftigen mich in allem Ernste. Er, der einst neben meinem Bette saß und mir von Seneca und vom Lamm Gottes sprach, spricht heute wieder zu mir, aus zwei schon ziemlich vergilbten und mitgenommen aussehenden Büchern, welche heute außer mir vermutlich sehr wenige Leser mehr haben. Er wird mich nicht in dem Sinne zu seiner Theosophie bekehren, daß ich eine Glaubens- und

Denklehre von ihm übernehmen könnte, so wenig wie seine Vorbilder Böhme und Baader mich in diesem Sinne „bekehren“ konnten. Aber ich nehme ihn ernst, höre gern auf ihn und lerne gern von ihm. Und so ist aus unsrem „Herrn Claassen“, der uns damals durch seine Fremdheit bald erschreckte, bald belustigte, für mich der Autor Johannes Claassen geworden, dessen originelle und fromme Bücher mir jetzt nicht mehr so fremd und unverständlich bleiben wie einst.

Spielend denke ich manchmal: Wie, wenn der Theosoph mich damals, als er mir den Krankenbesuch machte, bekehrt und zum Schüler bekommen hätte? Wären mir dann Umwege erspart oder nur eben andre Wege zu gehen auferlegt worden? Hätte ich die Bhagavad Gita, die Upanischaden, die buddhistischen Legenden, den Konfuzius, den Lao Tse und den Dschuang Dsi dann niemals kennengelernt, und welche Dichtungen, Bücher und Systeme hätte ich statt ihrer zu durchwandern gehabt? Wären mir viele Irrtümer, wären mir viele Dummheiten, wären mir viele Plagen erspart geblieben? Wäre ich, von ihm angeleitet und seine Übungen teilend, Herrn Claassen ähnlich geworden?

Es sind müßige Fragen. Ich wäre geblieben, der ich war, und nichts wäre mir erspart geblieben. Es gibt tausend Wege für einen jeden, tausend Möglichkeiten der Geburt, der Wandlung, der Wiederkehr. Vorläufig hat Herr Claassen recht behalten, ich bin nun doch noch sein Schüler geworden und bücke mich heut über das gleiche Buch, das ich als Jüngling so rasch wieder weggelegt habe. Was für mich aus ihm zu lernen ist, wird nicht zu spät kommen.

Der Bettler

Vor Jahrzehnten, wenn ich an die „Geschichte mit dem Bettler" dachte, war sie für mich eine Geschichte, und es schien mir nicht unwahrscheinlich und auch nicht besonders schwierig, daß ich sie eines Tages erzählen würde. Aber daß das Erzählen eine Kunst sei, deren Voraussetzungen uns Heutigen, oder doch mir, fehlen und deren Ausübung darum nur noch das Nachahmen überkommener Formen sein kann, ist mir inzwischen immer klarer geworden, wie denn ja unsre ganze Literatur, soweit sie von den Autoren ernst gemeint und wirklich verantwortet wird, immer schwieriger, fragwürdiger und dennoch waghalsiger geworden ist. Denn keiner von uns Literaten weiß heute, wie weit sein Menschentum und Weltbild, seine Sprache, seine Art von Glauben und Verantwortung, seine Art von Gewissen und Problematik den anderen, den Lesern und auch den Kollegen, vertraut und verwandt, erfaßbar und verständlich ist. Wir sprechen zu Menschen, die wir wenig kennen und von denen wir wissen, daß sie unsre Worte und Zeichen schon wie eine Fremdsprache lesen, mit Eifer und Genuß vielleicht, aber mit sehr ungefährem Verständnis, während die Struktur und Begriffswelt einer politischen Zeitung, eines Filmes, eines Sportberichts ihnen weit selbstverständlicher, zuverlässiger und lückenloser zugänglich sind.

So schreibe ich diese Blätter, welche ursprünglich nur die Erzählung einer kleinen Erinnerung aus meiner Kinderzeit sein sollten, nicht für meine Söhne oder Enkel, die wenig mit ihnen anfangen könnten, noch für irgendwelche andere Leser, wenn nicht etwa die paar Menschen, deren Kinderzeit und Kinderwelt ungefähr dieselbe wie die meine gewesen ist, und die zwar nicht den Kern dieser nicht erzählba-

ren Geschichte (der mein persönliches Erlebnis ist), doch aber wenigstens die Bilder, den Hintergrund, die Kulissen und Kostüme der Szene wiedererkennen werden.
Aber nein, auch an sie wendet meine Aufzeichnung sich nicht, und auch das Vorhandensein dieser einigermaßen Vorbereiteten und Eingeweihten vermag meine Blätter nicht zur Erzählung zu erheben, denn Kulissen und Kostüme machen noch längst keine Geschichte aus. Ich schreibe also meine leeren Blätter mit Buchstaben voll, nicht in der Absicht und Hoffnung, damit jemanden zu erreichen, dem sie Ähnliches wie mir bedeuten könnten, sondern aus dem bekannten, wenn auch nicht erklärbaren Trieb zu einsamer Arbeit, einsamem Spiel, dem der Künstler gehorcht wie einem Naturtrieb, obwohl er gerade den sogenannten Naturtrieben zuwiderläuft, wie sie heute von der Volksmeinung oder der Psychologie oder der Medizin definiert werden. Wir stehen ja an einem Ort, einer Strecke oder Biegung des Menschenweges, zu dessen Kennzeichen auch das gehört, daß wir über den Menschen nichts mehr wissen, weil wir uns zuviel mit ihm beschäftigt haben, weil zuviel Material über ihn vorliegt, weil eine Anthropologie, eine Kunde vom Menschen, einen Mut zur Vereinfachung voraussetzt, den wir nicht aufbringen. So wie die erfolgreichsten und modernsten theologischen Systeme dieser Zeit nichts so sehr betonen als die völlige Unmöglichkeit irgendeines Wissens über Gott, so hütet sich unsere Menschenkunde ängstlich, über das Wesen des Menschen irgend etwas wissen und aussagen zu wollen. Es geht also den modern eingestellten Theologen und Psychologen ganz ebenso wie uns Literaten: die Grundlagen fehlen, es ist alles fragwürdig und zweifelhaft geworden, alles relativiert und durchwühlt, und dennoch besteht jener Trieb zu Arbeit und Spiel ungebrochen fort, und wie wir Künstler, so bemühen sich auch die Männer der Wissenschaft eifrig weiter, ihre Beobachtungswerkzeuge und ihre Sprache zu verfeinern und dem Nichts oder Chaos wenigstens einige sorgfältig beobachtete und beschriebene Aspekte abzugewinnen.
Nun, möge man dies alles als Zeichen des Untergangs oder als Krise und notwendige Durchgangsstation ansehen – da jener Trieb in uns fortbesteht und da wir, indem wir ihm

folgen und unsre einsamen Spiele trotz aller Fragwürdigkeit auch unter allen Erschwerungen weitertreiben, ein zwar einsames und melancholisches, aber doch ein Vergnügen empfinden, ein kleines Mehr an Lebensgefühl oder an Rechtfertigung, haben wir uns nicht zu beklagen, obwohl wir jene unsrer Kollegen recht wohl verstehen, welche, des einsamen Treibens müde, der Sehnsucht nach Gemeinschaft, nach Ordnung, Klarheit und Einfügung nachgeben und sich der Zuflucht anvertrauen, welche als Kirche und Religion oder als deren moderner Ersatz sich anbietet. Wir Einzelgänger und störrischen Nichtkonvertiten haben an unserer Vereinsamung nicht nur einen Fluch, eine Strafe zu tragen, sondern haben in ihr auch trotz allem eine Art von Lebensmöglichkeit, und das heißt für den Künstler Schaffensmöglichkeit.

Was mich betrifft, so ist meine Einsamkeit zwar nahezu vollkommen, und was an Kritik oder Anerkennung, an Anfeindung oder Duzbrüderschaft aus dem Kreise der mir durch die Sprache Verbundenen an mich gelangt, trifft zumeist an mir vorbei, so wie einem dem Tode nahen Kranken etwa die Wünsche besuchender Freunde für Genesung und langes Leben am Ohr vorbei tönen mögen. Aber diese Einsamkeit, dies Herausgefallensein aus den Ordnungen und Gemeinschaften und dies Sichnichtanpassenwollen oder -können an eine vereinfachte Daseinsform und Lebenstechnik bedeutet darum noch lange nicht Hölle und Verzweiflung. Meine Einsamkeit ist weder eng noch ist sie leer, sie erlaubt mir zwar das Mitleben in einer der heute gültigen Daseinsformen nicht, erleichtert mir aber zum Beispiel das Mitleben in hundert Daseinsformen der Vergangenheit, vielleicht auch der Zukunft, es hat ein unendlich großes Stück Welt in ihr Raum. Und vor allem ist diese Einsamkeit nicht leer. Sie ist voll von Bildern. Sie ist eine Schatzkammer von angeeigneten Gütern, ichgewordener Vergangenheit, assimilierter Natur. Und wenn der Trieb zum Arbeiten und Spielen noch immer ein wenig Kraft in mir hat, so ist es dieser Bilder wegen. Eines dieser tausend Bilder festzuhalten, auszuführen, aufzuzeichnen, ein Gedenkblatt mehr zu so vielen andern zu fügen, ist zwar mit den Jahren immer schwieriger und mühevoller geworden, aber nicht weniger lockend. Und besonders lockend ist der

Versuch des Aufzeichnens und Fixierens bei jenen Bildern, die aus den Anfängen meines Lebens stammen, die, von Millionen späterer Eindrücke und Erlebnisse überdeckt, dennoch Farbe und Licht bewahrt haben. Es wurden ja diese frühen Bilder in einer Zeit empfangen, in der ich noch ein Mensch, ein Sohn, ein Bruder, ein Kind Gottes war und noch nicht ein Bündel von Trieben, Reaktionen und Beziehungen, noch nicht der Mensch des heutigen Weltbildes.

Ich versuche die Zeit, den Schauplatz und die Personen der kleinen Szene festzustellen. Nicht alles ist genau nachweisbar, nicht zum Beispiel das Jahr und die Jahreszeit, auch nicht ganz genau die Zahl der miterlebenden Personen. Es ist ein Nachmittag wahrscheinlich im Frühling oder Sommer, und ich war damals zwischen fünf und sieben, mein Vater zwischen fünfunddreißig und siebenunddreißig Jahre alt. Es war ein Spaziergang des Vaters mit den Kindern, die Personen waren: der Vater, meine Schwester Adele, ich, möglicherweise auch meine jüngere Schwester Marulla, was nicht mehr nachweisbar ist, ferner hatten wir den Kinderwagen mit, in dem wir entweder eben diese jüngere Schwester oder aber wahrscheinlicher, unsern jüngsten Bruder Hans mitführten, der noch nicht der Sprache und des Gehens mächtig war. Schauplatz des Spaziergangs waren die paar Straßen des äußeren Spalenquartiers im Basel der achtziger Jahre, zwischen denen unsre Wohnung lag, nahe dem Schützenhaus im Spalenringweg, der damals noch nicht seine spätere Breite hatte, denn zwei Drittel von ihr nahm die ins Elsaß führende Eisenbahnlinie ein. Es war eine kleinbürgerliche, heitere und ruhige Stadtgegend, am äußersten Rande des damaligen Basel, ein paar hundert Schritte weiter lag schon die damals endlose Prärie der Schützenmatte, der Steinbruch und erste Bauernhöfe am Wege nach Allschwil, wo wir Kinder manchmal in einem der dunklen warmen Ställe die Milch frisch von der Kuh zu trinken bekamen und von wo wir ein Körbchen Eier mit nach Hause trugen, ängstlich und stolz darauf, daß uns dies anvertraut wurde. Es wohnten harmlose Bürgersleute um uns herum, einige wenige Handwerker, meistens aber Leute, die in die Stadt zu ihrer Arbeit gingen und feierabends in den Fenstern lagen und Pfeifen rauchten oder in den kleinen Gärtchen vor ihren Häusern mit Rasen und Kies sich zu schaffen machten. Einigen Lärm machte die Eisenbahn, und zu fürchten waren die Bahnwärter, die am Bahnübergang zwischen Austraße und Allschwiler Straße in einer Bretterhütte mit winzigen Fensterchen hausten und wie die Teufel herbeigestürzt kamen, wenn wir einen hineingefallenen Ball oder Hut oder Pfeil aus dem Graben retten wollten, der die Bahnlinie von der Straße trennte und den zu betreten niemand das Recht hatte als eben jene Wärter, die wir fürchteten und an denen nichts mir gefiel als das allerdings entzückende, messingene Hörnchen, das sie an einem Bandelier über die Schulter hängen hatten und auf dem sie, obwohl es nur einen einzigen Ton hatte, alle Stufen ihrer jeweiligen Aufregung oder Schläfrigkeit auszudrücken vermochten. Übrigens war dennoch einmal einer dieser Männer, die für mich die ersten Vertreter der Macht, des Staates, des Gesetzes und der Polizeigewalt waren, überraschenderweise sehr menschlich und nett mit mir gewesen; er hatte mich, der ich mit Peitsche und Kreisel auf der sonnigen Straße beschäftigt war, herbeigewinkt, hatte mir ein Geldstück in die Hand gegeben und mich freundlich gebeten, ihm aus dem nächsten Laden einen Limburger Käse zu holen. Ich gehorchte ihm freudig, bekam im Laden den Käse eingewickelt und überreicht, dessen Konsistenz und Geruch mir allerdings unheimlich und verdächtig waren, kehrte mit dem Päckchen und dem Überrest des Geldes zurück und wurde zu meiner großen Genugtuung vom Bahnwärter im Innern seiner Hütte erwartet, das ich zu sehen längst begierig gewesen war und nun betreten durfte. Es enthielt jedoch außer dem schönen gelben Hörnchen, das zur Zeit an einem Wandnagel hing, und dem daneben an die Bretterwand gehefteten, aus einer Zeitung geschnittenen Bildnis eines schnurrbärtigen Mannes in Uniform keine Kostbarkeiten. Leider endete mein Besuch bei Gesetz und Staatsgewalt schließlich doch mit einer Enttäuschung und Verlegenheit, die mir äußerst peinlich gewesen sein muß, da ich sie nicht vergessen konnte. Der heute so gutgelaunte und freundliche Wärter wollte, nachdem er Käse und Geld in Empfang genommen hatte, mich nicht ohne Dank und Lohn entlassen, er holte aus einer schmalen Sitztruhe ein Laibchen Brot heraus, schnitt ein Stück ab, schnitt auch vom Käse ein tüchtiges Stück und legte oder klebte es auf das Brot, das er mir darreichte und das er mir mit Appetit zu essen empfahl. Ich wollte mich samt dem Brote aus dem Staube machen und dachte es wegzuwerfen, sobald ich den Augen des Spenders entronnen sein würde. Aber er witterte, wie es schien, meine Absicht, oder er wollte nun einmal gern bei seinem Imbiß einen Kameraden haben; er machte große und, wie mir scheinen wollte, drohende Augen und bestand darauf, daß ich gleich hier hineinbeiße. Ich hatte mich artig bedanken und in Sicherheit bringen wollen, denn ich begriff sehr wohl, allzu wohl, daß er mein Verschmähen seiner Gabe und gar meinen Widerwillen gegen die von ihm geliebte Speise als Beleidigung empfinden würde. Und so war es auch. Ich stammelte erschrocken und unglücklich irgend etwas Unbedachtes heraus, legte das Brot auf den Truhenrand, drehte mich um und ging drei, vier Schritte von dem Manne weg, den ich nicht mehr anzusehen wagte, dann schlug ich meinen schnellsten Trab ein und entfloh nach Hause.

Die Begegnungen mit den Wärtern, den Vertretern der Macht, waren in unsrer Nachbarschaft, in der kleinen heiteren Welt, in der ich lebte, das einzige Unvertraute, das einzige Loch und Fenster nach den Dunkelheiten, Abgründen und Gefahren hin, deren Vorhandensein in der Welt mir schon damals nicht mehr unbekannt war. Zum Beispiel hatte ich einmal aus einer Schenke weiter innen in der Stadt das Gegröle betrunkener Zecher vernommen, hatte einmal einen Menschen mit zerrissener Jacke von zwei Polizisten abführen sehen und ein andermal in der abendlichen Spalenvorstadt die teils schrecklich eindeutigen, teils ebenso schrecklich rätselhaften Geräusche einer Schlägerei zwischen Männern mit angehört und mich dabei so gefürchtet, daß unsre Magd Anna, die mich begleitete, mich eine Strecke weit auf den Arm nehmen mußte. Und dann gab es noch etwas, was mir unstreitig böse, scheußlich und durchaus diabolisch vorkam, es war der fatale Geruch im Umkreis einer Fabrik, an der ich mit älteren Kameraden mehrere Male vorbeigekommen war und deren Dunstkreis eine bestimmte Art von Ekel, Beklemmung, Empörung und tiefer Furcht in mir wachrief, welche auf irgendeine wunderliche

Weise mit dem Gefühl verwandt war, das Bahnwärter und Polizei mir verursachten, einem Gefühl, an dem außer der bangen Empfindung von Gewalterleiden und Machtlosigkeit auch noch ein Zuschuß oder Unterton von schlechtem Gewissen teilhatte. Denn zwar hatte ich in Wirklichkeit noch nie eine Begegnung mit der Polizei erlebt und ihre Gewalt zu spüren bekommen, aber oft hatte ich von Dienstboten oder Kameraden die geheimnisvolle Drohung gehört: „Wart, ich hole die Polizei", und ebenso wie bei den Konflikten mit den Bahnwärtern war da jedesmal irgend etwas wie eine Schuld auf meiner Seite, die Übertretung eines mir bekannten oder auch nur geahnten und imaginierten Gesetzes vorgelegen. Aber jene Unheimlichkeiten, jene Eindrücke, Töne und Gerüche hatten mich weit von Hause erreicht, im Innern der Stadt, wo es ohnehin lärmig und aufregend, wenn auch freilich höchst interessant zuging. Unsere stille und saubere Kleinwelt vorstädtischer Wohnstraßen mit ihren Gärtchen an der Front und ihren Wäscheleinen an der Rückseite war arm an Eindrücken und Mahnungen dieser Art, sie begünstigte eher den Glauben an eine wohlgeordnete, freundliche und arglose Menschheit, um so mehr als zwischen diesen Angestellten, Handwerkern und Rentnern da und dort auch Kollegen meines Vaters oder Freundinnen meiner Mutter wohnten, Leute, die mit der Heidenmission zu tun hatten, Missionare im Ruhestand, Missionare auf Urlaub, Missionarswitwen, deren Kinder die Schulen des Missionshauses besuchten, lauter fromme, freundliche, aus Afrika, Indien und China heimgekehrte Leute, die ich zwar keineswegs in meiner Einteilung der Welt an Rang und Würde meinem Vater gleichstellen konnte, die aber ein ähnliches Leben führten wie er und die sich untereinander mit Du und Bruder oder Schwester anredeten.

Damit bin ich denn bei den Personen meiner Geschichte angelangt, deren es drei Hauptpersonen: mein Vater, ein Bettler und ich, und zwei bis drei Nebenpersonen sind, nämlich meine Schwester Adele, möglicherweise auch meine zweite Schwester und der von uns im Wagen geschobene kleine Bruder Hans. Über ihn habe ich ein anderes, früheres Mal schon Erinnerungen aufgeschrieben; bei diesem Basler Spaziergang war er nicht Mitspieler oder Miterlebender, sondern nur eben die kleine, der Rede noch unmächtige, von uns sehr geliebte Kostbarkeit im Kinderwagen, den zu schieben wir alle als ein Vergnügen und eine Auszeichnung betrachteten, den Vater nicht ausgenommen. Auch Schwester Marulla, sofern sie überhaupt an jenem Nachmittag mit an unsrem Spaziergang teilnahm, kommt als Mitspielerin nicht eigentlich in Betracht, auch sie war noch zu klein. Immerhin mußte sie erwähnt werden, wenn auch nur die Möglichkeit bestand, daß sie uns damals begleitete, und mit ihrem Namen Marulla, der noch mehr als der ebenfalls in unsrer Umgebung kaum bekannte Name Adele als fremd und wunderlich auffiel, ist auch etwas von der Atmosphäre und dem Kolorit unsrer Familie gegeben. Denn Marulla war eine aus dem Russischen stammende Koseform von Maria und drückte, neben vielen anderen Kennzeichen, etwas vom Wesen der Fremdheit und Einmaligkeit unsrer Familie und ihrer Nationenmischung aus. Unser Vater war zwar gleich der Mutter, dem Großvater und der Großmutter in Indien gewesen, hatte dort ein wenig Indisch gelernt und im Dienst der Mission seine Gesundheit eingebüßt, aber das war in unsrem Milieu so wenig besonders und auffallend, wie wenn wir eine Familie von Seefahrern in einer Hafenstadt gewesen wären. In Indien, am Äquator, bei fremden dunkeln Völkern und an fernen Palmenküsten waren auch alle die andern „Brüder" und „Schwestern" von der Mission gewesen, auch sie konnten das Vaterunser in einigen fremden Sprachen sprechen, hatten lange Seereisen und lange, von uns Kindern trotz ihrer großen Mühsal höchst beneidete Landreisen auf Eseln oder Ochsenkarren gemacht und konnten zu den wunderbaren Sammlungen des Missionsmuseums genaue und zuweilen abenteuerreiche Erzählungen und Erklärungen geben, wenn wir dies Museum im Erdgeschoß des Missionshauses unter ihrer Führung besuchen durften.

Aber ob Indien oder China, Kamerun oder Bengalen, die andern Missionare und ihre Frauen waren zwar weit herumgekommen, schließlich waren sie aber doch beinahe alle entweder Schwaben oder Schweizer, es fiel schon auf, wenn einmal ein Bayer oder Österreicher sich unter sie verirrt hatte. Unser Vater aber, der seine kleine Tochter Marulla rief, kam aus einer fremderen, unbekannteren Ferne, er kam aus Rußland, er war ein Balte, ein Deutschrusse, und hat bis zu seinem Tode von den Mundarten, die um ihn herum und auch von seiner Frau und seinen Kindern gesprochen wurden, nichts angenommen, sondern sprach in unser Schwäbisch und Schweizerdeutsch hinein sein reines, gepflegtes, schönes Hochdeutsch. Dieses Hochdeutsch, obwohl es für manche Einheimische unser Haus an Vertraulichkeit und Behagen einbüßen ließ, liebten wir sehr und waren stolz darauf, wir liebten es ebenso wie die schlanke, gebrechlich zarte Gestalt, die hohe edle Stirn und den reinen, oft leidenden, aber stets offenen, wahrhaftigen und zu gutem Benehmen und Ritterlichkeit verpflichtenden, an das Bessere im andern appellierenden Blick des Vaters. Er war, das wußten seine wenigen Freunde, und das wußten schon sehr früh wir Kinder, nicht ein Allerweltsmann, sondern ein Fremdling, ein edler und seltener Schmetterling oder Vogel aus anderen Zonen zu uns verflogen, durch seine Zartheit und sein Leiden und nicht minder durch ein verschwiegenes Heimweh ausgezeichnet und isoliert. Wenn wir die Mutter mit einer natürlichen, auf Nähe, Wärme und Gemeinschaft gegründeten Zärtlichkeit liebten, so liebten wir den Vater mit einem leisen Beiklang von Ehrfurcht, von Scheu, von einer Bewunderung, wie sie die Jugend nicht für das Eigene und Heimatliche, sondern nur für das Fremde hat.

Sei das Bemühen um Wahrheit noch so enttäuschend, sei es noch so illusorisch, es ist dies Bemühen ebenso wie das Streben nach Form und Schönheit dennoch unentbehrlich bei Aufzeichnungen dieser Art, welche sonst auf keinerlei Wert Anspruch machen könnten. Es mag recht wohl sein, daß mein Bemühen um Wahrheit mich zwar der Wahrheit nicht näher führt, aber es wird, auf diese oder jene mir selbst vielleicht nicht erkennbare Weise dennoch nicht völlig vergeblich sein. So war ich, als ich die ersten Zeilen dieses Berichtes schrieb, der Meinung, es wäre einfacher und könne nichts schaden, wenn ich Marulla überhaupt nicht erwähnen würde, da es ja höchst zweifelhaft war, ob sie in diese Geschichte hineingehöre. Aber siehe, sie war eben doch nötig, schon ihres Namens wegen. Es hat schon mancher Schreiber oder Künstler sich in einem Werke um dies oder jenes ihm teure Ziel treulich und geduldig bemüht und hat zwar nicht dieses Ziel, wohl aber andere Ziele und Wirkungen erreicht, die ihm gar nicht oder doch weit weniger bewußt und wichtig waren. Man könnte sich etwa recht wohl denken, daß Adalbert Stifter in seinem „Nachsommer" nichts so ernst und heilig genommen, nichts so geduldig und treulich angestrebt habe wie gerade das, was uns an diesem Werke heute langweilig ist. Und dennoch wäre das andere, der neben und trotz der Langeweile vorhandene, der die Langeweile weit überstrahlende hohe Wert dieses Werkes nicht zustande gekommen ohne dies Bemühen, diese Treue und Geduld, diesen Kampf um das dem Schreibenden so Wichtige. So muß auch ich mich bemühen, so viel Wahrheit einzufangen als irgend möglich ist. Dazu gehört unter anderem, daß ich versuchen muß, meinen Vater noch einmal so zu sehen, wie er an jenem Tag unsres Spazierganges wirklich war, denn das Ganze seiner Persönlichkeit war ja meinem Kinderblick längst nicht übersehbar, ist es auch heute kaum, sondern ich muß versuchen, ihn noch einmal so zu sehen, wie ich ihn als Knabe in jenen Tagen sah. Ich sah ihn als etwas nahezu Vollkommenes und Unnachahmliches, als eine Gestalt gewordene Reinheit und Würde der Seele, als einen Kämpfer, Ritter und Dulder, dessen Überlegenheit durch seine Fremdheit, seine Heimatlosigkeit, seine leibliche Zartheit gemildert und der wärmsten Liebe und Zärtlichkeit zugänglich wurde. Irgendeinen Zweifel an ihm, irgendeine Kritik an ihm kannte ich nicht, damals noch nicht, wenn auch Konflikte mit ihm mir leider nichts Unbekanntes waren. Aber bei diesen Konflikten stand er mir zwar als Richter, Warner, Bestrafer oder Verzeihender gegenüber, zu meiner Not und Beschämung, aber stets war er es, der recht hatte, stets fand ich Tadel oder Strafe durch mein eigenes Wissen bestätigt und anerkannt, noch war ich nie in Gegensatz oder Kampf mit ihm und seiner Gerechtigkeit und Tugend geraten, dazu führten erst viel spätere Konflikte. Zu keinem andern Menschen, er möge mir noch so sehr überlegen gewesen sein, habe ich dies Verhältnis einer natürlichen, durch Liebe des Stachels beraubten Unterordnung je wieder gehabt, oder wenn ich, wie etwa bei meinem Göppinger Lehrer, ein ähnliches Verhältnis einmal wiederfand, so war es nicht auf lange Dauer und stellte sich mir später beim Rückblick deutlich als eine

Wiederholung, als ein Zurückbegehren in jenes Vater-Sohn-Verhältnis dar.

Was ich von unsrem Vater damals wußte, war großenteils aus seinen eigenen Erzählungen gespeist. Er, der im übrigen keine Künstlernatur und an Phantasie und Temperament weniger reich war als unsre Mutter, fand ein Vergnügen und erwarb eine gewisse Künstlerschaft darin, von Indien oder von seiner Heimat zu erzählen, von den großen Zeiten seines Lebens. Vor allem war es seine Kindheit in Estland, das Leben in seinem Vaterhaus und auf den Landgütern, mit Reisen im Planwagen und Besuchen an der See, wovon er uns nicht genug erzählen konnte. Eine überaus heitere, bei aller Christlichkeit sehr lebensfrohe Welt tat sich da vor uns auf, nichts wünschten wir sehnlicher, als auch einmal dies Estland und Livland zu sehen, wo das Leben so paradiesisch, so bunt und lustig war. Wir hatten Basel, das Spalenquartier, das Missionshaus, unsern Müllerweg und die Nachbarn und Kameraden recht gern, aber wo wurde man hier auf weit entfernte Güter eingeladen, mit Bergen von Kuchen und Körben voll Obst bewirtet, auf junge Pferdchen gesetzt, in Planwagen weit über Land gefahren? Einiges von jenem baltischen Leben und seinen Gebräuchen hatte der Vater auch hier einführen können, es gab bei uns Worte wie Marulla, es gab einen Samowar, ein Bild des Zaren Alexander, und es gab einige aus des Vaters Heimat stammende Spiele, die er uns gelehrt hatte, vor allem das österliche Eierrollen, zu dem wir etwa auch ein Nachbarkind mitbringen durften, um ihm mit diesen Sitten und Gebräuchen Eindruck zu machen. Aber es war wenig, was Vater hier in der Fremde seiner Jugendheimat anzugleichen vermocht hatte, auch der Samowar stand am Ende mehr wie ein Museumsstück da, als daß er benutzt wurde, und so waren es die Erzählungen vom russischen Vaterhaus, von Weißenstein, Reval und Dorpat, vom heimatlichen Garten, von den Festen und Reisen, in denen der Vater nicht nur sich selber des Geliebten und Entbehrten wieder einnerte, sondern auch in uns Kindern ein kleines Estland anbaute und die ihm teuren Bilder auch in unsre Seelen senkte.

Damit, mit diesem gewissen Kult, den er seiner Heimat und ersten Jugend widmete, mochte es auch zusammenhängen, daß er ein ganz ausgezeichneter Spieler, Spielkamerad und Spiellehrer geworden war. In keinem Hause, das wir kannten, wurden so zahlreiche Spiele gekannt und gekonnt, wurden ihnen so viele und witzige Variationen ersonnen, wurden so viele neue Spiele erfunden. An dem Geheimnis, das unser Vater, der Ernste, der Gerechte, der Fromme, uns nicht entschwand und zur Altarfigur wurde, daß er trotz aller Ehrfurcht durchaus ein Mensch und unsrem Kindersinn nah und erreichbar blieb, daran hatte sein Spieltalent großen Anteil, ebenso großen wie seine Schilderungen und Geschichten. Für mich, das Kind, war natürlich all das, was ich heute über die biographische und die psychologische Deutung dieser Spielfreude vermute, nicht vorhanden. Vorhanden und lebendig wirksam war für uns Kinder nur dieser sein Kult der Spiele selbst, und er hat nicht nur in unsrer Erinnerung seinen Platz, er ist auch literarisch dokumentiert: unser Vater hat bald nach der Zeit, von der hier die Rede ist, ein volkstümliches Spielbüchlein mit dem Titel „Das Spiel im häuslichen Kreise" geschrieben, das im Verlag unsres Onkels Gundert in Stuttgart erschienen ist. Bis ins Alter und bis in die Jahre der Blindheit hinein blieb die Begabung zum Spielen ihm treu. Wir Kinder wußten es nicht anders und hielten es für selbstverständlich, zum Charakter und zu den Funktionen eines Vaters gehörig: wären wir mit dem Vater auf eine wilde Insel verschlagen oder in den Kerker geworfen worden oder, in Wäldern verirrt, in der Zuflucht einer Höhle gelandet, so wären zwar vielleicht Not und Hunger, gewiß aber nicht Leere und Langeweile zu fürchten gewesen, Vater hätte Spiel um Spiel für uns erfunden, und dies auch noch, wenn wir in Fesseln oder im Dunkeln hätten weilen müssen, denn gerade die Spiele, zu denen es keines Apparates bedurfte, waren ihm die liebsten, zum Beispiel Rätselraten, Rätselerfinden, mit Worten spielen, Gedächtnisübungen anstellen. Und bei den Spielen, bei welchen Spielzeug und Hilfsmittel nicht entbehrlich waren, hat er stets Freude am Einfachsten und Selbstgefertigten und eine Abneigung gegen das von der Industrie Gemachte und im Laden Gekaufte gehabt. Viele Jahre lang haben wir Brettspiele wie Go Bang oder Halma auf Brettern und mit Figuren gespielt, die er selbst angefertigt und bemalt hatte.

Übrigens ist dieser sein Hang zum Zusammensein, zur Geselligkeit im Schutz und unter dem sanften Zwang von Spielregeln später auch bei einem seiner Kinder, seinem jüngsten, zu einem Kennzeichen und Charakterzug geworden: Bruder Hans war darin dem Vater ähnlich, daß auch er im Umgang und Spiel mit Kindern seine beste Erholung, seine Freude und einen Ersatz für vieles fand, was ihm das Leben vorenthielt. Er, der schüchterne und zuzeiten etwas ängstliche Hans blühte, sobald er mit Kindern allein gelassen, sobald ihm Kinder anvertraut wurden, zu allen Gipfeln seiner Phantasie und Lebensfreude empor, entzückte und bezauberte die Kinder und versetzte sich selbst in einen paradiesischen Zustand von Gelöstheit und Glück, in dem er unwiderstehlich liebenswürdig war und von dem nach seinem Tode selbst nüchterne und kritische Augenzeugen mit einer betonten Wärme sprachen.
Vater also führte uns spazieren. Er war es, der den Kinderwagen die größte Strecke schob, obwohl er keineswegs rüstig war. Im Wagen lag, lächelnd und ins Licht staunend, der kleine Hans, Adele ging an Vaters Seite, während ich mich dem gemessenen Andante des Spazierschrittes weniger anzupassen vermochte und bald voraus lief, bald einer interessanten Entdeckung wegen zurückblieb und darum bettelte, den Wagen schieben zu dürfen, bald mich ohne Rücksicht auf seine Ermüdbarkeit an Vaters Arm oder Rock klammerte und ihn mit Fragen bestürmte. Was auf jenem Spaziergang, einem von tausend ähnlichen, gesprochen wurde, davon ist mir nichts im Gedächtnis geblieben. Geblieben ist mir, und auch Adelen, von diesem Tag und Spaziergang nichts als das Erlebnis mit dem Bettler. Im Bilderbuch meiner frühen Erinnerungen gehört es zu den eindrücklichsten und anregendsten Bildern, anregend zu Gedanken und Grübeleien verschiedenster Art, wie es denn noch heute, wohl fünfundsechzig Jahre später, mich zu diesen Gedanken angeregt und zu der Bemühung mit diesen Aufzeichnungen gezwungen hat.
Wir wandelten gemächlich dahin, die Sonne schien und malte neben jede der in Kugelform geschnittenen Akazien des Weges ihren Schatten, was den Eindruck von Pedanterie, Regelmäßigkeit und Lineaästhetik noch verstärkte, den diese Pflanzung mir immer machte. Es geschah nichts als

das Gewohnte und Alltägliche: daß ein Briefträger den Vater grüßte und ein vierspänniger Bierbrauerwagen mit schweren, schönen Rossen beim Bahnübergang warten mußte und uns Zeit ließ, die herrlichen Tiere zu bestaunen, die einen ansehen konnten, als wollten sie Gruß und Rede mit uns tauschen, und an denen mir nur das Geheimnis unheimlich war, daß ihre Füße es ertrugen, wie Holz gehobelt und mit diesen klobigen Eisen beschlagen zu werden. Aber als wir schon uns wieder unsrer Straße näherten, geschah doch noch etwas Neues und Besonderes.
Es kam uns ein Mann entgegen, der ein wenig mitleiderregend und ein wenig ungut aussah, ein noch ziemlich junger Mensch mit einem bärtigen, vielmehr seit langer Zeit unrasierten Gesicht, zwischen dem dunklen Haar und Bartwuchs waren Wangen und Lippen von lebhaftem Rot, die Kleidung und Haltung des Mannes hatte etwas Verwahrlostes und Verwildertes, sie machte uns ebenso bange wie neugierig, gern hätte ich mir diesen Mann genauer betrachtet und etwas über ihn erfahren. Er gehörte, das sah ich beim ersten Blick, zu der geheimnisvollen und abgründigen Seite der Welt, er mochte einer von jenen rätselhaften und gefährlichen, aber nicht minder unglücklichen und schwierigen Menschen sein, von denen man gelegentlich als von Herumtreibern, Vaganten, Bettlervolk, Trinkern, Verbrechern sprechen hörte, in Gesprächen der Erwachsenen, welche sofort unterbrochen oder zum Flüstern gedämpft wurden, wenn man bemerkte, daß eins von uns Kindern zuhörte. So klein ich war, so hatte ich doch für eben jene drohende und beklemmende Seite der Welt nicht nur die natürliche, knabenhafte Neugierde, sondern, so glaube ich heute, ich ahnte auch schon etwas davon, daß diese wunderbar zwielichtigen, ebenso armen wie gefährlichen, ebenso Abwehr wie Brudergefühle aufrufenden Erscheinungen, diese Zerlumpten, Verwahrlosten und Entgleisten ebenso „richtig“ und gültig, daß ihr Dasein in der Mythologie durchaus notwendig, daß im großen Weltspiel der Bettler so unentbehrlich sei wie der König, der Abgerissene ebensoviel gelte wie der Mächtige und Uniformierte. So sah ich denn mit einem Schauder, an dem Entzücken und Furcht gleichen Anteil hatten, den zottigen Mann uns entgegenkommen und seine Schritte auf uns zulenken, sah ihn

die etwas scheuen Augen auf unsern Vater richten und mit halbgezogener Mütze vor ihm stehenbleiben.
Artig erwiderte Vater seinen gemurmelten Gruß, und mit der größten Spannung sah ich, während der Kleine im Wägelchen beim Halten erwachte und langsam die Augen auftat, der Szene zwischen den beiden einander scheinbar so sehr fremden Männern zu. Stärker noch, als es auch sonst schon des öftern geschah, empfand ich die Mundart des einen und die gepflegte, genau akzentuierende Sprache des andern als Ausdruck eines innern Gegensatzes, als Sichtbarwerden einer zwischen dem Vater und seiner Umwelt bestehenden Scheidewand. Andrerseits war es aufregend und hübsch, zu sehen, wie der Angesprochene den Bettler so höflich und ohne Ablehnung oder Zurückzucken empfing und als Menschenbruder anerkannte. Der Unbekannte versuchte nun, nachdem die paar ersten Worte getauscht waren, das Herz des Vaters, in dem er einen gutmütigen und vielleicht leicht zu rührenden Menschen vermuten mochte, mit einer Schilderung seiner Armut, seines Hungers und Elendes zu bestürmen, es kam etwas Singendes und Beschwörendes in seine Redeweise, als klage er dem Himmel seine Not: kein Stückchen Brot habe er, kein Dach überm Kopf, keine ganzen Schuhe mehr, es sei ein Elend, er wisse nicht mehr, wohin sich wenden, und er bitte inständig um ein wenig Geld, es sei schon lang keines mehr in seiner Tasche gewesen. Er sagte nicht Tasche, sondern Sack, während mein Vater in seiner Antwort den Ausdruck Tasche vorzog. Ich verstand übrigens mehr die Musik und Mimik des Auftrittes, von den Worten nur wenige.
Schwester Adele, zwei Jahre älter als ich, war nun in einer Hinsicht über Vater besser unterrichtet als ich. Sie wußte, was mir noch lange Jahre verborgen blieb, schon damals; daß nämlich unser Vater so gut wie niemals Geld bei sich trug und daß er, wenn es doch einmal geschah, ziemlich hilflos und auch leichtsinnig damit umging, Silber statt Nikkel und große statt kleine Münzen hingab. Sie zweifelte vermutlich nicht daran, daß er kein Geld bei sich habe. Ich dagegen neigte sehr zu der Erwartung, er werde nun, beim nächsten Ansteigen und Schluchzen der Töne in des Bettlers Klagelied, in die Tasche greifen und dem Mann eine ganze Menge von halben und ganzen Frankenstücken in

die Hände drücken oder in die Mütze schütten, genug, um Brot, Limburger Käse, Schuhe und alles andre zu kaufen, dessen der Fremdling bedürftig war. Statt dessen aber hörte ich den Vater auf alle Anrufe mit derselben höflichen und beinah herzlichen Stimme antworten und hörte seine beruhigend und beschwichtigend gemeinten Worte schließlich zu einer kleinen, gut formulierten Rede verdichten. Der Sinn dieser Rede war, wie wir Geschwister uns später zu erinnern meinten, dieser: er sei nicht imstande, Geld zu geben, da er keines bei sich habe, auch sei mit Geld nicht immer geholfen, man könne es leider auf so verschiedene Arten verwenden, zum Beispiel statt zum Essen zum Trinken, und dazu wolle er in keiner Weise behilflich sein; dagegen sei es ihm nicht möglich, einen wirklich Hungernden von sich zu weisen, darum schlage er vor, der Mann möge ihn bis zum nächsten Kaufladen begleiten, dort werde er soviel Brot bekommen, daß er mindestens für diesen Tag nicht zu hungern brauche.
Während dieses Gesprächs standen wir die ganze Zeit am selben Fleck auf der breiten Straße, und ich konnte die beiden Männer mir gut ansehen, sie miteinander vergleichen und mir auf Grund ihres Aussehens, ihres Tonfalls und ihrer Worte meine Gedanken machen. Unangetastet natürlich blieb die Überlegenheit und Autorität des Vaters in diesem Wettstreit, er war ohne Zweifel nicht nur der Anständige, ordentlich Gekleidete, sich gut Benehmende, er war auch der, welcher sein Gegenüber ernster nahm, der besser und genauer auf den Partner einging und seine Worte unumwunden ehrlich meinte. Dafür hatte der andere aber diesen Beiklang von Wildheit und hatte hinter sich und seinen Worten etwas sehr Starkes und Wirkliches stehen, stärker und wirklicher als alle Vernunft und Artigkeit: sein Elend, seine Armut, seine Rolle als Bettler, sein Amt als Sprecher für alles verschuldete und unverschuldete Elend der Welt, und das gab ihm ein Gewicht, das half ihm Töne und Gebärden finden, die dem Vater nicht zur Verfügung standen. Und außerdem und über dies alles hinweg entstand während der so schönen und spannenden Bettlerszene Zug um Zug zwischen dem Bettler und dem Angebettelten eine gewisse nicht zu benennende Ähnlichkeit, ja Brüderlichkeit. Sie beruhte zum Teil darauf, daß der Vater,

von dem Armen angesprochen, ohne Sträuben und Stirnrunzeln den andern anhörte und gelten ließ, daß er keinen Abstand zwischen ihn und sich legte und sein Recht auf Angehörtwerden und Mitleid als ein selbstverständliches anerkannte. Aber dies war das wenigste. War dieser halbbärtige dunkelhaarige Arme aus der Welt der zufriedenen, arbeitenden und jeden Tag satt werdenden Leute herausgefallen, machte er inmitten dieser reinlichen kleinbürgerlichen Wohnhäuser und Vorgärtchen den Eindruck eines Fremdlings, so war ja Vater längst schon, wenn auch auf so ganz andere Weise, ein Fremdling, ein Mann von anderswoher, der mit Leuten, unter denen er lebte, nur in einer losen, auf Übereinkommen beruhenden, nicht gewachsenen und erdhaften Gemeinschaft stand. Und wie der Bettler hinter seinem eher trotzigen und desperadohaften Aussehen doch etwas Kindliches, Naturhaftes und Unschuldiges zu haben schien, so war ja auch bei Vater hinter der Fassade des Frommen, des Höflichen, des Vernünftigen viel Kindhaftes verborgen. Jedenfalls – denn alle diese klugen Gedanken hatte ich damals natürlich nicht – empfand ich, je länger die beiden miteinander und vielleicht aneinander vorbeiredeten, desto mehr eine wunderliche Art von Zusammengehörigkeit zwischen ihnen. Und Geld hatten sie also beide keines.
Vater stützte sich auf den Rand des Kinderwagens, während er dem Fremden Rede stand. Er machte ihm klar, daß er gesonnen sei, ihm einen Laib Brot zu geben, doch müsse dies Brot in einem Laden geholt werden, wo man ihn kenne, und der Mann sei nun eingeladen, dahin mitzukommen. Damit setzte der Vater den Wagen wieder in Bewegung, drehte um und schlug die Richtung nach der Austraße ein, und der Fremde marschierte ohne Widerrede mit, war aber wieder etwas scheu geworden und fühlte sich sichtlich nicht recht zufrieden, das Ausbleiben der Geldspende hatte ihn enttäuscht. Wir Kinder hielten uns dicht neben dem Vater und dem Wagen, dem Fremden nicht zu nahe, der sein Pathos aufgegeben hatte und jetzt still und eher mürrisch geworden war. Ich betrachtete ihn aber im geheimen und machte mir Gedanken, es war mit diesem Menschen so viel in unsre nächste Nähe getreten, so viel Bedenkliches, im Sinn des zu Bedenkenden sowohl wie in

dem des Bangemachenden, und jetzt, wo der Bettler schweigsam und anscheinend schlechter Laune geworden war, gefiel er mir wieder weniger und glitt wieder mehr und mehr aus jener Zusammengehörigkeit mit dem Vater heraus und ins Unvertraute hinüber. Es war ein Stück Leben, dem ich zusah, Leben der Großen, der Erwachsenen, und da dies Leben der Erwachsenen um uns Kinder her äußerst selten so primitive und elementare Formen annahm, war ich tief davon gefesselt, aber die Fröhlichkeit und Zuversicht von vorher war hingeschwunden, wie an einem heitern Tag plötzlich ein Schleier Licht und Wärme dämpfen und hinwegzaubern kann.

Unser guter Vater freilich schien keine solchen Gedanken zu haben, heiter und freundlich blieb sein klares Gesicht, heiter und gleichmäßig sein Schritt. So zogen wir, Vater, Kinder, Wagen und Bettler, eine kleine Karawane, nach der Austraße weiter und in ihr fort bis zu einem Kaufladen, den wir alle kannten und wo es die verschiedensten Dinge zu kaufen gab, vom Wecken und Brot bis zu Schiefertafeln, Schulheften und Spielzeug. Hier hielten wir an, und Vater bat den Fremden, hier eine kleine Weile bei uns Kindern zu warten, bis er aus dem Laden zurückkäme. Adele und ich sahen einander an, es war uns beiden gar nicht wohl zumute, wir hatten etwas Angst, oder vielmehr ziemlich große Angst, und ich glaube, wir fanden es auch vom Vater sonderbar und nicht recht begreiflich, daß er uns da mit dem fremden Manne so allein ließ, als könne uns unmöglich etwas geschehen, als seien noch niemals Kinder von bösen Männern umgebracht oder entführt und verkauft oder zum Betteln und Stehlen gezwungen worden. Und beide hielten wir uns, zum eigenen Schutze wie auch zu dem unsres Kleinsten, dicht zu beiden Seiten an den Wagen geklammert, den wir unter keinen Umständen loszulassen gedachten. Schon war der Vater die paar Steinstufen zur Ladentür hinangestiegen, schon legte er die Hand auf die Klinke, schon war er verschwunden. Wir waren mit dem Bettler allein, in der ganzen langen und geraden Straße war kein Mensch zu sehen. Ich redete mir, in der Form eines Gelübdes, innerlich zu, tapfer und männlich zu sein.

So standen wir alle, eine Minute lang vielleicht, und wohl ums Herz war keinem von uns außer dem Brüderchen, das den Fremden überhaupt nicht wahrgenommen hatte und vergnügt mit seinen winzigen Fingerchen spielte. Ich wagte es, aufzublicken, nach dem Unheimlichen hin, und sah auf seinem roten Gesicht die Unruhe und Unzufriedenheit noch gesteigert, er gefiel mir nicht, er machte mir richtig Angst, deutlich sah man widersprechende Triebe in ihm kämpfen und nach Taten drängen.

Aber da war er auch schon mit seinen Gedanken und Gefühlen zu einem Ende gekommen, ein Entschluß durchzuckte ihn, und man konnte das Aufzucken mit Augen sehen. Aber wozu er sich entschlossen hatte und was er jetzt tat, war von allem, woran ich etwa gedacht oder was ich gehofft oder gefürchtet hatte, das Gegenteil, es war das Unerwartetste von allem, was geschehen konnte, es überrumpelte uns beide, Adele und mich, vollkommen, daß wir starr und sprachlos standen. Der Bettler, nachdem der Zuck in ihn gefahren war, hob einen seiner Füße in den mitleiderregenden Schuhen, zog das Knie an, erhob beide zu Fäusten geballte Hände bis in Schulterhöhe und lief in einem Schnellauf, den man seiner Figur kaum zugetraut hätte, die lange gerade Straße hinunter, er hatte die Flucht ergriffen und rannte, rannte wie ein Verfolgter, bis er die nächste Querstraße erreicht hatte und für immer unsern Augen entschwand.

Was ich bei diesem Anblick empfand, läßt sich nicht beschreiben, es war ebensosehr Schrecken wie Aufatmen, ebenso Verblüffung wie Dankbarkeit, aber zur selben Sekunde auch Enttäuschung, ja Bedauern. Und nun kehrte heiteren Gesichtes, mit einem langen Laib Weißbrot in der Hand, Vater aus dem Laden zurück, staunte einen Augenblick, ließ sich berichten, was geschehen war, und lachte. Es war am Ende das Beste, was er tun konnte. Mir aber war, als sei meine Seele mit dem Bettler fortgerannt, ins Unbekannte, in die Abgründe der Welt, und es dauerte lange, bis ich zum Nachdenken darüber kam, warum wohl der Mann vor dem Brotlaib davongelaufen war, so wie einst ich vor dem mir dargereichten Bissen des Bahnwärters durchgebrannt war. Tage- und wochenlang behielt das Erlebnis seine Frische und Unausschöpfbarkeit und hat sie, so einleuchtende Begründungen wir später auch dafür ausdenken mochten, bis heute behalten. Die Welt der Abgründe und

Geheimnisse, in die der flüchtende Bettler uns entschwunden war, wartete auch auf uns. Sie hat jenes hübsche und harmlose Leben des Vordergrundes überwuchert und ausgelöscht, sie hat unsern Hans verschlungen, und auch wir Geschwister, die wir bis heute und bis ins Alter standzuhalten versucht haben, wissen uns und den Funken in unsern Seelen von ihr umdrängt und umdunkelt.

Bericht aus Normalien

Ein Fragment aus dem Jahre 1948

Lieber und ergebenst hochgeschätzter Freund,
da Sie in Ihrer Güte mich dazu ermuntern, will ich denn unsern Briefwechsel, der ja stets mehr ein von mir bestrittener Monolog als ein Gespräch und nun während dieser Unglücksjahre unterbrochen war, wieder aufnehmen und Ihnen wieder einmal von meinem Leben und von den hiesigen Zuständen berichten. Ich weiß zwar freilich nicht, ob Sie über uns, unsern Staat und seine Einrichtungen nicht besser unterrichtet sind als ich, der ich, in meiner Subjektivität befangen, mich hier zwar wohl und zuhause fühle, aber doch nicht ohne durch manches Eigentümliche, Widerspruchsvolle oder Befremdende in unsrer Gemeinschaft und unsrem Leben mich gelegentlich bald überrascht oder auch erschreckt, bald auch verhöhnt und überlistet oder an der Nase herumgeführt zu fühlen. Nun, so ist es eben, möglicherweise ist und war es überall und jederzeit auf Erden so, und wie gesagt, fühle ich mich hier wohl und habe nicht die Absicht und das Bedürfnis, Kritik an den Zuständen zu üben oder gar mich über sie zu beklagen. Im Gegenteil, es lebt sich gut in unsrer so gewaltig ausgedehnten Anstalt, und die Rätsel, die unser Leben in Normalien uns aufgibt, sind vielleicht von denen in Ihrem Nordblock, oder wie Ihr Land sich zur Zeit nun nennen mag, nicht allzu sehr verschieden. Uns beschäftigt und beunruhigt zum Beispiel die Frage, wer nun eigentlich unser Direktor – – aber lassen Sie mich über diese Kardinalfrage vorläufig lieber noch schweigen! Sehr wenig unterrichtet sind wir auch über die Frage, wie es bei uns nach dem Sturze der letzten Tyrannis eigentlich zu der „Diktatur der Stände“ gekommen sei, als die wir uns offiziell bezeichnen. Aber Sie dürften sich eher für eine andre Frage, vielmehr einen Komplex von Fragen interes-

sieren, für jene Frage nämlich, die sich auf die Legende von der Vorgeschichte unsrer Anstalt – nein, unsres so umfangreichen und dicht bevölkerten Gemeinwesens bezieht. Sie wissen: wir Normalier leben hier als freiwillige und sich autonom regierende Insassen eines Länderkomplexes, der dem westöstlichen, föderativ-diktatorischen Staatenkonglomerat angehört. Hervorgegangen aber ist unser Land und Gemeinwesen aus einer kleinen, kaum eine Quadratmeile umfassenden Parklandschaft im Norden Aquitaniens, und dieser Park mit seinem Dutzend Gebäuden war zur Zeit vor den letzten politischen und kriegerischen Umwälzungen nichts andres als eine mittelgroße, sehr gut geführte Irrenanstalt. Das Anwachsen dieser Anstalt zu einem ganzen Staat und Lande wird von den offiziellen Historikern daraus erklärt, daß infolge der Angst- und Massenpsychosen seit dem Beginn der gloriosen Epoche jene weitbekannte Anstalt einen solchen Zustrom an Patienten zu bewältigen hatte, daß aus der Siedlung ein Dorf, ein Komplex von Dörfern, endlich ein Komplex von Landschaften und Städten, kurz unser jetziges Land entstanden sei. Dabei sei den Bedürfnissen der reich abgestuften Kategorien von Patienten entsprechend ein System von Anstalten für schwer und weniger schwer Gestörte, für Süchtige, für Neurotiker, für nur Nervöse etc. etc. entstanden, und während die Heilstätten für ernstlich Kranke nach wie vor von Ärzten nach den Spielregeln der damaligen Psychiatrie geleitet wurden, habe sich um sie herum eine kleine Welt von Siedlungen und Wohngemeinschaften gebildet, in welchen es weder Arzt noch Psychiatrie gab, und welche infolge ihrer eher angenehmen Existenzbedingungen einen gewaltigen Zulauf von Ruhesuchenden aus dem ganzen Abendlande erfuhr. Und so sei es, so glauben wir und so berichtet die Legende, kurz nach der Stabilisierung des W. O. Staatenkonglomerats zur Entstehung unsrer Gemeinschaft auf der Basis der Diktatur der Stände gekommen, eines dreißig Millionen fassenden Instituts für Vernünftige und Vollsinnige, in welches jeder Vernünftige und Vollsinnige, einige Prüfungen und Verpflichtungen vorausgesetzt, einzutreten das Recht hat. Es sind also im Gegensatz zur ursprünglichen Bestimmung der Anstalt, in unsrem zum Staate erweiterten Institut die Gesunden und Normalen vereinigt, während der übrige und sehr viel größere Teil des von den Ost-Westwinden zusammengewehten Konglomerats von den mehr oder weniger Kranken und Gestörten bevölkert und regiert wird. So sagt die Legende, und im Grunde sind wir damit zufrieden und glauben wir an sie, wie jedes lebende Wesen an seine eigene Existenz glaubt und glauben muß. Nur hat sich in neuerer Zeit, Hand in Hand mit anderen irritierenden Theorien und Gedanken, auch folgender lästige Gedanke bei uns eingeschlichen: es sei ein uraltes Erkennungszeichen der Verrückten, daß sie sich gern als die Normalen und Gesunden vorkommen oder aufspielen, und so sei es auch bei uns in unserem Staat, wir seien keineswegs vernünftig und vollsinnig, sondern seien Geisteskranke, und unser Aufenthalt in diesem Scheinstaat sei kein freiwilliger und unser Staat kein Staat, sondern wir seien ganz einfach eine große Anstalt voll Verrückter. Wie gesagt, es ist dies eine Frage, mit der sich nur gelegentlich einige von uns ernster befassen, diese gehören aber allerdings zu den feineren und begabteren Köpfen unter uns, und die Frage, ob wir oder die andern die Verrückten seien, bildet den Hauptinhalt für die Philosophien und Spekulationen unsrer Genies. Wir andern, wir Kühleren und Älteren, halten uns allerdings mehr an die allgemeinen Spielregeln und glauben entweder treu und schlicht an die überlieferte Legende, also an unsre Vernünftigkeit und an die Freiwilligkeit unsres Aufenthaltes in Normalien, oder aber wir sind der Meinung, es führe zu nichts, sich über diese unlösbaren Fragen aufzuregen, und es komme nicht so sehr darauf an festzustellen, ob man verrückt oder normal, ob man Affe im Affenkäfig oder durch das Gitter glotzender Abonnent des zoologischen Gartens sei, sondern es sei richtiger und bekömmlicher, sowohl das Dasein wie die Metaphysik als ein zwar nicht problemloses, doch recht sinnvolles und charmantes Spiel aufzufassen und sich des vielen Guten und Schönen zu freuen, das wir innerhalb dieses Spieles erleben können. Nur allerdings, was die Person und die Funktionen unsres Herrn Direktors betrifft, kann auch ich mir allerlei Zweifel und vielleicht vorlaute Deutungsversuche nicht versagen. Doch davon vorerst kein Wort, es muß sich da noch so vieles beruhigen und klären, ehe man sich an dies heikelste Problem mit den groben Mitteln der Sprache und

Logik heranwagen könnte. Halten wir uns, verehrter Gönner, an das Nahe und scheinbar Gewisse, und suchen wir das Spekulieren möglichst in bekömmlichen Grenzen zu halten.
Ich lebe zur Zeit, nach manchen Ortswechseln, wieder wie vor Jahren im eigentlichen Herzen von Normalien, nämlich auf dem Terrain des ehemaligen Irrenhauses, in einem neueren Nebengebäude nicht weit von der Hecke, die den berühmten alten Park vom großen Nutzgarten trennt. Dieser Wohnort hat, wie jeder andre in unserem Staat, seine Vorzüge und Nachteile, seine besonderen örtlichen Traditionen, Privilegien und Servitute, wie denn in einem relativ noch jungen, aus Landesteilen mit äußerst verschiedener Vorgeschichte zusammengesetzten Föderativstaat auch die mächtigste Verfassung und Ideologie die Fortdauer starken provinzialen Eigenlebens nicht vernichten kann. Zum Beispiel brauchen wir Insassen von Alt- oder Urnormalien uns um die staatsbürgerlichen Pflichten nicht sehr viel zu kümmern, das heißt wir haben das Wahlrecht, aber keine Wahlpflicht, und die wichtigste staatsbürgerliche Tätigkeit, das Bezahlen der Steuern, besorgt die Anstaltsleitung für uns, wir brauchen uns darum nicht zu kümmern, die Beträge werden uns auf die Rechnung geschrieben, solange wir noch ein Guthaben stehen haben, und ist dieses erschöpft, nun so sendet uns der Staat, damit wir wieder zu Steuerquellen werden, in eine andre Gegend, in irgendeinen seiner Betriebe, selbstverständlich mit voller Wahrung des Prinzips der Freiwilligkeit und Selbstbestimmung. Vorläufig, soweit ich unterrichtet bin, reicht mein Guthaben noch für manche Quartalsrechnung und manche Steuerzahlung aus, es sei denn, es komme wieder einmal zu einer jener recht ernsten Krisen, bei welchen die Bevölkerung in einmütiger Empörung ihr gesamtes Vermögen auf die Steuerämter trägt und diese unter Bedrohung und eventueller Anwendung von Gewalt zur Annahme zwingt, sehr zum Mißvergnügen der Beamten, denn nach unsrer Verfassung wird jedesmal, wenn der Staat Alleinbesitzer allen Vermögens geworden ist, die gesamte Beamtenschaft entlassen, da nichts mehr zum Einziehen da ist. Doch das sind Einrichtungen, über welche Sie, verehrter Freund, vermutlich besser Bescheid wissen als ich, denn ich bin, innerhalb gewis-

ser Grenzen, auch im heutigen so sehr vervollkommneten Konglomerats-Staatsleben ein Individualist und Träumer, ein Ignorant und uninteressierter Mitläufer geblieben. Lassen Sie mich, nach einer so langen Unterbrechung unsres Austausches, nur erst die Vertraulichkeit wiedergewinnen und zum Schildern und Erzählen gelangen, so werde ich Ihnen Interessanteres mitteilen können, ich meine damit Einzelheiten meines und unseres Lebens, die Ihnen vielleicht neu sind und Spaß machen können. Dazu gehört unter anderm, wie ich schon andeutete, das Vorhandensein so mancher regionaler Eigentümlichkeiten und Eigengesetzlichkeiten in unseren verschiedenen Distrikten, Provinzen und Städten, Eigentümlichkeiten von historischer, zum Teil uralter Bedingtheit, welche ungeachtet der freiwillig-diktatorischen Einigkeit mit großer Zähigkeit fortbestehen. So war ich zum Beispiel vor drei oder vier Jahren einst, von den Amtsorganen zur Betätigung des freiwilligen und spontanen Ortswechsels ermahnt, nach der Stadt Flachsenfingen gezogen, über die ich manches Interessante gelesen hatte. Ich hatte einen Gartenpavillon gemietet und bezogen, einige Spaziergänge gemacht und soeben, auf einer angenehmen Bank im Grünen, mit der Niederschrift einer kleinen Dichtung begonnen, als mit der Schnelligkeit des Sturmwindes ein Polizeimann auf dem Motorrade herangebraust kam und mich fragte, was ich da treibe.
„Ich dichte", sagte ich, „wenn Sie nichts dagegen haben."
„Oh", sagte er mit korrigierendem Ton, „ich wäre meines Amtes recht wenig würdig, wenn ich nichts dagegen hätte. Sie dichten, sagen Sie? Nun, und wo ist der Ausweis Ihrer Berechtigung und Zulassung? Wo ist Ihr Zunftausweis?"
Eingeschüchtert gestand ich, daß ich nichts dergleichen besitze, erlaubte mir aber doch hinzuzufügen, daß meines Wissens nirgends in der Verfassung Normaliens von Zunftzwang und Zunftausweisen die Rede sei.
„Sie wollen mich belehren?" rief er unwillig. „Normalien hin und Normalien her, wir sind hier in Flachsenfingen. Sie haben also keinen Ausweis? Wollen Sie damit etwa sagen, daß Sie überhaupt keiner Zunft angehören?"

So stand es in der Tat mit mir, und ich erfuhr nun, daß in dieser Stadt nichts so absolut verpönt und unmöglich war, als irgendwelche Tätigkeit auszuüben, ohne einer Zunft anzugehören. Ich mußte Papier und Bleistift ausliefern und dem strengen Manne folgen, ich wurde aufs Rathaus und zum Bürgermeister geführt, einem recht sympathischen Manne übrigens, mußte ihm Rede und Antwort stehen und bat, nachdem ich begriffen hatte, um was es gehe, um meine Zuweisung zur Dichter- oder Literatenzunft. Nun war es der Bürgermeister, der etwas in Verlegenheit geriet, denn eine solche Zunft gab es in seiner Stadt nicht. Es wurde denn eine Ratssitzung einberufen, nachdem man mich eidlich verpflichtet hatte, bis zu meiner Einreihung in eine Zunft keinerlei Tätigkeit auszuüben, und in der Sitzung wurde nach umständlichem und lebhaftem Debattieren beschlossen, es sei die Schneiderzunft, in welche ich am ehesten zu passen scheine und welche also ersucht werden solle, mich aufzunehmen. Wieder vergingen einige Tage, bis die Obmänner der Schneiderzunft mich aufsuchten und mir erzählten, sie hätten mich ihren Statuten gemäß eigentlich weder aufnehmen können noch wollen, aber nun sei soeben ihr ältestes Mitglied gestorben und damit ein Platz für mich frei geworden, falls ich vom Plenum genehmigt werde und willig sei, mich für meinen Gehorsam gegen die Zunftgesetze zu verbürgen. Ich versprach natürlich alles, wenn es irgend mit meiner Ehre als Mensch und Dichter vereinbar sei. Und wieder nach einer Sitzung, bei welcher ich der Zunft zur Besichtigung vorgeführt wurde, lud man mich ein, probeweise einem feierlichen Akte der Innung beizuwohnen, nämlich der Beerdigung jenes ältesten Zunftbruders. So schritt ich denn etwas bangen Herzens mit im Leichenzuge hinter der Zunftfahne her; sie soll noch in Flachsenfingens Glanzzeit unter des Legationsrats Richter Auspizien gestiftet worden sein. Nach stattgehabter Feier und Niederlegung unsres Kranzes zogen wir in das Gasthaus zur Linde zu einem Imbiß mit gutem Weißwein, von dem wir ziemlich viel genossen. Ich benützte die eingetretene heitere, gelöste und lebensfrohe Stimmung, um einen der würdigen Männer beiseite zu nehmen und ihn zu fragen, ob ich nun wohl Aussicht habe, als Mitglied aufgenommen zu werden.

„Ach", sagte er wohlwollend, „warum eigentlich nicht? Sie gefallen uns soweit ganz gut, und daß wir bisher einen Dich-

ter noch nicht unter uns gehabt haben, ist im Grunde auch kein Hindernis. Offen gesagt, was meine Person betrifft, so war ich bisher immer der Meinung, ein Dichter sei jemand, der gesammelte Werke geschrieben hat und schon lange tot ist. Nur sollten Sie freilich Ihrerseits auch etwas tun, was Sie beliebt macht und Ihre gute Gesinnung beweist."
Ich erklärte, dazu sei ich von Herzen bereit, und bat ihn, mir zu raten, wie ich mich bei den Herren am besten einführen könne.
„Nun", meinte er, „es braucht nicht gleich die Welt zu kosten. Sie könnten zum Beispiel ans Glas klopfen, sich erheben und den Kameraden erklären, aus Sympathie mit der Zunft und ihrem in Gott ruhenden Senior empfänden Sie Lust, ein Gedicht auf den Entschlafenen anzufertigen und den heutigen Verbrauch an Weißwein zu bezahlen."
„Die Idee mit dem Wein", sagte ich dankbar, „gefällt mir sehr. Aber wie soll ich ein Gedicht auf einen verstorbenen alten Herrn machen, den ich nicht gekannt und nie gesehen habe und von dem ich nichts weiß, als daß er Schneider war und die Ehre hatte, Ihrer Zunft anzugehören?"
„Sie sind fremd hier", sagte mein Gönner, „sonst würden Sie wissen, daß unser Senior kein Schneider war, so wenig wie der Zunftmeister oder ich oder irgendein anderes Mitglied. Sie selbst sind ja auch nicht Schneider und wollen doch unser Mitglied werden."
„Aber was war denn der Verstorbene von Beruf?"
„Ich weiß es nicht genau, ich glaube, er hat früher eine Likörfabrik geleitet oder besessen, er war ein Mann von Bildung und besten Manieren. Aber wegen Ihres Gedichtes machen Sie sich ganz unnötige Sorgen, es brauchen keine Schneider darin vorzukommen, nur vielleicht die rotseidene Fahne mit der goldenen Schere, und irgend so etwas Schönes vom Tod und vom Menschenleben und Wiedersehen und dergleichen. Das ist es, was man bei einem solchen Anlaß gern hören mag."
Er begann ungeduldig zu werden, wir standen im Haustor, und drinnen im kleinen Saale klangen die Gläser. Ich hatte nicht den Mut, ihn noch weiter aufzuhalten, ich ließ ihn zurückkehren, folgte ihm nach einer Weile recht kleinlaut, fand aber bei den Brötchen und dem guten Weine allmählich die Courage und gute Laune wieder, erhob mich und rhapso-

dierte aus dem Stegreif ein Gedicht, von dem es vielleicht schade ist, daß es nie aufgeschrieben wurde. Es hatte viel mehr Kraft, Schwung und Volkstümlichkeit als meine anderen Gedichte, und es gefiel den Herren ganz unbändig, sie wurden richtig tiefsinnig, nickten schwer mit gerührter Zustimmung, riefen Bravo und erhoben sich allesamt, um mit mir anzustoßen, mir Komplimente zu machen und mich als ihren Zunftgenossen willkommen zu heißen. Ich war zu Tränen gerührt und wollte nach all den Händedrücken nun auch noch die Weinspende ankündigen, als mir einer jener lichten Momente, wie sie nach reichlichem Zechen richtig gleich Blitzen aufzucken können, die Einsicht schenkte, daß es dieser Spende, vor der mein schmaler Beutel sich doch etwas fürchtete, ja gar nicht mehr bedürfe. So schwieg ich überwältigt und glücklich und hielt mein Glas den vielen mir Zutrinkenden stumm entgegen. Sie nahmen mich mit Ehren in ihre altehrwürdige Zunft auf, ich war geborgen, niemals mehr wurde meine Arbeit überwacht oder verboten, es war der Ordnung und Form Genüge geschehen. Und auch von der Schneiderzunft hörte ich niemals wieder. Dieses einzige Mal war ich ihrer schönen seidenen Fahne gefolgt, hatte, ein Nichtschneider unter Nichtschneidern, Brötchen gegessen und Wein getrunken, hatte den Kameraden Verse aufgetischt und mich mit ihnen verbrüdert. Wohl geschah es zu seltenen Malen, daß ein Gesicht mir wie bekannt erscheinen wollte und ich mich besann, ob es nicht das eines Zunftgenossen sei, doch der Träger des Gesichts ging an mir vorüber und verschwand, und so blieb von dem ganzen Erlebnis nichts in mir haften als die Erinnerung an jene zwei Stunden im Kreise der trauernden Zecher.

Was aber das Gedicht betrifft, das ich bei jenem Anlaß auf so ungewöhnliche Art hervorbrachte und das so viel Beifall fand, so muß ich bei nüchterner Betrachtung doch sagen: es ist besser und ist ein Glück, daß es nicht aufgeschrieben und aufbewahrt worden ist. Es war das Produkt von Umständen, die zu mir nicht passen und zu deren Vermeidung und Verhütung ich mein Leben lang viele Opfer gebracht hatte: es war entstanden aus notgedrungener Anpassung an ein mir Fremdes und Ungemäßes, und war entstanden aus einem Zustande der Berauschtheit, und zwar Berauschtheit nicht so sehr durch den vortrefflichen Weißwein, der mir in angenehmster Erinnerung geblieben ist, als vielmehr durch das ungewohnte Klima von Geselligkeit, Zugehörigkeit, Gemeinschaft, Brust an Brust und Schulter an Schulter, ein gutes Klima vielleicht für Politiker, Pastoren und die Löwen der Vortragssäle, nicht aber für Dichter oder Leute mit ähnlichen Berufen, denen nicht die Gemeinschaft, sondern die Verborgenheit und Einsamkeit förderlich ist. Ich habe das Gedicht, das so schön schien und so viel Erfolg hatte, zwar vergessen, was allein schon beweist, daß die Verse schlecht waren, aber nicht vergessen, sondern mit einiger Reue und Scham im Gedächtnis behalten habe ich den Schlußgedanken jenes gereimten Sermons, den törichten und feigen, fatalen und geschmacklosen Gedanken, daß zwar der Tod auf uns alle warte, daß es aber ein Trost sei, Kameraden zu wissen, welche, wenn uns das Grab verschlungen hat, unter der teuren alten Fahne gemeinsam unser gedenken und unsrem Gedächtnis ein Trankopfer darbringen. Solches Öl, solch salbungsvoller Blödsinn war von meinen Lippen geflossen, zum Entzücken der ehrbaren Tafelrunde, deren Herzen dabei höher schlugen; und so wie mein Gefühl von Zugehörigkeit und Geborgenheit in dieser Runde ein Schwindel war und mich genau so einsam, wach und gegen den Geselligkeitszauber mißtrauisch zurückließ, wie ich immer gewesen war, so war vermutlich auch die Begeisterung, Kameradschaft und Menschenfreundlichkeit der anderen nur eine Seifenblase und hübsche Lüge gewesen. Und wie ich nachher sehr damit einverstanden gewesen war, daß meine Aufnahme in die Zunft der „Schneider" ohne störende Folgen blieb, daß keine neuen Zusammenkünfte, Verbrüderungen und Feste stattfanden, keine Bindungen und Pflichten für mich sich ergaben, so hatten ja auch sie, die teuren Brüder und Mitschneider, die ergriffenen und dankbar begeisterten Zuhörer meiner Verse, die wackeren Schüttler meiner Hände sich nachher den Teufel um mich gekümmert. Dies gerade war ja das Hübsche, das Entzückende an meiner Zunftgeschichte, daß sich da wieder einmal die Gesellschaft, die Allgemeinheit, die offizielle Welt mir mit drohenden Ansprüchen genähert hatte, daß es nach dem Erscheinen des Polizisten auf dem knatternden Rade ausgesehen hatte, als wolle mir die Welt meinen Beruf wieder einmal entweder verbieten, oder mich seine Duldung mit unverhältnismäßigen, mit übergroßen und unerträglichen Opfern bezahlen lassen – und daß dann alles auf eine Zeremonie und auf einen Spaß hinauslief und die Welt nichts weiter von mir verlangte als zwei oder drei Stunden Zecherei mit einer Stube voll harmloser Leute, die mich am nächsten Tage nicht mehr kannten noch von mir verlangten, daß ich sie kenne.

Dies, Verehrter, war mein Flachsenfinger Erlebnis. Ganz anders wieder ging es mir bald darauf im West-Kulturgau, wohin ich, wiederum zur Betätigung des freiwilligen und spontanen Ortswechsels ermahnt, übersiedelt war. Bei der Wahl dieses Bezirkes wirkte mitbestimmend der Ruf besonders eifriger kultureller Interessiertheit und Unternehmungslust, in welchem der Gau steht, und allerdings auch die weitverbreitete, wenn schon unverbürgte Sage, daß hier der mit Scheu und Ehrfurcht genannte Direktor von Normalien sich häufig aufhalte. Offen gesagt, waren es immerhin in erster Linie opportunistische Erwägungen, die mich zu diesem Versuch mit dem Westgau bestimmten. Meine ökonomischen Verhältnisse bedurften einer Neuordnung. Nicht nur hatte ich in Flachsenfingen es zu nennenswerten Einkünften nicht bringen können, ich hatte dort auch Schulden gemacht, und daß ich schon nach einem verhältnismäßig kurzen Aufenthalt die Einladung zu freiwilligem Ortswechsel erhielt, dürfte wohl mehr diesen ökonomischen Unregelmäßigkeiten als anderen Gründen zuzuschreiben sein. Im West-Kulturgau nun waren, wenn meine Informationen nicht alle logen, Künste und Wissenschaften geschätzt und in Blüte, es sollten dort Schule, Universität, Kunstpflege, Museen und Bibliotheken, Verlags- und Zeitschriftenwesen auf hoher Stufe stehen, es sollte daselbst Wettbewerbe, Staatsaufträge, Akademien geben. Gelang es mir dort, sei es durch meine Leistungen, sei es auf Grund meiner früheren geachteten Stellung im literarischen Leben, Fuß zu fassen und meinem einst wohlbekannten Namen wieder Geltung zu verschaffen, so konnte auch der materielle Erfolg nicht ausbleiben. Ob ich dann fernerhin, ein geachteter und wohlgeborgener Mann des Erfolges, im Westgau bleiben und mich eines satten und befriedeten Lebens erfreuen, hohe Steuern zahlen und hohes Ansehen genießen oder aber mit dem hier Erworbenen in die mir so teure Parklandschaft von Urnormalien zurückkehren und mich dort wieder auf lange, auf Lebenszeit als Pensionär einkaufen würde, darüber machte ich mir vorläufig noch nicht viele Gedanken. Die Lockung zurück zum Park, zur Urzelle unsres Staates, hatte mich niemals ganz aus ihrem Bann entlassen, und bei allem Respekt vor der geistigen Hochblüte des Kulturgaues schien mir doch das Glück des Mitschwimmens in einer emsigen kulturellen Betriebsamkeit nicht unbedingt der damit verbundenen Anstrengungen wert, es mochte dies „Glück" für jüngere und ehrgeizigere Leute mehr bedeuten als für alte und ruheliebende. Aber anderseits besaß der Gau für mich eine starke Anziehungskraft durch jene schon erwähnten Gerüchte über das besondere Verhältnis, in dem der Herr Direktor zu dieser Provinz seines Reiches stehen sollte. Von ihm, dem großen Unbekannten, mehr zu erfahren, zu ihm oder doch zu seinen höheren Funktionären und Mitarbeitern in Beziehungen zu treten und etwa von den vielen ihn umgebenden Geheimnissen das eine oder andre gedeutet zu bekommen, das hätte mir, wie Sie, verehrter Gönner, sich ja denken können, viel bedeutet. Im Flachsenfinger Sammellager für freiwillige Umsiedler hatte ich nur wenige Tage zu warten, bis ein Transport nach dem West-Kulturgau abging. Der Omnibus mochte dreißig bis vierzig Personen fassen, und alle waren wir Intellektuelle oder Künstler, nur zwei junge Leute mit heiteren und angenehmen Gesichtern und Manieren gehörten, wie ich durch einen mitreisenden Journalisten erfuhr, dem Stand der Barbiere an. Diese beiden gefielen mir besser als die Mehrzahl meiner Kollegen, unter welchen eigentlich nur zwei mir sympathisch waren, zwei greise, langhaarige und langbärtige Männer von jenem verschollenen und heute nur noch sehr selten anzutreffenden Künstlertyp, den, nächst Haar, Bart und Kostüm, eine edle Weltfremdheit und arglose Zerstreutheit kennzeichnet und für den ich, wie ich beschämt gestehe, immer eine gewisse Zuneigung empfunden habe, während allerdings gerade diese beiden edelweltfremden, schönen Greise ihrer gänzlich unmodischen Frisur und Kleidung wegen von den jungen Barbieren mit Spott und unverhohlener Verachtung angesehen wurden. Es fehlte den munteren Jungen eben das Wissen um die künstlerische Tradition, welche die trefflichen Greise zumindest in ihrer äußeren Erscheinung fortzuführen sich berufen wußten. Übrigens war der eine von diesen Silberhaarigen ein Kollege von mir, ein Dichter. Ich erfuhr es durch jenen mitteilsamen Journalisten, und ich hatte, während wir an einer Rast- und Tankstelle im Saal eines Gasthauses gefüttert wurden, sogar das Glück, einen Blick in eine, wie es schien, von ihm eben erst begonnene Dichtung werfen zu können. Er saß nämlich neben mir an der Tafel und hatte vor sich ein kleines Notizbüchlein liegen, es war noch neu und leer, nur auf der ersten Seite standen ein paar in koketter Schönschrift geschriebene Zeilen, die ich mit von der Neugierde geschärftem Späherauge entzifferte. Sie lauteten:

Papagallo

Vor kurzem wurde, so hörten wir berichten, in der Gegend von Morbio ein Papagei geboren, der übertraf, noch während er die Schule besuchte, schon alle seine Brüder und Kollegen an Alter, Weisheit, Verstand, Tugend und Wohlgefallen vor Gott und den Menschen so gewaltig, daß sein Ruhm die Städte und Länder zu erfüllen begann, ähnlich dem Ruhm Achmeds des Weisen oder dem des nur mit höchster Ehrerbietung zu nennenden Scheich Ibrahim.
Ich war voll Bewunderung für den Stil dieser Erzählung, der die Gepflegtheit, Rundung und Glätte einer klassischen Überlieferung mit dem modernen Sinn für das Einfache und Monumentale in glücklicher Weise verband. Ich hätte dem Silberbarte, so gut er mir auch gefiel, diese Leistung nicht zugetraut, und es wäre mir ein Vergnügen gewesen, seine nähere Bekanntschaft zu machen, aber leider muß sein empfindlicher Künstlersinn gespürt haben, daß seine im Entstehen begriffene Dichtung vom Blick eines Neugierigen, vielleicht eines Banausen, vielleicht gar eines neidischen Kollegen belauert werde. Er klappte sein Heftchen plötzlich und mit Heftigkeit zu und strafte mich mit einem Genieblick voll so unsäglicher Verachtung, daß ich beschämt und traurig in mich zurücksank und den Tisch noch vor der Beendigung des Mahles verließ . . .

(Hier bricht das Manuskript ab)

Unterbrochene Schulstunde

Es scheint, als müsse ich in meinen späten Tagen nicht nur, wie alle alten Leute, mich wieder den Erinnerungen aus den Kinderjahren zuwenden, sondern als müsse ich auch, zur Strafe gewissermaßen, die fragwürdige Kunst des Erzählens noch einmal mit umgekehrten Vorzeichen ausüben und abbüßen. Das Erzählen setzt Zuhörer voraus und fordert vom Erzähler eine Courage, welche er nur aufbringt, wenn ihn und seine Zuhörer ein gemeinsamer Raum, eine gemeinsame Gesellschaft, Sitte, Sprache und Denkart umschließt. Die Vorbilder, die ich in meiner Jugend verehrte (und heute noch verehre und liebe), vor allem der Erzähler der Seldwyler Geschichten, haben mich damals lange Zeit in dem frommen Glauben unterstützt, daß auch mir diese Zugehörigkeit und Gemeinsamkeit angeboren und überkommen sei, daß auch ich, wenn ich Geschichten erzählte, mit meinen Lesern eine gemeinsame Heimat bewohne, daß ich für sie auf einem Instrumente und nach einem Notensystem musiziere, das ihnen wie mir vollkommen vertraut und selbstverständlich sei. Da waren Hell und Dunkel, Freude und Trauer, Gut und Böse, Tat und Leiden, Frömmigkeit und Gottlosigkeit zwar nicht ganz so kategorisch und grell voneinander getrennt und abgehoben wie in den moralischen Erzählungen der Schul- und Kinderbücher, es gab Nuancen, es gab Psychologie, es gab namentlich auch Humor, aber es gab nicht den grundsätzlichen Zweifel, weder am Verständnis der Zuhörer noch an der Erzählbarkeit meiner Geschichten, welche denn auch meist ganz artig abliefen mit Vorbereitung, Spannung, Lösung, mit einem festen Gerüste von Handlung, und mir und meinen Lesern beinah ebensoviel Vergnügen machten wie das Erzählen einst dem großen Meister von Seldwyla und das Zuhören seinen Lesern gemacht hatte. Und nur sehr langsam und widerwillig kam ich mit den Jahren zur Einsicht, daß meine Art zu leben und meine Art zu erzählen einander nicht entsprachen, daß ich dem guten Erzählen zuliebe die Mehrzahl meiner Erlebnisse und Erfahrungen mehr oder weniger vergewaltigt hatte, und daß ich entweder auf das Erzählen verzichten oder mich entschließen müsse, statt eines guten ein schlechter Erzähler zu werden. Die Versuche dazu, etwa von Demian bis zur Morgenlandfahrt, führten mich denn auch immer mehr aus der guten und schönen Tradition des Erzählens hinaus. Und wenn ich heute irgendein noch so kleines, noch so gut isoliertes Erlebnis aufzuzeichnen versuche, dann rinnt mir alle Kunst unter den Händen weg, und das Erlebte wird auf eine beinah gespenstische Weise vielstimmig, vieldeutig, kompliziert und undurchsichtig. Ich muß mich darein ergeben, es sind in den letzten Jahrzehnten größere und ältere Werte und Kostbarkeiten als nur die Erzählkunst fragwürdig und zweifelhaft geworden.

In unserm wenig geliebten Klassenzimmer der Calwer Lateinschule saßen wir Schüler eines Vormittags über einer schriftlichen Arbeit. Es war in den ersten Tagen nach längeren Ferien, kürzlich erst hatten wir unsere blauen Zeugnishefte abgeliefert, die unsere Väter hatten unterschreiben müssen, wir waren noch nicht so recht wieder an die Gefangenschaft und Langeweile gewöhnt und empfanden sie darum stärker. Auch der Lehrer, ein Mann von noch längst nicht vierzig Jahren, der uns Elf- und Zwölfjährigen aber uralt erschien, war eher gedrückt als schlechter Laune, wir sahen ihn auf seinem erhöhten Throne sitzen, gelben Gesichtes, über Hefte gebeugt, mit leidenden Zügen. Er lebte, seit ihm seine junge Frau gestorben war, mit einem einzigen Söhnchen allein, einem blassen Knaben mit hoher Stirn und blauwäßrigen Augen. Angestrengt und unglücklich saß der ernste Mann in seiner erhabenen Einsamkeit, geachtet, aber auch gefürchtet; wenn er ärgerlich oder gar zornig war, konnte ein Strahl höllischer Wildheit die klassische Humanistenhaltung durchbrechen und Lügen strafen. Es war still in der nach Tinte, Knaben und Schuhleder riechenden Stube, nur selten gab es ein erlösendes Geräusch: das Klatschen eines fallengelassenen Buches auf dem staubigen Tannenbretterboden, das Flüstern eines heimlichen Zwiegesprächs, das kitzelnde, zum Umschauen nötigende Keuchen eines mühsam gedämmten Lachens, und jedes solche Geräusch wurde vom Thronenden wahrgenommen und sofort zur Ruhe gebracht, meistens nur durch einen Blick, ein Warnen des Gesichtes mit vorgerecktem Kinn oder einen drohend erhobenen Finger, zuweilen durch ein Räuspern oder ein kurzes Wort. Zwischen Klasse und Professor herrschte an jenem Tage, Gott sei Dank, nicht gerade eine Gewitterstimmung, aber doch jene gelinde Spannung der Atmosphäre, aus der dies und jenes Überraschende und vermutlich Unerwünschte entstehen kann. Und ich wußte nicht recht, ob dies mir nicht lieber war als die vollkommenste Harmonie und Ruhe. Es war vielleicht gefährlich, es konnte vielleicht etwas geben, aber am Ende lauerten wir Knaben, namentlich während einer solchen schriftlichen Arbeit, auf nichts so begierig als auf Unterbrechungen und Überraschungen, seien sie wie immer geartet, denn die Langeweile und die unterdrückte Unruhe in den allzu lang und streng zum Stillsitzen und Schweigen gezwungenen Knaben war groß.

Was für eine Arbeit es gewesen sei, mit der unser Lehrer uns beschäftigte, während er hinter der bretternen Verschanzung seines Hochsitzes sich mit Amtsgeschäften befaßte, weiß ich nicht mehr. Auf keinen Fall war es Griechisch, denn es war die ganze Klasse beisammen, während in den Griechischstunden nur wir vier oder fünf „Humanisten" dem Meister gegenübersaßen. Es war das erste Jahr, in dem wir Griechisch lernten, und die Abtrennung von uns „Griechen" oder „Humanisten" von der übrigen Schulklasse hatte dem ganzen Schulleben eine neue Note gegeben. Einerseits fanden wir paar Griechen, wir künftigen Pfarrer, Philologen und anderen Akademiker, uns schon jetzt vom großen Haufen der künftigen Gerber, Tuchmacher, Kaufleute oder Bierbrauer abgehoben und gewissermaßen ausgezeichnet, was eine Ehre und einen Anspruch und Ansporn bedeutete, denn wir waren die Elite, die für Höheres als Handwerk und Geldverdienen Bestimmten, doch hatte diese Ehre wie billig auch ihre bedenkliche und gefährliche Seite. Wir wußten in ferner Zukunft Prüfungen von sagenhafter Schwere und Härte auf uns warten, vor allem das gefürchtete Landexamen, in dem die humanistische Schülerschaft des ganzen Schwabenlandes zum Wettkampf nach Stuttgart einberufen wurde und dort in mehrtägiger Prüfung die engere und wirkliche Elite auszusieben hatte, ein Examen, von dessen Ergebnis für die Mehrzahl der Kandidaten die ganze Zukunft abhing, denn von jenen, welche diese enge Pforte nicht passierten, waren die meisten damit auch zum Verzicht auf das geplante Studium verurteilt. Und seit ich selber zu den Humanisten, zu den vorläufig für die Elite in Aussicht genommenen und vorgemerkten Schülern gehörte, war mir schon mehrmals, angeregt vermutlich durch Gespräche meiner älteren Brüder, der Gedanke gekommen, daß es für einen Humanisten, einen Berufenen, aber längst noch nicht Auserwählten, recht peinlich und bitter sein müsse, seinen Ehrentitel wieder abzulegen und die letzte und oberste Klasse unserer Schule wieder als Banause zwischen den vielen andern Banausen abzusitzen, herabgesunken und ihresgleichen geworden.

Wir paar Griechen also waren seit dem Beginn des Schuljahres auf diesem schmalen Pfad zum Ruhme und damit in ein neues, viel intimeres und damit auch viel heikleres Verhältnis zum Klassenlehrer gekommen. Denn er gab uns die Griechisch-Stunden, und da saßen nun wir wenigen nicht mehr innerhalb der Klasse und Masse, die als Ganzes der Macht des Lehrers wenigstens ihre Quantität entgegenzusetzen hatte, sondern einzeln, schwach und exponiert dem Manne gegenüber, der nach kurzer Zeit jeden von uns sehr viel genauer kannte als alle übrigen Klassenkameraden. Uns gab er in diesen oft erhebenden und noch öfter schrecklich bangen Stunden sein Bestes an Wissen, an Überwachung und Sorgfalt, an Ehrgeiz und Liebe, aber auch an Laune, Mißtrauen und Empfindlichkeit; wir waren die Berufenen, waren seine künftigen Kollegen, waren die zum Höheren bestimmte kleine Schar der Begabteren oder Ehrgeizigeren, uns galt mehr als der ganzen übrigen Klasse seine Hingabe und seine Sorge, aber von uns erwartete er auch ein Mehrfaches an Aufmerksamkeit, Fleiß und Lernlust, und auch ein Mehrfaches an Verständnis für ihn selbst und seine Aufgabe. Wir Humanisten sollten nicht Allerweltsschüler sein, die sich vom Lehrer in Gottes Namen bis zum vorgeschriebenen Mindestmaß an Schulbildung schleppen und zerren ließen, sondern strebsame und dankbare Mitgänger auf dem steilen Pfade, unsrer auszeichnenden Stellung im Sinne einer hohen Verpflichtung bewußt. Er hätte sich Humanisten gewünscht, die ihm die Aufgabe gestellt hätten, ihren brennenden Ehrgeiz und Wissensdurst beständig zu zügeln und zu bremsen, Schüler, welche jeden kleinsten Bissen der Geistesspeise mit Heißhunger erwarteten und aufnahmen und alsbald in neue geistige Energien verwandelten. Ich weiß nun nicht, wieweit etwa der eine oder andere meiner paar Mitgriechen diesem Ideale zu entsprechen gewillt und veranlagt gewesen ist, doch nehme ich an, es werde den andern nicht viel anders gegangen sein als mir, und sie werden zwar aus ihrem Humanistentum einen gewissen Ehrgeiz ebenso wie einen gewissen Standesdünkel gezogen, sie werden sich als etwas Besseres und Kostbareres empfunden und aus diesem Hochmut in guten Stunden auch eine gewisse Verpflichtung und Verantwortung entwickelt haben; alles in allem aber waren wir eben doch elf- bis zwölfjährige Schulknaben und vorläufig von unseren nichthumanistischen Klassenbrüdern äußerst wenig verschieden, und keiner von uns stolzen Griechen hätte, vor die Wahl zwischen einem freien Nachmittag und einer griechischen Extralektion gestellt, einen Augenblick gezögert, sondern sich entzückt für den freien Nachmittag entschieden. Ja, das hätten wir ohne Zweifel getan – und dennoch war etwas von jenem Andern in unseren jungen Seelen auch vorhanden, etwas von dem, was der Professor von uns so sehnlich und oft so ungeduldig erwartete und forderte. Was mich anging, so war ich nicht klüger als andere und nicht reifer als meine Jahre, und mit weit weniger als dem Paradies eines freien Nachmittags hätte man mich leicht von Kochs griechischer Grammatik und dem Würdegefühl des Humanisten weglokken können – und dennoch war ich zuzeiten und in gewissen Bezirken meines Wesens auch ein Morgenlandfahrer und Kastalier und bereitete mich unbewußt darauf vor, Mitglied und Historiograph aller platonischen Akademien zu werden. Manchmal, beim Klang eines griechischen Wortes oder beim Malen griechischer Buchstaben in meinem von des Professors unwirschen Korrekturen durchpflügten Schreibheft empfand ich den Zauber einer geistigen Heimat und Zugehörigkeit und war ohne alle Vorbehalte und Nebengelüste willig, dem Ruf des Geistes und der Führung des Meisters Folge zu leisten. Und so wohnte unserem dummstolzen Elitegefühl ebenso wie unserer tatsächlichen Herausgehobenheit, wohnte unserer Isolierung und unserem bangen Ausgeliefertsein an den so oft gefürchteten Scholarchen eben doch ein Strahl echten Lichtes, eine Ahnung echter Berufung, ein Anhauch echter Sublimierung inne.

Augenblicklich freilich, in dieser unfrohen und langweiligen Schulmorgenstunde, da ich über meine längst fertige Schreibarbeit hinweg den kleinen geduckten Geräuschen des Raumes und den fernen, heiteren Tönen der Außenwelt und Freiheit lauschte: dem Flügelknattern eines Taubenfluges, dem Krähen eines Hahnes etwa oder dem Peitschenknall eines Fuhrmanns, sah es nicht so aus, als hätten jemals gute Geister in dieser niederen Stube gewaltet. Eine Spur von Adel, ein Strahl von Geist weilte einzig über dem etwas müden und sorgenvollen Gesicht des Professors, den ich heimlich mit einer Mischung von Teilnahme und schlechtem Gewissen beobachtete, stets bereit, seinem sich etwa erhebenden Blick mit dem meinen rechtzeitig auszuweichen. Ohne mir eigentlich Gedanken dabei zu machen, und ohne Absichten irgendwelcher Art, war ich nur dem Schauen hingegeben, der Aufgabe, dieses unschöne, aber nicht unedle Lehrergesicht meinem Bilderbuche einzuverleiben, und es ist denn auch über sechzig Jahre hinweg darin erhalten geblieben: der dünne strähnige Haarschopf über der fahlen scharfkantigen Stirn, die etwas welken Lider mit spärlichen Wimpern, das gelblich-blasse, hagere Gesicht mit dem höchst ausdrucksvollen Munde, der so klar zu artikulieren und so resigniert-spöttisch zu lächeln verstand, und dem energischen, glattrasierten Kinn. Das Bild blieb mir eingeprägt, eines von vielen, es ruhte Jahre und Jahrzehnte unbenützt in seinem raumlosen Archiv und erwies sich, wenn seine Stunde einmal wieder kam und es angerufen wurde, jedesmal als vollkommen gegenwärtig und frisch, als wäre vor einem Augenblick und Liderblinzeln noch sein Urbild selbst vor mir gestanden. Und indem ich, den Mann auf dem Katheder beobachtend, seine leidenden und von Leidenschaftlichkeit durchzuckten, aber von geistiger Arbeit und Zucht beherrschten Züge in mich aufnahm und in mir zum langdauernden Bilde werden ließ, war die öde Stube doch nicht so öde und die scheinbar leere und langweilige Stunde doch nicht so leer und langweilig. Seit vielen Jahrzehnten ist dieser Lehrer unter der Erde, und wahrscheinlich bin von den Humanisten jenes Jahrganges ich der einzige noch lebende und der, mit dessen Tode erst dieses Bildnis für immer auslöschen wird. Mit keinem meiner Mitgriechen, deren Kamerad ich damals nur kurze Zeit gewesen bin, hat mich Freundschaft verbunden. Von einem weiß ich nur, daß er längst nicht mehr lebt, von einem andern, daß er im Jahre 1914 im Kriege umgekommen ist. Und von einem dritten, einem, den ich gern mochte und dem einzigen von uns, der unser aller damaliges Ziel wirklich erreicht hat und Theologe und Pfarrer geworden ist, erfuhr ich später Bruchstücke seines merkwürdigen und eigensinnigen Lebenslaufes: er, der die Muße jeder Arbeit vorzog und viel Sinn für die kleinen sinnlichen Genüsse des Lebens hatte, wurde als Student von seinen Verbindungsbrüdern „die Materie“ genannt, er blieb unvermählt, brachte es als Theologe bis zu einer Dorfpfarre, war viel auf Reisen, wurde beständiger Versäumnisse in seinem Amte bezichtigt, ließ sich noch bei jungen und gesunden Jahren in den Ruhestand versetzen und lag seiner Pensionsansprüche wegen lange mit der Kirchenbehörde im Prozeß, begann an Langeweile zu leiden (er war schon als Knabe außerordentlich neugierig gewesen) und bekämpfte sie teils durch Reisen, teils durch die Gewohnheit, täglich einige Stunden als Zuhörer in den Gerichtssälen zu sitzen, und hat sich, da er die Leere und Langeweile dennoch immer mehr wachsen sah, als beinahe Sechzigjähriger im Neckar ertränkt.

Ich erschrak und senkte wie ertappt den auf des Lehrers Schädel ruhenden Blick, als dieser sein Gesicht erhob und über die Klasse weg spähte.

„Weller“ hörten wir ihn rufen, und gehorsam stand hinten in einer der letzten Bänke Otto Weller auf. Wie eine Maske schwebte sein großes rotes Gesicht über den Köpfen der andern.

Der Professor winkte ihn zu sich an den Katheder, hielt ihm ein blaues kleines Heft vors Gesicht und stellte ihm leise ein paar Fragen. Weller antwortete ebenfalls flüsternd und sichtlich beunruhigt, mir schien, er verdrehe die Augen ein wenig, und das gebe ihm ein bekümmertes und ängstliches Aussehen, woran wir bei ihm nicht gewöhnt waren, er war eine gelassene Natur und stak in einer Haut, an welcher vieles ohne Schaden ablief, was anderen schon wehe tat. Übrigens war es ein eigentümliches und unverwechselbares Gesicht, dem er jetzt diesen sorgenvollen Ausdruck gab, ein ganz unverwechselbares und für sich ebenso unvergeßliches Gesicht wie das meines ersten Griechischlehrers. Es waren damals manche Mitschüler meiner Klasse, von denen weder Gesicht noch Namen eine Spur in mir hinterlassen haben; ich wurde ja auch schon im nächsten Jahre in eine andere Stadt und Schule geschickt. Das Gesicht Otto Wellers aber kann ich mir in vollkommener Deutlichkeit noch heute vergegenwärtigen. Es fiel, wenigstens zu jener Zeit, vor allem durch seine Größe auf, es war nach den Seiten und nach unten hin vergrößert, denn die Partien unterhalb der Kinnbacken waren stark geschwollen und diese Geschwulst machte das Gesicht um vieles breiter, als es sonst gewesen wäre. Ich erinnere mich, daß ich, von dieser Erscheinung beunruhigt, ihn einmal gefragt habe, was denn eigentlich mit seinem Gesichte los sei, und erinnere mich seiner Antwort: „Das sind die Drüsen, weißt du. Ich habe Drüsen." Nun, auch von diesen Drüsen abgesehen war Wellers Gesicht recht malerisch, es war voll und kräftig rot, die Haare dunkel, die Augen gutmütig und die Bewegungen der Augäpfel sehr langsam, und dann hatte er einen Mund, der trotz seiner Röte dem einer alten Frau glich. Vermutlich der Drüsen wegen hielt er das Kinn etwas gehoben, so daß man den ganzen Hals sehen konnte; diese Haltung trug dazu bei, die obere Gesichtshälfte zurückzudrängen und beinahe vergessen zu lassen, während die vergrößerte untere trotz des vielen Fleisches zwar vegetativ und ungeistig, aber wohlwollend, behaglich und nicht unliebenswürdig aussah. Mir war er mit seinem breiten Dialekt und gutartigen Wesen sympathisch, doch kam ich nicht sehr viel mit ihm zusammen; wir lebten in verschiedenen Sphären: in der Schule gehörte ich zu den Humanisten und hatte meinen Sitz nahe dem Katheder, während Weller zu den vergnügten Nichtstuern gehörte, die ganz hinten sa-

ßen, selten eine Antwort auf Lehrerfragen wußten, häufig Nüsse, gedörrte Birnen und dergleichen aus den Hosentaschen zogen und verzehrten und durch ihre Passivität ebenso wie durch unbeherrschtes Schwatzen und Kichern nicht selten dem Lehrer lästig wurden. Und auch außerhalb der Schule gehörte Otto Weller einer anderen Welt zu als ich, er wohnte draußen in der Nähe des Bahnhofs, weit von meiner Gegend entfernt, und sein Vater war Eisenbahner, ich kannte ihn nicht einmal vom Sehen.
Otto Weller wurde nach kurzem Geflüster wieder an seinen Platz zurückgeschickt, er schien unzufrieden und bedrückt. Der Professor aber war aufgestanden, er hielt jenes kleine dunkelblaue Heft in der Hand und blickte suchend durch die ganze Stube. Auf mir blieb sein Blick haften, er kam auf mich zu, nahm mein Schreibheft, betrachtete es und fragte: „Du bist mit deiner Arbeit fertig?" Und als ich ja gesagt hatte, winkte er mir, ihm zu folgen, ging zur Tür, die er zu meiner Verwunderung öffnete, winkte mich hinaus und schloß die Tür hinter uns wieder.
„Du kannst mir einen Auftrag besorgen", sagte er und übergab mir das blaue Heft. „Hier ist das Zeugnisheft von Weller, das nimmst du und gehst damit zu seinen Eltern. Dort sagst du, ich lasse fragen, ob die Unterschrift unter Wellers Zeugnis wirklich von der Hand seines Vaters sei."
Ich schlüpfte hinter ihm nochmals ins Schulzimmer zurück und holte meine Mütze vom hölzernen Rechen, steckte das Heft in die Tasche und machte mich auf den Weg.
Es war also ein Wunder geschehen. Es war, mitten während der langweiligen Stunde, dem Professor eingefallen, mich spazieren zu schicken, in den schönen lichten Vormittag hinaus. Ich war benommen vor Überraschung und Glück, nichts Erwünschteres hätte ich mir denken können. In Sprüngen nahm ich die beiden Treppen mit den tief ausgetretenen fichtenen Stufen, hörte aus einem der anderen Schulräume die eintönige, diktierende Stimme eines Lehrers schallen, sprang durchs Tor und die flachen Sandsteinstufen hinab und schlenderte dankbar und glücklich in den hübschen Morgen hinein, der eben noch so ermüdend lang und leer geschienen hatte. Hier draußen war er es nicht, hier war weder von der Öde noch von den geheimen Spannungen etwas zu spüren, die im Klassenzimmer den Stun-

den das Leben aussog und sie so erstaunlich in die Länge zog. Hier wehte Wind und flogen eilige Wolkenschatten über das Pflaster des breiten Marktplatzes, Taubenschwärme erschreckten kleine Hunde und brachten sie zum Bellen, Pferde standen vor Bauernwagen gespannt, hatten eine hölzerne Krippe vor sich stehen und fraßen Heu, die Handwerker waren an der Arbeit oder unterhielten sich durch ihre niedrig gelegenen Werkstättenfenster mit der Nachbarschaft. Im kleinen Schaufenster der Eisenhandlung lag immer noch die derbe Pistole mit dem blaustählernen Lauf, die zweieinhalb Mark kosten sollte und mir seit Wochen in die Augen stach. Verlockend und schön war auch die Obstbude der Frau Haas auf dem Markt und der winzige Spielzeugladen des Herrn Jenisch, und nebenan blickte aus dem offenen Werkstattfenster das weißbärtige und rotleuchtende Gesicht des Kupferschmiedes, wetteifernd an Glanz und Röte mit dem blanken Metall des Kessels, an dem er hämmerte. Dieser stets muntere und stets neugierige alte Mann ließ selten jemand an seinem Fenster vorübergehen, ohne ihn anzusprechen oder mindestens einen Gruß mit ihm zu tauschen. Auch mich sprach er an: „Ja, ist denn eure Schule schon aus?“ und als ich ihm erzählt hatte, daß ich einen Auftrag meines Lehrers zu besorgen habe, riet er mir verständnisvoll: „Na, dann pressier du nur nicht zuviel, der Vormittag ist noch lang.“ Ich folgte seinem Rat und blieb eine gute Weile auf der alten Brücke stehen. Auf die Brüstung gestützt, blickte ich ins still ziehende Wasser hinab und beobachtete ein paar kleine Barsche, die ganz tief, nah am Boden, scheinbar schlafend und regungslos am selben Fleck verweilten, in Wirklichkeit aber unmerklich die Plätze miteinander tauschten. Sie hielten die Mäuler nach unten gekehrt, den Boden absuchend, und wenn sie zuweilen wieder flach und unverkürzt zu erblicken waren, konnte ich auf ihren Rücken das helldunkle Streifenmuster erkennen. Über das nahe Wehr rann mit sanftem helltönigem Rauschen das Wasser, weiter unten auf der Insel lärmten in Scharen die Enten, auf diese Entfernung tönte auch ihr Geschwader und Gequake sanft und eintönig und hatte gleich dem Strömen des Flusses übers Wehr jenen zauberischen Klang von Ewigkeit, in den man versinken und von dem man sich einschläfern und zudecken lassen konnte wie vom nächtlichen Sommerregenrauschen oder vom leisen dichten Sinken des Schneefalles. Ich stand und schaute, stand und lauschte, zum erstenmal an diesem Tage war ich für eine kleine Weile wieder in jener holden Ewigkeit, in der man von Zeit nichts weiß.

Schläge der Kirchenuhr weckten mich. Ich schrak auf, fürchtete, viel Zeit vertan zu haben, erinnerte mich meines Auftrages. Und jetzt erst fing dieser Auftrag und was mit ihm zusammenhing meine Aufmerksamkeit und Teilnahme ein. Indem ich ohne weiteres Säumen der Bahnhofsgegend zustrebte, fiel mir Wellers unglückliches Gesicht wieder ein, wie er mit dem Professor geflüstert hatte, jenes Verdrehen der Augen und der Ausdruck seines Rückens und seines Ganges, wie er so langsam und wie geschlagen in seine Bank zurückgekehrt war.

Daß einer nicht zu allen Stunden derselbe sein, daß er manche Gesichter, mancherlei Ausdruck und Haltung haben könne, nun, das war nichts Neues, das wußte man längst und kannte es, an anderen wie an sich selber. Neu aber war, daß es diese Unterschiede, diesen wunderlichen und bedenklichen Wechsel zwischen Mut und Angst, Freude und Jammer auch bei ihm gab, bei dem guten Weller mit dem Drüsengesicht und den Hosentaschen voll Eßbarem, bei einem von jenen dort hinten in den letzten beiden Bänken, die sich so gar keine Schulsorgen zu machen und von der Schule nichts als ihre Langeweile zu fürchten schienen, einem von jenen im Lernen so gleichgültigen, mit den Büchern so unvertrauten Kameraden, die dafür, sobald es um Obst und Brot, Geschäfte und Geld und andere Angelegenheiten der Erwachsenen ging, uns andern so weit voraus und beinah schon selber wie Erwachsene waren – das beunruhigte mich nun, indem ich meine Gedanken damit beschäftigte, recht sehr.

Ich erinnerte mich einer seiner sachlichen und lakonischen Mitteilungen, mit der er mich noch vor kurzem überrascht und beinah in Verlegenheit gebracht hatte. Es war auf dem Weg zur Bachwiese, wo wir im Schwarm der Kameraden eine kleine Strecke weit nebeneinander gingen. Das Röllchen mit Handtuch und Badehose unter den Arm geklemmt, schritt er in seiner gelassenen Weise neben mir, und plötzlich blieb er eine Sekunde stehen, wandte mir sein

großes Gesicht zu und sagte die Worte: „Mein Vater verdient sieben Mark am Tag."
Ich hatte bisher von niemandem gewußt, wieviel er am Tag verdiene, und wußte auch nicht so recht, wieviel sieben Mark eigentlich seien, es schien mir immerhin eine recht schöne Summe, und er hatte sie auch mit einem Ton von Befriedigung und Stolz genannt. Aber da das Auftrumpfen mit irgendwelchen Zahlen und Größen eine der Spielarten im Unterhaltungston zwischen uns Schülern war, ließ ich, obwohl er vermutlich die Wahrheit gesagt hatte, mir nicht imponieren. Wie man einen Ball zurückschlägt, warf ich ihm meine Entgegnung hin und teilte ihm mit, daß mein Vater am Tag zwölf Mark verdiene. Das war gelogen, war frei erfunden, machte mir aber keine Skrupel, denn es war eine rein rhetorische Übung. Weller dachte einen Augenblick nach, und als er sagte: „Zwölf? Das ist bei Gott nicht schlecht!" ließ sein Blick und Ton es fraglich, ob er meine Auskunft ernst genommen habe oder nicht. Er bestand nicht darauf, mich zu entlarven, er ließ es gut sein, ich hatte da etwas behauptet, woran sich vielleicht zweifeln ließ, er nahm es hin und fand es keiner Auseinandersetzung wert, und damit war er wieder der Überlegene und Erfahrene, der Praktiker und beinah Erwachsene, und ich erkannte das ohne Widerspruch an. Es war, als habe ein Zwanzigjähriger mit einem Elfjährigen gesprochen. Aber waren wir denn nicht beide elfjährig?
Ja, und noch eine andere seiner so erwachsen und sachlich hingesprochenen Mitteilungen fiel mir ein, die mich noch mehr erstaunt und bestürzt hatte. Sie bezog sich auf einen Schlossermeister, dessen Werkstatt nicht weit von meinem großväterlichen Hause entfernt lag. Dieser Mann hatte sich eines Tages, wie ich mit Entsetzen von den Nachbarn erzählen hörte, das Leben genommen, etwas, was in der Stadt seit manchen Jahren nicht vorgekommen und mir, wenigstens in solcher Nähe von uns, mitten zwischen den vertrauten lieben Umgebungen meines Knabenlebens, bisher völlig undenkbar gewesen war. Es hieß, er habe sich erhängt, doch wurde darüber noch gestritten, man wollte ein so seltenes und großes Ereignis nicht gleich registrieren und zu den Akten legen, sondern erst sein Grausen und Schaudern daran haben, und so wurde der arme Tote am er-

sten Tage nach seinem Ende von den Nachbarsfrauen, Dienstmägden, Briefträgern mit einem Sagenkreis umsponnen, von dem auch mich einige Strähnen erreichten. Andern Tages aber traf Weller mich auf der Straße, wie ich scheu nach dem Schlosserhause mit der verstummten und geschlossenen Werkstatt hinüberblickte, und fragte, ob ich wissen wolle, wie es der Schlosser gemacht habe. Dann gab er mir freundlich und mit einem überzeugenden Anschein von absolutem Wissen Auskunft: „Also, weil er doch Schlosser gewesen ist, hat er keinen Strick nehmen wollen, er hat sich an einem Draht aufgehängt. Er hat den Draht und Nägel und Hammer und Zange mitgenommen, ist in den Teichelweg hinausgegangen, fast ganz bis zur Waldmühle, dort hat er den Draht zwischen zwei Bäumen gut festgemacht und sogar noch die übrigen Enden sorgfältig mit der Zange abgezwickt, und dann hat er sich an dem Draht aufgehängt. Wenn sich aber einer aufhängt, nicht wahr, dann hängt er sich meistens unten am Hals auf, und dann treibt es ihm die Zunge heraus, das sieht scheußlich aus, und das wollte er nicht haben. Also, was hat er getan? Er hat sich nicht unten am Hals aufgehängt, sondern ganz vorn beim Kinn, und darum hat ihm die Zunge nachher nicht herausgehangen. Aber blau im Gesicht ist er doch geworden."

Und nun hatte dieser Weller, der so gut in der Welt Bescheid wußte und sich um die Schule so wenig kümmerte, offenbar eine schwere Sorge. Es bestand ein Zweifel, ob die Unterschrift seines Vaters unter dem letzten Zeugnis wirklich echt sei. Und da Weller so sehr bedrückt ausgesehen und bei seinem Rückweg durchs Schulzimmer einen so geschlagenen Ausdruck gehabt hatte, konnte man wohl annehmen, es habe mit jenem Zweifel seine Richtigkeit, und wenn dem so war, dann war es ja nicht nur ein Zweifel, sondern ein Verdacht oder eine Anklage, daß nämlich Otto Weller selbst seines Vaters Namenszug nachzuahmen versucht habe. Erst jetzt, wo ich nach dem kurzen Freuden- und Freiheitsrausch wieder wach und zum Denken fähig geworden war, begann ich den gequälten und verdrehten Blick meines Kameraden zu verstehen und zu ahnen, daß da eine fatale und häßliche Geschichte spiele, ja ich begann zu wünschen, ich möchte lieber nicht der glückliche Auser-

wählte sein, den man während der Schulstunde spazieren geschickt hatte. Der heitere Vormittag mit seinem Wind und seinen jagenden Wolkenschatten und die heitere hübsche Welt, durch die ich spaziert war, hatten sich verändert, meine Freude sank und sank, und statt ihrer füllten die Gedanken an Weller und seine Geschichte mich aus, lauter unangenehme und traurigmachende Gedanken. War ich auch noch ohne Weltkenntnis und ein Kind neben Wellers sachlicher Erfahrenheit, so wußte ich doch, und zwar aus frommen moralischen Erzählungen für die reifere Jugend, daß das Fälschen einer Unterschrift etwas ganz Schlimmes, etwas Kriminelles war, eine jener Etappen auf dem Weg, der die Sünder ins Gefängnis und zum Galgen führte. Und doch war unser Schulkamerad Otto ein Mensch, den ich gern hatte, ein gutartiger und netter Kerl, den ich nicht für einen Verworfenen und zum Galgen Bestimmten halten konnte. Ich hätte dies und jenes dafür gegeben, wenn sich herausstellen würde, daß die Unterschrift echt und der Verdacht ein Irrtum sei. Aber hatte ich nicht sein bekümmert-erschrockenes Gesicht gesehen, hatte er nicht recht deutlich merken lassen, daß er Angst und also ein schlechtes Gewissen habe?
Ich näherte mich schon, wieder ganz langsam gehend, jenem Hause, in dem lauter Leute von der Eisenbahn wohnten, als mir der Gedanke kam, ob ich nicht vielleicht etwas für Otto tun könne. Wenn ich nun, dachte ich, gar nicht in dieses Haus hineinginge, sondern in die Klasse zurück, und dem Professor melden würde, die Unterschrift sei in Ordnung? Kaum war mir der Einfall gekommen, da spürte ich schwere Beklemmungen: ich hatte mich selber in diese schlimme Geschichte eingeschaltet, ich würde, wenn ich meinem Einfall folgte, nicht mehr zufälliger Bote und Nebenfigur, sondern Mitspieler und Mitschuldiger sein. Ich ging immer langsamer, ging schließlich an dem Hause vorbei und langsam weiter, ich mußte Zeit gewinnen, ich mußte es mir noch überlegen. Und nachdem ich mir die rettende und edle Lüge, zu der ich schon halb entschlossen war, als wirklich ausgesprochen und mich in ihre Folgen verstrickt hatte, sah ich ein, daß das über meine Kräfte gehe. Nicht aus Klugheit, aus Furcht vor den Folgen verzichtete ich auf die Rolle des Helfers und Retters. Ein zwei-

ter, harmloserer Ausweg fiel mir noch ein: ich konnte umkehren und melden, daß bei Wellers niemand zu Hause gewesen sei. Aber siehe, auch zu dieser Lüge reichte mein Mut nicht aus. Der Professor würde mir zwar glauben, aber er würde fragen, warum ich dann so lange ausgeblieben sei. Betrübt und mit schlechtem Gewissen ging ich endlich in das Haus hinein, rief nach Herrn Weller und wurde von einer Frau in den oberen Stock gewiesen, dort wohnt Herr Weller, aber er sei im Dienst und ich werde nur seine Frau antreffen. Ich stieg die Treppe hinan, es war ein kahles und eher unfreundliches Haus, es roch nach Küche und nach einer scharfen Lauge oder Seife. Und oben fand ich richtig Frau Weller; sie kam aus der Küche, war eilig und fragte kurz, was ich wolle. Als ich aber berichtet hatte, daß der Klassenlehrer mich geschickt habe und es sich um Ottos Zeugnis handle, trocknete sie die Hände an ihrer Schürze ab und führte mich in die Stube, bot mir einen Stuhl an und fragte sogar, ob sie mir etwas vorsetzen könne, ein Butterbrot etwa oder einen Apfel. Ich hatte aber schon das Zeugnisheft aus der Tasche gezogen, hielt es ihr hin und sagte ihr, der Professor lasse fragen, ob die Unterschrift wirklich von Ottos Vater sei. Sie verstand nicht gleich, ich mußte es wiederholen, angestrengt hörte sie zu und hielt sich nun das aufgeschlagene Heft vor die Augen. Ich konnte sie mir in Muße ansehen, denn sie saß sehr lange Zeit regungslos, starrte in das Heft und sagte kein Wort. So betrachtete ich sie denn, und ich fand, daß ihr Sohn ihr sehr ähnlich sehe, nur die Drüsen fehlten. Sie war frisch und rot im Gesicht, aber während sie so saß, nichts sagte und das Büchlein in Händen hielt, sah ich dies Gesicht ganz langsam schlaff und müde, welk und alt werden, es dauerte Minuten, und als sie endlich das Ding in ihren Schoß sinken ließ und mich wieder ansah oder ansehen wollte, liefen ihr aus beiden weit offenen Augen still und stetig große Tränen herab. Während sie das Heft noch in Händen gehalten und sich den Anschein gegeben hatte, als studiere sie es, waren, wie ich zu wissen meinte, eben jene Vorstellungen vor ihr aufgetaucht und in traurigem und schrecklichem Zuge vor ihrem innern Blick vorbeigezogen, die auch mich heimgesucht hatten, die Vorstellungen vom Weg des Sünders ins Böse und vors Gericht, ins Gefängnis und zum Galgen.

Tief beklommen saß ich ihr, die für meinen Kinderblick eine alte Frau war, gegenüber, sah die Tränen über ihre roten Backen laufen und wartete, ob sie etwas sagen würde. Das lange Schweigen war so schwer zu ertragen. Sie sagte aber nichts. Sie saß und weinte, und als ich, da ich es nicht mehr aushielt, endlich selbst das Schweigen durchbrach und nochmals fragte, ob Herr Weller seinen Namen selbst in das Heft geschrieben habe, machte sie ein noch mehr bekümmertes und trauriges Gesicht und schüttelte mehreremal den Kopf. Ich stand auf, und auch sie erhob sich, und als ich ihr die Hand hinreichte, nahm sie sie und hielt sie eine Weile in ihren kräftigen warmen Händen. Dann nahm sie das unselige blaue Heft, wischte ein paar Tränen von ihm ab, ging zu einer Truhe, zog eine Zeitung daraus hervor, riß sie in zwei Stücke, legte eines in die Truhe zurück und machte aus dem andern säuberlich einen Umschlag um das Heft, das ich nicht wieder in meine Jackentasche zu stecken wagte, sondern sorgfältig in der Hand davontrug.
Ich kehrte zurück und sah unterwegs weder Wehr noch Fische, weder Schaufenster noch Kupferschmied, stattete meinen Bericht ab, war eigentlich enttäuscht darüber, daß mir mein langes Ausbleiben nicht vorgeworfen wurde, denn das wäre in Ordnung gewesen und hätte mir eine Art von Trost bedeutet, so als würde ich zu einem kleinen Teil mitbestraft, und habe mir in der folgenden Zeit alle Mühe gegeben, diese Geschichte zu vergessen.
Ob und wie mein Mitschüler bestraft wurde, habe ich nie erfahren, wir beide haben über diese Angelegenheit nie ein Wort miteinander gesprochen, und wenn ich je einmal auf der Straße von weitem seiner Mutter gewahr wurde, war mir kein Umweg zu weit, um die Begegnung zu vermeiden.

Glück

Der Mensch, so wie ihn Gott gedacht und wie die Dichtung und Weisheit der Völker ihn manche tausend Jahre lang verstanden hat, ist geschaffen mit einer Fähigkeit, sich zu freuen an Dingen, auch wenn sie ihm nicht nützen, mit einem Organ für das Schöne. An der Freude des Menschen am Schönen haben stets Geist und Sinne in gleichem Maße teil, und solange Menschen fähig sind, sich mitten in den Drangsalen und Gefährdungen ihres Lebens solcher Dinge zu freuen: eines Farbenspieles in der Natur oder im gemalten Bilde, eines Anrufes in den Stimmen der Stürme und des Meeres oder einer von Menschen gemachten Musik, solange ihnen hinter der Oberfläche der Interessen und Nöte die Welt als Ganzes sichtbar oder fühlbar werden kann, worin vom Kopfdrehen einer spielenden jungen Katze bis zum Variationenspiel einer Sonate, vom rührenden Blick eines Hundes bis zur Tragödie eines Dichters ein Zusammenhang, ein tausendfältiger Reichtum an Beziehungen, Entsprechungen, Analogien und Spiegelungen besteht, aus deren ewig fließender Sprache den Hörern Freude und Weisheit, Spaß und Rührung zuteil wird – solange wird der Mensch seiner Fragwürdigkeiten immer wieder Herr werden und seinem Dasein immer wieder Sinn zuschreiben können, denn der „Sinn" ist ja eben jene Einheit des Vielfältigen, oder doch jene Fähigkeit des Geistes, den Wirrwarr der Welt als Einheit und Harmonie zu ahnen. Für den wirklichen Menschen, den heilen, ganzen, unverkrüppelten rechtfertigt sich die Welt, rechtfertigt sich Gott unaufhörlich durch solche Wunder wie dies, daß es außer dem Kühlerwerden am Abend und dem erreichten Ende der Arbeitszeit auch noch so etwas gibt wie das Erröten der abendlichen Atmosphäre und die zauberisch gleitenden

Übergänge vom Rosa ins Violett, oder daß es so etwas gibt wie die Verwandlung eines Menschengesichtes, wenn es in tausend Übergängen gleich dem Abendhimmel überflogen wird vom Wunder des Lächelns, oder daß es so etwas gibt wie die Räume und die Fenster eines Domes, daß es so etwas gibt wie die Ordnung der Staubgefäße im Blumenkelch, etwas wie die aus Brettchen gebaute Violine, etwas wie die Tonleiter, und etwas so Unbegreifliches, Zartes, aus Natur und Geist Geborenes, Vernünftiges und zugleich Übervernünftiges und Kindliches wie die Sprache. Ihre Schönheiten und Überraschungen, ihre Rätsel, ihre scheinbare Ewigkeit, die sie dennoch nicht entfernt und abdichtet von den Anfälligkeiten, Krankheiten, Gefahren, denen alles Menschliche ausgesetzt ist – das macht sie für uns, ihre Diener und Schüler, zu einer der geheimnisvollsten und ehrwürdigsten Erscheinungen auf Erden.
Und nicht nur daß jedes Volk oder jede Kulturgemeinschaft sich die ihren Herkünften entsprechende und zugleich ihren noch unausgesprochenen Zielen dienende Sprache geschaffen hat, nicht nur daß ein Volk die Sprache des andern lernen, bewundern, belächeln und dennoch niemals ganz und völlig verstehen kann! Nein, es ist auch für jeden einzelnen Menschen, sofern er nicht in einer noch sprachlosen Vorwelt oder in einer zu Ende mechanisierten und damit wieder sprachlos gewordenen Wirklichkeit lebt, die Sprache ein persönliches Eigentum, es haben für jeden Sprachempfänglichen, also für jeden heilen und unzerstükkelten Menschen die Worte und Silben, die Buchstaben und Formen, die Möglichkeiten der Syntax ihren besonderen, nur ihm eigenen Wert und Sinn, es kann jede echte Sprache von jedem für sie und mit ihr Begabten auf ganz persönliche und einmalige Weise empfunden und erlebt werden, auch wenn er nichts davon weiß. So wie es Musiker gegeben hat, denen gewisse Instrumente oder gewisse Stimmlagen besonders lieb oder auch besonders verdächtig oder unvertraut waren, so haben die meisten Menschen, sofern sie überhaupt einen Sprachsinn haben, zu gewissen Worten und Klängen, gewissen Vokalen oder Buchstabenfolgen eine eigene Hinneigung, während sie andere eher meiden, und wenn jemand einen bestimmten Dichter besonders liebt oder ablehnt, dann hat daran auch dieses

Dichters Sprachgeschmack und Sprachgehör seinen Anteil, welche dem seiner Leser verwandt oder fremd sind. Ich könnte zum Beispiel eine ganze Menge von Versen und Gedichten nennen, welche ich durch Jahrzehnte geliebt habe und liebe, nicht ihres Sinnes, nicht ihrer Weisheit, nicht ihres Gehaltes an Erfahrung, Güte, Größe wegen, sondern einzig wegen eines bestimmten Reimes, wegen einer bestimmten rhythmischen Abweichung vom überkommenen Schema, wegen einer bestimmten Auswahl der bevorzugten Vokale, welche der Dichter ebenso unbewußt getroffen haben kann wie der Leser sie unbewußt übt. Man kann aus Bau und Rhythmus eines Prosasatzes von Goethe oder Brentano, von Lessing oder E. T. A. Hoffmann über das Charakteristische, über die leibliche und seelische Veranlagung des Dichters oft weit mehr schließen als aus dem, was dieser Prosasatz aussagt. Es gibt Sätze, die bei jedem beliebigen Dichter stehen könnten, und andre, die überhaupt nur bei einem einzigen wohlbekannten Sprachmusikanten möglich waren.

Für unsereinen sind die Wörter dasselbe, was für den Maler die Farben auf der Palette sind. Es gibt ihrer zahllose, und es entstehen ihrer immer neue, aber die guten, die echten Worte sind weniger zahlreich, und ich habe es in siebzig Jahren nicht erlebt, daß ein neues entstanden wäre. Auch der Farben sind es ja nicht beliebig viele, wennschon ihre Abtönungen und Mischungen nicht zu zählen sind. Unter den Wörtern gibt es für jeden Sprechenden Lieblinge und Fremde, bevorzugte und gemiedene, es gibt alltägliche, die man tausendmal verwendet ohne eine Abnützung zu fürchten, und andre, festliche, die man, so sehr man sie lieben möge, nur mit Bedacht und Schonung, mit der dem Festlichen zukommenden Seltenheit und Auserwähltheit sagt und schreibt.

Zu ihnen gehört für mich das Wort Glück.

Es ist eins von den Wörtern, die ich immer geliebt und gern gehört habe. Mochte man über seine Bedeutung noch so viel streiten und räsonnieren können, auf jeden Fall bedeutete es etwas Schönes, etwas Gutes und Wünschenswertes. Und dem entsprechend fand ich den Klang des Wortes.

Ich fand, dieses Wort habe trotz seiner Kürze etwas erstaunlich Schweres und Volles, etwas was an Gold erinnerte, und richtig war ihm außer der Fülle und Vollwichtigkeit auch der Glanz eigen, wie der Blitz in der Wolke wohnte er in der kurzen Silbe, die so schmelzend und lächelnd mit dem GL begann, im Ü so lachend ruhte und so kurz, und im CK so entschlossen und knapp endete. Es war ein Wort zum Lachen und zum Weinen, ein Wort voll Urzauber und Sinnlichkeit; wenn man es recht empfinden wollte, brauchte man nur ein spätes, flaches, müdes Nickel- oder Kupferwort neben das goldene zu stellen, etwa Gegebenheit oder Nutzbarmachung, dann war alles klar. Kein Zweifel, es kam nicht aus Wörterbüchern und Schulstuben, es war nicht erdacht, abgeleitet oder zusammengesetzt, es war Eins und rund, war vollkommen, es kam aus dem Himmel oder aus der Erde wie Sonnenlicht oder Blumenblick. Wie gut, wie glücklich, wie tröstlich, daß es solche Wörter gab! Ohne sie zu leben und zu denken, wäre Welke und Verödung, wäre wie Leben ohne Brot und Wein, ohne Lachen oder Musik.

Nach dieser Seite hin, nach der natürlichen und sinnlichen, hat mein Verhältnis zu dem Wort Glück sich nie entwickelt und geändert, das Wort ist heute so kurz und schwer, so golden und glänzend wie immer, ich liebe es wie ich es als Knabe geliebt habe. Was aber dieses magische Symbol bedeute, was mit diesem so kurzen wie schweren Wort gemeint sei, darüber haben meine Meinungen und Gedanken viele Entwicklungen erlebt und sind erst sehr spät zu einem klaren und bestimmten Schluß gekommen. Bis weit über die Mitte meines Lebens hinaus nahm ich es ungeprüft und folgsam hin, daß im Munde der Leute Glück etwas zwar Positives und unbedingt Wertvolles, im Grunde aber doch Banales bedeute. Gute Geburt, gute Erziehung, gute Karriere, gute Ehe, Gedeihen in Haus und Familie, Ansehen bei den Leuten, voller Beutel, volle Truhen, an alles dieses wurde gedacht, wenn man „Glück" sagte, und ich tat wie jedermann. Es gab, so schien es, glückliche Menschen und andere, wie es gescheite und andere gab. Wir sprachen von Glück auch in der Weltgeschichte, wir glaubten glückliche Völker, glückliche Epochen zu kennen. Dabei lebten wir selbst mitten in einer ungewöhnlich „glücklichen" Epoche, wir waren vom Glück eines langen Friedens, einer weiten Freizügigkeit, eines bedeutenden Behagens und Wohlseins

umspült wie von einem lauen Bade, und doch merkten wir es nicht, es verstand sich dies Glück allzu sehr von selbst, und wir jungen Leute in jener scheinbar so freundlichen, behaglichen und friedlichen Epoche waren, wenn wir etwas auf uns hielten, blasiert und skeptisch gestimmt, kokettierten mit dem Tod, mit der Entartung, mit der interessanten Bleichsucht, während wir vom Florenz des Quattrocento, dem Athen des Perikles und anderen vergangenen Zeiten als von glücklichen sprachen. Das Schwärmen für jene Blütenzeiten zwar verlor sich allmählich, wir lasen Geschichtsbücher, lasen Schopenhauer, wurden gegen die Superlative und gegen die schönen Worte mißtrauisch, wir lernten geistig in einem gedämpften und relativierten Klima leben – und dennoch klang das Wort Glück, wo irgend man ihm unbefangen begegnete, mit dem alten vollen goldenen Ton, blieb Mahnung oder Erinnerung an Dinge höchsten Wertes. Vielleicht, dachten wir zuzeiten, konnten einfache Kindermenschen jene handgreiflichen Güter des Lebens Glück nennen, wir aber dachten bei dem Worte eher an etwas wie Weisheit, Drüberstehen, Geduld, Unbeirrbarkeit der Seele, was alles schön war und uns Freude machte, ohne doch einen so urmäßigen, vollen, tiefen Namen wie „Glück" zu verdienen.
Inzwischen war mein persönliches Leben längst so weit gediehen, daß ich wußte, es sei nicht nur kein sogenannt glückliches, sondern es habe auch das Streben nach sogenanntem Glück darin keinen Raum und keinen Sinn. In einer pathetischen Stunde hätte ich dies Verhalten vielleicht als Amor Fati bezeichnet, doch war ich im Grunde und mit Ausnahme kurzdauernder überhitzter Entwicklungszustände nie sehr zum Pathos geneigt, und auch die unpathetische Schopenhauersche begierdelose Liebe war schon nicht mehr mein unbedingtes Ideal, seit ich die leise, unscheinbare, sparsame und stets ein wenig spöttische Art von Weisheit hatte kennen lernen, auf deren Boden die Berichte über das Leben der chinesischen Meister und die Gleichnisse des Dschuang Dsi gewachsen sind.
Nun, ich möchte nicht ins Plaudern geraten. Ich habe etwas ziemlich genau Bestimmtes zu sagen vor. Zunächst und um bei der Stange zu bleiben, versuche ich mit umschreibenden Worten das zu formulieren, was an Inhalt und Bedeu-

tung heute für mich in dem Worte Glück liegt. Unter Glück verstehe ich heute etwas ganz Objektives, nämlich die Ganzheit selbst, das zeitlose Sein, die ewige Musik der Welt, das, was andre etwa die Harmonie der Sphären oder das Lächeln Gottes genannt haben. Dieser Inbegriff, diese unendliche Musik, diese voll tönende und golden glänzende Ewigkeit ist reine und vollkommene Gegenwart, sie kennt keine Zeit, keine Geschichte, kein Vorher, kein Nachher. Ewig leuchtet und lacht das Antlitz der Welt, während Menschen, Generationen, Völker, Reiche aufsteigen, blühen und wieder in den Schatten und das Nichts hinsinken. Ewig musiziert das Leben, ewig tanzt es seinen Reigen, und was uns Vergänglichen, Gefährdeten und Hinfälligen dennoch an Freude, an Trost, an Lachenkönnen etwa zugeteilt wird, ist Glanz von dort, ist ein Auge voll Glanz, ein Ohr voll Musik.

Ob es nun jemals jene sagenhaften „glücklichen“ Menschen wirklich gegeben habe oder ob auch die mit Neid gepriesenen Glückskinder, Sonnenlieblinge und Weltherren nur zuweilen, nur in festlichen und begnadeten Stunden oder Augenblicken vom großen Licht bestrahlt worden seien, sie haben kein anderes Glück erleben, an keiner anderen Freude teilhaben können. Atmen in vollkommener Gegenwart, Mitsingen im Chor der Sphären, Mittanzen im Reigen der Welt, Mitlachen im ewigen Lachen Gottes, das ist unsre Teilhabe am Glück. Viele haben es nur einmal, viele nur wenige Male erlebt. Aber der es erlebt hat, ist nicht nur für einen Augenblick glücklich gewesen, er hat auch etwas vom Glanz und Klang, etwas vom Licht der zeitlosen Freude mitgebracht, und alles, was durch Liebende an Liebe, durch Künstler an Trost und Heiterkeit in unsre Welt getragen worden ist und oft nach Jahrhunderten so hell strahlt wie am ersten Tage, das kommt von dort.

Zu dieser umfassenden, dieser weltgroßen und heiligen Bedeutung ist bei mir das Wort Glück im Lauf eines Lebens gelangt, und vielleicht ist es nötig den Schulknaben unter meinen Lesern ausdrücklich zu sagen, daß ich hier keineswegs Philologie treibe, sondern ein Stückchen Seelengeschichte erzähle, und daß es mir sehr fern liegt, sie etwa dazu aufzufordern, sie möchten nun auch ihrerseits im mündlichen und schriftlichen Gebrauch dem Worte Glück

diese gewaltige Bedeutung geben. Für mich aber hat sich um dies holde, kurze, golden glänzende Wort herum alles das angesammelt, was ich seit Kindertagen bei seinem Klang empfand. Die Empfindung war beim Kinde gewiß stärker, die Antwort aller Sinne auf die sinnlichen Qualitäten und Anrufe des Wortes heftiger und lauter, aber wäre das Wort an sich nicht so tief, so ursprünglich und so welthaltig, so hätte sich meine Vorstellung von der ewigen Gegenwart, von der „goldenen Spur" (im Goldmund) und dem Lachen der Unsterblichen (im Steppenwolf) nicht um dieses Wort herum kristallisiert.
Wenn altgewordene Menschen sich darauf zu besinnen suchen, wann, wie oft und wie stark sie Glück empfunden haben, dann suchen sie vor allem in ihrer Kindheit, und mit Recht, denn zum Erleben des Glückes bedarf es vor allem der Unabhängigkeit von der Zeit und damit von der Furcht sowohl wie von der Hoffnung, und diese Fähigkeit kommt den meisten Menschen mit den Jahren abhanden. Auch ich, wenn ich mich der Augenblicke meiner Teilhabe am Glanz der ewigen Gegenwart, am Lächeln Gottes zu erinnern suche, kehre jedesmal bei der Kindheit ein und finde dort die meisten und die wertvollsten Ergebnisse dieser Art. Gewiß, blendender und bunter, festlicher kostümiert und farbiger beleuchtet waren die Freudenzeiten der Jünglingsjahre, der Geist hatte an ihnen mehr Anteil als an denen der Kindheit. Aber, wenn man genauer und immer genauer zusah, war es doch mehr Spaß und Lustigkeit, als wirklich Glück. Man war lustig, witzig, geistreich, man machte manchen guten Spaß. Ich erinnere mich eines Augenblicks im Kreis meiner Kameraden in der blühendsten Jugendzeit: da fragte ein Harmloser im Gespräch, was denn eigentlich ein homerisches Gelächter sei, und ich antwortete ihm durch ein rhythmisches Gelächter, das genau einen Hexameter nachskandierte. Man lachte laut, man stieß mit den Gläsern an – aber Augenblicke dieser Art halten der späten Nachprüfung nicht stand. Das alles war hübsch, war lustig, schmeckte gut, aber Glück war es nicht. Glück, so schien es, wenn man diesen Untersuchungen lange genug nachging, Glück war nur in der Kindheit erlebt worden, in Stunden oder Augenblicken, deren Wiederfinden sehr schwierig war, denn auch dort noch, auch im

Bezirk der Kindheit erwies sich der Glanz beim Nachprüfen nicht immer als echt, das Gold nicht immer als völlig gediegen. Wenn ich es ganz genau nahm, so blieben nur ganz wenige Erlebnisse übrig, und auch sie waren nicht Bilder, die man ausmalen, und nicht Geschichten, die man erzählen konnte, sie wichen den Befragungen geschmeidig aus. Meldete sich eine solche Erinnerung, so schien es zuerst, als handle es sich um Wochen oder Tage oder doch mindestens um einen Tag, eine Weihnacht etwa, einen Geburtstag oder einen ersten Ferientag. Aber um einen Kindertag im Gedächtnis wiederherzustellen, bedürfte es tausender Bilder, und für keinen einzigen Tag, auch nicht für einen halben, brächte das Gedächtnis die ausreichende Menge von Bildern zusammen.

Ob es nun aber Erlebnisse von Tagen, von Stunden oder auch nur von Minuten gewesen sind, erlebt habe ich das Glück manche Male, und bin auch in späten Tagen, noch im Alter, ihm für Augenblicke nahe gekommen. Von jenen Glücksbegegnungen der Lebensfrühe aber, so oft ich sie beschworen, befragt und geprüft habe, hat eine besonders standgehalten. Es war in meiner Schulknabenzeit, und das Eigentliche daran, das Echte, Urhafte und Mythische darin, der Zustand des still lachenden Eins-Seins mit der Welt, der absoluten Freiheit von Zeit, von Hoffnung und Furcht, der völligen Gegenwärtigkeit kann nicht lange gewährt haben, vielleicht Minuten.

Eines Morgens erwachte ich, ein lebhafter Knabe von vielleicht zehn Jahren, mit einem ganz ungewöhnlich holden und tiefen Gefühl von Freude und Wohlsein, das mich wie eine innere Sonne durchstrahlte, so als sei jetzt eben, in diesem Augenblick des Erwachens aus einem guten Knabenschlaf, etwas Neues und Wunderbares geschehen, als sei meine ganze klein-große Knabenwelt in einem neuen und höhern Zustand, in ein neues Licht und Klima eingetreten, als habe das ganze schöne Leben erst jetzt, an diesem frühen Morgen, seinen vollen Wert und Sinn bekommen. Ich wußte nichts von gestern noch von morgen, ich war von einem glückhaften Heute umfangen und sanft umspült. Es tat wohl und wurde von Sinnen und Seele ohne Neugierde und ohne Rechenschaft gekostet, es durchrann mich und schmeckte herrlich.

Es war Morgen, durchs hohe Fenster sah ich über dem langen Dachrücken des Nachbarhauses den Himmel heiter in reinem Hellblau stehen, auch er schien voll Glück, als habe er Besonderes vor und habe dazu sein hübschestes Kleid angezogen. Mehr war von meinem Bette aus von der Welt nicht zu sehen, nur eben dieser schöne Himmel und das lange Stück Dach vom Nachbarhause, aber auch dies Dach, dies langweilige und öde Dach aus dunkel rotbraunen Ziegeln schien zu lachen, es ging über seine steile schattige Schrägwand ein leises Spiel von Farben, und die einzelne bläuliche Glaspfanne zwischen den roten tönernen schien lebendig und schien freudig bemüht, etwas von diesem so leise und stetig strahlenden Frühhimmel zu spiegeln. Der Himmel, die etwas rauhe Kante des Dachrückens, das uniforme Heer der braunen und das lustig dünne Blau des einzigen Glasziegels schienen auf eine schöne und erfreuliche Weise miteinander einverstanden, sie hatten sichtlich nichts andres im Sinn als in dieser besonderen Morgenstunde einander anzulachen und es gut miteinander zu meinen. Himmelblau, Ziegelbraun und Glasblau hatten einen Sinn, sie gehörten zusammen, sie spielten miteinander, es war ihnen wohl, und es war gut und tat wohl, sie zu sehen, ihrem Spiel beizuwohnen, sich vom selben Morgenglanz und Wohlgefühl durchflossen zu fühlen wie sie.
So lag ich, den beginnenden Morgen samt dem ruhigen Nachgefühl des Schlafes genießend, eine schöne Ewigkeit in meinem Bett, und ob ich ein gleiches oder ähnliches Glück noch andre Male in meinem Leben gekostet habe, tiefer und wirklicher konnte keines sein: die Welt war in Ordnung. Und ob dieses Glück hundert Sekunden oder zehn Minuten gedauert habe, es war so außerhalb der Zeit, daß es jedem andern echten Glücke so vollkommen glich wie ein flatternder Bläuling dem andern. Es war vergänglich, es wurde von der Zeit überspült, aber es war tief und ewig genug, um über mehr als sechzig Jahre hinweg mich noch heute zu sich zurückzurufen und zu ziehen, daß ich mit müden Augen und schmerzenden Fingern darum bemüht sein muß, es anzurufen und ihm zuzulächeln, es nachzubilden und zu beschreiben. Es bestand aus nichts, dieses Glück, als aus dem Zusammenklang der paar Dinge um mich her mit meinem eigenen Sein, aus einem wunsch-

losen Wohlsein, das nach keiner Änderung, keiner Steigerung verlangte.
Es war noch Stille im Haus, und auch von außen her kein Laut. Wäre diese Stille nicht gewesen, so hätte vermutlich die Erinnerung an die alltäglichen Pflichten, an das Aufstehen und den Gang zur Schule mein Wohlsein gestört. Aber es war offenbar weder Tag noch Nacht, es war das süße Licht und das lachende Blau zwar vorhanden, aber kein Mägdetrab über die Sandsteinfliesen des Vorplatzes, keine knarrende Tür, kein Bäckerbubenschritt auf den Treppen. Dieser Morgen-Augenblick war außerhalb der Zeit, er rief zu nichts, er wies auf nichts Kommendes hin, er war sich selbst genug, und da er mich ganz mit in sich begriff, gab es auch für mich keinen Tag, keinen Gedanken an Aufstehen und Schule, an halb gemachte Aufgaben oder schlecht gelernte Vokabeln, an hastiges Frühstücken im frisch gelüfteten Eßzimmer drüben.
Die Ewigkeit des Glückes erfuhr diesmal ihren Zerfall durch eine Steigerung des Schönen, durch ein Mehr und Zuviel an Freude. Während ich so lag und mich nicht rührte, und die lichte stille Morgenwelt in mich eindrang und mich in sich aufnahm, stieß aus der Ferne her etwas Ungewohntes, etwas Glänzendes und Überhelles golden und triumphierend durch die Stille, voll strotzender Freude, voll lockender und weckender Süßigkeit: der Klang einer Trompete. Und schon war, während ich, nun erst völlig wach, mich im Bett aufrichtete und die Decke zurückschlug, der Klang zweistimmig und mehrstimmig geworden: es war die Stadtmusik, die mit klingendem Spiel durch die Gassen marschierte, ein überaus seltenes und aufregendes Ereignis voll schmetternder Festlichkeit, daß mir das Kinderherz im Leibe zugleich lachte und schluchzte, als wäre alles Glück, aller Zauber der seligen Stunde in diese aufreizenden scharfsüßen Töne zusammengeflossen und ergösse sich nun, geweckt und ins Zeitliche und Vegängliche zurückgekehrt. In einer Sekunde war ich aus dem Bett, bebend vor Festfreude, stürzte zur Tür und ins Nebenzimmer, aus dessen Fenstern man die Straße sehen konnte. In einem Taumel von Entzücken, von Neugierde und Dabeiseinwollen legte ich mich in ein offenes Fenster, hörte beglückt die schwellenden und hochmütigen Klänge der nä-

herkommenden Musik, sah und hörte die Nachbarhäuser und die Straßen erwachen, lebendig werden und sich mit Gesichtern, Gestalten und Stimmen anfüllen – und in derselben Sekunde wußte ich auch alles wieder, was ich in jenem Wohlsein zwischen Schlaf und Tag so ganz vergessen hatte. Ich wußte, daß in der Tat heute keine Schule sei, sondern ein hoher Festtag, ich glaube, es war des Königs Geburtstag, daß es Umzüge, Fahnen, Musik und unerhörte Belustigungen geben werde.

Und mit diesem Wissen war ich zurückgekehrt, stand ich wieder unter den Gesetzen, die den Alltag beherrschen, und wenn es auch kein Alltag war, sondern ein Festtag, zu dem die metallenen Töne mich erweckt hatten, so war doch das Eigentliche und Schöne und Göttliche dieses Morgenzaubers schon vergangen und hinter dem kleinen holden Wunder schlugen die Wellen der Zeit, der Welt, der Gewöhnlichkeit wieder zusammen.

Schulkamerad Martin

In letzter Zeit mußte ich viel an meinen Schulkameraden Martin denken. Aus einer Versenkung und Dunkelheit, in der sein Bild viele Jahre lang mir entschwunden war, drängte es sich in einzelnen leisen, aber energischen Rukken, Schritten und Stößen mir wieder auf, wie am frühen Morgen im dunkeln Schlafzimmer das kommende Tageslicht durch Ladenritzen sich langsam, aber unaufhaltsam einschleicht und aufdrängt, und aus winzigen Erinnerungen setzte dies Bild sich mir wieder zu einem Ganzen zusammen, von welchem ich vermutlich manche Züge aus Eigenem hinzu gedacht oder imaginiert habe, denn gekannt habe ich Martin nur in unsern Knabenjahren. Er ging mit mir in Calw in dieselbe Klasse der Lateinschule, von der ich aber für anderthalb Jahre nach Göppingen verpflanzt wurde, dann traf ich ihn als Seminaristen im Kloster wieder, aus dem ich abermals nach kurzer Zeit wieder verschwand, um dann vier Jahre später der Mehrzahl meiner einstigen Mitschüler als Studenten wieder zu begegnen. Unter ihnen war auch Martin, doch ohne daß wir während seiner Tübinger Semester eine andere Beziehung zueinander gefunden hätten als eben die von ehemaligen Schulkameraden, die sich auf der Straße beim Begegnen freundlich zunicken und dabei völlig unbewußt etwas von der anonymen Verbundenheit empfinden, welche nur zwischen Menschen besteht, die einander schon als Kinder gekannt haben, und deren dumpf-wohliger Urboden auch der losesten und zufälligsten Beziehung einen Klang und Duft gibt, der allen später erst eingegangenen Verhältnissen und Freundschaften fehlt.

In Tübingen also, wo ich in einer Buchhandlung arbeitete und wo Martin Theologie studierte, trafen wir uns wieder, ohne in irgendein intimeres Verhältnis zueinander zu treten. Ob er oder ich der erste war, der Tübingen verließ, weiß ich nicht, Abschied voneinander zu nehmen bestand keine Veranlassung, und wir hätten einander vielleicht überhaupt vergessen, wäre er mir nicht einige Jahre später in Basel unvermutet über den Weg gelaufen. Ich war seit kurzem verheiratet, hatte meine junge Frau, die von einer schmerzhaften Krankheit befallen worden war, aus unsrem primitiven Bauernhäuschen am Bodensee in ihr Basler Elternhaus zur Pflege gebracht und war im Begriff, wieder nach dem Bodensee heimzureisen. Da trafen wir einander und freuten uns beide des Wiedersehens, denn wir standen beide auf einer Stufe des Lebens, wo das Zusammensein mit einem Schulkameraden und das Sprechen von den Knabenzeiten schon etwas nicht mehr Alltägliches ist, sondern etwas Besonderes und Seltenes, ein Glücksfall und kleines Fest. Er war noch immer Student, da er inzwischen zur Philologie hinüber gewechselt hatte, und mochte vielleicht mit ähnlichen Sorgen und Gewissensfragen kämpfen, wie sie unausgesprochen mich bewegten, da ich zum erstenmal allein in meine neue Heimat und das kaum begonnene Abenteuer meines stadtflüchtigen Lebens und kleinen Literatendaseins zurückkehrte, mit dem Druck von eingegangenen Bindungen und übernommenen Verpflichtungen, denen ich mich kaum gewachsen fühlen konnte. Jedenfalls begrüßten wir einander erfreuter und wärmer, als wir es noch vor einem Jahr oder zweien getan hätten, wir empfanden einer den andern als stärkenden Anruf aus einer Zeit unsres jungen Lebens, die schon sich leise zu verklären begann, und empfanden beide ein Bedürfnis, dies Zusammensein etwas zu verlängern. So gelang es mir, den gewissenhaften und pünktlichen Martin dazu zu verführen, daß er seiner Tugend untreu wurde und sich für einen Tag oder zwei von mir in mein Bodenseedorf und Bauernhaus einladen ließ. Es war auf seiner Seite wohl auch Neugierde mit im Spiel, denn wie ich früher unter meinen Mitseminaristen die etwas anrüchige Berühmtheit des aus der Schule Entlaufenen genoß, so war ich für sie als junger Autor eines erfolgreichen Buches nun wieder in eine zwar ehrenvollere, aber doch auch unbürgerliche und etwas bengalische Beleuchtung gerückt.

Martin ließ sich also von mir entführen, wir reisten von Basel nach Steckborn, ließen uns dort gegen Abend über den See nach Gaienhofen hinüber rudern, und dort schloß ich mit schwerem Schlüssel mein Häuschen auf, ging im Dorf unsre kleine Magd suchen, daß sie etwas koche und ein Bett für den Gast rüste, und da saßen wir den frühherbstlichen Abend in der holzgetäfelten warmen Stube, bekamen eine bescheidene Mahlzeit und plauderten bei Brot und Wein von Calw und von Maulbronn, von unsern Lehrern in der Lateinschule und auch ein wenig von unsern Plänen, Unternehmungen und Hoffnungen, wobei ohne Absichtlichkeit jeder seine Lage und Aussichten eher ins Schönere steigerte, denn beide begehrten wir nichts weniger als uns die Probleme und Schwächen unsrer Lage klarzumachen und einander zu zeigen. Wir waren sehr wohlgemut bei unsrem herben Wein, und ich zweifelte, als wir zu Bett gingen, gar nicht daran, daß es mir leicht gelingen werde, den Wiedergefundenen nochmals für einen Tag bei mir zurückzubehalten. Guter Laune führte ich ihn die steile enge Treppe hinauf in das Gastzimmer, machte ihn noch auf die Türschwelle aufmerksam, die aus einem dicken Tragbalken bestand und dem leichtsinnig Eintretenden, der sich nicht ordentlich bückte oder es vermied auf sie zu treten, recht gefährlich werden konnte, wünschte gute Nacht, holte mir noch eines der frühen Bücher von Hamsun, die damals noch neu und ihren jungen Entdeckern so sehr lieb waren, und ging ebenfalls zu Bett, um bei Kerzenlicht noch eine halbe oder ganze Stunde zu lesen.
In der Frühe aber, lang ehe es Zeit zum Aufstehen war, weckten mich beängstigende Laute aus zu kurzem Schlaf, ich öffnete die Tür und fand, im Treppenhaus an die Wand gelehnt, im Nachthemde, mit einer erloschenen Kerze in der Hand, meinen Gast im grauen Morgenlicht stehen, stöhnend und bleich wie die gekalkte Wand, was ihn besonders entstellte, da ich ihn von Kind auf nur rotbäckig mit frischen Gesichtsfarben gekannt hatte. Es hatte ihn ein heftiges Unwohlsein überfallen, eine Art von Ruhr oder Darmkrämpfen, er hatte sich mehrmals leise, um mich nicht zu erschrecken, auf den Abort geschlichen, hatte zu erbrechen versucht und sich in Schmerzen gewunden, und nun war ihm die Kerze ausgegangen, und ich fand ihn hilflos und

halbtot an die Wand gelehnt, kaum eines Wortes fähig, brachte ihn in sein Bett und saß noch eine Weile bei ihm. Dann bat er mich, mich wieder hinzulegen, ihn aber zum Morgenzug an die Bahn zu bringen, er kenne diese Anfälle seines Leidens allzu gut und wisse sich keine andere Hilfe, als schleunigst nach Hause zu reisen, um sich ausruhen und auf seine Art einigermaßen erholen zu können. So geschah es auch, ich brachte ihn, ohne daß er ein Frühstück annahm, zur rechten Stunde ans Ufer, über den See und in seinen Zug. Noch ohne Farbe im Gesicht blickte er mit schwachem Lächeln durchs Wagenfenster zu mir heraus und wies mein Anerbieten, ihn nicht allein reisen zu lassen, ein letztes Mal mit Kopfschütteln zurück. Und so fuhr er davon, für immer, denn ich habe ihn damals zum letzten Male gesehen, und es war dies unser einziges Beisammensein im Leben gewesen, bei dem wir, jeder von seiner Seite her, die bloße Schulkameradschaft um ein Schrittchen nach dem Freundschaftlichen hin durchbrochen hatten.

Ich habe Martin nie wiedergesehen. Nach jenem Besuch, der für ihn mit der nächtlichen Erkrankung und überhasteten Abreise, für mich mit einer beinah zornigen Ernüchterung und bittern Heimkehr in mein leeres Haus endigte, in dem mir erst die Frau, dann der Gast erkrankt war, habe ich mehr als zwanzig Jahre lang nichts mehr von ihm gehört. Dann hat er mir, zu meinem fünfzigsten Geburtstag, einen langen Brief geschrieben, und dann, wieder nach mehrjähriger Pause, nochmals einen, den letzten. Auch hatte er dafür gesorgt, daß mir nach seinem Tode eine gedruckte Anzeige zugesandt wurde.

Dies also waren meine Beziehungen zu Martin und meine Begegnungen mit ihm: wir waren in Calw und dann wieder in Maulbronn eine Weile Klassenkameraden gewesen, alles in allem höchstens drei Jahre lang, wir hatten uns dann in Tübingen hie und da auf der Straße zugenickt und ein paar Worte miteinander gewechselt, hatten uns, wieder einige Jahre später, während seines Basler Semesters wieder getroffen und jenes erst freudig begrüßte, dann enttäuschend endende Wiedersehen gefeiert, um dann bis zu seinem Tode nur noch zweimal durch Briefe voneinander zu erfahren, Briefe, denen ja allerdings von seiner Seite her irgendein Bedürfnis oder Drang zugrunde liegen mußte, sonst

hätte er sie nicht geschrieben, die ich aber nicht unbedingt hätte beantworten müssen, wäre nicht auch in mir für diesen Martin irgendein Keim von Interesse und Sympathie über die bloße Schulklassenbindung hinaus vorhanden gewesen. Gewiß, es bestand zwischen uns beiden eine vage Anziehung und Freundschaftsmöglichkeit, welcher der Zufall zu wenig entgegengekommen war, um sie gedeihen und Wirklichkeit werden zu lassen, und sie besteht ja noch heute, wie käme ich sonst dazu, noch viele Jahre nach seinem Tode und fast ein halbes Jahrhundert nach unserem letzten Wiedersehen, mich seiner zu erinnern und mich zum Aufzeichnen dieser Blätter verpflichtet zu fühlen, als könnte auf ihnen, was im Leben nicht zustande hat kommen wollen, doch noch erfüllt werden?
Ein Bild Martins zu zeichnen, seine Biographie wenigstens in Stichworten zu berichten, seinen Charakter zu beschreiben oder auch nur ihm einen trockenen, verspäteten Nekrolog zu widmen, dazu reicht mein Wissen über ihn längst nicht aus. Wenn ich von ihm spreche und schreibe, so weiß ich, daß es nicht der wirkliche, historische und echte Martin ist, von dem da gesprochen und berichtet wird, sondern ein nur in meiner Erinnerung und Phantasie vorhandener, ein Bild oder Phantom, dessen Farben ebensosehr aus Vermutungen wie aus Erlebnissen, ebensosehr aus Phantasie wie aus Erinnerungen geschöpft sind. Ob er nun aber wirklich und historisch sei oder nicht, dieser Martin, lebendig und wirksam ist er ohne Zweifel, denn er zwingt mich, unter keineswegs bequemen Umständen ihn zur Erscheinung zu verhelfen. Und so mache ich mich denn an die Arbeit, meinen Martin zu zeichnen.

Aus der Zeit unserer ersten Bekanntschaft, als wir beide zwischen elf und dreizehn Jahre alt waren, erinnere ich mich seiner als eines munteren und vergnügten, aber nicht lauten Knaben von eher kleiner Gestalt mit zierlichen und geschickten Händen und einem angenehmen Gesicht, kräftigem Wangenrot und frischzarter, sich leicht bräunender Haut, wozu die hellbraunen Augen gut paßten. Der Blick dieser hübschen Augen war gewöhnlich heiter, freundlich und gewinnend und hatte manchmal auch etwas Schüchternes und Flehendes, um Schonung Bittendes. Ich kann mir denken, daß dieser Blick zeitlebens kindlich, ein wenig schüchtern und ein wenig werbend oder bittend geblieben ist. Vermutlich war es des Kinderblickes wegen, daß man ihn gern mochte und er keine Feinde hatte. Daß aber zwischen ihm und mir, die wir völlig verschiedene Naturen waren, eine der Freundschaft sich nähernde Sympathie zeitweise spürbar wurde, kam davon her, daß er Phantasie hatte und das Schöne liebte, auch dies freilich auf ganz andere Weise als ich. Während ich eher zum Exzentrischen neigte, hatte er eine ausgesprochene Vorliebe und Begabung für das Saubere, Hübsche und Adrette, und während ich mir im Spielen mit Gegensätzen gefiel und gern vom Pathetischen oder Sentimentalen zum Burlesken übersprang, war es mehr seine Sache, bei unsern Knabenspielen einer von ihm gewählten Rolle treu zu bleiben. Vor allem war er ein ganz vortrefflicher Indianer, und wenn ich seiner denke, so sehe ich ihn meistens in der Rolle und dem Kostüm des Irokesen oder Mohikaners, denn in dieser Rolle habe ich ihn manches Mal bewundert und auch beneidet, so gut stand sie ihm zu Gesicht und so schön verstand er sich herzurichten und zu kostümieren. Vor allem besaß er einen von ihm selbst komponierten und genähten Kopfschmuck, zusammengesetzt aus grell gefärbten Hühner- und natürlichen Hahnenfedern, ein Schmuckstück, um das ich ihn eine Zeitlang sehr beneidete und das mir herzustellen ich nicht fähig war. Ich versuchte es, aber meine Nachahmung war steif und schwunglos neben ihrem Vorbild, auch saß mein Diadem nicht fest genug, so daß ich, sobald unsere Aktionen einen Laufschritt forderten, meinen schlechten Federputz mit einer Hand auf dem Kopf festhalten mußte, während die andere den Bogen oder das Kriegsbeil trug. Und außer dem Kopfschmuck besaß Martin noch eine andere Kostbarkeit: einen gewölbten Schild, durch dessen Mitte schräg ein Goldband lief, auf das er ein Wappen gemalt hatte, das Wappen der Stadt Calw, einen Löwen auf drei Bergen stehend. Auch der Schild war ein Werk seiner geschickten Hände, er verstand sich auf das Zeichnen und Malen, auf das Vergolden und Lackieren, und wenn ich viel darum gegeben hätte, seinen berühmten gewölbten Schild zu besitzen, noch mehr hätte es mir bedeutet, der zu sein, der diesen Löwenschild hatte schnitzen, kleistern, malen und vergolden können. Dabei war ich Martins Arbeiten gegenüber nicht ganz kritiklos, es entging mir weder, daß eigentlich das Calwer Wappen nicht auf den Schild eines Irokesen gehöre, noch daß dies Wappen und die Ornamente nicht frei und großzügig erfunden und hingezeichnet, sondern sorgfältig nach einer Vorlage kopiert und vergrößert worden waren. Aber gerade das, was Martins Stärke und Gabe war, fehlte mir: die Genauigkeit und Sauberkeit, die Adrettheit und technische Vollendung seiner Arbeit, die Geduld, die Hingabe, der Fleiß und die Freude an einer planmäßig unternommenen und Stufe um Stufe exakt durchgeführten Arbeit.

So war auch Martins Handschrift oft der Gegenstand meiner Bewunderung und meines Neides. Es sah in seinen Schulheften wunderbar geordnet, sauber und freundlich aus, ein Geist der Ordnung, der Symmetrie und Harmonie herrschte in den mit sichtlichem Genuß und Wohlgefallen hingemalten Buchstaben sowohl wie in der Verteilung ihrer Kolonnen über das Exerzierfeld der Seite, es war das Verhältnis der Buchstabengröße zum Zeilenabstand ebenso angenehm und überzeugend wie das der in Zierschrift geschriebenen Überschriften zur Stärke der mit dem Lineal gezogenen Linien, mit denen sie unterstrichen waren. Oft habe ich mich, etwa beim Beginn der Reinschrift einer lateinischen Wochenarbeit, mit dem Vorhaben hingesetzt, auf eine ähnlich angenehme, genau abgemessene und dennoch flüssige Weise zu schreiben. Dann hatte meine Handschrift über ein paar Zeilen hin etwas mehr Haltung als sonst, aber schön wurde sie nie, auch hielt der Wille zu solcher Haltung immer nur eine ganz kleine Weile an, und später, in der Erinnerung des längst Erwachsenen, wollte es mir manchmal scheinen, es habe mein Verlangen nach einer so hübschen Schrift eigentlich etwas anderem gegolten: dem einfacheren, geordneteren und lenksameren Gemüt meines Kameraden.

Außer seiner gewöhnlichen Alltags- und Pflichthandschrift verfügte der junge Künstler aber auch noch über andere Schriften, festlichere, pompösere. Er besaß zweierlei Rundschriftfedern, eine einfache, die nur ungewöhnlich breit und schräg geschnitten war, und eine doppelte, gespaltene, die jedem Schriftzeichen noch eine dünnere zweite Linie mit auf den Weg gab. Mit diesen Federn vermochte er nicht nur so prächtig und vollgültig zu schreiben als wäre es gedruckte Antiqua, er besaß überdies soviel Phantasie und Feingefühl, daß er die Doppellinien und Schnörkel sowohl wie die Schwellungen des Striches zwischen Dick und Dünn richtig tanzen, schweben und musizieren lassen konnte – diese Rundschriftkünste fielen mir wieder ein, als mir durch den Meisterdrucker Mardersteig später Albums mit den Typen der vielen verschiedenen Bodoni-Schriften gezeigt wurden.

Außerhalb der Schule kamen wir wenig zusammen, Martin wohnte weit von mir in der oberen Stadt bei einem Lehrer, der sein Onkel war und eine Knabenpension hielt. Ich weiß nicht einmal mehr, ob ich je ins Haus dieses Lehrers gekommen bin, doch kann ich es mir von außen noch wohl vorstellen. Auch den Namen der Gasse, in der es stand, habe ich vergessen. Aber es war jene selbe Gasse, in welcher Knulp seinen Freund, den Schneider Schlotterbeck, besucht hat, und bei den Erinnerungsgängen durch Gerbersau, die ich mit Knulp tat, ist auch jenes Haus und die kleine Gestalt Martins mir zuweilen erschienen. Und damals bei unserem einzigen intimen Zusammensein im Leben, an jenem Tag in Basel und in meinem Bodenseedorfe, sprach er mir auch von jenem Hause und von seiner Liebe zu allen Erinnerungen, die mit Calw, mit seiner Schul- und Knabenzeit zusammenhingen. Mit Lächeln und mit einer hinter Späßen sich versteckenden Rührung kamen wir darauf zu sprechen, welch phantastischer Wert von der Seele kleinen alltäglichen und nichtigen Gegenständen verliehen werden kann, wenn geliebte Erinnerungen sich an sie knüpfen: ein alter Federhalter, ein altmodischer Uhrschlüssel, zu dem die Uhr längst abhanden kam, ein rostiges Taschenmesser. Da war es, daß Martin nachdenklich wurde, eine ganze Weile schwieg und grübelte, und dann von einem Reck zu sprechen anfing, einem Turngerät im Hof jenes Hauses gegenüber von Schlotterbeck, und von einem Nagel, den er einst, als er allein in jenem Hofe spielte, in den einen Pfosten dieses Recks geschlagen habe, ohne praktischen Zweck, nur aus Freude daran, diesen zufällig von ihm gefundenen Nagel schön gerade und sicher mit dem Hammer ins Holz zu treiben. Mit einem heute unbegreiflichen und in dieser

Stärke heute nicht wieder erlebbaren Genuß habe er diesen Nagel eingeschlagen, erzählte er, der damals etwa siebenundzwanzigjährig war, er habe damit eine Geschicklichkeitsprobe angestellt, habe aber außerdem irgend etwas wie einen mystischen Akt vollzogen, der dieses allen Pensionären gehörende Reck gewissermaßen zu seinem Eigentum gemacht oder es doch auf eine geheime, nur ihm allein bekannte Art gezeichnet habe.

Damit habe ich wohl das meiste von dem aufgeschrieben, was ich über Martin weiß. Aber mancher Punkte fühlte ich mich doch nicht recht sicher. Ich hätte viel darum gegeben, meine Erinnerungen kontrollieren zu können. Und da es andere zuverlässige Quellen für mich nicht gab, erinnerte ich mich daran, daß mein Schulkamerad mir in seinem späteren Leben mindestens zwei Briefe geschrieben hat. Den ersten schrieb er mir zu meinem fünfzigsten Geburtstag im Jahre 1927, etwa dreiundzwanzig Jahre nach unsrer letzten Begegnung, und den zweiten nicht sehr lange Zeit vor seinem Tode. Es bestand die Wahrscheinlichkeit, daß diese Briefe noch existierten, aber wenig Hoffnung, sie wiederzufinden, aber ich machte mich heute, nachdem meine Aufzeichnungen bis hieher gediehen waren, dennoch an das mühsame Suchen, und es ist nicht ganz umsonst gewesen. Den Brief zwar, der mir der wichtigste schien und an dem mir besonders viel gelegen war, konnte ich nirgends mehr finden, obwohl ich schwören könnte, daß ich ihn aufbewahrt habe. Ich meine seinen letzten Brief. Aber den vom Jahre 1927 habe ich doch wenigstens gefunden, und im gleichen alten Briefbündel auch die gedruckte Todesanzeige.

Aber es ging mir mit diesem gefundenen Schatz recht eigentümlich. Der Fund erfreute mich sehr, aber der Brief lautete ganz anders, als ich erwartet und zu wissen geglaubt hatte. Und statt meine Erinnerungen zu klären und eindeutiger zu machen, hat er sie im Gegenteil völlig verwirrt und vollends ganz zweifelhaft gemacht. Er hat mir gezeigt, daß meine Vorstellung von Martin zwar im ganzen nicht unrichtig war, daß aber seine Erinnerungen an gemeinsam mit mir Erlebtes weit von den meinen abwichen, ihnen sogar zum Teil widersprachen. Sein Gedächtnis schien besser gewesen zu sein als das meine, wenigstens hatte es allerlei

aufbewahrt, was ich nicht mehr wußte, und dafür wieder etwas weggelassen, was ich als besonders eigentümlich festgehalten hatte.
Merkwürdig und beinah befremdend war es mir schon, daß die Handschrift dieses wiedergefundenen Briefes mit der Handschrift des Knaben Martin, die ich so sehr bewundert hatte, nichts mehr gemeinsam hatte. Es war eine deutliche und ganz hübsche, aber keineswegs kalligraphische und nach jener einstigen Adrettheit strebende Schrift. Der Brief war viele Seiten lang und war ein Gratulations- und gewissermaßen Huldigungsbrief zu meinem fünfzigsten Geburtstag, etwas wie ein Anerkennungs- und verschämter Freundschaftsbrief. Ein Hauptabschnitt bestand aus Feststellungen wie der, daß ich „heute bereits eine abgestempelte offizielle Größe" sei, dieser Teil des Briefes war eher kleinbürgerlich und lehrerhaft, aber weitaus der größte Teil des Schreibens war ein Lobgesang auf unsere Jugend und Schülerzeit, unterbrochen von kleinen Seufzern der Bescheidenheit wie „Du wirst Dich meiner zwar kaum mehr erinnern". Die Hauptsache, der ersehnte große Fund für mich aber war, daß der alte Mitseminarist mir gleichsam als Geburtstagsgabe seine Jugenderinnerungen an mich darbrachte. Begierig las ich diese Seiten. Aber die Mehrzahl der Erlebnisse, deren er da gedachte, fehlte in meinem Gedächtnis. So berichtete er von einem Abend in meiner letzten Tübinger Zeit, an dem er mit anderen frühern Mitschülern, von mir eingeladen, bei mir in meiner Stube gesessen sei und mich das Buch „Eine Stunde hinter Mitternacht" habe vorlesen hören. Er wird gewiß recht haben, aber mir ist an diesen Tübinger Abend keine Spur einer Erinnerung geblieben. Und nun kommt er auf unser Wiedersehen in Basel und unsere gemeinsame Fahrt nach Gaienhofen zu sprechen. Mit größter Spannung las ich diesen Bericht. Auch von diesem Wiedersehen weiß Martin sehr viel mehr als ich, ich beginne mich meiner Vergeßlichkeit nun wirklich zu schämen. Nur bis zur Ankunft bestätigt sein Bericht meine eigene Erinnerung, aber dann fährt er fort: „Andern Tags haben wir dann die ganze Künstlerkolonie dort am See entlang abbesucht: E. v. Bodman, W. v. Scholz, auch bei einem Maler haben wir hereingeguckt. Und doch habe ich damals nichts von alledem gehabt. Ich stak damals in schweren inneren Kri-

sen ... Ich bin damals ziemlich elend und unglücklich nach Hause gekommen; ich hatte gesehen, was mir fehlte."

Ja, wie ist nun dies? Einen ganzen Tag bin ich also mit meinem Gast bei Bekannten und Freunden in jener Gegend herumgefahren, ohne mehr etwas davon zu wissen. Ich bin bereit, zu seinem Gedächtnis mehr Vertrauen zu haben als zu meinem, ihm war dies alles ja neu, was mir gewohnt war, und bei E. v. Bodman bin ich damals in der Tat einigemal zu kurzem Besuch gewesen, nicht aber bei W. von Scholz, so daß es doch wieder aussieht, als habe Freund Martin nachträglich diesen von mir vergessenen Bodenseetag reicher mit Erlebnissen und Begegnungen ausstaffiert, als er gewesen sein kann. Und von dem, was für mich das Haupterlebnis und das Unvergeßliche an jenem Beisammensein war, von seiner schweren Erkrankung nämlich, wußte er überhaupt nichts mehr! Es war ihm entschwunden, so wie mir die Besuchstournee bei meinen Nachbarn am See! So wie er in seinem gutgläubig abgelegten Bericht über diese Fahrt mindestens den Scholz-Besuch hinzuerfunden hatte, so hatte er sein Krankwerden, das mir solchen Eindruck machte und mir für Jahrzehnte sein entstelltes Gesicht und seine wankende Elendsgestalt einprägte, völlig vergessen oder doch nur als ein seelisches Unwohlsein im Gedächtnis behalten! Ach, beinahe wünschte ich, Martins lieber langer Brief wäre verloren geblieben, statt mich vor solche Widersprüche und Zweifel zu stellen!

Dennoch muß ich zu dem stehen, was mein Gedächtnis mir sagt, und müßte es gegen alle scheinbaren Widerlegungen verteidigen. Aber wie eigentümlich beschämend und in Verlegenheit setzend ist doch jede Begegnung mit unserem verborgenen Leben, mit jenen Mächten, die sich über unsern Verstand, unser Bewußtsein, unser Gedächtnis lustig machen, die diktatorisch über unser Erinnern oder Vergessen verfügen! Ich mag die beiden Erinnerungsbilder unserer Begegnung gegeneinander abwägen wie ich will, sie zeigen mir beide, überdeutlich und mit einem gewissen Hohn, wie anders wir sind als wir selbst, und auch wie anders, als unsere Nächsten uns sehen. Da war ich einen oder zwei Tage lang mit einem mir lieben, zufällig wiedergefundenen Jugendkameraden zusammen gewesen, und wie hatten wir beide, ohne es zu wollen und zu ahnen, voreinander Theater gespielt und uns selbst und einander belogen! Für mich war Martin der frische blühende Knabe mit den roten Bakken und der gesunden, normalen, vielleicht etwas bürgerlichen Seelentemperatur gewesen, und vielleicht hatte gerade dies mich dazu gereizt, ihm meinen Alltag und meine derzeitige Seelenverfassung recht interessant, aufgeräumt und beneidenswert erscheinen zu lassen, während ich in Wahrheit mich von den Problemen meiner Autorschaft, meiner jungen Ehe und meiner gewollt außerbürgerlichen Lebensführung recht bedrängt fühlte. Und er für sein Teil wieder hatte sich verblüffen und blenden lassen, hatte das Abenteuer seiner Hesse-Reise nachträglich sogar noch mit allerlei Zutaten ausgeschmückt, hatte mir seine schweren Probleme, Sorgen und Unsicherheiten ebenso erfolgreich verschwiegen wie ich ihm die meinen, und hatte den Ausbruch dieser Nöte in einem Anfall scheinbar schwerer leiblicher Erkrankung nachher völlig zu vergessen vermocht. Was unser Gedächtnis in bezug auf die Gaienhofener Reise so verschieden beeinflußt und zu zwei voneinander so sehr abweichenden Darstellungen geführt hatte, es waren bei ihm wie bei mir die gleichen Mächte und Ursachen, es waren die Konflikte in seiner wie in meiner Seele und das Bedürfnis, diese Konflikte weder selbst allzu deutlich zu besehen noch gar dem Kameraden sichtbar werden zu lassen. Wie ich in Martins Gedächtnis ein glücklicher Phäake und Tausendsasa, so war er in dem meinen zu einem netten, harmlosen, aber leider zu schweren gastrischen Störungen neigenden Menschen geworden.

Indessen bleibt trotz dieser tiefen und eigentlich schrecklichen Fragwürdigkeiten die Tatsache übrig, daß wir beide einander keineswegs vergessen haben und daß gerade jene einzige ernstliche Begegnung unseres Lebens ihn sowohl wie mich noch nach Jahrzehnten beschäftigen und beunruhigen konnte. Die Ursache dieses Interesses und Nichtvergessenkönnens war bei uns beiden dieselbe, bei ihm hatte sie sich in jener Erkrankung und in deren nachträglichem Vertuschen, bei mir in einer übertrieben angeregten und anregenwollenden Lebendigkeit und Unternehmungslust und in deren nachträglicher Verdrängung geäußert und ausgelebt. Wir hatten, so verschieden unsere Berichte darüber lauten mögen, damals genau das gleiche erlebt: eine Be-

drängung durch unlösbar scheinende, schwer drückende Fragen unseres sittlichen Lebens, und zugleich ein Verheimlichenwollen und Nichtwahrhabenwollen dieser inneren Nöte. Hätte nicht jeder von uns hinter der Maske unserer Rollen beim andern die gleiche Spannung und Gefahrennähe, die gleiche schwüle Temperatur gewittert, so hätten wir beide diese ganze Geschichte zu vergessen oder doch unwichtig zu nehmen vermocht.
Beinahe bin ich am Ende meines schwierigen Berichtes über eine scheinbar unwichtige Anekdote aus unserer Jugendzeit. Er könnte hier aufhören. Aber es ist doch noch eine Kleinigkeit nachzutragen, freilich auch wieder eine, bei der ich mich schlechterdings auf mein Gedächtnis verlassen muß, ohne dem bei dieser ganzen Untersuchung erworbenen Mißtrauen gegen dieses Gedächtnis, ohne dem schlechten Gewissen, das eigentlich jeden Autor einer Geschichte oder Historie überkommen müßte, durch Dokumente und Beweisstücke nachhelfen zu können.
Nachzutragen also habe ich die Tatsache, daß Martin mir ja noch einen späteren, einen letzten Brief geschrieben hat. Es ist etwa fünfzehn Jahre her, seit er ihn geschrieben hat und ich ihn gelesen habe, und so wenig ich daran zweifeln kann, daß ich diesen Brief aufbewahrt habe, zu finden ist er nicht, er hätte bei jenem andern Briefe und bei der Todesanzeige liegen müssen, die schon schwer genug zu finden waren.
In diesem letzten Briefe, den er mir schrieb, beschwört Martin wieder mit großer Wärme und Hingabe die Calwer Knabenjahre herauf, überzeugt, daß auch mir jedes Erinnertwerden an sie erwünscht und wohltuend sein werde, worin er sich auch nicht geirrt hat. Diesmal aber hat er mir etwas Besonderes und Konkretes zu berichten: er ist kürzlich in Calw gewesen! Er hat eine Gedächtnis- und Heimwehreise in das Tal und die Stadt seiner, wie ihm scheint glücklichsten Jahre unternommen, eine lang ersehnte und oft geplante, nun endlich reif gewordene Feier des Wiedersehens. So wie Knulp vor seinem Ende noch einmal sein Städtchen aufsucht und durch alle Gassen und Winkel schlendert, so hatte Martin eine Reise in seine Scheinheimat und in seine Knabenzeit zurück unternommen, war mit Herzklopfen in das Tal der Nagold eingefahren und

hatte die alte Stadt am Hang zwischen Waldbergen und Fluß liegen sehen. Es war ein gutes und glückliches Unternehmen gewesen, dankbar und selig berichtet er mir darüber. Die Gassen, der Marktplatz, die Schule, die Namen unserer einstigen Lehrer und mancher Kameraden werden mit Pietät und preisender Liebe genannt. Und beschrieben wird auch, wie der Heimkehrer die Gasse mit dem Hause seines Oheims unverändert und noch etwas gealtert wiederfindet, wie er in das Haus eintritt, in Hausflur und Treppenhaus hinein schnuppert, wie er dann auch das Höfchen, den Ort seiner Knabenspiele, wieder aufsucht, und mit Erstaunen und Rührung noch alles unverändert wie vor beinahe einem halben Jahrhundert vorfindet. Es standen auch noch, was er am wenigsten erwartet hätte, die beiden Holzpfeiler des Recks, und in einem dieser Pfeiler stak, über die Jahrzehnte hinweg sein Knabengeheimnis bewahrend, der Nagel, den er einstmals dort eingeschlagen hatte.

Die Dohle

Wenn ich wieder nach Baden zur Kur komme, bin ich längst nicht mehr auf Überraschungen gefaßt. Es wird einmal der Tag kommen, an dem das letzte Stückchen der Goldwand überbaut, der schöne Kurpark Fabrikgebäude geworden sein wird, doch werde ich das nicht mehr erleben. Und nun hat mich diesmal auf der häßlichen schrägen Brücke nach Ennetbaden dennoch eine wunderliche und entzückende Überraschung erwartet. Ich pflege mir auf dieser Brücke, die nur ein paar Schritte von den Badehotels entfernt liegt, jeden Tag ein paar Minuten reinen Vergnügens zu gönnen, indem ich mit ein paar Stückchen Brot die Möwen füttere. Sie sind nicht zu jeder Tageszeit da und sind, auch wenn sie da sind, nicht immer zu sprechen. Es gibt Zeiten, da sitzen sie in langer Reihe auf dem Dach des städtischen Thermalbades, bewachen die Brücke und warten darauf, daß einer der Vorübergehenden stehenbleibe, Brot aus der Tasche ziehe und es ihnen zuwerfe. Die Jugendlichen und Akrobaten unter ihnen haben es dann gern, wenn man ihnen die Brotbrocken in die Höhe wirft, sie halten sich, solang es nur glücken will, über dem Kopf des Brotspenders schwebend, man kann jede einzelne beobachten und dafür sorgen, daß möglichst jede an die Reihe kommt; man ist dann von einem betäubenden Gebrause und Geblitze umbrandet, einem wirbelnden und knatternden Schwarm heftigen Lebens, bestürmt und umworben steht man in der weißgrauen flügelnden Wolke, aus der ohne Pause die kurzen schrillen Schreie schießen. Eine Anzahl bedächtigerer und unsportlicher Möwen jedoch findet sich jedesmal, welche dem Getümmel fernbleiben und gemächlich in der Tiefe überm strömenden Limmatwasser kreuzen, wo es ruhig zugeht und wohin doch immer noch dies und jenes Bröckchen Brot hinabfällt, das den wetteifernden Akrobaten oben entgangen ist. Andre Tageszeiten gibt es, da ist hier keine Möwe zu sehen. Sei es, daß sie einen Ausflug unternommen haben, eine Schul- oder Vereinsreise, sei es, daß weiter limmatabwärts eine besonders reichliche Fütterung stattfinde, sie sind allesamt verschwunden. Und dann gibt es wieder Stunden, da ist das Möwenvolk zwar vorhanden, aber es sitzt weder auf Dächern, noch drängt es sich überm Kopf des Fütternden, sondern es schwärmt und lärmt wichtig und aufgeregt dicht über dem Wasser ein Stück flußabwärts. Da hilft kein Winken noch Brotwerfen, sie pfeifen darauf, sie sind beschäftigt, mit Vogel- und vielleicht auch mit Menschenspielen, mit Volksversammlung, Rauferei, Stimmabgabe, Börse, wer weiß womit, und du könntest sie nicht mit Körben voll Leckerbissen von ihren aufregenden und wichtigen Geschäften und Spielen weglocken.

Als ich diesmal auf die Brücke kam, saß auf dem Geländer ein schwarzer Vogel, eine Dohle von sehr kleiner Statur, und da sie bei meinem Näherkommen nicht aufflog, pirschte ich mich, immer langsamer, Schrittchen um Schrittchen auf sie zu, und sie zeigte weder Furcht noch auch nur Mißtrauen, nur Aufmerksamkeit und Neugierde, sie ließ mich bis auf einen halben Schritt herankommen, musterte mich aus munteren Vogelaugen und legte den graulich überpuderten Kopf auf die Seite, als wollte sie sagen: „Na, alter Herr, da staunst du!" Ich staunte in der Tat. Diese Dohle war an den Umgang mit Menschen gewohnt, man konnte mit ihr sprechen, und schon kamen auch ein paar Leute vorbei, die sie kannten und mit „Salut, Jakob" begrüßten. Ich suchte sie auszufragen und habe seither manche Auskünfte über Jakob bekommen, die aber alle voneinander etwas abwichen. Die Hauptfrage blieb unbeantwortet: wo der Vogel zu Hause und wie er zu dieser Vertrautheit mit uns Menschen gekommen sei. Einer meinte, er sei gezähmt und gehöre einer Frau in Ennetbaden. Andre sagten, er treibe sich frei herum, wo es ihm passe, fliege auch manchmal durch ein offenes Fenster in eine Stube, picke etwas Eßbares oder rupfe ein herumliegendes Strickzeug in Fetzen. Ein Welscher, offenbar ein Vogelkenner, stellte fest, er gehöre zu einer seltenen Doh-

lenart, die seines Wissens nur in den Fryburger Bergen vorkomme und dort in den Felsen lebe.
Ich habe dann die Dohle Jakob bald allein, bald mit meiner Frau beinahe jeden Tag angetroffen, begrüßt und mich mit ihr unterhalten. Einmal trug meine Frau Schuhe mit einem ins Oberleder geschnittenen Muster, dessen Löcher ein Stückchen Strumpf durchschimmern ließen. Diese Schuhe, und vor allem diese Strumpfinselchen, interessierten Jakob sehr; er ließ sich auf den Boden nieder, zielte mit funkelnden Augen und pickte mit Leidenschaft hinein. Viele Male habe ich ihn auf dem Arm und auf der Schulter sitzen gehabt, er hat mich in den Mantel und Kragen, in die Wange und in den Nacken gepickt und am Rand meines Hutes gezerrt. Brot schätzt er nicht, wird aber doch eifersüchtig und manchmal richtig böse, wenn man es in seiner Gegenwart an die Möwen verteilt. Nüsse oder Erdnüsse nimmt er und pickt sie geschickt aus der Hand des Gebers. Am liebsten aber pickt, rupft, zerkleinert und zerstört er irgend etwas, stellt sich mit einem Fuße drauf und hackt mit dem Schnabel rasch und ungeduldig drauflos, auf ein zerknülltes Papier, einen Brissagorest, ein Stückchen Karton oder Stoff. Und all dies wieder, man spürt es, geschieht nicht allein um seiner selbst willen, es geschieht auch der Zuschauer wegen, deren er stets einige und oft viele um sich versammelt. Er hüpft vor ihnen am Boden oder auf dem Brückengeländer hin und her, freut sich des Zulaufs, flattert einem der Zuschauer auf den Kopf oder auf die Schulter, läßt sich wieder auf die Erde nieder, studiert unsre Schuhe und pickt kräftig in sie hinein. Das Picken und Rupfen, Zerren und Zerstören macht ihm Spaß, er tut es mit spitzbübischem Vergnügen, aber das Publikum gehört auch dazu, es muß bewundern, lachen, aufschreien, sich durch seine Freundschaftsbeweise geschmeichelt fühlen und dann wieder erschrecken, wenn er in Strümpfe, Hüte, Hände pickt.
Die Möwen, die doppelt so groß und vielmal so stark sind wie er, fürchtet er nicht im geringsten; manchmal fliegt er mitten zwischen ihnen hoch empor. Und sie tun ihm nichts. Einmal ist er, der Brot kaum anrührt, kein Konkurrent und Spielverderber für sie, und dann ist er, wie ich vermute, auch für sie ein Phänomen, etwas Seltenes, Rätselhaftes und ein wenig Unheimliches. Er ist allein, er gehört kei-

nem Volk an, gehorcht keiner Sitte, keinem Befehl, keinem Gesetz; er hat das Dohlenvolk verlassen, wo er einer von vielen war, und hat sich dem Menschenvolk zugewandt, das ihn bestaunt und ihm Opfer bringt, dem er als Hanswurst und Seiltänzer Dienste tut, wenn es ihm paßt, über das er sich lustig macht und von dessen Bewunderung er doch nicht genug bekommen kann. Schwarz, frech und einsam sitzt er zwischen den hellen Möwen und den bunten Menschen, der einzige seiner Art, durch Schicksal oder eigenen Willen volklos und heimatlos; keck und scharfäugig sitzt er, bewacht den Verkehr auf der Brücke und hat Freude daran, daß nur wenige achtlos vorbeilaufen, daß die meisten eine Weile, und oft eine lange Weile, seinetwegen stehenbleiben, ihn anstaunen, sich über ihn die Köpfe zerbrechen, ihn Jakob nennen und sich nur zögernd zum Weitergehen entschließen. Er nimmt die Menschen nicht ernster, als es einer Dohle zukommt, und doch scheint er sie nicht entbehren zu können.

Wenn ich, was sehr selten geschah, mit ihm allein war, konnte ich ein wenig mit ihm sprechen, in einer Vogelsprache, die ich als Knabe und Jüngling im jahrelangen vertrauten Umgang mit unserm Papagei teils erlernt, teils erfunden hatte und die aus kurzen melodischen Tonfolgen mit gutturalem Klang bestand. Ich beugte mich dem Vogel Jakob entgegen und besprach ihn in meinem Halbvogeldialekt in brüderlichem Ton, er legte den schönen Kopf zurück, hörte gerne zu und machte sich seine Gedanken dabei, aber unversehens kam der Schelm und Kobold wieder in ihm obenauf, er schwang sich auf meine Schulter, krallte sich fest und hämmerte mit spechtartigem Klopfen seinen Schnabel in meinen Hals oder meine Wange, bis es mir zuviel wurde und ich mich durch eine rasche Bewegung befreite, worauf er sich mir gegenüber aufs Geländer setzte, belustigt und zu neuen Spielen bereit. Zugleich aber bestrich er nach beiden Seiten den Gehsteig mit raschen Blicken, ob nicht neues Menschenvolk im Anmarsch und neue Triumphe für ihn zu ernten seien. Er kannte seine Lage genau, seine Macht über uns große plumpe Tiere, seine Einzigkeit und Auserwähltheit mitten in einem fremden ungeschlachten Volk, und er genoß es sehr, der Seiltänzer und Schauspieler, wenn es um ihn herum dicht und dunkel wurde von bewundernden, gerührten oder lachenden Riesen. Bei mir zum mindesten hatte er erreicht, daß ich ihn gern hatte und daß ich, wenn ich ihn besuchen kam und nicht vorfand, enttäuscht und traurig war. Ich interessierte mich für ihn stärker als für die Mehrzahl meiner Mitmenschen. Und so sehr ich die Möwen schätzte und ihre schönen, wilden, heftigen Lebensäußerungen liebte, wenn ich von ihnen umflattert stand, sie waren keine Personen, sie waren ein Volk, eine Schar, und wenn ich auch bei genauem Hinsehen eine von ihnen als Einzelwesen betrachten und bewundern konnte, so erkannte ich sie doch niemals wieder, wenn sie einmal aus meinem Blickfeld entglitten war.

Nie werde ich erfahren, wo und auf welche Weise Jakob seinem Volk und der Sicherheit seiner Anonymität entfremdet worden ist, ob er sein außerordentliches und ebenso tragisches wie glänzendes Schicksal selbst gewählt oder gewaltsam erlitten hat. Wahrscheinlicher ist das letztere. Vermutlich wurde er ganz jung, verwundet vielleicht oder noch unflügge aus dem Nest gefallen, von Menschen gefunden und mitgenommen, gepflegt und aufgezogen. Doch ist unsre Phantasie nicht immer mit dem Wahrscheinlichen zufrieden und spielt gern auch mit dem Entlegenen und Sensationellen, und so habe ich mir außer jener wahrscheinlichen auch noch zwei andre Möglichkeiten ausgedacht. Es war denkbar oder doch phantasierbar, daß dieser Jakob ein Genie und von früh an nach einem übernormalen Grade von Individuation und Differenzierung lüstern war, daß ihm von Leistungen, Erfolgen und Ehrungen träumte, welche das Dohlenleben und Dohlenvolk nicht kannte, daß er darüber zum Outsider und Einzelgänger wurde, daß er wie Schillers Jüngling der Brüder wilden Reih'n floh und allein irrte, bis die Welt ihm durch irgendwelchen glücklichen Zufall jene Tür ins Reich des Schönen, der Kunst, des Ruhmes öffnete, von der alle jungen Genies seit jeher träumen.

Die andre von mir erdachte Fabel aber war diese: Jakob war ein Tunichtgut, ein Lausbub und Schlingel gewesen, was das Geniewesen ja keineswegs ausschließt. Er hatte Vater und Mutter, Geschwister und Verwandte, hatte schließlich die Gesamtheit seines Volkes oder doch seiner Siedlung durch seine frechen Einfälle und Streiche erst verblüfft und zuweilen ergötzt, hatte schon früh für einen Tausendsasa und gerissenen Kerl gegolten, war frech und frecher geworden, und hatte am Ende Vaterhaus, Nachbarschaft, Volk und Rat so geärgert und gegen sich aufgebracht, daß er feierlich und mit Bannfluch aus der Gemeinschaft ausgestoßen und gleich dem Sündenbock in die Wüste getrieben wurde. Doch waren ihm, ehe er verschmachtete und umkam, Menschen begegnet, und er hatte, seine natürliche Furcht vor den plumpen Riesen überwindend, sich ihnen genähert und angeschlossen, sie bezaubert durch sein munteres Wesen und seine Singularität, deren er ja längst bewußt war, und hatte so den Weg in die Stadt und Menschenwelt und in ihr seinen Platz als Spaßvogel, Schauspieler, Sehenswürdigkeit und Wunderkind gefunden. Er war geworden, was er heute ist: Liebling eines zahlreichen Publikums, umworbener Charmeur namentlich älterer Damen und Herren, Menschenfreund ebenso wie Menschenverächter, monologisierender Artist auf dem Podium, Sendbote einer fremden, den plumpen Riesen unbekannten Welt, Hanswurst für die einen, dunkle Mahnung für die andern, belacht, beklatscht, geliebt, bewundert, bemitleidet, ein Schauspiel für alle, ein Problem für die Nachdenklichen.

Wir Nachdenklichen – denn es gibt ohne Zweifel außer mir noch viele – richten unsre Gedanken und Vermutungen, unsern Wissens- und Fabulierbetrieb aber nicht nur auf die rätselhafte Herkunft und Vergangenheit Jakobs. Seine die Phantasie so sehr anregende Erscheinung zwingt uns, auch seiner Zukunft manche Betrachtung zu widmen. Und wir tun dies zögernd und mit einem Gefühl von Abwehr und Trauer; denn das mutmaßliche und wahrscheinliche Ende unsres Lieblings wird ein gewaltsames sein. Mögen wir noch so sehr versuchen, uns einen natürlichen und friedlichen Tod für ihn auszumalen, etwa in der warmen Stube und Pflege jener sagenhaften Frau in Ennetbaden, der er „gehören" soll, so spricht doch alle Wahrscheinlichkeit dagegen. Ein aus der Freiheit und Wildnis, ein aus der Geborgenheit in einer Gemeinschaft und Sippe unter die Menschen und in die Zivilisation geratenes Tier mag sich noch so begabt der fremden Umwelt anpassen, es mag noch so genial alle Vorteile seiner einzigartigen Lage wahrnehmen, diese Lage birgt dennoch so unzählige Gefahren, daß es ihnen schwerlich entgehen wird. Man schaudert, wenn man beginnt, sich auf das Imaginieren dieser furchtbaren Gefahren einzulassen, vom elektrischen Strom bis zum Eingesperrtsein in einer Stube mit Katze oder Hund oder dem Gefangenwerden und Gequältwerden durch grausame Buben.

Es gibt Berichte von Völkern der Vorzeit, die sich jedes Jahr einen König wählten oder auslosten. Da wurde ein hübscher, namenloser und armer Jüngling, ein Sklave vielleicht, plötzlich mit Prachtgewändern angetan und zum König erhoben, Palast oder Prunkzelt der Majestät empfingen ihn, dienstbereite Dienerschaft, schöne Mädchen, Küche, Keller, Marstall und Orchester, das ganze Märchen von Königtum, Macht, Reichtum und Pracht wurde dem Erwählten zur Wirklichkeit. So lebte der neue Herrscher festliche Tage, Wochen, Monde, bis ein Jahr um war. Da wurde er gebunden, zur Richtstätte geführt und geschlachtet.

An diese Geschichte, die ich vor Jahrzehnten einmal gelesen habe und deren Glaubwürdigkeit nachzuprüfen ich weder Gelegenheit noch Verlangen habe, an diese glänzende und grausige, märchenschöne und todtrunkene Geschichte mußte ich manchmal denken, wenn ich Jakob betrachtete, wie er Erdnüsse aus Damenhänden pickte, ein zu täppisches Kind mit einem Schnabelhieb zurechtwies, meinem papageiischen Schwatzen interessiert und etwas gönnerhaft zuhörte oder vor einem Parterre von entzückten Zuschauern eine Papierkugel zerpflückte, indem er sie mit den Krallen eines Fußes festhielt, während sein eigensinniger Kopf und sein sich sträubendes graues Kopfgefieder gleichzeitig Zorn und Vergnügen auszudrücken schienen.

Kaminfegerchen

Am Karnevals-Dienstag Nachmittag mußte meine Frau rasch nach Lugano. Sie redete mir zu, ich möchte mitkommen, dann könnten wir eine kleine Weile dem Flanieren der Masken oder vielleicht einem Umzug zusehen. Mir war es nicht danach zumute, seit Wochen von Schmerzen in allen Gelenken geplagt und halb gelähmt spürte ich Widerwillen schon beim Gedanken, den Mantel anziehen und in den Wagen steigen zu müssen. Aber nach einigem Widerstreben bekam ich doch Courage und sagte zu. Wir fuhren hinunter, ich wurde bei der Schifflände abgesetzt, dann fuhr meine Frau weiter, einen Parkplatz zu suchen, und ich wartete mit Kato, der Köchin, in einem dünnen und doch spürbaren Sonnenschein, inmitten eines lebhaft, aber gelassen flutenden Verkehrs. Lugano ist schon an gewöhnlichen Tagen eine ausgesprochen fröhliche und freundliche Stadt, heute aber lachte sie einen auf allen Gassen und Plätzen übermütig und lustig an, die bunten Kostüme lachten, die Gesichter lachten, die Häuser an der Piazza mit menschen- und maskenüberfüllten Fenstern lachten, und es lachte heut sogar der Lärm. Er bestand aus Schreien, aus Wogen von Gelächter und Zurufen, aus Fetzen von Musik, aus komischem Gebrüll eines Lautsprechers, aus Gekreische und nicht ernst gemeinten Schreckensrufen von Mädchen, die von den Burschen mit Fäusten voll Confetti beworfen wurden, wobei die Hauptabsicht offenbar die war, den Beschossenen möglichst einen Haufen der Papierschnitzel in den Mund zu zwingen. Überall war das Straßenpflaster mit dem vielfarbigen Papierkram bedeckt, unter den Arkaden ging man darauf weich wie auf Sand oder Moos.

Bald war meine Frau zurück, und wir stellten uns an einer Ecke der Piazza Riforma auf. Der Platz schien Mittelpunkt des Festes zu sein. Platz und Trottoirs standen voll Menschen, zwischen deren bunten und lauten Gruppen aber außerdem ein fortwährendes Kommen und Gehen von flanierenden Paaren oder Gesellschaften lief, eine Menge kostümierter Kinder darunter. Und am jenseitigen Rande des Platzes war eine Bühne aufgeschlagen, auf der vor einem Lautsprecher mehrere Personen lebhaft agierten: Ein Conférencier, ein Volkssänger mit Gitarre, ein feister Clown und andre. Man hörte zu oder nicht, verstand oder verstand nicht, lachte aber auf jeden Fall mit, wenn der Clown wieder einen wohlbekannten Nagel auf den wohlbekannten Kopf getroffen hatte, Akteurs und Volk spielten zusammen, Bühne und Publikum regten einander gegenseitig an, es war ein dauernder Austausch von Wohlwollen, Anfeuerung, Spaßlust und Lachbereitschaft. Auch ein Jüngling wurde vom Conférencier seinen Mitbürgern vorgestellt, ein junger Künstler, Dilettant von bedeutenden Gaben, er entzückte uns durch die virtuose Nachahmung von Tierstimmen und anderen Geräuschen.

Höchstens eine Viertelstunde, hatte ich mir ausbedungen, wollten wir in der Stadt bleiben. Wir blieben aber eine gute halbe Stunde, schauend, hörend, zufrieden. Für mich ist schon der Aufenthalt in einer Stadt, unter Menschen, und gar in einer festlichen Stadt, etwas ganz Ungewohntes und halb Beängstigendes, halb Berauschendes, ich lebe wochen- und monatelang allein in meinem Atelier und meinem Garten, sehr selten noch raffe ich mich auf, den Weg bis in unser Dorf, oder auch nur bis ans Ende unsres Grundstücks, zurückzulegen. Nun auf einmal stand ich, von einer Menge umdrängt, inmitten einer lachenden und spaßenden Stadt, lachte mit und genoß den Anblick der Menschengesichter, der so vielartigen, abwechslungs- und überraschungsreichen, wieder einmal einer unter vielen, dazugehörig, mitschwingend. Es würde natürlich nicht lange dauern, bald würden die kalten schmerzenden Füße, die müden schmerzenden Beine genug haben und heimbegehren, bald auch würde der kleine holde Rausch des Sehens und Hörens, das Betrachten der tausend so merkwürdigen, so schönen, so interessanten und liebenswerten Gesichter und das Horchen auf die vielerlei Stimmen, die sprechenden, lachenden, schreienden, kecken, biederen, hohen, tiefen, warmen oder scharfen Menschenstimmen mich ermüdet und erschöpft haben; der heiteren Hingabe an die üppige Fülle der Augen- und Ohrengenüsse würde die Ermattung und jene dem Schwindel nah verwandte Furcht vor dem Ansturm der nicht mehr zu bewältigenden Eindrücke folgen. „Kenne ich, kenne ich", würde hier Thomas Mann den Vater Briest zitieren. Nun, es war, wenn man sich die Mühe nahm, ein wenig nachzudenken, nicht allein die Altersschwäche, schuld an dieser Furcht vor dem Zuviel, vor der Fülle der Welt, vor dem glänzenden Gaukelspiel der Maja. Es war auch nicht bloß, um mit dem Vokabular der Psychologen zu sprechen, die Scheu des Introvertierten vor dem Sichbewähren der Umwelt gegenüber. Es lagen auch andre, gewissermaßen bessere Gründe für diese leise, dem Schwindel so ähnliche Angst und Ermüdbarkeit vor. Wenn ich meine Nachbarn ansah, die während jener halben Stunde auf der Piazza Riforma neben mir standen, so wollte es mir scheinen, sie weilten wie Fische im Wasser, lässig, müde, zufrieden, zu nichts verpflichtet; es wollte mir scheinen, als nähmen ihre Augen die Bilder und ihre Ohren die Laute so auf, als säße nicht hinter dem Auge ein Film, ein Gehirn, ein Magazin und Archiv und hinterm Ohr eine Platte oder ein Tonband, in jeder Sekunde beschäftigt, sammelnd, raffend, aufzeichnend, verpflichtet nicht nur zum Genuß, sondern weit mehr zum Aufbewahren, zum etwaigen späteren Wiedergeben, verpflichtet zu einem Höchstmaß an Genauigkeit im Aufmerken. Kurz, ich stand hier wieder einmal nicht als Publikum, nicht als verantwortungsloser Zuschauer und Zuhörer, sondern als Maler mit dem Skizzenbuch in der Hand, arbeitend, angespannt. Denn eben dies war ja unsre, der Künstler, Art von Genießen und Festefeiern, sie bestand aus Arbeit, aus Verpflichtung, und war dennoch Genuß – soweit eben die Kraft hinreichte, soweit eben die Augen das fleißige Hin und Her zwischen Szene und Skizzenbuch ertrugen, soweit eben die Archive im Gehirn noch Raum und Dehnbarkeit besaßen. Ich würde das meinen Nachbarn nicht erklären können, wenn es von mir verlangt würde, oder wenn ich es versuchen wollte, so würden sie vermutlich lachen und sagen: „Caro uomo, beklagen Sie sich nicht zu sehr über Ihren Beruf! Er besteht im Anschauen und eventuellen Abschildern lustiger Dinge, wobei Sie sich an-

gestrengt und fleißig vorkommen mögen, während wir andern für Sie Feriengenießer, Gaffer und Faulenzer sind. Wir haben aber tatsächlich Ferien, Herr Nachbar, und sind hier, um sie zu genießen, nicht um unsern Beruf auszuüben wie Sie. Unser Beruf aber ist nicht so hübsch wie der Ihre, Signore, und wenn Sie ihn gleich uns einen einzigen Tag lang in unseren Werkstätten, Kaufläden, Fabriken und Büros ausüben müßten, wären Sie schnell erledigt." Er hat recht, mein Nachbar, vollkommen recht; aber es hilft nichts, auch ich glaube recht zu haben. Doch sagen wir einander unsre Wahrheiten ohne Groll, freundlich und mit etwas Spaß; jeder hat nur den Wunsch, sich ein wenig zu rechtfertigen, nicht aber den Wunsch, dem andern weh zu tun.
Immerhin, das Auftauchen solcher Gedanken, das Imaginieren solcher Gespräche und Rechtfertigungen war schon der Beginn des Versagens und Ermüdens; es würde gleich Zeit sein heimzukehren und die versäumte Mittagsruhe nachzuholen. Ach, und wie wenige von den schönen Bildern dieser halben Stunde waren ins Archiv gelangt und gerettet! Wieviel hunderte, vielleicht die schönsten, waren meinen untüchtigen Augen und Ohren schon ebenso spurlos entglitten wie denen, die ich glaubte als Genießer und Gaffer ansehen zu dürfen!
Eins der tausend Bilder ist mir dennoch geblieben und soll für die Freunde ins Skizzenbuch gebracht werden.
Beinahe die ganze Zeit meines Aufenthalts auf der festlichen Piazza stand mir nahe eine sehr stille Gestalt, ich hörte sie während jener halben Stunde kein Wort sagen, sah sie kaum einmal sich bewegen, sie stand in einer merkwürdigen Einsamkeit oder Entrücktheit mitten in dem bunten Gedränge und Getriebe, ruhig wie ein Bild, und sehr schön. Es war ein Kind, ein kleiner Knabe, wohl höchstens etwa sieben Jahre alt, ein hübsches kleines Figürchen mit unschuldigem Kindergesicht, für mich dem liebenswertesten Gesicht unter den hunderten. Der Knabe war kostümiert, er steckte in schwarzem Gewand, trug ein schwarzes Zylinderhütchen und hatte den einen seiner Arme durch ein Leiterchen gesteckt, auch eine Kaminfegerbürste fehlte nicht, es war alles sorgfältig und hübsch gearbeitet, und das kleine liebe Gesicht war ein wenig mit Ruß oder andrem Schwarz gefärbt. Davon wußte er aber nichts. Im Gegensatz zu allen

den erwachsenen Pierrots, Chinesen, Räubern, Mexikanern und Biedermeiern, und ganz und gar im Gegensatz zu den auf der Bühne agierenden Figuren, hatte er keinerlei Bewußtsein davon, daß er ein Kostüm trage und einen Kaminfeger darstelle, und noch weniger davon, daß das etwas Besonderes und Lustiges sei und ihm so gut stehe. Nein, er stand klein und still auf seinem Platz, auf kleinen Füßen in kleinen braunen Schuhen, das schwarz lackierte Leiterchen über der Schulter, vom Gewoge umdrängt und manchmal ein wenig gestoßen, ohne es zu merken, er stand und staunte mit träumerisch entzückten, hellblauen Augen aus dem glatten Kindergesicht mit den geschwärzten Wangen empor zu einem Fenster des Hauses, vor dem wir standen. Dort im Fenster, eine Mannshöhe über unsern Köpfen, war eine vergnügte Gesellschaft von Kindern beisammen, etwas größer als er, die lachten, schrien und stießen sich, alle in bunten Vermummungen, und von Zeit zu Zeit ging aus ihren Händen und Tüten ein Regen von Confetti über uns nieder. Gläubig, entrückt, in seliger Bewunderung blickten die Augen des Knaben staunend empor, gefesselt, nicht zu sättigen, nicht loszulösen. Es war kein Verlangen in diesem Blick, keinerlei Begierde, nur staunende Hingabe, dankbares Entzücken. Ich vermochte nicht zu erkennen, was es sei, das diese Knabenseele so staunen und das einsame Glück des Schauens und Bezaubertseins erleben ließ. Es mochte die Farbenpracht der Kostüme sein, oder ein erstmaliges Innewerden der Schönheit von Mädchengesichtern, oder das Lauschen eines Einsamen und Geschwisterlosen auf das gesellige Gezwitscher der hübschen Kinder dort droben, vielleicht auch waren die Knabenaugen nur entzückt und behext von dem sacht rieselnden Farbenregen, der von Zeit zu Zeit aus den Händen jener Bewunderten herabsank, sich dünn auf unsern Köpfen und Kleidern und dichter auf dem Steinboden sammelte, den er schon wie feiner Sand bedeckte.

Und ähnlich wie dem Knaben ging es mir. So wie er weder von sich selbst und den Attributen und Intentionen seiner Verkleidung noch von der Menge, dem Clownstheater und den das Volk wie in Wogengängen durchpulsenden Schwellungen des Gelächters und Beifalls etwas wahrnahm, einzig dem Anblick im Fenster hörig, so war auch mein Blick und mein Herz mitten im werbenden Gedränge so vieler Bilder immer wieder dem einen Bilde zugehörig und hingegeben, dem Kindergesicht zwischen schwarzem Hut und schwarzem Gewand, seiner Unschuld, seiner Empfänglichkeit für das Schöne, seinem unbewußten Glück.

Ein Maulbronner Seminarist

Im Kloster Maulbronn, wo seit etwa anderthalb Jahrhunderten schwäbische Knaben als Stipendiaten wohnen und, zu evangelischen Theologen bestimmt, in Latein, Hebräisch, klassischem und neutestamentlichem Griechisch unterrichtet werden, tragen die Arbeitsräume dieser Knaben schöne, vorwiegend humanistische Namen; sie heißen etwa Forum, Athen, Sparta, und einer von ihnen heißt Hellas. In dieser Stube Hellas steht an zwei Wänden mit kleinen Zwischenräumen etwa ein Dutzend Arbeitspulte, an denen die Seminaristen ihre Schulaufgaben besorgen, ihre Aufsätze schreiben, ihre Wörterbücher und Grammatiken stehen haben, aber auch eine Photographie der Eltern oder der Schwester, und unter dem Pultdeckel werden neben den Schulheften auch Freundes- und Elternbriefe, Lieblingsbücher, gesammelte Mineralien und die eßbaren Gaben der Mutter aufbewahrt, die jeweils mit dem Wäschepaket kommen und das trockene Vesperbrot veredeln, ein Topf Konfitüre etwa oder eine haltbare Wurst, ein Glas Honig oder ein Stück Geräuchertes.

Ziemlich in der Mitte der Längswand, unter einer mit Glas gerahmten Zeichnung mit einer allegorisch-klassischen Idealfrauengestalt, dem Wahrzeichen der Stube Hellas, stand oder saß an seinem Pult in der Zeit um 1910 ein Knabe namens Alfred, ein Lehrerssohn aus dem Schwarzwald, ein Fünfzehnjähriger, der heimlich Gedichte machte und öffentlich wegen seiner glänzenden deutschen Aufsätze berühmt war; sie wurden des öfteren vom Repetenten der Klasse als Musterstücke vorgelesen. Im übrigen machte sich Alfred, wie mancher junge Poet, durch allerlei sonderlinghafte Züge und Gewohnheiten teils merkwürdig, teils unbeliebt; beim Aufstehen am Morgen war er meist der letzte

seines Schlafsaals, der aus dem Bett zu bringen war; sein einziger Sport war das Lesen, auf Neckereien konnte er bald mit schneidendem Hohn, bald mit beleidigtem Schweigen und Sicheinkapseln antworten.
Unter den Büchern, die er am meisten liebte und beinahe auswendig wußte, war auch der Roman „Unterm Rad", ein nicht geradezu verbotenes, von den Autoritäten aber wenig geschätztes Buch. Vom Verfasser dieses Buches wußte Alfred, daß er auch einmal, vor etwa zwanzig Jahren, Seminarist in Maulbronn und Bewohner der Stube Hellas gewesen war. Er kannte auch Gedichte dieses Verfassers und war heimlich gesonnen, in dessen Fußtapfen zu treten und ein bekannter und von den Philistern beargwöhnter Schriftsteller und Dichter zu werden. Allerdings war jener Verfasser von „Unterm Rad" einst nicht sehr lang im Kloster und in der Stube Hellas geblieben, er war entsprungen und hatte schwierige Jahre zu überstehen gehabt, ehe er seinen Kopf durchgesetzt hatte und ein sogenannter freier Schriftsteller geworden war. Nun, wenn Alfred bisher auch diesen Sprung ins Ungewisse nicht getan hatte, sei es aus Verzagtheit, sei es aus Rücksicht auf seine Eltern, wenn er Seminarist geblieben war und vielleicht in Gottes Namen auch noch Theologie studieren würde, einmal würde doch der Tag kommen, an dem er die Welt mit Romanen und Gedichten beschenken und an denen, die ihn heute verkannten, edle Rache nehmen würde.
Eines Nachmittags nun, während der Zeit der „stillen Beschäftigung", hatte der Jüngling den Deckel seines Pultes hochgeschlagen, nach irgend etwas im Innern dieser Schatzkammer suchend, die neben dem Honigtöpfchen von zu Hause auch seine lyrischen und anderen Manuskripte barg. Er war in träumerischer Stimmung und fing an, die vielen mit Tinte oder Bleistift geschriebenen oder mit dem Taschenmesser eingekratzten Namen früherer Nutznießer dieses Pultes zu studieren, lauter Namen, die mit dem Buchstaben H begannen, denn die durch alle Stuben laufende Reihe der Schülerplätze war nach dem Alphabet geordnet, und die mittleren Pulte hatten durch Jahrzehnte immer Seminaristen gedient, deren Name mit H begann. Es war unter ihnen der verdienstvolle Otto Hartmann und auch jener Wilhelm Häcker, der heute im Kloster als Profes-

sor für Griechisch und Geschichte amtete. Und im gedankenlosen Starren auf das Durcheinander der alten Inschriften zuckte er plötzlich auf: Da stand in ungefügter Handschrift mit Tinte ins helle Holz des Pultdeckels gekritzelt ein Name, den er kannte und hochhielt, der mit H beginnende Name jenes Dichters, den er zum Liebling und Vorbild erkoren hatte. Also hier, genau an seinem, an Alfreds Pult hatte der merkwürdige Mann einst seine Lieblingsdichter gelesen und seine lyrischen Versuche geschrieben, in diesem Fach hatte er sein lateinisches und griechisches Wörterbuch, den Homer und den Livius stehen gehabt, hier hatte er gehockt und die Pläne für seine Zukunft ausgesponnen, von hier war er eines Tages zu jenem Spaziergang aufgebrochen, von dem er der Legende nach als Gefangener eines Landjägers anderntags zurückgekehrt war! War das nicht wunderbar? Und war es nicht wie ein Vorzeichen, ein Schicksalswink und hieß: Auch du bist ein Dichter und etwas Besonderes, Schwieriges, aber Kostbares, auch du bist berufen, auch du wirst einst der Stern junger Nachfolger und ihr Vorbild sein!
Kaum konnte Alfred das Ende der Schweigestunde erwarten. Die Glocke schlug an, alsbald kam Bewegung und Lärm in die stille Stube, Geschrei, Gelächter, Zuschlagen von Pultdeckeln. Ungeduldig winkte der Jüngling seinen nächsten Nachbarn heran, mit dem er sonst kaum etwas zu teilen pflegte, und als der nicht sofort herüberkam, rief er aufgeregt: „Du, komm, ich muß dir etwas zeigen." Gelassen näherte sich der andere, und Alfred zeigte ihm begeistert die von ihm entdeckte Inschrift mit dem Namen des Mannes, der vor zwanzig Jahren hier gehaust hatte und im Kloster Maulbronn eine ganz eigene, leidenschaftlich umstrittene Berühmtheit genoß.
Aber der Kamerad war kein Dichter und kein Schwärmer, auch war er bei seinem Pultnachbarn an Phantastereien gewohnt. Ungerührt betrachtete er die Buchstaben, die ihm des anderen Zeigefinger wies, wandte sich ab und sagte mit einer Art spöttischen Mitleids nur: „Ach, den Namen hast ja doch du selber da hingemalt." Erbleichend wandte Alfred sich ab, wütend über die Abfuhr und wütend über sich selber, daß er seinen Fund nicht hatte für sich behalten können und ihn gerade diesem Theodor hatte zeigen müssen.

Man wurde nicht verstanden, man lebte auf einer anderen Ebene, man war allein. Lange fraßen der Groll und die Enttäuschung in ihm fort.
Von Alfreds Maulbronner Taten und Leiden ist uns weiter nichts bekannt, auch seine Aufsätze und Verse haben sich nicht erhalten. Doch wissen wir über den Ablauf seines späteren Lebens in großen Zügen Bescheid. Er durchlief die beiden Seminare, bestand jedoch die Aufnahmeprüfung ins Tübinger Stift nicht. Ohne Begeisterung, der Mutter zuliebe, studierte er Theologie, zog als Freiwilliger in den ersten Weltkrieg, kehrte als Feldwebel zurück, scheint aber nie im Kirchendienst gewesen zu sein, sondern wandte sich einer kaufmännischen Tätigkeit zu. Im Jahre 1933 machte er den großen Rausch nicht mit, setzte sich gegen die Hitlerleute zur Wehr, wurde verhaftet und vermutlich schmachvoll behandelt, denn nach der Entlassung erlitt er einen Nervenzusammenbruch und wurde kurzerhand in eine Irrenanstalt gesteckt, von wo seine Angehörigen keinerlei Nachricht mehr erhielten, außer im Jahr 1939 eine kurze Todesanzeige. Keiner seiner einstigen Mitseminaristen, keiner seiner Tübinger Bundesbrüder stand mehr mit ihm in Verbindung. – Vergessen aber ist er trotzdem nicht.
Durch Zufall erfuhr eben jener Theodor, sein Maulbronner Stubenkamerad und Pultnachbar, die traurige Geschichte seines erfolglosen Lebens und seines elenden Untergangs. Und da Alfreds Lieblingsdichter und Vorbild, der Autor von „Unterm Rad", noch am Leben und erreichbar war, hatte Theodor das drängende Gefühl, es sei hier etwas gutzumachen und es müsse irgendwie und irgendwo das Gedächtnis dieses begabten Unglücklichen und seiner jünglingshaften Liebe zu jenem Dichter fortleben. Er setzte sich hin und schrieb jenem H. H., der in unvordenklicher Zeit Alfreds Vorgänger an jenem Pult in der Stube Hellas gewesen war, einen langen Brief mit der Geschichte seines armen Maulbronner Mitschülers. Es ist ihm gelungen, den alten Mann für seine Geschichte so zu interessieren, daß er, damit die Kunde vom Seminaristen Alfred noch eine Weile fortlebe, diesen Bericht aufgesetzt hat. Denn das Bewahren und Erhalten und der Protest gegen Vergänglichkeit und Vergessenheit gehören ja, neben andern, zu den Aufgaben des Dichters.

Der Trauermarsch

Gedenkblatt für einen Jugendkameraden

Es ist, glaube ich, im Glasperlenspiel irgendwo von privaten Assoziationen die Rede, speziell von der Verknüpfung zwischen bestimmten Takten eines musikalischen Werkes mit ebenso genau bestimmten privaten Erlebnissen. Vor kurzem wurde ich in einer Ausruhstunde beim Radiohören daran erinnert. Ich hörte einen jungen Pianisten Chopin spielen und hörte ihm und Chopin so zu, wie man bei körperlicher Müdigkeit eben Musik anhört, mit halber Aufmerksamkeit, etwas zerstreut und passiv, mehr den klanglichen Reizen hingegeben als den Linien der Konstruktion folgend. Da wurde auch die bekannteste von Chopins Etüden gespielt, ein Stück, das ich weniger als die meisten andern dieses Meisters liebe, so daß meine Aufmerksamkeit noch mehr ermüdete und beinahe einschlief. Plötzlich aber schlug der Spieler den ersten Takt des Trauermarsches an, und ich erwachte jäh wie von einem unvermuteten Stoß, doch erwachte ich nicht nach außen und zu erneuter Hingabe an die Musik, sondern nach innen, ins Land der Erinnerungen. Denn Chopins Trauermarsch gehört für mich zu den Stücken, mit denen assoziativ ein Erlebnis verknüpft ist, das durch all die Jahrzehnte hin unfehlbar bei jedem Wiederhören aufersteht.

Wann ich den Marsch zum erstenmal gehört habe, darauf kann ich mich nicht besinnen, obwohl in jenen Jünglingsjahren Chopin mein Lieblingsmusiker gewesen ist. Bis zu meinem zwanzigsten Jahr habe ich, außer den Oratorien in der Kirche und einigen Liederkonzerten, nur Hausmusik gehört, und da gehörte Chopin nächst den Beethoven-Sonaten, Schumann und Schubert zu den bevorzugten Komponisten; die traurigsüßen Melodien einiger Walzer, Mazurken und Préludes kannte ich schon als Knabe auswendig.

Den Trauermarsch aber habe ich zwar vermutlich gehört, nicht aber erlebt. Das Erlebnis kam erst später, während meiner Tübinger Buchhändlerjahre. Da stand ich eines Tages in Heckenhauers Laden und ordnete einen Stoß Teubnerscher Klassiker nach dem Autorenalphabet, und es war ein besonderer Tag; ein Student sollte heut begraben werden, und nicht ein beliebiger, sondern ein Maulbronner Schulkamerad von mir, ein Student also, den ich als Knabe gekannt und auch hier in Tübingen noch gelegentlich gesehen und gesprochen hatte. Seit Großvater Gunderts Tod, seit sechs oder sieben Jahren etwa, hatte ich das nicht mehr erlebt, daß der Tod mit gespenstischer Hand aus meiner Nähe, aus meinem Lebenskreise eine Seele pflückte, und jetzt zum erstenmal war ich, obwohl dieser arme Student mich weit weniger anging als damals mein Großvater, differenziert und gefühlig genug, um den Schauer aus dem Jenseits zu spüren und das Ereignis nicht nur als Sensation zu empfinden. Als ich gestern die Nachricht vom Tod meines einstigen Kameraden Eberhard erfuhr, hatte ich die kühle Hand von Freund Hein, oder doch ihren Schatten, auf der eigenen Haut gespürt, es war das erstemal, daß ich einen Tod nicht nur als einen Verlust oder als ein fremdes Schicksal, sondern als ein Mitberührter und Miteinbezogener erlebte. Und nun war überdies das Ende unsres Eberhard kein gewöhnliches, er war nicht an einem Lungenleiden oder einem Typhus gestorben, sondern von eigener Hand, er hatte sich erschossen. Im friedlichen Tübingen war in jener Zeit, am Ende des vorigen Jahrhunderts, ein Studentenbegräbnis ein seltenes und von der ganzen Stadt beachtetes Ereignis, und gar ein Studentenselbstmord. Auch waren Universität und Studentenschaft damals noch lebendige Gemeinschaften mit starkem Gemeinschaftsgeist und unverbrüchlichen Gesetzen und Bräuchen: wurde ein Student begraben, so begleiteten ihn auf dem Wege zum Friedhof nicht nur seine Freunde oder Bundesbrüder, sondern es nahmen auch viele Studenten und Bürger teil, die ihn nicht gekannt hatten, und es war Ehrensache sämtlicher Studentenverbindungen, Delegierte zur Trauerfeier abzuordnen.

So stand ich denn in Heckenhauers Laden, die Hände mit den griechischen Autoren, die Gedanken aber mit Eberhard und dem erwarteten Trauerzug beschäftigt, als aus einer Nachbargasse her eine pathetisch-schwermütige Blasmusik aufklang und sich langsam näherte. Schon hatten auch meine älteren Kollegen an ihren Stehpulten im Hinterraum des Ladens es gehört und kamen heraus, ihnen nach trat ich ins Freie hinaus, und da standen wir und sahen den Leichenzug langsam, langsam heranwogen, voran der schwarze Wagen mit dem bekränzten Sarg, hinter ihm festlich-feierlich in pompösem Zug die Chargierten der Korps im Wichs mit Stürmern, Binden, hohen Stulpenstiefeln und gesenkten Degen, und ebenso die Burschenschaften, und dann die andern Studentenverbindungen, die Stadtmusik inmitten, ein langer prächtig farbiger Zug, über dem wie eine Trauerfahne diese schwere, schwermütige, prunkvoll trauernde Chopin-Musik wehte und wogte, diese pathetischen Marschtakte, die ich noch viele Male in meinem Leben, und nie mehr ohne die schmerzlich aufbrechende Erinnerung an diese Stunde, hören sollte. Zwischen den Häuserwänden und dem gewaltigen hohen Aufbau der Stiftskirche staute und fing sich das Gewoge der Blasmusik in verwirrendem Dröhnen, und während ich des armen Toten dachte, den ich wenig gekannt und doch merkwürdig gern gehabt hatte, störte und schmerzte mich ein wenig das Verhalten meiner Kollegen und vieler anderer Zuschauer, die den Platz säumten und alle Fenster füllten und deren Gesichter, wie mir schien, weder Schmerz noch Andacht, sondern nur Neugierde und Schaulust ausdrückten. Langsam, langsam, und mir doch viel zu schnell, flutete der Trauerzug vorüber und verschwand, die schöne und schreckliche Trauermusik aber war aus der Straßenschlucht, in die das Schauspiel versunken war, noch eine ganze Weile zu hören, und es war mir widerlich und schmerzlich, aus der hohen ernst-prächtigen Sphäre der Feier in den Laden und den staubigen Alltag zurückkehren zu müssen.

In jenen Tagen schon, und später aufs neue jedesmal, wenn diese von Trauerwollust schwelende Musik mich an den lieben Eberhard erinnerte, war es mir merkwürdig, wie wenig ich von ihm wirklich wußte und wie lieb und wichtig dies Wenige mir doch war. Oft und oft, mit jahrelangen Pausen dazwischen, habe ich den Faden meiner Erinnerungen an ihn hervorgezogen und mich jedesmal darüber gewundert, wie kurz dieser Faden war. Ich hatte Schulkameraden gehabt, die mir ziemlich gleichgültig waren und über die ich doch im Gedächtnis viele Andenken aufbewahrte: Schülergeschichten, drollige Aussprüche, Spitznamen, Abenteuer auf Schulausflügen oder beim Indianerspiel. Bei Eberhard war es umgekehrt: mit Ausnahme einer allerdings unvergeßlichen Begebenheit im Maulbronner Hörsaal gab es keine Schulerlebnisse mit ihm; es war mir auch unbekannt, ob er ein guter oder schlechter Schüler gewesen sei, ob er Musik getrieben oder andere private Interessen gehabt habe, auch seine Handschrift hatte ich mit Wissen nie gesehen. Trotzdem wußte etwas in mir so viel über ihn, daß ich bei der Nachricht von seinem freiwilligen Tod zwar Schmerz und Mitleid, aber keine Verwunderung empfand.

Zu dem Bilde, das ich in mir von ihm bewahrte, stand dieser Tod nicht in Widerspruch, er paßte vielmehr zu ihm, ich fand ihn seinem Leben adäquat und hätte mit etwas Übertreibung sagen können, ich habe ihn eigentlich erwartet. Und dieses Erinnerungsbild namens Eberhard war nun allerdings weder verschwommen noch unvollständig, es war genau und eindeutig, ebenso genau und eindeutiger als die Bilder von Kameraden, die mir befreundet und durch viele Gespräche und gemeinsame Erlebnisse verbunden waren. Der Eberhard, den ich von der Maulbronner Knabenzeit her kannte oder zu kennen glaubte und dessen Gestalt und Gesicht mir noch nach sechzig und mehr Jahren genau erinnerlich sind, gehörte in unsrer Schar von etwas mehr als vierzig Seminaristen zu jenen, die älter als ihr Jahrgang zu sein schienen. Die meisten von uns sahen gleichaltrig aus, sie waren eben vierzehnjährige Buben. Einige, obwohl sie um nichts jünger waren, sahen ihres kleinen Wuchses oder ihrer Kindergesichter wegen wie jüngere Brüder von uns aus, und einige wenige schienen uns an Alter überlegen, schienen reifer und dem Erwachsensein näher.

Zu ihnen gehörte Eberhard. Ich sehe ihn eher groß von Gestalt, hager und etwas eckig, mit knochigem Gesicht, das verschlossen, scheu und unkindlich wirkte, wie denn eine angeborene Scheu und Fremdheit ihn von den andern zu trennen und fernzuhalten schien. Das drückte sich in seiner Haltung aus, einer unfreien, zwanghaften, von Hemmungen beherrschten Haltung, und noch mehr in seinem Blick. Dieser Blick, zusammen mit eben jener seltsam gespannten Haltung, hätte für schüchtern gelten können, war es aber nicht, es fehlte ihm gar nicht an Selbstbewußtsein – nein, er war nicht schüchtern, nur etwas scheu und alt, sehr fremd, sehr ausweichend und auf der Hut vor Zudringlichkeiten aus einer Welt, in die der junge ernste Mensch offenbar nicht recht paßte, in der er nicht heimisch werden konnte noch wollte. Damals, als wir noch Knaben waren, sah ich diese Zeichen zwar alle und fühlte sie genau, ohne sie aber zu deuten, und ich zweifle nicht daran, daß auch ich, wie wir alle, gelegentlich diesen scheuen Fremdling in seiner Einsamkeit und Verborgenheit verletzt, geärgert oder erschreckt habe. Wissentlich und willentlich freilich habe ich es nicht getan, denn ich besinne mich wohl darauf, daß ich die Einsamkeit und Abwehrhaltung des stillen Mannes als etwas zwar Auffallendes und Befremdendes, aber auch als etwas Respektables empfand. Der scheinbar Wehrlose war von seiner Fremdheit und Empfindlichkeit wie von einer Wolke oder Aura umhüllt, die auch etwas Auszeichnendes, einen Adel bedeutete.

Nun muß ich auch die einzige kleine Geschichte erzählen, die mir von Eberhard bekannt ist. Die ganze damalige Maulbronner Promotion hat diese Geschichte miterlebt und sich ihrer unzählige Male erinnert, sie gehört zum Bestand der vielen Anekdoten um die Person unsres Ephorus und wurde dieses Mannes wegen aufbewahrt und immer wieder erzählt. Erst nach unsres Mitschülers Tod bekam diese ursprünglich nur komische Schulgeschichte einen Beiklang von Ernst und Unheimlichkeit.

Unser Ephorus, der Direktor des Seminars, galt für einen guten Hebräisten und war ein vielseitig begabter und interessanter Mann, kein guter Direktor und Erzieher zwar, und leider kein zuverlässiger Charakter, aber anregend und manchmal faszinierend, ein Deklamator und Schauspieler, der die Rolle des Charmeurs ebenso glänzend zu spielen verstand wie die des Unnahbaren oder die der gekränkten Majestät. Seine Aussprüche und Redeblüten wurden von uns Schülern geschätzt und gesammelt, sie reizten sehr zur nachahmenden Wiedergabe, und manche von ihnen sind als klassische Kathederblüten jahrzehntelang unter den schwäbischen Humanisten berühmt gewesen. So las er uns in einer Hebräischlektion einmal die Geschichte vom Sündenfall mit leidenschaftlichem Pathos in der Ursprache vor, und bei jenem Ruf Jahwes, der auf deutsch „Adam, wo bist du?“ lautete, brach er, der entzückte Philologe, in die begeisterten Worte aus: „Meine jungen Freunde, wie mag dieses Dagesch forte implicitum von den göttlichen Lippen geklungen haben!“

Dieser merkwürdige Mann also, dem es zuweilen auch beliebte, den Kerngesunden und Forschen zu spielen, der er nicht war, stand uns eines Tages wieder als Lehrer gegenüber. Zwischen Katheder und Wandtafel ging er elastisch auf und ab, warf uns bald wohlwollende, bald rügende Blicke zu, er hatte höchst ausdrucksfähige Augen, und freute sich seiner Macht und Pracht. Da blieb sein Blick auf dem Schüler Eberhard ruhen, der saß gebückt, abwesend, in sich versunken mit halbgeschlossenen Augen da, vielleicht schlummernd und müde, vielleicht auch intensiv an Gedanken arbeitend, die nichts mit Schule und Hebräisch zu tun hatten. Alsbald entfaltete der große Theatraliker ein prächtiges Mienenspiel, sein Gesicht drückte Erstaunen, leichten Unwillen, halbe Belustigung aus, elastisch auf dünnen Sohlen näherte er sich dem Träumer und rief ihn plötzlich mit metallener Stimme und zwischen Spaß und Unwille spielendem Ton mit den Worten an: „Eberhard! Und Sie wollen ein deutscher Jüngling sein? Sie sitzen ja da wie eine geknickte Waldblume.“ Wir alle blickten belustigt und neugierig hinüber und sahen, wie Eberhard aus seiner gebückten Haltung aufschrak, sich verwirrt und blinzelnd zusammenraffte und den Mimen ergeben und hilflos ansah. Wie gesagt, der Vorgang wurde von allen, oder nahezu allen, als komisch empfunden, wir waren geneigt, nicht nur den Ephorus und sein Theater, sondern auch den erschrockenen Jüngling drollig und belustigend zu finden. Die meisten von uns haben erst nach Jahren, nach unsres Kameraden Tod, das Ganze in einem andern Licht zu sehen begonnen, auch mir ist es so gegangen, und mit den Jahren bekam für mich die beliebte drollige Geschichte immer mehr etwas Unheimliches und Gleichnishaftes, es wurde der eitle Kathederheld allmählich zum Sinnbild aller Macht und aggressiven Aktivität, und der andere stellte alle Verlorenheit und

wehrlose Schwäche des Träumers oder Denkers dar, des Einzelgängers und Schlechtangepaßten. Es war ein Aufeinanderprallen von Welt und Gemüt, von robuster Wirklichkeit und Traum. Eine Gegenüberstellung, wie sie Jean Paul unübertrefflich und unvergeßlich dargestellt hat in der Szene, wo nach der Schreckensnacht im Flätzer Gasthof der Dragoner dem Feldprediger Schmelzle auf die Schulter haut mit dem Ruf: „Wie geschlafen, Herr Schwager?"
Aus der Maulbronner Zeit habe ich keine anderen Erinnerungen an Eberhard. Unsre Schulkameradschaft hat nur Monate gedauert, ich verließ die Klosterschule vor der normalen Zeit, und erst einige Jahre später traf ich, Buchhändler in Tübingen geworden, meine Kommilitonen dort als Studenten wieder. Ich fand auch Eberhard dort wieder, aber ohne daß es zu einer Annäherung gekommen wäre. Immerhin traf ich ihn ein paarmal auf der Straße, wir grüßten einander freundlich, wechselten ein paar Worte und gingen weiter. Nur ein einziges Mal haben wir etwas mehr miteinander gesprochen. Er fragte mich nach meinen Interessen und Beschäftigungen, ich ging erfreut darauf ein und erzählte ihm von meiner Lektüre, meinen Goethe- und Novalis-Studien, und er hörte artig zu, aber mit jenem alten Blick aus großer Ferne und Fremde her, der sich in den paar Jahren nicht verändert hatte und der mir sagte, daß meine Worte nur sein Ohr erreicht hätten. Zu einer nochmaligen Begegnung ist es nicht gekommen, doch blieb meine Teilnahme und beinah Liebe für ihn fortbestehen. Seine Fremdheit, Einsamkeit und Gefährdung weckte nicht nur etwas wie Mitleid in mir, sie war mir unterhalb oder oberhalb des Rationalen verständlich, weil sie als Ahnung und Möglichkeit auch in mir vorhanden war. Ich war freilich ein ganz anderes Temperament als er, wechselnder, beweglicher, munterer auch und zu Geselligkeit und Spiel geneigter, aber Einsamkeit und Sichfremdwissen unter den andern waren auch mir wohlbekannt. Jenes Stehen am Rande der Welt, an jener Grenze des Lebens, jene Verlorenheit und jenes Starren in ein Nichts oder Jenseits, die zu Eberhards Wesen zu gehören und seine dauernde Haltung zu sein schienen, sie hatten für Stunden oder Augenblicke auch mir das Leben fragwürdig gemacht und den Spaß daran verdorben. Da, wo er immer und jeden Tag zu stehen

oder zu kauern schien, war ich immerhin auch schon gewesen. Nur war es mir stets gelungen, aufatmend ins Gewohnte und Geordnete zurückzukehren, wo es sich leichter leben ließ.
Dies waren die Erinnerungen, Mahnungen, Gedanken und Stimmungen, die mir so stark und schmerzlich das Herz bewegten, als ich, den Trauermarsch betäubend in den Ohren, den Sarg des Schwermütigen und hinter ihm den langen feierlichen Zug verschwinden sah, und die mich jedesmal seither wieder überkamen, wenn ich diese Musik vernahm. Sie beschwor mir stets unfehlbar die Gestalt unsres Eberhard herauf, mit der unfesten und etwas verkrampften Haltung des Kopfes und der Schultern, mit den schönen traurigen Zügen und dem ins Bodenlose abirrenden, hilflos sanften Blick. Ich habe mich, meinen Gepflogenheiten ganz entgegen, nie um Daten und Berichte über sein kurzes schweres Leben bemüht, ich glaubte das Wesentliche zu wissen. Aber um viele, sehr viele Jahre später kam zu meinem Wissen noch etwas hinzu. Es kam mir das Bildnis eines bedeutenden, jung gestorbenen Dichters vor Augen, den ich mit einer ähnlichen Mischung von Liebe und Mitleid, von Verstehen und Fremdbleiben gern hatte wie meinen Maulbronner Kameraden. Das schöne traurige Jünglingsgesicht mit dem schmerzlichen Blick war dem Gesicht Eberhards bestürzend ähnlich. Der traurig blickende, jung gestorbene Dichter hieß Franz Kafka.

Inhalt

Winter 1993/94 auf Mallorca

ENT
Edition Neue Texte

Neuerscheinungen 1988

Uwe Bergander: Balance
Benedikt Dyrlich: Hexenbrennen. Gedichte und Prosa
Harald Gerlach: Abschied von Arkadien
Rulo Melchert: Auf dem stierhörnigen Mondkahn. Gedichte über Madagaskar
Wladimir Makanin: Die Verfolgungsjagd
Anatoli Kudrawez: Die verräterische Spur
Anatoli Kurtschatkin: Ein Weiberhaus
Franz Hodjak: Sehnsucht nach Feigenschnaps
Peter Härtling: Waiblingers Augen
Ntozake Shange: Schwarze Schwestern
Claude Simon: Anschauungsunterricht
Tahar Djaout: Die Suche nach den Gebeinen
Manuel Rui: Das Meer und die Erinnerung. Prosa und Lyrik

Nachauflagen 1988

Helga Königsdorf: Respektloser Umgang
Eva Strittmatter: Mondschnee liegt auf den Wiesen

Aufbau-Verlag Berlin und Weimar

Aus unserem bb-Taschenbuchprogramm 1988

Anna Seghers · Crisanta. Acht Geschichten über Frauen
Herbert Otto · Der Traum vom Elch
Christoph Hein · Der fremde Freund
Helga Schubert · Schöne Reise
Der Kuckuck sprach zur Nachtigall ... Fabeln von Luther bis Heine
Joseph von Eichendorff · Die Glücksritter
Die Toten sind unersättlich. Gespenstergeschichten (Nachauflage)
Joseph Ruederer · Linnis Beichtvater
Erich Maria Remarque · Der Weg zurück
Vicki Baum · Liebe und Tod auf Bali
Hans Fallada · Das Wunder des Tollatsch. Fünfzehn Geschichten
Grigori Glasow · Ohne Narkose
Nadeshda Koshewnikowa · Die leichte Muse
Dieter Wellershoff · Der schöne Mann und andere Erzählungen
Peter Lovesey · Flußpartie zum Galgen
Joan Aiken · Der eingerahmte Sonnenuntergang
François Cavanna · Das Lied der Baba
Georges Simenon · Die Witwe Couderc · Der Schnee war schmutzig
Elsa Morante · Der andalusische Schal
Die Eheschließung. Chinesische Erzählungen des 20. Jahrhunderts

Aufbau-Verlag Berlin und Weimar

BdW
Bibliothek der Weltliteratur

Aus allen Nationalliteraturen
Werke von welthistorischem Rang
in Einzelausgaben

Nachauflagen 1988

Charles Dickens
Dombey & Sohn

Guy de Maupassant
Bel-Ami

Stendhal
Rot und Schwarz

Rütten & Loening · Berlin

BdW
Bibliothek der Weltliteratur

Aus allen Nationalliteraturen
Werke von welthistorischem Rang
in Einzelausgaben

Neuerscheinungen 1988

Lion Feuchtwanger · Goya
Theodor Fontane · Cécile · Die Poggenpuhls
Mathilde Möhring
Jane Austen · Emma

Nachauflagen 1988

Hans Jakob Christoffel von Grimmelshausen
Der abenteuerliche Simplicissimus Teutsch
Heinrich Heine · Gedichte
Johann Wolfgang Goethe · Gedichte
E. T. A. Hoffmann · Märchen und Erzählungen
Fjodor Dostojewski · Schuld und Sühne
Jaroslav Hašek · Die Abenteuer des braven
Soldaten Schwejk
Karel Čapek · Der Krieg mit den Molchen
Daniel Defoe · Robinson Crusoe
José Maria Eça de Queiroz · Das Verbrechen des
Paters Amaro

Aufbau-Verlag Berlin und Weimar